谨以此书献给

所有为清华文科作出贡献的人

文　脉

——21 世纪初的清华文科

谢维和　刘超 等著

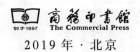

商务印书馆
The Commercial Press
2019 年 · 北京

图书在版编目(CIP)数据

文脉:21世纪初的清华文科/谢维和等著.—北京:
商务印书馆,2019
ISBN 978-7-100-16787-1

Ⅰ.①文…　Ⅱ.①谢…　Ⅲ.①清华大学—文科(教育)—学科建设—研究　Ⅳ.①G649.281

中国版本图书馆 CIP 数据核字(2018)第 252278 号

文　脉

——21世纪初的清华文科

谢维和　刘　超　等著

商 务 印 书 馆 出 版
(北京王府井大街36号　邮政编码100710)
商 务 印 书 馆 发 行
北 京 冠 中 印 刷 厂 印 刷
ISBN 978-7-100-16787-1

2019 年 3 月第 1 版　　　　开本 787×960　1/16
2019 年 3 月北京第 1 次印刷　　印张 26½
定价:75.00 元

序

人文与社会学科（以下简称"文科"）有一个非常鲜明的特点，即它的建设、发展与成长往往不能够一蹴而就或一帆风顺，而是需要比较长的历史周期，甚至历经坎坷与磨难，进而峰回路转，曲径通幽。更重要的是，文科的建设、发展与成长又是与一个国家和民族的命运紧密联系在一起的，并且能够从一个侧面折射社会文化的变迁。因而，时间常常是认识和分析文科的一个非常关键的变量，也是文科建设取得成就的一个必要条件。所以，清华大学文科在21世纪初这十多年的建设与发展，只是清华大学百余年发展进程及文科历史沿革的文脉中的一个小片段，是清华大学及其文科历史延续的文脉中的一片小水花。当然，它也为点缀与丰富这条生机蓬勃和继往开来的文脉奉献着自己的一点点事迹。

也许我们至今仍然难以对这条文脉给出一个准确的定义和规定，可能我们仍然需要不断地探索与挖掘其中的涵义。但正如老子所说的那样，"道之为物，惟恍惟惚。惚兮恍兮，其中有象；恍兮惚兮，其中有物。窈兮冥兮，其中有精；其精甚真，其中有信"（《老子》第二十一章）；这条文脉正是清华文科建设和发展过程中所蕴含的"其精甚真"的"道"。尽管有那么一些恍恍惚惚、"窈兮冥兮"，但在这条文脉的近几十年里，你还是可以看到改革开放以来呕心沥血于文科建设的历届老领导的身影，他们有刘达、何东昌、高景德、李传信、张孝文、王大中、贺美英、顾秉林、陈希、陈吉宁、胡和平、邱勇、陈旭等：他们"十下人文学院"的故事，他们与文科老师把盏畅谈的情形，他们深入文科院系听课的场景，他们为了给文科筹措经费四处奔走的身影，等等。其中，你还可以发现多年来不辞辛劳而为文科建设摇旗呐喊、鞠躬尽瘁的历届分管领导的身影，他们中有李树勤、胡显章、胡东成、王明旨、康克军等。在如今日益壮大的教师队伍中，你可以感受到他们多年引进人才的心血；在现有的学科结构中，你可以发现他们苦心建构的基础；在文科取得的成绩与逐渐提升的地位上，你仍然可以领会到他们的功劳。在这条文脉近十几年的延续与伸展中，你一定可以感受到许许多多文科院系领导的智慧与脉动，他们中有艾四林、陈国青、金兼斌、黎宏、李强、李越、李当岐、李功强、李希光、廖理、刘波、鲁晓波、罗钢、马新东、孟庆国、彭刚、钱颖一、史静寰、万俊人、王晨光、王孙禺、王有强、王振民、薛澜、杨斌、尹鸿、赵萌、赵纯均、郑曙旸，等等。作为院系领导，他们往往是最辛苦的，成绩主要是他们直接干出来的，矛盾与困难也主要是他们担当和解决的。我深深地体会到，清华文科的院系领导为文科建设付出的努力是最大的。在这条文脉的各个片段和场景中，你还处处能够看到文科处的印记：从过去的蔡曙山老师，到担任文科处处长十年之久的苏竣，以及文科处的彭方燕、仲伟民、段江飞、刘金梅、聂培琴、邬海燕，等等。作为一个没有多少实际权力，又缺少资源，却担负繁杂的协调任务的职能部门，他们勤勤恳恳地付出着，为学校领导服务，为文科老师、学生服务。尤其是苏竣教授，十年来与我一起工作、奋斗，常常要放弃自己的教学科研任务，成为了我工作中最直接的助手。没有他们的支持和实施，也很难有今天清华文科的长足进步；当然，尽管21世纪初这十几年在这条长长的文脉中也就如同白驹过隙，弹指一挥间，可它却凝聚了所有文科老师默默无闻的努力。虽然我不能一一列举他们的名字，但他们的功绩与形象已经深深地镌刻在清华大学文科的历史中，融入了这条丰润的文脉，成为真正永恒的"三不朽"——立德、立功、立言（《左传》襄公二十四年）。

当你慢慢而悠然地走进这条文脉，探悉其中的魅力与深刻时，当你透过 21 世纪初清华文科这十几年的风风雨雨和坚实步履，你一定能够越来越感受到清华大学醇厚的文化底蕴，以及托起它的那浩瀚深沉的清华文化与历史遗存。因为 21 世纪初的清华文科是清华历史文化的延续，是清华百年文科的伸展，也是中华民族文化的血脉。由此，你可以看到清华大学文科历史中许许多多学长和前辈的身影，他们中有国学院四大导师梁启超、王国维、陈寅恪与赵元任先生的遗风；中文系里杨树达、钱玄同、刘文典、闻一多、朱自清、王力、俞平伯、沈从文、吕叔湘、浦江清、李广田、余冠英、季镇淮、王瑶、朱德熙等名师的轶事；历史系所谓"新史学"团队中那些如雷贯耳的大师，如朱希祖、陆懋德、蒋廷黻、刘崇鋐、陶希圣、雷海宗等，以及邵循正、吴晗、夏鼐、王永兴、丁则良、何炳棣、吴承明等历史系出来的后起之秀；而素有"清华学派"称号之一的哲学系的阵营里，更是大师云集，邓以蛰、张申府、冯友兰、金岳霖、张荫麟、沈有鼎、张岱年等人的影响一直延续到今天。其实，这个"清华学派"也包括了清华大学人文学科的治学思想与学术风格。同样，一代学术界的风云人物，如张奚若、李景汉、汪心渠、萧公权、潘光旦、钱端升、浦薛凤、陈岱孙、吴景超、王亚南、胡敦元、王化成、陈之迈、费孝通等人，也汇集在清华社会科学的大旗下，引领着当时社会科学的发展。在外国语言与文学领域，钱稻孙、吴宓、瑞恰慈、燕卜孙、曹靖华、陈铨、李健吾、曹禺、钱锺书、杨绛、季羡林、英若诚等也都是成就卓著的名流。在他们每一个人的身上，都有着独特的典故，其中的每一段岁月，都缀满了林林总总的名篇佳句；而他们的风采与精神也成为了 21 世纪清华文科难能可贵的思想渊源。

在这条文脉的 1950 年代初，正当人们纷纷为院系调整中清华文科的巨大损失而倍感惋惜时，校长蒋南翔却处惊不乱，他以一种极富远见的睿智和眼光，执意将老清华文科的一大批图书资料保留在清华园里，为清华文科的再生和复兴创造了重要的条件。同时，也以一种伯乐的敏锐和情怀，从优秀的理工科毕业生中，挑选了一批非常有才华的老师和学生，如徐葆耕、刘美珣、朱育和、林泰等，充实到思想政治教育的队伍中，并且成为了清华文科复建过程中十分重要的先驱和学术骨干。

《诗经》云："伐柯伐柯，其则不远。"清华大学的传统与学术前辈的精神，正是 21 世纪初清华文科建设和发展的"则"。虽然今天的清华文科与过去有所不同，但它的骨子里仍然是清华文化传统的基因。脱离了这样一条文脉，21 世纪初的清华文科就只能是诸般杂乱物事的堆积，也只能是各路豪杰的"一盘散沙"。因此，这样一条文脉，就是清华文科的魂脉。清华文科的建设与发展之所以能绵延不绝，并且不断辉煌，就是因为清华大学的文化传统充满了自强不息、厚德载物的生命力。

清华文化的这种一脉相承，也是我来到清华以后的一个非常深刻的感受。记得有一次在学校领导班子的例会上，常务副校长何建坤教授说，清华文化的一个非常重要的特点，就是"不翻烙饼"。他的意思就是说，不管谁担任学校的领导，包括分管领导，都不会简单地否定前任领导的工作，也不会把前任的工作与思路抛在一边，自己另起炉灶，而是接着干。虽然也会随着新的形势发展形成新的战略与思路，但也是在历史基础上的传承、创新。他的话给我留下的印象非常深刻；而且，我切实地感到，这种文化好像并不是一种成文的规定，也并非个别领导的偏好，而是清华人的一种文化遗传。因为在我调来清华工作以后，何东昌、李传信、方惠坚、贺美英等已经退休的老领导分别找我谈话，有时也约我到他们家里促膝长谈，介绍清华的文化与传统，包括清华大学的历史、故事，以及某些非常重要的基本原则，等等。起初，我常常将这种谈话理解为老领导对我这样一个从校外调到清华大学来工作，特别是来担任学校领导的新人的不放心，或者是一种特别的关心；但久而久之，我逐渐认识到，这其实就是一种文化，一种一脉相承和承前启后的清华文化，也就是一种清华的文脉。

更让我难以忘怀的是，胡锦涛同志 2015 年回母校参加校庆活动时，对我说的一番话。那天，他在新水利馆与学校领导班子见面座谈以后，径自去参加水利系的校友活动。在签到簿上签名以后，他便与在场的学校领导一一握手告别。但是我没有想到的是，当他走到我的面前时，竟然站住了，像老熟人那样对我说："维和，你的工作很重要啊！清华大学要建设世界一流的综合性大学，文科的发展是非常重要的。"这不仅是胡锦涛同志对我个人的关心，也代表了清华人对清华文科的关心，对清华文化的关心，以及清华文脉的体现。21世纪初清华文科的发展，始终得益于这样一条文脉的底蕴和支撑。有这样一条文脉的搏动，清华文科的发展将获得不竭的源泉。美国著名历史学家威尔·杜兰特在其《历史的教训》一书中，曾经非常深刻地指出："个人的明智，来自他记忆的连续性；团体的明智，则需要其传统的延续。在任何情况下，链条一断，就会招致疯狂的反应。"21世纪初清华文科的发展如果有一点点成绩与进步，也正是这条文脉的延续。如果说清华文科21世纪的发展有一点点成绩与进步，也是得益于这条文脉厚重的底蕴。

本书给大家展示的正是清华及其文科的这条文脉在21世纪初的建设和发展，以一个个活生生的人物形象，一桩桩生动客观的故事告诉你，新一代的清华文科人是如何在学校党委和行政班子的领导下，用他们自己教学、科研和社会服务的故事，接着讲述老清华文科的历史；他们是如何以一种扎扎实实的努力，克服着一个个重建过程中的困难，在恢复中走向新的辉煌；他们又是如何以一种与时俱进的精神，不断在新的文科实践中秉承创造性转化、创新性发展的精神，将清华文科带向新的境界，进而在文科领域形成了一种"高原初步形成、高峰若隐若现"的格局；而且，这其中也包含了新世纪清华文科人的思考、改革与创新，浸润了他们在新世纪清华文科建设和发展过程里的智慧与探索……每每想到这些，每每在现实和睡梦中遇见那些曾经在一起同甘共苦的清华文科的同事、朋友与校友时，我似乎都听到了一种召唤：把你曾经共事的这些人物和他们的故事写下来吧！我仿佛也从内心里感到了一种自责：在你十几年的工作中，这么多的领导关心和帮助你，这么多的同事和朋友支持和信任你，难道你不应该以什么方式去报答清华和他们吗？

难道你不应该通过你的笔端，去记载清华文科的这段历史和他们的形象与故事吗？这难道不也是自己的一种责任吗？

正是这样的呼唤与自责凝聚成了本书的初衷，也成为了自身回忆、思考与写作的一种内在的动力。当然，为了方便人们在阅读时更好地了解21世纪初清华文科建设和发展的历史线索与整体思考，以及由此所反映的高校文科建设与管理的内在规律，本书采取了一种客观介绍与对话相结合的叙述方式：首先以一种第三人称的方式对21世纪初清华文科的基本状况与发展变化作了一个非常概括性的描述；然后，通过与当事人的对话，描述和分析其中的若干具有代表性与典型意义的故事与覃思。这里，我们也要感谢所有为本书提供大量直接与客观事实和材料的各位清华文科的同事和朋友们。他们中有艾四林、白明、蔡曙山、陈来、陈国青、顾良飞、韩立新、胡鞍钢、李强、李伯重、李稻葵、李学勤、李正风、廖理、林乐成、刘东、刘石、刘奋荣、刘国忠、鲁晓波、孟庆国、彭林、彭方燕、沈原、史安斌、孙学峰、汪晖、王晨光、王孙禺、王有强、熊澄宇、薛澜、薛芳渝、阎学通、杨冬江、杨燕绥、袁本涛、张传杰、张明楷、仲伟民、朱岩，以及许多其他同事与朋友。虽然我自己也亲身经历和参与这些事情或故事，但为了更加客观和准确，我邀请了部分故事的主人公直接提供了这些故事与人物的"原版"，并在此基础上作了叙述角度的调整。可以说，他们也都是本书的作者（所以，本书署名为"谢维和、刘超等著"），没有他们的帮助与参与，本书也是不可能完成的。如果本书有什么纰漏与片面，则是我自己的责任。但我有信心的是，这里给大家讲述的故事是真实的，我们的思考也是实事求是的，因为这也是清华文脉的生命所在。

其实，清华大学的这种传统和文脉，正是教育规律的充分体现。教育，正需要这样一种传承与创新。而且，任何成功的教育，也都是这样一种传承、创新的结果。缺乏这样一种绵绵不断的传承与承前启后的创新，也就不可能产生优秀的人才与思想。如果说清华文科近年来的建设和发展取得了一定的成绩，应该说，这些成绩与进步在很大程度上也是前人工作的影响与结果。清华文科今天建设的效果,可能要等到十年、二十年,甚至更晚一些时候才能真正呈现出来。这就是文脉。我想,这种文脉可能正是清华大学百年发展的重要经验,是清华大学在新百年里继往开来的重要基础,也是清华大学能够得到国家、社会和人们的尊重,成为一个国内外优秀青年向往的世界一流大学的内在奥秘。

最后必须说明的是,本书只是我个人从记录 2004—2015 年清华文科的发展历史,以及研究高等教育理论与人文社会学科发展规律的学术角度,对这个时期清华文科建设和发展的并不完整的叙述与带有个人局限的思考,并不代表学校对这段时期文科工作的全面总结。由于笔者的记忆、理解与思考水平的局限,其中难免有一些偏见、片面,这里的叙述与介绍很可能是挂一漏万,还有许许多多的人物与故事不能呈现给大家;一些自以为是的思考,也难免肤浅与粗陋。

清华文科这十多年来的建设和发展的成绩与进步是在学校党委和行政班子的领导下取得的,也是属于所有曾经和仍然在清华从事文科建设和发展事业的各位领导和老师的。如果有什么问题与不当,则是我的过错与失误,敬请各位谅解。

谢维和

2018 戊戌年冬于清华园荷清苑

目　录

引　子

高原初步形成，高峰若隐若现

长期以来，清华大学立足国情，放眼世界，锐意进取，取得了公认的成就。2016 年 4 月，在清华建校 105 周年之际，中共中央总书记习近平同志发来贺电。贺电指出，"清华大学是我国高等教育的一面旗帜"；清华大学在长期办学中形成了独特的办学风格和鲜明的培养特色，"为国家、为民族作出了重要贡献"；并鼓励清华大学要站在新的历史起点上，"努力在创建世界一流大学方面走在前列，为国家发展、人民幸福、人类文明进步作出新的更大的贡献"。这其中，有对清华改革发展的期许，也有对清华办学成就的肯定。而在这成就之中，文科是非常重要的一个有机组成部分。在清华的建设与发展中，文科作出了重要贡献，也堪称全国大学文科的"一面旗帜"。

当今的清华文科，正在成为中国高校文科的学术中心之一。然而，清华文科经历过漫长、曲折的发展历程。历史上，老清华曾是一所拥有文、法、理、工、农等多个学科门类的国际知名的综合性大学，在相当时期内，清华文科也以其强大的师资阵容和辉煌成就广受瞩目，被公认为是中国高教界数一数二的人文重镇，以至于梅贻琦校长非常自豪地说，本校"最初办理较有成绩的理工之外，文法科亦并不弱"[1]，我们"应把

---

[1] 《二十二年度开学典礼志略》，《国立清华大学校刊》第 518 号（1933 年 9 月 15 日）。

清华办成一所世界上著名的学府"①。但由于历史的原因，在 1950 年代初的院系调整中，清华被调整成一所多科性工科大学，在此后很长时间内，其学科布局以工科为主，在社会的认知中，也常被定义为一所工科院校。改革开放之后，清华理科、文科开始逐步复建和发展，其中文科先后经历了恢复建设期（1978—1993）、加快建设期（1994—2001）和全面建设期（2002 年至今）三大阶段②；但在很长时间内，清华仍被外界视为理工科大学。而今天，清华已被公认为是一所真正的综合性大学，受到社会各界和国内外的广泛关注和认可。

在相当长时期内，清华文科始终持续地强劲发展，取得了令人瞩目的成就。在 2015 年 12 月公布的第七届高等学校学术研究优秀成果奖（人文社会科学）评选结果中，清华获得了 50 个一等奖中的 5 个，居全国高校之首，这些奖项覆盖了 5 个主要的一级学科领域，分别是：李学勤等著《清华大学藏战国竹简（壹—肆辑）》（中西书局 2013 年版）获历史学一等奖，李强等著《多元城镇化与中国发展——战略及推进模式研究》（社会科学文献出版社 2013 年版）获社会学一等奖，吴贵生等著《自主创新战略与国际竞争力研究》（经济科学出版社 2011 年版）获管理学一等奖，张明楷著《刑法分则的解释原理》（第二版，中国人民大学出版社 2011 年）获法学一等奖，刘奋荣著 *Reasoning About Preference Dynamics*（Springer，2011 年）获逻辑学一等奖。

这一成绩令人惊异。它不仅在新兴综合性大学中异常突出，也超过了许多老牌综合性大学和文科强校。可以说，在本世纪初的十余年中，清华文科已在高校文科界和全国人文社科界异军突起，其亮眼表现引起了极为广泛的关注。清华文科的建设实现了人文、社科、艺术、管理等多

---

　　①　吴泽霖：《记教育家梅月涵先生》，载黄延复编：《梅贻琦先生纪念集》，吉林文史出版社 1995 年版，第 287 页。

　　②　文科建设处：《新时期清华大学文科的建设与发展》，本书编写组编：《清华大学文科的恢复与发展》，清华大学出版社 2011 年版（下引该书版本均同此，只标注书名和页码），第 1—33 页。

个学科门类的大幅度突破。如今的清华文科，和清华的理工科一样，已然名家济济、充满活力，各学科领域的优秀学者和成果都不胜枚举，已形成为一个非常有活力和竞争力的学术共同体，一个备受瞩目的文科重镇。

这些成绩体现在方方面面，在学科建设、队伍建设、人才培养、科学研究、基础设施建设等方面，在制度、团队、思想理念、基础设施等方面都取得了长足进展和实质性突破。可以说如今的清华，不仅形成了较完整的文科布局和良好的学术生态，而且形成了强大的师资阵容和良好的发展态势，取得了相当可观的成绩，没有辜负中央对清华"出人才、出成果、出示范"的期望。

近十余年来，清华文科着力建设高层次平台，从学科建设、人才培养、科学研究、社会服务、国际交流与合作等方面都有力地支撑和推动了清华的一流大学建设。而清华大学的世界一流大学建设的探索又为国家建设一流大学先行先试，积累了有益的经验，成为国家教育综合改革的示范者和引领者。

一、学科的建设与体系的形成

改革开放后，清华文科复建初期，学校虽然高度重视文科，但在当时的情况下，文科更多地只能是作为理工科的附属和补充而存在（许多文科院系的主要职能就是公共课教学），缺乏独立地位，更谈不上与工科等强势学科的平等地位。从 1990 年代开始，清华大学的领导者日益认识到文科在世界一流大学建设中的特殊地位，文科的学科建设也成为清华学科建设的优先方向。经过长期的不懈努力，清华文科逐步形成了系统的、富有特色的学科建设思想。在这个过程中，文科在校内的角色和定位发生了较大变化，逐步赢得了相对独立的学科地位，并形成了较完整的学科体系。尤其是近些年来，清华文科呈加速发展态势，文科学科建设已取得长足的突破性进展，实现了一系列质的飞跃。

一般来说,清华对文科的基本定位是"小而精,有特色,高水平"①,在这一定位的指导下,清华大学的文科学科建设体现出一系列鲜明的特点:第一,高度重视基础学科的建设,如文史哲、艺术等学科。第二,关注对中国国情的研究和与国家重大战略需求相关的研究,为国家战略服务。这就意味着在学科建设中,基础性和战略性都是重要的考量因素。第三,注重新兴学科和交叉学科的建设。学科的交叉融合是学术增长点的重要来源,也是学术发展重要的方向,藉此可以"预流",开创新的研究方向,由跟跑或并跑的研究转向领跑的开创性研究,甚至实现颠覆性的创新。第四,在发展策略上,注重高起点、高水平,配备坚强的组织领导和精干的师资力量,吸引和凝聚不同类型的专家学者与人力资源,通过学科的超常规发展,实现后来居上。第五,注重将学科建设与师资队伍建设、学术研究、人才培养、国际交流合作制度建设和文化建设等有机结合起来。以建设一个学科为契机,凝聚一批优秀学者,培养一批人才,回应社会需求,甚至创造社会需求,带动行业或产业的发展,直接推动学术进步、社会发展、国家富强和人类文明进步。

清华注重推动建设思想理论与文化建设的平台,以学科建设为抓手,重点学科方向突破,建设"清华学派"。从 1970 年代末开启文科复建的系统工程以来,清华相继成立了一系列学科和院系:1978 年恢复音乐室,1979 年组建经济管理系和教育研究室,1980 年设立文史教研室,1983 年恢复外语系,1984 年建立社会科学系,1985 年建立思想文化研究所和中国语言文学系②。在建设综合性、研究型、开放式一流大学

① 1995 年出台的《清华大学"九五"事业发展规划》曾作此表述,此说后来受到广泛认可和传播,并影响深远。参文科建设处:《新时期清华大学文科的建设与发展》,《清华大学文科的恢复与发展》,第 19 页。

② 方惠坚:《回顾清华大学人文教育的发展历程》,《清华大学文科的恢复与发展》,第 69 页;张绪潭:《新时期八九十年代清华大学文科复建与发展纪事》,《清华大学文科的恢复与发展》,第 76 页。

的指导思想下，清华大学继 1984 年成立经济管理学院、1993 年成立人文社会科学学院之后，1999 年正式复建法学院，与中央工艺美术学院合并，成立清华大学美术学院，2000 年成立公共管理学院，2002 年成立新闻与传播学院，2007 年成立国际关系学系，2008 年复建心理学系，2008 年成立马克思主义学院，2009 年在过去教育研究所的基础上成立教育研究院，全面重组政治学系。也正是在这年，清华重新恢复了国学院，作为推进文科基础研究的一项举措。2012 年，在清华新百年的起始之年，学校在原有的人文社会科学学院基础上分别成立人文学院和社会科学学院。此外，清华大学校内文科方面还有体育部、艺术教育中心等教学科研机构。

近十余年来，清华建设实现了几个阶段的跨越。直到 2003 年前后，学校文科的博士点仍极为有限。多数文科教师的工作主要局限于公共课教学，多个学系亦处于依附属地位。经过努力，到 2006—2007 年，学校文科建立了一系列一级学科，也出现了一批重点学科及博士后流动站，学校的学科点搭建起来了，形成了相对独立和系统的学科体系，全校的学术格局也开始出现质的转变。又经过几年迅速发展学校文科进入第三阶段，到 2011 年前后，清华文科局面实现了质的飞跃。学校开始着力建设一批一流的文科并取得显著成效，如清华简、和平论坛、智库建设等都是标志性的高端成果。在 2015 年公布的第七届高校学术研究优秀成果奖（人文社会科学）的评选结果，就是清华文科实力的爆发式展现。清华文科已实现国内一流，正在努力向世界一流的大学文科迅速迈进。

清华大学创造了一系列积极条件全面推进学科建设，提升文科在社会和业界的影响力（即学术影响力和行业影响力）。功夫不负有心人，清华文科在学科建设、获奖等方面均取得了不俗的成绩。2000 年，经国务院学位委员会批准，清华新增博士学位一级学科授予权的学科共 5 个，其中 1 个属于文科；新增博士学位授予学科专业 3 个，均属文科类；新增硕士学位授权学科专业 19 个，其中属文科类的有 17 个。此后多次新增的博士点、硕士点，也以文科居多。到 2011 年为止，清华已有博士学位授予权一级学科 40 个，其中文科类 17 个，理学类 4 个，工学类 19 个。至此，主要的文科院系都已有博士学位授予权，建立了比较完善的文科布局和文科人才培养体系。①

2002—2004 年，国务院学位委员会在全国范围内组织了首次一级学科评估，清华大学文科各学科积极参与了相关工作，并获得可喜成绩。发展历史较长的艺术学、工商管理、管理科学与工程均处于国内领先地位，在综合性大学布局中新建的其他学科也取得较好成绩，其中，社会学、新闻学、体育学的表现尤为突出，进入全国前列。从一级学科评估的总体情况看，经过之前的战略布局和快速发展，清华文科建设已形成规模，进入主流，并在若干领域形成特色，达到较高水准②。在 2008 年的学科评估中，清华文科共有 15 个一级学科参与，在建设时间短、体量小的情况下，仍有 11 个学科排名在全国前十位，其中 9 个学科排名在前六位，艺术学、工商管理 2 个学科全国第一。这种学科建设的成绩，在 2012 年新一轮学科评估中得到了部分的体现。在排名中，清华大学有 14 个学科雄踞第一。人文社科门类中，社会学第五名，马克思主义理论学科第二名，新闻传播学第四名；在管理学门类中，管理科学与工程以 92 分在参评的 102 所高校中高居榜首，工商管理在参评的 115 所高校中名列第三，公共管理以 88 分名列第二；艺术门类中，艺术学理论以 85 分排名第三，美术学排名第四，设计学以 92 分排名第一。在清华文科所有参评的学科中，绝大部分进入全国前十名，其中相当一部分进入前五名。③

仅就文科领域来说，清华大学已跃升为一所高水平的科研密集型的综合性大学，形成了多个优势学科群，逐步生成了一系列高水平的学科集群，在同行中有相当的能见度和影响力。近几年来，在新一轮的教

---

① 《清华大学文科的恢复与发展》，第 28—29 页。
② 同上书，第 27—28 页。
③ 《教育部学位中心 2012 年学科评估结果公布》，新浪教育，http://edu.sina.com.cn/kaoyan/2012DisciplineRankcdgdc/。

育综合改革中，清华大学以"学科+团队"为核心的思路推动学科建设，继续取得显著成就。

清华大学坚守办学宗旨，同时保持对外界的敏感，紧紧抓住重要契机，培育颠覆性创新。作为新兴综合性大学，清华的文科建设更可以发挥后发优势，在高起点基础上实现跨越式发展，在转型时期通过学科及办学模式的转型升级实现"弯道超车"。

清华文科建设中有一个非常重要的亮点清华简。2008 年 7 月，在学校主要领导的直接关心和组织下，学校接受校友捐赠，入藏了一批战国竹简。清华成立了以著名学者李学勤为主任的出土文献研究与保护中心，引进了多位专家学者，开展多学科交叉研究。到目前为止，"清华简"的整理研究取得了令人瞩目的成果，其中许多文献可谓价值空前。比如其中的古文《尚书》原本等重要文献的发现，使两千多年来一直聚讼不休的传世古文《尚书》的真伪问题迎刃而解；再比如已整理出来的编年体史书《系年》，记事始于西周初期，终于战国前期，不少记载为传世文献所未有，能揭示出前所未知的历史真相，并在很大程度上改变我们对先秦史的认知。另一个惊人的发现是，从这批竹简中整理出了中国最早的数学文献实物《算表》，填补了先秦数学史研究缺少实物的空白，具有重大的科学价值。近些年来，"清华简"的研究取得了一系列丰硕的成果，其中包括《走近清华简》《初识清华简》《楚简书法探论：清华简〈系年〉书法与手稿文化》等多部专著，以及一批博士论文。因此，"清华简"在推动一个学科发展的同时，也培育了一批学术人才。

在学科发展策略上，清华大学选择了一系列主体学科，并在此基础上重点发展若干主干学科，经营了一系列支撑学科和特色学科。在学科布局过程中，清华始终高度重视不同学科间的渗透。学科间的相互交流、交叉融合，推进形成优势学科的互补，形成一系列学科集群，形成集成效应，并因此催生了许多新的学术增长点，使学科建设的路向和成效更趋理想。比如，推动艺术与生命科学、社会学与城市规划学科、计算机科学与新闻传播等学科领域的深度交叉融合,推动社会科学与管理科学、工程科学的交叉融合,伦理学与工程、医学等的交叉融合等,出现了一系列高质量的成果,开辟了新的发展方向。这也大幅度推动了学科建设、科研和人才培养。这种办学风格在国内产生了显著的引领作用。"二战"后的历次科技革命浪潮中,许多重大的原创性成果都深刻地受益于学科的交叉与融合。多学科之间的交叉融合是当代科技发展的一个显著特征和主要驱动力,在解决国家重大科技需求和地方经济社会发展关键问题中显示了巨大的生命力。通过交叉学科的和谐互融,不仅能提高高校科研竞争力,也将大大推动创新型国家的建设进程。

正如许多有识之士所认识到的那样,"办文科要比办理工科难得多"①。通过常规的发展路径,要在较短时间内取得文科的突破性发展是难乎其难的。清华则不走寻常路,学校在学科建设上富有前瞻性、系统性,善于选择新兴学科,通过高起点实现跨越式发展。以国际关系学系为例,学校领导与全系教师进行了深度探讨,结合学校的规划及定位、该系情况、学术前沿和国家战略,选择了以国际安全问题研究为主攻方向和优先发展领域,并进行相适应的资源匹配、人才布局、学术建设,从而促成该系在全国迅速崛起,产生相当大的影响,并在国际学界也有较高的能见度。该系还成功地主办了多届"世界和平论坛",在国际上产生了较大的影响。

如前所述,改革开放初期的清华,文科主要是作为理工科的补充或配角而存在的,1997年,《科学技术管理》发表的中国大学1995年评估表明:清华的整体实力高居榜首,但文科排名第122位,不仅远远落后于综合性大学,也明显落后于华中科大、浙大、石油大学等工科大学。② 总体说来,文科不受重视是一个全国性的普遍现象。在当时,清华理工学科群是优先发展的方向,文科"容易被强势的理工科所屏蔽,甚至以理

---

① 胡显章:《忆清华文科的恢复与发展》,《清华大学文科的恢复与发展》,第91页。
② 同上书,第93页。

工的思维定式来要求文科，在一定程度上制约了文科的发展"①。清华文科应该具有独立的学科地位（通过"有为"实现了"有位"），不同学科的干部和教师不仅认识到文科的特点和规律，而且认可文科的价值和地位。这需要逐步建设适合文科成长的文化。在各方面的共同努力下，清华文科持续成长，从《科学技术管理》2005年根据2003年的数据所列排行榜看，清华文科已升至第八位，2010年升至第六位。在英国UK-QS国际学科评估中，清华文科的排名也持续抬升。显然，清华文科已实现跨越式发展，其教育影响力、学术影响力、社会影响力、国际影响力皆有大幅提升②。今日的清华文科，不仅早已在校内赢得独立的学科地位，形成了较完善的学科体系，而且在国内外也已有较大的影响力和一定的地位。在国际学界考量中国大学文科时，清华文科已然成为一支不可忽视的重要力量。值得一提的是，清华文科在校内赢得独立地位的同时，积极与其他学科交流交叉、深度融合，共进共赢，并取得了累累硕果。这在工科非常强势、长期居主导地位的老牌大学，是极为不易的。

目前，清华文科在建设中已强化并贯彻落实了"一流意识"③，文科建设最先追求"小而精、有特色、高水平"④，近年已基本实现"小而精、有特色、第一流"，成为国内大学文科中非常醒目的存在，不仅真正形成了"清华特色"，达到了全国一流，而且正在持续快速朝国际一流的文科重镇稳步迈进。

---

① 胡显章：《忆清华文科的恢复与发展》，《清华大学文科的恢复与发展》，第91页。

② 同上书，第102—103页。

③ 按：清华大学人文社会科学院建院前后，何东昌多次关注清华文科的发展。他在1995年的一次全院讲话中提出，清华办文科"要有一流意识"。胡显章：《忆清华文科的恢复与发展》，《清华文科的恢复与发展》，第91页。

④ 1995年12月，《清华大学"九五"视野发展规划》出台，根据新的发展形势，学校明确把"综合性、研究性、开放式"作为一流大学建设的重要内容，并明确表示要"建设小而精、有特色、高水平的人文社会科学学科"。参《新时期清华大学文科的建设与发展》，《清华大学文科的恢复与发展》，第19页。也有当事人认为，清华人文社科学院建院初期的指导思想是"小而精，有特色，上水平"，1998年后又明确为"有重点，分阶段，上一流，有所为，有所不为"。参胡显章：《忆清华文科的恢复与发展》，《清华文科的恢复与发展》，第100页。

二、师资队伍建设成果丰硕

人才队伍建设是非常重要的一环。中外许多名校文科建设的经验都表明,队伍建设是学校工作的核心。清华的有识之士也指出:"造就一支一流的师资队伍,是建设世界一流大学的关键。"①清华建校以来,始终高度重视人才队伍建设。老清华校长梅贻琦曾说:"所谓大学者,非谓有大楼之谓也,有大师之谓也。"新清华对人才的重视也是一以贯之的。新世纪以来的文科建设中,面对激烈的国内国际竞争及时代对大学提出的挑战,清华更是求贤若渴,注重不拘一格网罗人才,全力推进人才队伍建设。这直接推动了学校的学科建设、科学研究、人才培养、国际化战略等各项工作。上文提及的在 2015 年第七届教育部高等学校科学研究优秀成果奖(人文社会科学)中清华的亮丽表现,就是学校持续推进人才队伍建设的硕果之一。目前,清华文科可谓精英荟萃,有着强大的师资队伍和较为完整合理的梯队:既有资深学者,也有一批少壮派学人,尤以中青年学人居多,并大都处于黄金工作期。

从 20 世纪末加速建设文科时期开始,清华大学的队伍建设就和学科建设相辅相成,协调推进,既出现了队伍建设的高潮,也使学科建设很快成效显著。②

清华大学实行人才引进与培养相结合,着力打造强大的人才队伍,并贯彻"事业留人、感情留人、待遇留人"作为吸引人才的三大"法宝"③。近些年来,清华大学的文科师资队伍不断扩大和优化。根据人事处的统计,自 2004 年至 2015 年,学校共引进文科优秀人才 344 人,通过解除合同、调离等原因离开学校的有 105 人;到 2010 年 11 月,清华大

---

① 胡显章:《忆清华文科的恢复与发展》,《清华文科的恢复与发展》,第 25 页。
② 同上。
③ 《顾秉林:热爱清华的心,将永远不变》,《新清华》第 1872 期,2012 年 3 月 16 日。

学承担教学科研任务的文科教师共计 826 人，占全校 2904 名教师的 28.4%。在此后几年，清华的文科人才队伍又进一步壮大，在学科结构、职称结构、年龄结构、学缘结构等方面都进一步优化，形成了一个强大而富有活力的以中青年为主的人才队伍。除了教学科研序列的教师外，学校文科还有一部分有较高水平研究序列的教师。清华文科教师中涌现了一批高水平杰出人才。据 2010 年 11 月的统计，其中有国务院学位委员会学科评议组成员第五届成员三位（李学勤、赵纯均、杨永善）、第六届成员四位（李伯重、李强、仝允桓、郭庆光）、国家级教学名师奖获得者二位（李砚祖、柳冠中）、教育部社会科学委员会委员三位（张岂之、赵纯均、李强）等，还有一批教育部"长江学者奖励计划"特聘教授、讲座教授，国家杰出青年科学基金获得者①。许多教师还在国内外担任重要的学术兼职或社会兼职。清华大学进入新百年来，文科人才队伍又进一步壮大，队伍建设更上一层楼。清华教师不仅对校内各项工作产生了推动作用，而且在国内外学术界也有许多重要的职务或兼职，产生了较大影响，他们还在参与政府决策咨询、开展国际人文交流等方面也发挥了重要作用。

这些学者大都具有较高的学术水准，推出了一系列高水平的成果，产生了较大的影响力，并曾获得多项奖项。清华文科教师在历届人文社会科学领域"高等学校文科学术研究优秀成果奖"中都有优异表现。另外，在管理学方面，2006 年设立的"管理学杰出贡献奖"，每年授予两三名学者，旨在打造中国管理学界的"诺贝尔奖"。截至 2010 年 10 月，在 12 位获此殊荣的学者中，有 4 位清华学人，分别是陈剑教授（2006 年度）、陈国青教授（2007 年度）、胡鞍钢教授（2008 年度）②、薛澜教授（2009 年度）。近年来清华文科的教师们在各个领域频频获奖。许多清华学者以大量扎实的工作和丰硕的原创性成果，获得了广泛关注和赞誉，并先后获得

---

① 《清华大学文科的恢复与发展》，第 35 页。

② 同上书，第 59 页。

各种国内外重要奖励和荣誉。

李学勤教授为国际欧亚科学院院士,国务院学位委员会历史评议组组长,夏商周断代工程专家组组长、首席科学家。李学勤教授 1990 年代通过人才引进回到母校任教,完成了一系列开创性工作。近年来更是频获大奖,2013 年获首届汉语人文学术写作终身成就奖,2014 年获首届全球华人国学奖终身成就奖,2015 年获第四届吴玉章人文社会科学终身成就奖。① 李学勤教授是清华文科的资深学者之一,以其突出的学术成就受到中外学界的一致推崇,赢得了世界性声誉。尤其是近年主持的"清华简"的研究工作,更是带来了极高的声誉。

陈来教授于 2009 年受聘为清华大学国学院院长,2012 年获聘为中央文史馆馆员,2013 年连任中国哲学史学会会长,2015 年获得"孔子文化奖"。2015 年 12 月 30 日中共中央政治局就中华民族爱国主义精神的历史形成和发展进行第二十九次集体学习。陈来受邀在怀仁堂就此问题进行了讲解,受到中央领导同志的肯定。

中文系汪晖教授是中国思想界和学术界的代表人物。2013 年 9 月,他被授予"卢卡·帕西奥利奖"(Luca Pacioli Prize)。该奖主要授予运用跨学科方法作出创造性研究的国际著名学者。与汪晖一起获奖的是被誉为"当代黑格尔"的尤尔根·哈贝马斯(Jürgen Habermas)。前两届,这个奖分别授予了美国盖蒂博物馆(J. Paul Getty Museum)馆长兼比萨师范大学校长、著名艺术史和考古学家萨尔瓦多·塞蒂斯(Salvatore Settis)和欧洲央行行长、著名经济学家马里奥·德拉吉(Mario Draghi)。2013 年是该奖首次授予两位非意大利裔学者,使东西学界的两位学者交相辉映。

李伯重教授进入清华后,在新的学术平台上继续强劲成长,成为全球中国经济史学界的领军人物。哈佛大学、剑桥大学等一流名校竞相聘

---

① 《卫兴华李学勤获吴玉章人文社科终身成就奖》,新华网,http://news. xinhuanet. com/politics/2015－12/18/c_128544226. htm。

请他担任客座教授或客座研究员。在第 14 届世界经济史大会上，李伯重当选为国际经济史学会执委会委员，成为该学会成立以来的首位担任执委会委员的中国学者。

王宁教授是我国培养出来的最早一批英文和比较文学博士之一。他倡导"研究的国际性、理论的前沿性和方法的跨学科性"研究思路，取得了很大的成绩。2011 年，王宁当选为拉丁美洲科学院院士，次年入选"长江学者"。2013 年 9 月，王宁当选为欧洲科学院外籍院士，成为获此殊荣的第一位中国大陆人文学者。

党和国家最高决策层制定重大政策前注重集思广益，虚心听取各方面的意见和建议。许多专家学者和官员也往往应邀与中央领导深度交流，成为中南海的"特殊智囊"。其中，就有不少清华学人的身影。据 2015 年 11 月的统计，十八大以来，清华大学中国与世界经济中心主任李稻葵不下五次出席中南海的座谈会。李稻葵教授是哈佛大学经济学博士，是第十一、十二届全国政协委员，还曾任央行货币政策委员会委员，在国家宏观调控、货币政策制定和调整中作出了贡献。十八大以来，清华大学公共管理学院院长薛澜、文化产业研究中心主任熊澄宇等都曾为中共中央政治局集体学习讲解。多位不同学科背景的清华专家先后为中央政治局集体学习讲解，从一个侧面反映了清华为推动国家和社会发展所发挥的重要思想库作用①。大批清华学者学风扎实，深入调研，还积极承担社会责任，担任学术和社会兼职。

清华大学还积极推动人才队伍建设中的国际化进程，在全球范围内遴选拔尖人才，凝聚各方杰出人才来校工作，共同提升清华大学办学的国际水准。清华大学已形成一系列具有较高水准和较大影响力的学科团队。以经济管理学科为例，2002 年，钱颖一与白重恩、许成钢等人在清华大学经济管理学院创建"特聘教授"项目，共有 15 名海外经济学学者到清华大学授课。据 2015 年 9 月的统计，这 15 名学者中的 10 人正在担任

---

① 《积极发挥思想库和智囊团作用　薛澜等多名教师为中央政治局集体学习进行讲解》，《新清华》2011 年 9 月 2 日。

国内经济相关学院的院长和副院长，另外 2 人曾经担任院长。通过这些岗位，这些在国外执教多年的经济学学者为推动在中国高校经济学教育发挥了很大作用。

在此期间，清华文科教学科研人员的总体规模略有增长，但职称结构和学历结构都实现了大幅度优化。截至 2015 年年底"十二五"规划结束之际，清华文科的教师队伍规模在前些年基础上有进一步增长，其教研系列教师数占全校教师规模的 29%，大大超过理科、医科教研系列的教师规模（合计 13%）。因此，无论从院系数说，还是从教师队伍规模说，文科在清华已占有相当突出的地位，已成为清华建设世界一流大学、积极服务国家和世界的一支重要方面军。

三、人才培养的成就和探索

目前清华大学文科已初步形成一个比较完整的高水平的人才培养体系，建设了一个高水平人才培养的平台，取得了多方面的显著的成效。人才培养方面，不仅规模有所扩大，而且质量大幅提高，学科门类也明显增加，多样化方面也有长足进展。尤其是在清华大学九十周年校庆之后的十余年间，文科的研究生教育取得巨大进展。在校研究生规模翻了几番，研究生培养质量和国际化水平、国际影响力也有实质性突破。同时，文科的国际学生教育迅猛发展，海外留学生也持续增加。学生的生源质量、培养质量和就业质量也稳步攀升；越来越多的优秀毕业生受到国内外用人单位的欢迎，在重要岗位上做出了优秀成绩，受到各界认可，也为母校赢得了荣誉，推展了清华在海内外的影响力。

清华大学文科始终坚持以人才培养为办学的根本，并实行优势转化战略，将办学的优势（尤其是学科的优势和资源的优势），转化为人才培养的优势。其主要举措和特色包括如下几方面：

（一）以个性化培养为导向，将人才培养工作放在各项工作的首位。

学校召开文科教学改革的讨论,以个性化培养模式为导向;经过讨论和探索,各文科学院均已形成比较明确的办学思路:以学生为本,把人才培养工作放在各项工作的第一位,把质量视为衡量办学成功与否的最重要标准。清华大学曾一度探索通过人文实验班和社会科学实验班的形式来提升本科生培养质量,也都取得了一定成效。

学校文科积极为拔尖创新人才脱颖而出创造优良环境,努力为每一个学生的个性发展和人格养成提供充分条件。如在学院定位方面,经济管理学院定位于"造就未来中国乃至世界范围的商业领袖,贡献学术新知,以推动民族经济的伟大复兴",新闻与传播学院则志在"面向主流、培养高手"。各学院实行个性化的人才培养,美术学院以创作为主导的理念贯穿于设计艺术学科的教学和研究中,人文社科学院进行了人文实验班与社科实验班的改革,公共管理学院致力于形成公共管理领域的多层次人才培养体系,法学院全面推行本科生导师制,经济管理学院为学生设计和提供了三条轨道:学术方向、创业方向、领导力方向。

(二)以招生为突破口,为高水平创新人才的培养打下坚实的基础与良好的开端。学校加倍珍惜和爱护文科的好生源、好苗子,为其尽快成长付出更多心血。随着清华文科整体质量的逐步提高,以及在社会上的声誉与口碑的不断提升,特别是借助清华的总体优势,本科招生的生源越来越好,越来越多的优秀学生选择了清华大学的人文社会科学。

2010 年,清华大学本科生共录取新生 3355 人。文科院系共录取 754 人,其中各省的前十名 71 人,占总数的 9.4%。这一年,清华大学文科新生在北京地区的录取提档线比北京大学高 9 分。为此,分管招生的袁驷副校长曾说,文科本科招生的质量提高已发生由点到面的变化。

文科生源质量和培养质量的提升,不仅体现在本科生方面,也体现在研究生和留学生方面。经过广大师生的努力和严格训练,清华大学文科毕业生的培养质量越来越高。例如,在 2005—2010 年间,清华大学文科共有 4 篇博士论文入选全国优秀博士论文,覆盖基础学科、应用学科和管理学科①。

（三）以就业指导为抓手，引导优秀毕业生"入主流，上大舞台，成大事业"。经过多年的努力和积累，清华文科人才培养的质量不断提高。在博士生培养中，增强学术导向，注重培养高质量的学术型博士。文科院系的"博士生的教育科研行业就业率"尤为突出。根据 2005—2009 年的统计，清华大学共有 8 个院系超过 60% 的博士毕业生进入教育科研行业，前三名依次为美术学院、新闻与传播学院、人文社会科学学院。学校 2010 届赴基层公共部门及国家部委任职的毕业生中，在京国家机关任职的文科学生有 12 人，占全校总数（45 人）的 26.7%。在基层国家机关工作的文科学生有 83 人，占全校总数（113 人）的 73%。

以新闻学院为例，截至 2010 年，新闻学院培养本科毕业生 8 届，共计 304 人，其中 187 人继续到国内外升学读研。就业的学生有 117 人，其中有 76 人到新华社、人民日报社、中央电视台、中国日报社各主流媒体就业。截至 2009 年，新闻学院毕业参加工作的研究生（博士和硕士）共 212 人，其中 82 人到各大主流媒体工作，33 人到大型国企，30 人到党政机关，21 人到重要文教机构工作。在美术学院，学生在国内外的艺术、美术与设计比赛中屡创佳绩，2003—2010 年，美院学生获国内外各种奖项 200 项。美术学院一大批毕业生在艺术机构、高等学校与新闻出版部门工作，成为骨干和中坚力量。在法学院，2010 年有 121 名毕业生进入国家党政机关及其直属事业单位，包括检察院、法院，占就业总人数的 29.8%。法学院 2010 年毕业生签约各省组织部选调、西部及基层就业共计 40 人。法学院 2010 年毕业生进入国有大企业（含国有金融机构）131 名，占就业总人数的 32.3%。

清华文科毕业生被国外著名大学录取为研究生的人数越来越多。人文学院三年内进入哈佛、MIT、耶鲁、斯坦福、加州伯克利、哥伦比亚、康奈尔、剑桥、牛津、伦敦政治经济学院、东京大学等学习的毕业生共 48 人。

---

① 《清华大学文科的恢复与发展》，第 51 页。

2010 年哈佛法学院在中国录取了 15 名研究生，其中清华法学院毕业生为 5 人。法学院本科学生黄博，2008 年考入美国排名第五的芝加哥大学法学院读 JD，其考试卷被院长选为优秀试卷，放在芝加哥大学法律图书馆展览，供学生学习。

　　清华文科研究生的成长质量显著提升，近年来的毕业生在国内外重点大学任教，有些已经成为了学科带头人、博士研究生导师和学校领导。据不完全统计，在经济管理学院培养的博士中，共有 123 位服务于教育科研行业，其中教授有 28 位、副教授 17 位。这些校友中，有科研机构的领导、院士、高等学校的校长、院系领导，也有数位在境外高校任教。截至 2010 年 7 月经济管理学院毕业 MBA 校友 7100 人，EMBA 校友 2121 人，其中在大型企业工作的有 3050 人，在政府工作的有 240 人。清华 MBA 校友的社会影响力正在积极呈现，既有一批校友走上了各类企业或单位的领导岗位，也有一大批校友在各类企业和单位发挥着骨干作用，更有一批校友通过创业，为社会作出贡献。

　　清华大学法学院在人才培养中独具特色，一直重视"双语双法"人才的选拔和培养，专门开设了一批使用英语教学的法学专业课程，以使学生具备在全球化时代从事高端法律服务以及代表中国参与国际竞争的专业能力。这样的人才培养思路和模式产生了显著成效。有识之士注意到，中国近代以来长期缺乏国际型法律人才，这种状况至今如此。在国际交往中法律纠纷不断，国家为此付出了巨大代价，究其原因还是缺少一批优秀的高端涉外法律人才。未来国家利益很大程度上需要以法律手段来捍卫。为此，清华法学院开始筹划设立高端奖学金，培养高端涉外法律人才。2015 年，清华设立了明伦奖学金，旨在培养高端涉外法律人才，资助优秀法律学子到国外一流大学法学院深造，攻读法学硕士和博士专业（奖励最高额度高达一年 50 万元人民币）。通过评选，当年有 29 位同学脱颖而出。他们以优异的成绩申请到了哈佛大学、牛津大学、剑桥大学、杜克大学、早稻田大学等 19 所世界顶尖高校的法学专业，获得了清华大学明伦奖学金。

法学院学生还曾在多项英语赛事中取得佳绩。2011年4月,在深圳举行的第16届"21世纪杯"全国英语演讲比赛总决赛中,2010级学生许吉如夺得全国总冠军及"21世纪报最具潜力奖"和"最佳人气奖"。5月,许吉如代表中国学子赴伦敦参加"国际公众英语演讲比赛"时①,在来自全球49个国家和地区的82名选手中脱颖而出,击败来自英、加、澳等英语母语国家选手,成功晋级总决赛。其在赛场的独特表现赢得了高度赞誉。② 2014年,许吉如以优异成绩从法学院毕业,并进入哈佛大学肯尼迪政府学院攻读研究生,所有费用由富布赖特奖学金支付。清华大学还设立了一系列国际项目联合培养学生,如与约翰·霍普金斯大学培养国际关系的研究生等。

在近年开启的新一轮教育教学改革中,一些院系结合自身特点做出很多探索性工作,其中人文学院形成了重在"增加学生自主性、提高挑战度"的新的培养方案,成为学校教改工作中首个设计完成的本科培养方案,并从2015级开始实施。2015年,清华全校增设了包括三个创新创业辅修专业在内的10个辅修专业,汉语言文学、哲学、历史学三个二学位专业和政经哲、创业设计与智能工程两个交叉项目,为学生的个性化成长提供了更多的空间。

四、科研成效、智库与影响力

在新世纪以来的一段时间里,清华大学文科创造性地开展了一系列工作,致力于提高学术水平,彰显清华文科的思想贡献,取得了长足进步。

---

① 《清华学生许吉如获得全国英语演讲比赛总冠军》,清华新闻网,http://www.tsinghua.edu.cn/publish/news/4205/2011/20110412162417495288851/20110412162417495288851_.html。

② 《"21世纪杯"选手在ESU国际英语公众演讲比赛中的获奖情况》,中国日报中文网,http://ent.chinadaily.com.cn/2015-03/14/content_19811118.htm。

清华学人历来追求卓越、追求完美,在科研工作中,也力图去研究"第一等重要课题","做第一等的事业"。① 在实践中,清华人也努力从跟踪、并跑向引领转变,作出开创性贡献,并引领着中国学术加速前进。

在科研工作的规划和布局上,清华善于在国家战略、社会需要和学校战略三者之间寻找最佳结合点,并在这一"交集"中做文章,最大限度地推动高水平科研工作。在近年的教育综合改革中,清华提出科研工作要面向国内国际两个"主战场":既要追求国际学术前沿,又要服务国家重大战略需求。因此,在科研体制中,以基础性为横坐标,以战略性为纵坐标,形成了一个坐标系,其中第一象限是基础性、战略性都非常突出的研究领域或方向,是学校最提倡的。

清华大学还提倡开创性、引领性的研究,注重原始创新,推动学术革命性甚至颠覆性的进步,也提倡国家战略亟须的研究,而避免从事处于第三象限的研究。清华提倡文科的研究工作也要"入主流",一是基础学科方面有突出表现,二是要在对国家有战略意义的学科方向、应用性研究上有重要研究进展和贡献。在文科建设上,学校一方面非常重视基础文科建设,同时也注重应用性文科建设,特别强调高端智库的建设,自觉服务国家重大战略需求。在科研工作中,清华文科工作的领导者始终保持从容、大气,自觉抵制短期功利化倾向,并经常强调:"我不希望你们做太多的事情,但我希望你们做一点永恒的事情。"②

《中国社会科学》是代表我国最高水平的综合类文科期刊,近年

---

① 顾秉林:《做第一等的事业,做中国的脊梁——2010届本科生毕业典礼暨学位授予仪式上的讲话》,清华大学新闻网,http://www.tsinghua.edu.cn/publish/news/4214/2011/20110225232523609368918/20110225232523609368918_.html。按,1965年林家翘访问芝加哥大学时,曾对何炳棣说:"要紧的是不管搞哪一行,千万不要作第二等的题目!"何炳棣:《读史阅世六十年》,中华书局2012年版。

② 谢维和:《〈老清华的社会科学〉新书首发式致辞》,载氏著《教育的道理——谢维和教育文集》(第一卷),教育科学出版社2014年版,第232页。现场详情,参《〈老清华的社会科学〉首发式举行》(2011年12月14日),清华大学经济管理学院网站,http://www.sem.tsinghua.edu.cn/portalweb/sem?__c=fa1&u=xyywcn/49137.htm。

来清华教师在该刊发表的文章越来越多。2006 年至 2010 年 9 月,清华文科教师在该刊发表文章达 21 篇。其中,2008 年有 8 篇,是当年全国高校中发表篇数最多的。《清华大学学报》哲学社会科学版,2010 年以第一名的成绩入选教育部高校哲学社会科学第三批名刊工程,这也从一个侧面印证了清华文科的学术水准和影响力。

在国际通行的科研评价体系中,SSCI 和 A&HCI 是两个非常重要的衡量人文社科学术水平的国际性指标,也是文科研究工作国际化水平的重要体现。据统计,1995—2004 年间,SSCI、A&HCI 收入我国高校论文 1346 篇,分别来自 224 所高校。我国发表 SSCI 和 A&HCI 论文数量居前 10 名的高校有 11 所,合计 632 篇,占我国高校同类论文总量的47%。其中,在这些高校中,清华大学排名第二位,仅次于老牌综合性名校北京大学[1]。

在这 10 年间,北京大学以 218 篇论文高居榜首,清华大学为 86篇。但在 21 世纪初,清华年度论文的数量开始日趋逼近北京大学。考虑到清华文科的体量小,这一成绩更是可圈可点。又据统计,2003—2009 年间,清华大学共有 279 篇文章被 SSCI 收录,有 90 篇文章被A&HCI 收录,合计 369 篇;而在前一个七年(1996—2002),这一数量为36;前者超过后者的 10 倍。

在此期间,清华的论文发表不仅绝对数量有强劲的大幅增长,在中国所占权重也有显著提升。2005—2009 年间,清华大学的论文数量占中国的5.2%。被引用情况也较为可观,其中不乏高被引论文。

作为新兴的综合性大学,清华的文科国际论文产出在任何一方面的指标,都足与一般老牌综合性名校及文科强校并驾齐驱,处于全国前列,鉴于清华文科相对较小的规模,这不能不说是极为难能可贵的。

更可喜的是,2010 年以来,清华文科在这两类论文的产出都有进

---

① 郑海燕等:《SSCI、A&HCI 和 ISSHP 收入中国论文统计分析(1995—2004)》,中国社会科学出版社 2008 年版,第 24—26 页。

一步提升，在全国各高校中位居前列。由此可见，进入 21 世纪以来，尤其是 2004 年以来，清华大学这两类论文始终保持稳定的高水平，而且出现了持续的加速增长态势。到 2015 年，这一论文的发表量达到历史新高，计 137 篇。在某种意义上，这一指标也部分地反映着清华文科"走出去"、在国际上发出中国声音的能力和实效。

可以说，文科"走出去"与走向世界的步伐，进入 21 世纪以来发生了显著变化，出现了质的变革。学校不仅成功地在国外举行了一系列学术会议、展览、讲学，而且许多学院已通过了国际学术评估，得到国际同行的高度认可。学校还成功地主办了学术刊物 *Chinese Journal of International Politics*（牛津大学出版社出版）和 *Tsinghua Law Review*（Christensen Inc.出版）。此外，清华文科还积极参与国际学术合作，开展与许多国家的机构或学者共同承担国际学术项目或课题，发挥积极作用，扮演着越来越重要的角色。这在全国大学文科的对外学术交流合作中，也发挥了示范引领的作用。这些举措和成果都得到了国内外学者的认可，也增强了大家进一步发展的信心①。

外文系王宁教授是这个方面一位代表性学者。截至 2014 年 1 月，他有 60 多篇论文被收入 SSCI 和 A&HCI 数据库，部分被译为多国文字。作为中国人文社科界的代表性人物之一，王宁将西方的文学和文化理论改造后应用于中国文学和文化研究，并在此基础上对西方理论进行质疑甚至重构，从而打破了西方中心主义的思维模式，最终对西方学者也产生了一定的影响。王宁还通过多种途径为推进中国社会科学的国际化做了一系列工作。他担任清华外文系学术委员会主任的短时间内，该系教师在其指导下，在国内核心刊物发表论文的数量翻了一番，在国际权威刊物发表的文章数量也大大增加，文章质量也令国内其他高校的同行望尘莫及。他积极支持发出中国的学术声音，促

---

① 谢维和：《三个优先与政策引导——清华大学文科科研评价的实践与思考》，载氏著《教育的道理——谢维和教育文集》（第一卷），教育科学出版社 2014 年版，第 234 页。

进中国学术的世界化,改变被动的地位。他认为,学术研究与国际接轨有四个过程——跟着说、一起说、对着说和带着说;西方长期认为中国现当代人文社会学科缺少自己原创的声音,一直处于"跟着说"的地位。今后,为扩大中国人文学界的影响力,首先要同国际学界"一起说",其次要敢于"对着说",最后要"带着说",引导国际学术潮流,这样才能真正提高中国文科的国际影响力。①

清华教师完成了一系列原创性力作,产生了相当大影响。如原历史系教授葛兆光的《中国思想史》、中文系教授汪晖的《中国现代思想的兴起》等,都在海内外产生了巨大影响。中文系教授格非的《江南三部曲》也被公认为当代文学中经典性的作品。

根据爱思唯尔 2016 年 1 月发布的 2015 年中国高被引学者(Most Cited Chinese Researchers)榜单,清华大学有一批学者上榜。这一榜单囊括了 38 个学科领域的 1744 名最具世界影响力的中国学者。其中有艺术与人文,商业、管理和会计,决策科学,经济、经济计量学和金融,心理学,社会科学 6 个文科类学科领域。在其中的 5 个学科领域中,都有清华学人的身影。其中,在商业、管理和会计学科领域的 30 位学者中,白思迪、付玲、陈国权目前任职于清华大学;在决策科学的 20 位学者中,谢金星、赵晓波任职于清华大学;在经济、经济计量学和金融学科领域的 16 名学者中,李宏彬、曹泉伟、白重恩目前任职于清华大学;在心理学领域的 10 名学者中,彭凯平任教于清华大学;在社会科学领域 36 位学者中,阎学通、杨梅华目前任职于清华。②

同时,清华文科有一批教师的思想观点和理论,也在学界或社会上产生了深远影响。例如,美术学院吴冠中先生关于形式美、抽象美的观点促进了美术界的思想解放,他还有着独特的教学思想:整个人才培养

① 《王宁:永攀高峰的人文学者》,清华新闻网,http://www.tsinghua.edu.cn/publish/news/4205/2014/20140102105737124510832/20140102105737124510832_.html。

② 详参《2015 年中国高被引学者榜单发布》,科学网,http://news.sciencenet.cn/html/shownews.aspx?id=337415。

是一栋大楼，各个学科与专业是房屋的窗户。因此，他鼓励学科交叉并躬身践行，成就卓著。

清华学人的成果在得到学界认可的同时，也先后获得了一系列奖项。以中国文科最高奖——教育部高等学校科学研究优秀成果奖（人文社会科学）为例，清华学人也有可喜表现（表0—1）。

表0—1　教育部高等学校科学研究优秀成果奖清华大学获奖情况

届别	年份	一等奖		二等奖	
		全国	清华	全国	清华
第一届	1995、1996		0		3
第二届	1998		0		2
第三届	2002	47（特等奖1项）	2	124	3
第四届	2006	26	1	106	4
第五届	2009	38	1	205	5
第六届	2013	45	0	250	9
第七届	2015	50	5	251	

资料来源：《新时期清华大学文科的建设与发展》，《清华大学文科的恢复与发展》第40—43页。中国教育和科研计算机网，第六届高校科研优秀成果奖（人文社会科学）获奖名单，http://www.edu.cn/jykx_12042/20130407/t20130407_927106.shtml；第七届高等学校科学研究优秀成果奖（人文社会科学）获奖成果名单（908项），教育部官网。

据统计，2006—2010年间，清华获得教育部、北京市及其他部委奖励的各类优秀成果数达到87项。其中，在2009年的第五届高校科学研究优秀成果奖（人文社会科学）的评奖中，清华大学共有18项成果获奖，比2006年第四届的12项增加50%；其中一等奖1项，而二等奖5项，三等奖11项，成果普及奖1项，总数居全国第8名。截至2010年，教育部高校科学研究优秀成果奖（人文社会科学）评选5届，清华大学累计共获得48项奖励，其中一等奖4项，二等奖18项，三等奖26项；北京市哲学社会科学优秀成果奖共评选十一届，清华大学累计获得90项奖励，其中一等奖20项，二等奖70项。

从这份成绩单来看，清华文科在主要学科分布方面卓有成效，且有新的突破；与此同时，清华文科科研经费也持续增长，为文科建设提供了更为充裕的资源匹配。其科研水准和在全国的竞争力在十余年内实现了质的突破，也是自然而然的结果。

这些研究工作，也在国际国内产生了深刻的影响，并于潜移默化之中悄然改变中国和世界的学术文化版图。清华大学创造性地协调中国特色和国际规则的关系，积极参与国际评估与认证，在国际学术交流和交手中提升实力，树立文化自信。2013 年 8 月底，由中国常驻联合国代表团和清华大学联合主办的"写在竹简上的中国经典——清华简与中国古代文明"专题展在纽约联合国总部大楼举行。这是"清华简"首次走出国门，也是中国首次在海外举办古文献学领域的展览。随后，由美国达特茅斯学院和清华大学共同举办的清华简国际学术研讨会在达特茅斯学院举行。在三天的时间里，中外学者会聚一堂，共同研讨"清华简"及其文化意义，也为达特茅斯学院带来了一次中国文化盛宴。此次会议语言为中文。1929 年，清华大学教授冯友兰曾撰文称："我们想叫现代学术在中国发达，也非叫现代学术说中国话不可。"而今，中国学人通过努力，不仅在部分学术领域真正实现了"说中国话"的目标，而且还"带着"国外同行"说中国话"。此次会议吸引了 13 个国家和地区的 30 多所高校的 70 多位学者前来参会。研讨会上，清华大学教授李学勤获颁达特茅斯学院亚洲与中东语言文学系"中国研究终身成就奖"，以表彰他对学术界的杰出贡献。会议期间，还特别举办了清华简展览、战国竹简与清华简专题研讨会。

五、基础设施及学术文化平台

进入 21 世纪以来的十余年间，清华在文科的学科建设、人才队伍建设和人才培养过程中，非常注重基础设施建设，并取得了一系列可圈可点的成果。在 2011 年清华大学百年校庆前后，清华文科基础设施建设迎来了新一轮高潮。这些基础设施不仅为清华文科的发展提供了更宽广的场地和平台，营造了更好的学术交流合作及发展的场域，而且它们本身就是艺术品。它们的出现推动了清华的文科研究和文化发展，推进了人文交流和国际互动；这些地标性的建筑还推动了社区文化的活跃和繁荣。

图书馆是一所大学重要的教学科研设施，她不仅是一种物质实体的存在，而且有着精神与文化的内涵。清华大学图书馆也是清华文科建设过程中的一个重要支撑，图书馆藏有大量珍贵文献，并利用多种现代化手段促进图书资源更好地服务读者，为学校的科学研究、人才培养、学术交流创造条件，为清华大学全面推进文科建设、努力创建世界一流综合性大学作出应有的贡献。

老清华图书馆曾是远东地区顶尖图书馆之一，藏书量冠居全国；其中涌现出许多人物和成果。① 现今的清华图书馆已经包括校图书馆及人文社科、经管、法律、建筑、美术和金融六个专业图书馆，向全校师生提供全方位的信息服务。最近短短几年间，清华大学先后建成了两个现代化的大型图书馆，即清华大学人文社科图书馆和清华大学图书馆北馆。

清华大学人文社科图书馆于 2009 年 4 月奠基，由清华大学校友捐资建设，次年 4 月主体结构封顶。2011 年 4 月百年校庆期间正式投入运行。她凭借丰富的馆藏资源、舒适的阅读环境、灵活的服务形式、便捷的服务设施为全校师生的学习和研究提供信息服务和支撑，已经成为学术资源、学术活动、文化展示和开放交流的重要场所。该馆由国际著名建筑师马里奥·博塔（Mario Botta）和中国建筑科学研究院联合设计，已成为清华的地标性建筑之一，馆藏容量达 100 余万册书刊，除常规入藏的新版中外文图书外，还包括学术研究必须配置的重要经典文献和参考工具，以及国内外知名学者捐赠的成体系的个人收藏。除纸质文献资源外，该馆还大力开展信息资源的数字化网络化服务。

2011 年，清华大学开始酝酿筹建图书馆北馆（李文正馆）。该馆由印度尼西亚著名华人实业家李文正先生捐资建设，由中国工程院院士、清华大学建筑学院教授关肇邺先生领衔设计。该馆建筑造型和内部布局

---

① 邓景康、韦庆媛主编：《邺架巍巍——忆清华大学图书馆》，清华大学出版社 2011 年版。

所体现的强烈的人文内涵,本身就是对广大清华人的一种无声的人文教育。该馆 2011 年 4 月奠基,2013 年 12 月工程正式启动。2016 年初,清华大学图书馆李文正馆正式落成。清华大学 105 周年校庆之际投入使用。李文正馆(北馆)与图书馆原有的三期工程形成一个现代化的图书馆,共同组成清华大学图书馆体系中的总馆,为全校师生创建了更加温馨舒适的学习、研究与交流环境,改善和推动清华大学图书馆的进一步发展。①

清华图书馆的设计和扩建着眼于群体的协调与和谐。逸夫馆和北馆等新旧建筑之间,既有传承,又有创新,实现了整体风格及建筑环境的协调统一。至此,图书馆总馆共有四个时期的建筑,既具历史内涵,又有时代气息。从沧桑古朴的老馆,到清丽俊雅的北馆,它们共同再现了百年清华文脉的传承与流变,构筑了一道独特的历史文化和建筑景观。

近年来,清华基础设施建设中另一个重要成绩是清华大学艺术博物馆的建设。为进一步促进艺术学科的发展,加强艺术学科与理、工、人文等学科之间的交叉融合,营造良好的文化艺术氛围,荟萃各类优质人文艺术资源为培养创新人才服务,清华大学校务会议议决成立清华大学艺术博物馆。2003 年起,艺术博物馆以向社会各界乃至国际招标的形式,最终确定由著名设计师马里奥·博塔担纲设计。2012 年,博物馆动工;2015 年 11 月土建竣工。在 2016 年 4 月清华建校 105 周年校庆之际,艺术博物馆举行落成仪式,9 月正式对公众开放。

这是推进清华艺术及人文学科的发展、促进清华多学科协调发展的重要举措,为文科发展创造了新的契机。艺术博物馆是一座风格现代、功能完善、设施先进的智能化建筑,它与新清华学堂以新主楼为中点成对称布局。按照学校的构想,"这将是一所国际一流的艺术博物馆"。2008 年入藏清华的两千余枚"清华简"成为博物馆镇馆之宝,此

① 《清华大学李文正馆落成开馆》,清华大学新闻网,http://news. tsinghua. edu. cn/publish/thunews/9945/2016/20160422161838473774485/20160422161838473774485_. html。

外，王国维发现的甲骨文、梁思成林徽因为保护建筑购买的即将倒塌的木塔构件以及张仃参与设计的国徽、世博会中国馆的设计草图、《哪吒闹海》等也将入藏博物馆，并向社会开放。博物馆开馆首展精彩纷呈，其中就有：对话列奥纳多·达·芬奇：第四届艺术与科学国际展、"竹简上的经典"清华简文献展等。馆内藏品极为丰富，且集收藏、展览、研究、教育等功能于一体，既打造成一座广大师生身边的艺术殿堂，同时面向社会开放，成为传播艺术、交流文化的重要场所，为清华新百年开创"更创新、更国际、更人文"的新格局贡献了力量。

近些年来，清华大学的基础设施建设方面取得一系列重大进展，其中较为突出的是新清华学堂建筑群的落成。新清华学堂是清华大学为迎接百年校庆，由校友捐资建设的重要公共文化设施。其主体建筑包括大讲堂（大剧院）、蒙民伟音乐厅和校史馆三部分，三座建筑联成一体，相当于一个文化艺术中心。该建筑由清华大学建筑设计研究院完成施工图设计。2008年校庆前后奠基，2011年校庆前后竣工。新清华学堂的建设达到专业剧场标准，声学效果堪与国家大剧院相媲美。它已成为清华大学举办高水平学术交流、高雅艺术演出等大型活动的重要场所，成为清华大学发展的第二个一百年中新增的标志性建筑。新建的校史馆共分三层，它通过文字、图片、实物以及影像资料展现清华大学的百年发展史。

新清华学堂也形成了独特的风格，具有独特的美学内涵，被公认为极具特色的艺术品①。设计者李道增院士强调，建筑是社会物质和精神文明的产物，它在艺术追求上，要追求"真善美"的统一。清华的建筑应能体现出清华的历史积淀，发挥弘道育人的作用；新清华学堂也必须能延续清华文脉。为此，他们在建筑手法上充分体现了传统和创新的融合。"新清华学堂"外立面色彩延续老校区"红砖墙"的老传统，

---

① 《新清华学堂力求"真、善、美"统一》（访谈人：文爱平），《北京规划建设》2010年4期；亦见 http://wenku.baidu.com/view/fc0e6d047cd184254b353526.html。

体现朴实、典雅、纯静之美。在北侧还设计了下沉广场便于非正规交流。可以说,这些建筑也承载着百年清华的历史积淀,彰显着清华的文化风格。

在基础设施建设中,学术平台建设是一个重要方面。在近十余年间,清华大学硕果累累。《清华大学学报(哲社版)》是一个非常突出的例子。《清华学报》曾是在民国四大学术名刊之一,但由于院系调整中清华文科被成建制地撤销,该刊也一度被取消。1986年,《清华大学学报(哲社版)》复刊,但在相当长时间内,该刊始终影响甚微。直到2006年前后,刊物还名不见经传,全国学报排名在50名之外,甚至本校老师都不愿投稿。而近些年来,经过有关各方持续的努力,杂志迅速进步,各项指标都稳居全国前五位,有些指标(如文摘率)居全国首位,转载率多年稳居前三甲,并多次获奖。据研究者统计,《清华大学学报(哲社版)》2006年度共被三大权威文摘期刊摘录53篇次,文摘率53%,居中国社会科学期刊文摘率第一位。① 2010年该刊以第一名的成绩入选教育部高校哲学社会科学第三批名刊工程,真正成为展示清华文科实力的一扇窗口②。由于具有高学术影响力和市场竞争力,近年来,该刊先后荣获国家期刊奖、中国出版政府奖期刊奖提名奖、"全国百强报刊"称号、百种中国杰出学术期刊奖、"中国最具国际影响力学术期刊"称号等,成为全国高校学报的楷模。

六、文科建设的思路、路径与文化

近年来,清华文科根据学校的总体布局与目标任务,按照五个平台的规划,进行了系统的建设,初步实现了预期的目标,为建设世界一流

---

① 《〈清华大学学报〉(哲社版)文摘率位列中国社会科学期刊第一位》,《社会科学论坛》2007年第5期。

② 《清华大学文科的恢复与发展》,第58页。

大学和满足国家战略需求作出了应有的贡献。

清华文科在办学过程中,取得了显著的成就,积累了第一手经验,不仅对理工科大学建设文科有示范意义,而且对老牌综合性大学及文科大学的文科建设也有诸多启示。清华大学遵循教育规律办教育,按文科的规律办文科;在文科评价上,定性与定量相结合;在学科发展上,尊重学科差异,实行差异化的个性发展;师资队伍建设上,强调要尊重文科的特点,要"养"一批学者,"无用之用方为大用"。学校遵循文科的特点和规律办文科,形成了独特的文科办学方式和风格,这在全国有典范意义。

清华大学的领导集体,特别是主要领导与主管文科工作的历届领导对文科改革、建设与发展形成了独特的思路。这些思考和探索在国内外引起了广泛关注。

学校对文科建设与发展的经验形成了几大规律性的认识。比如:坚持正确的政治方向;将与国家、高等教育和学校发展的三个交集作为文科建设的主要任务和目标;协调发展,分类指导,科学评价;坚持入主流和高水平;走特色化之路;坚强有力的组织领导①,等等。

清华文科的领导者在办学实践中还形成了一系列独特的体会和认识,深化改革过程中提出了一系列思路和建议。在文科建设过程中,大家深刻认识到文科发展的规律与价值,特别是文科的某些特殊性:注重抽象性,注重差异性,强调意会性等;文科发展的周期比较长,不确定性、偶然性比较大。文科这种生产、表现上的特点,决定了其管理、评价上的特点。在管理方式上,需要坚持三个原则,即合法(执行制度)、合理(符合理想)、合情(注重情感)。因此,在文科的改革与发展中,清华

---

① 在这一时期,王大中校长提出,要超越以往主要参照 MIT 模式的局限,清华应该有、而且事实上也有更高的定位;并指出:我们的弱点不在工科,甚至也不在理科,而在文科。学校在文科建设上基本确立了指导思想:要实现建设世界一流大学的目标,必须建设高水平的文科。详《清华大学文科的恢复与发展》,第21—22页。

坚持了文科建设的内生性和可持续性原则。

在尊重文科发展规律和价值的基础上,清华形成了具体的针对性策略,一是扩大文科发展的自主性,包括自主空间的拓展、自觉意识的提升、自律行为的要求;二是设立文科发展领域与项目的培育专项经费。为此,清华设立了文科建设与发展的专项培育经费,推进清华文科振兴。多年来,清华在办学实践中深入系统探索文科发展规律,形成了独特的认识和创见,对高校探索文科发展规律有借鉴作用。近些年来,有不少兄弟院校来考察、参访和交流经验。就此意义来说,这也是清华对我国高等教育事业发展的贡献。可以说,在文科建设过程中,清华不仅积累了较丰富的第一手经验,而且探索出了许多有益经验,进行了理论概括,形成了理论性的认识。

世界一流大学建设中,既要注重制度建设,也要注重文化建设;既尊重科学规律,也要富有人文关怀;既要追求高效率,也要富于人性化。一流大学应是思想文化的高地,应充分发挥文化育人的作用。伟大的大学应该能孕育伟大的思想,成就伟大的人物。作为一个工科非常强势、长期处于主导地位的大学,清华文科建设面临着特殊的环境。为了推动文科发展,首先要使大家认识到文科的特点与规律,之后对文科的价值和意义达成共识;在此基础上,还需要充分营造适合文科生长的环境,形成人文与科学两种文化的协调和融合。通过近十余年来的不懈努力,清华逐步形成了良好的文化氛围、可持续发展的体制、机制,养成了尊重文科、理解文科、积极进行文理渗透的文化氛围。在这种环境中,清华文科的许多院系及其学者自主、自如地参与学校文化的建设,通过积累和沉淀,养成了一种新的学术文化,创造出了一个富有生机和活力的学术共同体、文化有机体。清华不仅仅有着一系列的文化活动和文化成果,而且有着良好的文化氛围,形成了持续的文化生产和发展机制,有助于校园文化的持续发展。

清华大学的文化建设体现在方方面面,校园文化建设也实现了覆盖全体的可持续的和谐共享。学校努力优化学生学习、生活、成长、成才的环境，大力传承弘扬清华精神，深入开展校园文化建设活动，充分发挥文化育人作用。改善校园设施和环境，建立有利于多向交流的学习、研究和生活公共空间；丰富校园活动形式，促进学生对大学社区的融入，加强学生的校园生活体验；促进不同文化背景、不同生活背景、不同专业背景学生的沟通交流，帮助国际学生融入清华、熟悉中国，帮助国内学生拓展全球视野、适应跨文化交流与合作；探索住宿制学院建设。同时，学校还紧跟现代技术前沿，充分利用纸媒和新媒体的作用，营造优良的文化氛围和成长成才环境。

通过探索教育和学术的内在规律，清华形成了新的办学思路——包括文科建设思路。清华文科的领导者提出"大学管理，管的是'理'"；"要把道理管好，而不是具体管人"；学术的决策和执行，应建立在"同意"的基础上。① 这一系列卓见引发了广泛共鸣，产生了热烈反响。

在学科建设和人才队伍建设中，文化的融合与相互认同是最难的，也是最大的挑战，而优秀文化一旦形成，则将形成稳态的学术动力系统，全面地持续促进学校各方面长久的发展。清华在这方面已取得初步成效。目前，经过多年持续而卓有成效的工作，清华各学科院系之间的关系已基本理顺，人文、艺术和科学等不同类型的文化深度融合、和谐竞存，形成了良好的校园文化氛围和学科文化。"两种文化"在清华校园内得到较好的"兼和"与交融，有助于实现综合创新。按照英国著名学者 C. P. 斯诺的体察，两种文化的撕裂和对立是现代大学中普遍存在的严重现象。"二战"后，全球各地的多元巨型大学内部逐步分化为科学家集团和人文知识分子集团，二者分别有着不同的文化和思维方式。他们之间尖锐对峙，撕裂了大学文化生态的和谐。这种相互的误解、疏离、分化甚至内耗，严重伤害了大学的文化生态，钳制了大学的持续健康发展。只有促进科学与人文之间的有机融合，才能增进二者的交流合作、融合共赢，维护大学的和谐与协调发展。然而，这个问题始终在长期困扰着许多名校和教育家。作为一所有着深厚文化积淀的中

---

① 谢维和：《大学管理，管的是"理"》，《人民日报》2010 年 3 月 20 日。

国名校,清华为此进行了持续多创造性的努力和可贵探索。在探索两种文化深度融合、互惠的问题上,清华取得了一系列经验。在这个信息化时代,科技非常强势的环境下,来自人文、艺术、科学与工程等不同学科背景的师生能充分交流、相互尊重、相互理解、欣赏和学习,通过共同合作,完成了一系列高质量的成果,也推动了学校的人才培养工作,使学生在德智体美等方面都得到了充分发展。

大学是时代文化的中枢,也是对外文化交流合作的重要依托和窗口。因此,大学自身的文化建设与文理融合,又能间接地助力于提升国际的文化影响力和国际软实力,积极配合国家的大外交战略乃至整个国际战略。这也是大学文化建设的一个重要贡献。

当前,大学文化建设的一个重要课题就是努力发挥好文理融合的功能。在这方面,清华大学在全国高校中堪称典范。[1] 清华大学积极开拓大学文化建设道路,探索大学内部学科文化的文理渗透、深度融合、相互支撑相互滋养的道路,并取得显著成效,这是对中国高等教育的贡献,也是国家文教发展及现代化伟大事业的贡献。就此而言,清华大学不愧为中国教育界的一面旗帜。

清华学风非常严谨而活跃,是我国新思想、新文化的轴心和策源地之一,也是人才高地,有着一系列优势学科群、高水平学科集群,同时也是国际学术交流的枢纽、中心。

经过多年的培育,清华大学对文化建设也已形成一定的自觉,不仅已经有较系统的思想,且有一系列的举措和行动等,形成了独特的思想文化。这对文科的可持续的强劲发展有着极为重要的意义。

清华大学对文科建设与发展规律的探索,取得了显著的成绩,形成了一套独特的见解,受到中外同行乃至社会各界的普遍关注和认可,产生了广泛的影响。清华大学文科领导者还提出要尊重和不断探索文科规律,要重新定义大学文科,一流大学要贡献伟大的思想;在文科建设

---

[1]　胡显章:《总序》,载胡显章、曹莉主编:《艺术、科学与文化创新》,清华大学出版社2010年版,第3页。

的过程和方略上，提出了三个影响力（学术影响力、社会影响力和国际影响力）、四个贡献（人才、思想、文化、政策贡献）、三个交集（与国家、高等教育和学校发展的交集）等论断①；提出要在国际上创建"中国语法"，形成自己的文化自信，支撑理论自信、道路自信和制度自信；文科应适应科研工作的新常态，形成引领性优势，使科研工作进入新阶段②；文科建设既要"无为而治"，也要"奋发有为"，有所担当，作出贡献；要发挥大学对国家的人才库、思想库、宣传舆论阵地的作用，发挥支撑作用；大学文科的建设要做好"人"的工作，群众路线是文科建设的法宝，要创造必要条件和优秀的氛围，能够成长人、能养人留人，让学者人尽其才、才乐其业，学校事业才能蒸蒸日上。这些独特的思想和办学经验，让清华文科在全国独树一帜，卓具特色，产生了深远的影响。

七、清华文科对国家与国际的贡献

大学文科应服务国家和人民，为推动人类文明进步而贡献力量。在此意义上，清华大学的文科，不仅是清华的文科，也是中国的文科，应该为推动中国的文化建设和国际人文交流作出贡献。清华认为，文科建设要瞄准与国家、高等教育事业及学校发展三者的交集，形成三个"靠得住"。

第一，积极服务于国家战略，服务于改革开放和现代化建设事业。中国特色社会主义事业的总体布局，包括经济建设、政治建设、文化建设、社会建设，生态文明建设等几个方面。在经济建设方面，目前我国

---

①　谢维和教授在一次演讲中指出："评价文科的东西，不能以现在的影响论英雄，而是要看五年后甚至十年二十年以后的影响。""从这个角度来说，我们对于文科的评价观念就要有所转变，要宽容一点，因为文科出成果的节奏、规律就是这样的。对于文科教师，我们提出一个概念，叫'养'，文科老师要养，尤其是基础性的文科，你养他十年、八年，不出成果又怎么样呢？要有这样的胸怀。"

②　何止：《论清华科研的新阶段与新常态——关于清华科研工作的若干思考》，《新清华》2015 年 5 月 22 日。

面临着经济发展方式的转变，对经济理论和实践形成了一系列重大的挑战，成为直接影响小康社会建设的突出问题；在社会建设方面，在经济发展的压力仍然存在的同时，社会矛盾越来越突出和尖锐，甚至正成为影响社会发展的主要矛盾，成为政府和人民群众关心的主要问题；在政治建设方面，政治体制改革正在成为一个非常重要的话题和领域，涉及政治体制改革的方向、时机与顺序等问题；在文化建设中，人们的价值观念、道德意识直接关系到整个社会经济的稳定与持续发展，关系到整个社会的长治久安。这也都需要文科在建设过程中进行回应。

现代大学有着独特的优势，理应在国家建设中扮演重要角色。它既是人才库、科技库、信息资源库，也应该是国家的思想库。同样，在清华文科建设中，非常重要的一方面是高端智库的建设。目前，清华文科已建设成为政策咨询与政府智库的平台。清华大学积极参加各级干部的培训，并形成了一些品牌；还积极参与各级政府的有关决策咨询；积极组织若干高层次的论坛，通过建立政策与时事的分析研讨平台，分析各种意见，来影响社会与大众。另外，学校积极开展重大课题攻关，实施哲学社会科学专项建设，发出"清华声音"。"985 工程"二期实施哲学社会科学专项建设；国情研究中心创办的《国情报告》已成为影响中央及有关部门决策的重要参考文献之一；到 2010 年为止已有两位文科教师给中央政治局领导讲课（全校共四位）。清华还有多位文科教授通过学术论文、新闻媒体、校内外公开讲座等各种方式，积极参与应对国际金融危机的讨论，提出重要观点和研究结论，影响政府决策和社会思潮。同时，实施影响力建设工程，支持高水平系列论坛，打造"清华品牌"，如清华社会发展论坛、清华大学中国与世界经济论坛、清华国际安全论坛、中国法学创新讲坛、清华全球健康论坛等。

近年来，清华大学还致力于推动高端智库建设，并已形成初步成果，受到各界的关注和认可。在高端智库建设中，公共管理学院的国情研究院、中国农村研究院、社会科学学院的世界和平论坛、法学院的民商法论坛、五道口金融学院的国家金融研究院等，都作出了积极贡献。

例如,公共管理学院十年来先后搭建了多个学者与公共政策制定者、执行者合作交流的平台,如与发改委、教育部、科技部等成立了联合研究中心,让学院师生更好地了解决策过程,更好地发挥思想库和智囊团的作用。作为学术研究机构中的思想库,公管学院已初步形成了一种独立思考、客观分析的文化,而这正是思想库独立存在的意义所在。2003年和2011年,公管学院院长薛澜教授就曾两度应邀走进中南海为中央领导进行讲解。这不仅直接反映了清华大学公共管理学院的学术水准和社会影响力,也反映了清华公共管理学院对国家的思想贡献和政策贡献。自然,它也从一个侧面反映了清华为推动国家和社会发展所发挥的重要思想库作用。①

2015年1月,由零点研究咨询集团下属的零点国际发展研究院与国新办下属国家重点新闻网站中国网联合发布了《2014中国智库影响力报告》,对全国诸多有影响力的官方智库、高校智库和民间智库就专业影响力、政府影响力、社会影响力、国际影响力等主要主表进行了系统考量,清华大学国情研究院(11名)、清华大学当代国际关系研究院(16名)同时晋身前20名;其中清华大学国情研究院分列高校智库影响力第三名。② 清华大学也是唯一有两个智库同时进入综合排名前20名的高校。

清华对智库的重视并非权宜之计,学校对此有清晰的认识。作为清华大学新型高端智库建设的直接推动者之一,我坚持认为,一流智库是一流大学的重要内涵,为建设中国特色新型智库作出贡献是大学的重要使命。在建设中国特色新型智库的工作中,高校特别是高水平大学,聚焦重大问题,服务国家战略,为党和政府科学决策提供高质量的智力支持,责无旁贷。同时,积极培养专业人才,为党和国家的决策、执行和研

---

① 《积极发挥思想库和智囊团作用 薛澜等多名教师为中央政治局集体学习进行讲解》,《新清华》2011年9月2日。

② 《中国最新十大智库排行出炉新型智库风头很劲》,中国网,http://news. china. cn/txt/2015—01/15/content_34568627. htm。

究提供充足的人力资源保障。高校智库建设应该处理好两方面的关系：一是当前发展和未来战略的关系，既要着眼于解决实务部门最关心的实际问题，也要未雨绸缪提前研究将来可能出现而当前尚无端倪的重大问题；二是问题意识和建设态度的关系。要把握好改革开放这个关键，改革开放只有进行时没有完成时，高校智库建设更是如此。

改革开放 30 多年来，清华在智库建设方面探索出了一定的经验。清华要求，智库建设要做到"三个定位"：中国特色、清华品牌和世界一流，也就是以中国问题为导向，以清华专长为依托，以世界一流为目标。清华智库建设还要注重实现学科建设、人才培养、决策咨询的有机结合，在凝聚研究力量的基础上，培养多层次、高水平的专业人才。另外，智库与服务咨询对象之间必须建立渠道、搭建平台，增强可持续发展的竞争力。① 以清华大学等学校为代表的高校智库，正在逐步争取国际社会的话语权，为国家的战略服务。②

第一，积极服务于国家高等教育发展。目前各高校之间的竞争日益激烈，其中文科发展的竞争已经成为主要领域之一。许多老牌的综合性大学以加强文科建设巩固其优势传统，而新型的综合性大学则加快建设文科，扩充其整体优势，都推出了一系列新举措，取得了不同程度的成效。

第二，积极服务于清华大学的世界一流大学建设事业。当今，清华的一流大学建设对文科发展的压力越来越大，主要表现在人才培养、科学研究与学科建设三个方面：第一，人才培养方面有两个不足，一是个性化培养模式还不健全，二是通识教育还不完善；第二，科学研究的"品牌"的建设，需要注重系列性与综合性的科研品牌；第三，学科建设的"交叉"，需要进一步推进人文社会学科与其他学科的交叉融合。

---

① 《一流智库是一流大学的重要内涵》，人民网，http://edu.people.com.cn/n/2013/1121/c1006－23608340.html。

② 《薛澜〈中国智库：期待国际话语权〉实录》，清华大学公共管理学院网站，http://www.sppm.tsinghua.edu.cn/ggjj/26efe4892607e79901260d2f11590004.html；亦见中国记协网，http://news.xinhuanet.com/zgjx/2010－06/11/c_13344735.htm。

　　清华的三个"服务于"(或曰"三个交集")决定了当今清华文科建设的主要任务与目标。第一,在国家经济社会文化与政治建设过程中,清华文科必须成为在某些方面能够"靠得住"的一支队伍,这样才不枉为一流大学,也才不枉费国家投资。为此清华文科也作出了积极努力和艰苦探索,如经济学科的发展、政治学与心理学科的建设、国际关系研究院的建设、马克思原始手稿的研究等。第二,清华文科应努力成为学校参与高等教育竞争方面能够"靠得住"的一支队伍,这样才不枉学校的重视,不枉曾经的辉煌。第三,清华文科应努力成为学校一流大学建设过程中能够"靠得住"的一支队伍,这样才不枉大家的期望,不枉难得的机遇。例如,进一步落实文科学生个性化培养的改革,加强通识教育课程的建设,不断形成科研的品牌,促进文科与其他学科的交叉,如社会学系与建筑学院的合作、美术学院与计算机系共同建设信息艺术设计研究院等。

　　清华文科建设有着重要的意义,它不仅直接地提升了清华大学的办学水平和社会贡献度及影响力,而且对国家教育事业也有重要意义,为新兴综合性大学的文科建设探索出了一条宽广的富有参考的道路;同时为国家培养了人才,创造了丰硕的思想、学术文化成果,有力支撑了国家战略,推动了改革开放和现代化建设事业。

　　正是为了更好地服务于国家战略和学校发展,清华文科致力于构建五个平台:一是国际高层次干部培训的平台,二是高水平创新人才培养的平台,三是国际声誉与影响力拓展的平台,四是政策咨询与政府智库的平台,五是思想理论与文化建设的平台。这五大平台也就成为世界一流大学建设的重要组成部分。在办学实践中,五大平台相互策应、相互协调和配合,皆硕果累累。

八、文科"走出去"的积极尝试

　　清华文科苦练内功、外塑形象,在致力于提升学术影响力、社会影响力的同时,也在积极提升其国际影响力。目前,清华文科已具备一定的国际声誉和影响力,推出了一系列重要举措,取得了相应成效。

(一)学校建设了一系列全英文硕士项目,精心设计课程体系和培养方案。截至 2010 年 9 月,全校共有 12 个全英文硕士项目,其中文科有 7 个——国际工商管理硕士(IMBA)项目、中国法项目(LL.M.)、国际发展(MID)项目、全球财经新闻(GBJ)、国际公共管理项目(IMPA)、国际关系英语硕士项目、商务汉语项目,占 58.3%。

(二)采取积极措施,扩大招收学历留学生。2010 年,清华文科学历留学生占全部学历留学生的七成多。截至 2009 年 10 月,全校共有 1909 名学历留学生,其中文科学生有 1338 人,占 70.1%。在全校 1014 名本科留学生中,文科有 753 人,占 74.3%。在全校 895 名研究生留学生中,文科有 585 人,占 65.4%。

(三)清华文科的国际声望与排名不断提升。清华文科,特别是社会科学等学科,一批学者在国际上具有非常广泛的影响,一些世界一流学者也有来清华工作的愿望,清华文科在国际学术界的影响力与吸引力不断提升,在提升学校的国际声望和综合排名方面,贡献了相当大的力量。《泰晤士报高等教育》世界大学排名用教学、科研、知识传递、国际视野四个方面的 13 项指标衡量大学综合实力,被认为是最具影响力的世界大学排名之一(表 0—2)。这一排名近年来对清华给予了非常积极的评价。

表 0—2　《泰晤士报高等教育》世界大学排行榜

清华大学	2008	2009	2013	2014	2015
社会科学	44	43			93
艺术与人文	85	53			未上榜
综合	56	49	52	49	47

从国际排名来看,清华文科与学校整体排名大致相称。从学科结构来说,文科在清华已经不再是学科发展及学校综合实力的"短板",相反,已成为提升学校综合实力和影响力的重要力量。

以清华大学法学院为例,该院在复建的短短几年之后,就取得了令人瞩目的发展。学院有着一支高水平的师资队伍,他们都来自国内外著名院校，大多具有海外留学的背景，其中有多位具有国际舞台上执法经验的知名法学家，更有一大批极具潜力的年轻学者。

清华法学院立足中国国情，充分借鉴欧美知名法学院的经验，并与亚欧美澳许多著名法学院建立了交流、合作关系，积极举办各种国际学术会议，大大提升了其国际化水准和国际能见度。① 在 2015 年 QS 世界大学法律学科排名榜上，清华大学法学院位列全球法学院第 39 位（与美国杜克大学法学院并列），从而连续五年跻身全球法学院 50 强，也是自 2011 年以来，中国唯一一所连续五年跻身全球 50 强的法学院。此次排名清华法学院总得分 74.2 分（2014 年为 68.9 分，列全球第 44 位）。清华恢复法学教育 20 周年以来，清华法学院已经成长为国际国内法学教育和研究的重镇，很多教育和研究指标达到国内顶尖、国际一流水平。2005 年清华大学率先面向国际法律界开设全英文中国法律硕士课程（LL.M.），2009 年在全国率先开设本科国际班——法学（国际）专业。2009 年清华法学院学生创办的中国第一个由学生主办的全英文学术刊物《清华中国法律评论》（*Tsinghua China Law Review*）在全球发行。针对中国缺少本土国际仲裁和诉讼法律人才的情况，清华自筹经费，延请国际一流大师，2012 年率先开设面向中国学生和实务人士的全英文"国际仲裁与争端解决硕士"和"国际知识产权硕士"，产生了良好的国内国际影响。针对法律人才在大城市扎堆的现象，法学院不断加强对学生的理想信念教育，引导学生到基层、西部和国家亟需的关键岗位就业，到这些地方就业的毕业生人数和比例屡创新高，涌现出一批长期扎根基层和西部的优秀毕业生，连续多年获得清华大学就业先进单位称号。②

---

① 《清华大学法学院复院 10 周年实现跨越式发展》，http://www.tsinghua.edu.cn/publish/news/4205/2011/20110225231609656818435/20110225231609656818435_.html。

② 《清华大学法学院连续 5 年获评 QS 全球法学院 50 强》，http://www.tsinghua.edu.cn/publish/news/4209/2015/20150505091916790910111/20150505091916790910111_.html。

（四）清华通过国际认证与评估，提高学校的国际声誉。2007 年和 2008 年，经济管理学院相继获得 AACSB 和 EQUIS 的认证，在全球获得这两大全球管理教育顶级认证的为数不多的商学院中，清华经管学院是中国内地的第一家。新闻与传播学院在 2009 年 10 月邀请美国新闻与大众传播教育认证委员会（ACEJMC）开展国际教学预评估活动，反馈情况良好，正积极准备接受正式评估所需的各种材料。

（五）在国外组织展览，提高清华艺术学科在国际上的影响力。2009 年 2 月 8 日，美术学院纤维艺术研究所和圣何塞纺织艺术博物馆共同主办"正在改变的景观——中国当代纤维艺术展"，精选"从洛桑到北京"双年纤维艺术展中作品，首次在美国展出。

（六）积极参与中外人文交流，推动中外之间的全方位互动。国际关系学系的中美关系研究所开设的中美高级政府官员培训班在两国政界产生重大影响，是中美人文交流的重要尝试。培训班以美国联邦行政学院院长约瑟夫·克雷默为领队，由著名教授授课，对美国了解中国内政和外交政策具有重大意义。这是美国高级行政人员首次来华培训，具有特殊的意义，长期举办下去，将成为中国知识界影响美国政府现任中高级行政官员对华态度的重要载体，对增进中美关系意义深远。希拉里在战略与经济对话时特别和刘延东国务委员提及此事。《人民日报》等媒体对中美高级政府官员培训班进行了长篇报道，引起了广泛关注。目前在对外交流合作方面，清华文科发挥着非常积极活跃的作用，有着显要的地位。

——从国家层面看，上述多种形式的国际合作办学是中国"走出去"、推展中国软实力的重要方略。在大学的国际合作办学过程中，文科无疑发挥着特别重要的作用。清华文科将在更大国际舞台上发挥作用，推动国家发展和人类文明进步。

近些年来，已经有越来越多的清华学者在潜心教学科研的同时，积极就社会及国际问题发出"清华声音"，甚至代表中国知识界发出"中国声音"，讲好"中国故事"，让中国更好地走向世界，也让世界更好地了解中国。可以说，清华文科已然复兴，而且在国内外学术界异军突起，非常亮眼，成为一支醒目的新兴力量。

作为一个有着广阔视野的学校，清华以世界为舞台，以国家为校园；我们的国家有多大，清华的校园就将有多大。在国家发展和高等教育事业改革的过程中，清华大学也作出了相应的贡献。

经过十余年持续的强劲发展，清华文科在学科建设、人才队伍建设、科学研究、文化建设、制度建设等方面都开创了新的格局，在一系列可比的指标方面实现了质的突破和飞跃，形成了与清华大学相称的国际国内的地位和影响力。在一定意义上，"世界水平、中国特色、清华风格"的文科也正在逐步形成之中。清华的文科与理工、医学等学科并驾齐驱，共同推动了学校建设世界一流大学的历史进程。目前，作为清华大学的有机组成部分，清华文科已形成较大社会影响力和国际影响力，受到国际上许多人士的密切关注。许多国外的名流政要来华，要考查了解中国高等教育时，也常常到清华来参观访问。

2006 年 12 月出台的清华大学"十一五"规划纲要中，明确表示要"稳定持续地支持文科建设"，要显著提升影响力。2008 年，顾秉林校长强调要"突出质量工作，增强精品意识，争取产生一批在国内外具有较大影响的标志性成果"[1]。2010 年，清华大学在酝酿"十二五"规划时，曾建议文科建设中"要有所突破"。而到了 2015 年，"十二五"规划的收官之年，回望清华近年的发展，文科不仅顺利实现了"有所突破"，而有了实质性的大幅突破。所谓"文科要有所突破"，主要是要完成三大任务：文化传承创新、推动解决社会经济发展重大问题、清华文科走出去。这些任务，在"十二五"期间都基本完成。学校实现了文科建设的预期目标的同时，取得了一系列标志性成果，为清华文科的后续发展奠定了坚实的基础。可以说，连续几个五年规划的顺利实施，清华的文科建设达到了新的境界，形成了新的格局。

---

[1]　《清华大学文科的恢复与发展》，第 29—32 页。

在国家的教育综合改革浪潮中,清华文科也发挥了旗帜的作用,赢得了广泛的关注与认可。近年开展的教育综合改革,为清华的发展提出了更高的标准,激发了全校师生的竞争意识和创造活力,使学校焕发了蓬勃生机,也使清华文科发展更具活力。清华文科已生成一个高水准的稳态系统,保持着强劲的持续发展,继续在全国保持明显的引领性优势。

进入新百年的清华文科,正在清华加速创建世界一流大学的进程中发挥着不可替代的作用,推动清华的"双一流"建设。清华大学不仅积累了大学文科建设的先进经验,事实上也摸索出了新型综合性大学建设的一些基本规律,予人丰富的启迪。

哲学社会科学是推动历史发展和社会进步的重要力量,其发展水平反映了一个民族的思维能力、精神品格、文明素质,体现了一国的综合国力和国际竞争力。一个没有发达的自然科学的国家不可能走在世界前列,同样,一个没有繁荣的哲学社会科学的国家也不可能走在世界前列。在坚持和发展中国特色社会主义的实践中,哲学社会科学具有不可替代的重要地位。在国家哲学社会科学发展进程中,大学文科有着不可替代的战略性地位,像清华大学这样的国家级大学,其文科建设更是负有特殊的使命。清华文科对提升中国学术和思想高度作出了贡献。清华大学的文科建设,改变了清华自身的办学格局,也改变了中国高校的学术版图,并在一定程度上改变了中国哲学社会科学在世界上的地位,推动"中国语法"的形成,助力中国成为国际学术的规则制定者、议程设定者。清华的文科建设事业不仅是大学文科的发展道路的重要探索,也是中国新型综合性大学发展道路的重要探索。它给新型综合性大学的文科建设探出了一条新路,为在中国建设一流的大学文科承担历史使命、推动国家进步而发挥了重要作用。这是一个历史性的贡献。

在一系列可比的重要指标上,清华文科实现了大幅度突破,不仅在规模,而且在质量、师资力量、科研经费等方面,均已极为可观。清华文科在校内的学术地位、在校外的学术影响、社会影响和国际影响也迥异从前，而且开创了全新的气象与格局，并表现出强劲的态势和后劲。

可以说，经过新世纪第一个十余年的努力，清华大学文科已实现了质的飞跃，稳居全国大学文科的第一梯队，在一系列可比指标上实现了质的突破，取得了标志性成果。新百年来，清华文科更是有了进一步发展。清华文科在体量较小的情况下，达到了较高的办学效益，形成了较合理的结构，蕴藏着蓬勃生机。它与许多老牌综合性大学及文科强校并驾齐驱，屡创佳绩。清华的文科建设已形成新的局面，正可谓"高原已经形成，高峰若隐若现"。这也已基本实现了学校此前的预期目标，实现了学科发展和大学文化生态的大幅改观，实现了文科建设突破性的进展。

清华大学的领导者在实际工作中形成了一系列独特的体会和认识，并逐步形成了较系统的文科建设思想。他们认识到，在清华这样的传统的理工科强校建设文科，需要面对三大挑战，或者说，大致经过三个发展阶段：第一阶段，是引导各方面对文科的特点和规律形成一致而深刻的认识，遵循大学文科的规律来办文科；第二阶段，是要让大家对文科的意义和价值凝聚共识、形成合力，将文科建设放在战略的高度并确保足够的资源匹配；第三阶段，是要形成适合文科发展的文化与氛围，通过文化来为文科建设和发展奠定丰厚的底蕴和强大的后劲，使文科作出更大的贡献。在此进程中，既要扎根中国国情、适应国家战略和社会需求，也要关注国际文教和科技的前沿进展，同时也要充分发掘学校历史上文科建设及文理融合的丰富经验。

目前，清华文科建设在较好地应对学校文科建设前述的第一、第二阶段的挑战后，已正式面临着第三阶段的任务和挑战。这也是学校文科进入"全面建设期"后要应对的艰巨使命。此时，学校需要尽快形成真正适合文科持续健康发展的文化和环境，建成有国际水准和影响力的学术文化共同体。在某种意义上，第三阶段是最关键的阶段，也是最具挑战性的阶段。只有切实建设好适合文科发展的生态，才能真正推动大学文科的持续强劲发展,使大学文科保持在稳态的高水平。对处于深刻历史转型的当今中国来说,要实现这一目标是非常迫切的,也是极富挑战、任重道远的。

第一章

重新定义大学文科

　　文科是一个大概念,涵盖的范围很广泛,涉及文学、史学、哲学、经济、法学、社会学、艺术、教育、管理等多个学科门类,覆盖了人类社会和文化生活的所有领域。而且,中国的文科历史悠长,形成了非常强的传统和底蕴,甚至是某种固化的范式。早年清华大学的文科是非常全面的,而且已经积淀了相当深厚的文化底蕴。在复建文科中清华大学如何继承自身传统,如何自我定位,如何重新定义文科,怎样进行必要的如何确定学科的选择和发展思路,这些都是直接关系到清华文科建设和发展的根本性问题。

一、入主流

　　所谓"入主流",就是清华文科建设的一个基本定位,或者说,也是对文科发展的一种新的定义方式。这种定位和重新定义对清华文科的建设和发展,具有非常重要的意义。

　　刘超(以下简称"刘"):老清华的文科在长期发展中形成了自身的特色,在各主要文科领域都处于全国领先、国际知名的地位;只不过1952年院系调整后,这一切几乎都不复存在。新清华文科建设自1970年代末起步,但在相当长时期内还没有形成全国性的影响。为了改变这一局面,学校进行了一系列努力。在我理解,清华邀请您加盟,也许就是其中的重要举措之一。您来到清华后,长期分管全校文科(2004—2015),做了大量卓有成效的工作。那么,在您看来,清华大学的文科建设是如何定位,或者自我定义的?您认为清华的文科建设与发展与传统的文科有什么不同吗?清华文科建设与发展在这个方面有些什么样的思考与经验呢?

谢维和(以下简称"谢"):简单地说,清华文科的建设和发展在继承弘扬传统文科的基础上,的确有一个对自身的重新定义或自我定位。这种定义或定位首先是"入主流"。它的涵义包括两个方面:第一,清华的文科建设必须涵盖文科的主流学科,特别是文史哲、社会科学等基础性的学科。没有这些学科的高水平,清华的文科就不能说达到了一流,甚至不能说发展了真正的文科。第二,清华的文科必须主动融入国家社会文化发展的主流中去,成为社会文化建设的重要支撑;否则,清华的文科不管水平多高,都将会边缘化。当然,这个认识也是一个过程。

在我来清华工作时,清华大学文科已经形成了比较完整的学科结构,覆盖了人文社会科学领域的绝大部分学科,某些学科和专业领域还达到了比较高的水平。但是,从历史发展的角度看,清华文科的建设一开始就遭遇了两个非常刚性的约束条件:一个是学校本身的约束条件,二是整个国家人文社会科学学术界的约束条件。当然,这些约束条件与整个国家文科发展的环境也是一致的。这也是我来清华工作以后必须面对的一个非常重要的问题。从我自己比较自觉的角度说,当时一个非常明确的工作定位,就是一定要切实抓好基础文科的建设。

众所周知,清华大学自从 1950 年代初的院系调整以后,就一直是一个多科性的工科大学,而且经过几十年的建设和发展,已经成为国内最好的工科大学,形成了比较完整的工科学科体系,以及独特的传统和优势。显然,在这样的学科环境中建设和发展文科,就不能不与主要的学科环境发生各种关系。这也是清华文科建设和发展过程中一个非常根本的约束。

起初,清华文科比较注重的是如何充分发挥清华传统和优势工科的特点和基础，发展那些与工科关系密切、能够形成综合优势的实用性强的文科学科，形成自己的特色。应该承认，这种定位是有一定道理的。第一，在国内各个大学，尤其是传统综合性的文理大学，文科已经具有自己的优势和地位，在人文社会学科的学术生态和结构已经基本形成的格局中，要想争取一定的位置，尤其是比较高的地位，的确是不容易的。你要想在已经划分完毕的势力格局中去获得一定的空间，就必须打破现有的资源和权力配置结构，这也就意味着某些学校的学科可能要退出或失去原有的资源与权力。人家怎么会高兴呢？又怎么能够拱手相让呢？由此肯定会发生冲突和激烈的竞争。第二，能够与清华已有的理工科结合，发挥原有的优势和基础，也比较容易出成果，甚至有可能异军突起，形成独特的优势。而如果想要去建设和发展那些传统的基础性文科，不仅成本高，周期长，而且很难出大成果，甚至是劳而无功。第三，更加重要的是，建设和发展一些比较实的文科，包括那些操作性和实用性比较强的学科，也符合清华"行胜于言"的文化气质。因为在清华的校园文化里，这些非常实用的学科更加容易得到大家的认可，也符合社会需求。因此，经济管理学院、外语系、社会科学系、中文系（编辑专业）和思想文化研究所等，成了清华文科复建过程中的首选。而且，在清华大学"九五"事业发展规划中，文科建设的基本原则仍然是"小而精、有特色、高水平"。

随着学校"211工程"和世界一流大学建设的不断深入，学校领导和老师们越来越认识到，清华要想成为名副其实的综合性大学，或者说，建设一流的高水平的文科，就必须着力建设文史哲、社会、经济、法律等基础性的文科。学校认为，如果基础性的文科，特别是文史哲、经济社会等学科，不能达到相当的学术水平，很难说有了真正的文科，更遑论有高水平的文科。所以，清华文科的建设必须走"入主流"的道路。根据有关材料的记载，清华大学直到1997年才正式提出文科建设"入主流"的指导思想，从而进一步明确了清华文科的建设和发展的定位。这个变化是非常重要的，也是完全正确的，对后来清华整个文科的建设和发展具有十分深远的意义。

　　我到清华正式上班以后,党委书记陈希曾多次与我谈话,介绍清华近年来文科建设和发展的情况,其中,就反复提到了"入主流"的指导思想和原则,就是要大力和持续建设基础性的文科,特别是文史哲、经济、社会等学科,而且这些基础学科的建设必须达到一流水平。这些话给我留下了非常深刻的印象。在说明这种文科定位的重要性时,陈希也不无调侃地以体育比赛的项目为例,说明这种"入主流"的涵义。他说,一个国家要想成为真正的体育强国,必须在三大球方面取得世界领先的地位。如果你只是在某些具有地方特色的体育项目方面有优势,甚至成为世界第一,人家也不会认可你是一个体育强国。另外,为了进一步说明"入主流"的重要性,他还以不同的专科医院进行比较,说明只有那些在主要疾病方面达到高水平的专科医院,才能真正被认可为高水平的医院;而那些非主要科目方面再强,也不会被认为是高水平医院。同样,在文科建设的基本思路方面,如果我们只有那些与理工科相结合的文科,只有一些所谓的特色学科,而没有强大和高水平的基础性文科,那么,即使那些特色学科很强,达到了世界水平,也不会得到人文社会科学界的认可,甚至不能被社会和学界认可为高水平的综合性大学。

　　我非常认同陈希的这个观点,这也成为了学校21世纪初至今文科工作的基本思路。因为,文史哲、经济学和社会科学这些基础性的文科,不仅仅是一般文科的核心和主体,而且是一个综合性大学的必要条件。根据高等教育的基本理论,所谓综合性大学的基本要件是它必须有人文和自然科学的基础性学科,否则只能是一个多科性大学。所以,是否建设,或者说是否重视人文社会科学基础性学科的建设,不仅关乎文科的发展,而且关乎清华能否真正成为一所世界一流的综合性大学。

　　当然,从学校文科建设和发展的过程来看,虽然"入主流"的思想越来越得到了人们的认可,但在部分教师,包括文科的部分老师和管理人员中,仍然存在不同的看法;特别是在这些基础性文科的建设和发展出现了某些独特的要求和困难时,这种声音往往也比较突出。

其次是当时整个国家人文社会学科发展格局的约束。由于清华文科重建的时间比较晚，而其它综合性的文理大学已经在人文和社会科学领域形成了比较强的传统优势和基本的力量格局，包括不同的特色和各自的"地盘"，在这种情况下，清华文科建设究竟应该如何选择和确定自己的建设和发展方向和思路，当然是一个非常关键的战略问题。如果我们选择一些与清华传统工科优势紧密相关的领域发展文科，当然可以取得事半功倍的效果，也比较容易出成绩，但正如前面所说的那样，它难以得到文科学术界的认可；如果要选择入主流的方式，建设一些文史哲和经济学、社会学等学科，势必面临非常大的困难和挑战，甚至是需要更多的耐心、毅力和投入。

然而，尽管随着清华文科的建设和发展，领导和老师们都已经认识到"入主流"的重要性，并且将它作为文科建设的基本指导思想，但是，文科的这个定位本身也是有矛盾的，因为"入主流"与"小而精、有特色、高水平"的提法之间仍然存在一定的内在矛盾：如果希望入主流，规模太小是难以实现的。虽然类似文史哲等基础性文科的确不需要太大的规模，它们更多的在于思想性，但没有一定的规模也是不行的。而且，基础性文科与基础性理科也是不同的。如果说，在基础性理科中，只有第一，没有第二，那么，在基础性文科的发展中，由于评价标准的多元化，则可以同时有多个第一。

刘：大学文理之间的这种关系正如文武的差异，俗话就说"文无第一，武无第二"。这和您说的是一个理儿。文科的发展贵在形成自己的风格与特色，这也是走向成熟的标志。

谢：是的，所以不能简单地以基础性理科的特点来要求基础性文科的发展。实事求是地说，这个问题尽管在一定程度上有一定的改善，但仍然制约了清华基础文科的建设和发展。因此，在整个文科的统计指标中虽然文科教师的总规模已经达到800多人，但具有十分突出的结构性矛盾，也就是应用性文科的规模远远大于基础性文科。

刘：我非常同意您对基础文科建设的重要性的认识和看法，它对整个清华文科的建设和发展是非常重要的。相对应用性文科来说,基础文科的建设更艰难,周期也更长。这需要相当的耐心和智慧,对相关教师和干部都是一个不小的考验。那么,学校是如何具体抓基础文科的建设的呢?

谢:这是一个非常重要的问题。虽然大家已经认识到了基础文科的重要性,但究竟应该如何抓这种基础性文科呢?坦率地说,虽然我自己是基础文科出身,但以前也并没有真正思考过这些文科建设、发展的规律,也没有认真地想过自己会来抓文科的建设。好在有学校领导的支持和鼓励,有文科老师们的帮助,在不断的实践中,我有两点比较切实的体会。

第一,真正抓好文科中那些基础性学科与领域的研究和课程。基础文科的重要性,首先就体现在基础研究和基础课程上。所以,必须切实做好这个方面的工作。我举一个例子。

大家都知道,在中国,各个大学都有马克思主义研究的课程和机构,包括各种研究课题和项目,等等。清华文科的建设和发展当然也非常重视这个方面。但是,除了一般的课程与研究之外,我们特别支持和鼓励了对马克思主义理论的基础研究。这里,哲学系韩立新教授所从事的关于马克思手稿的研究就是一个非常典型的例子。显然,对马克思手稿的研究,是一种真正的读懂弄通马克思主义的基础性工作。

韩立新教授是一位非常有造诣的学者,也是一位能够坐冷板凳的学者。他 1966 年出生于内蒙古赤峰市,1987 年中国人民大学哲学系本科毕业,1992 年 10 月赴日本一桥大学社会学研究科留学,硕士和博士课程期间师从日本著名的黑格尔和马克思研究的专家学习黑格尔和马克思的哲学,于 2000 年获日本一桥大学社会学博士学位,2001 年在日本出版了博士论文《生态学和马克思》一书(日文,时潮社)。2003 年回国,任清华大学哲学系讲师,2009 年升任哲学系教授,2011 年出任清华大学马克思恩格斯文献研究中心主任并被聘为博士生导师。他曾入选"教育部新世纪优秀人才"和"北京市四个一批人才",主要研究领域为马克思哲学、新 MEGA、日本马克思主义和环境伦理学等。

　　韩立新教授长期从事马克思哲学的研究，而且他的研究在马克思主义理论的研究中是一个非常重要的基础性研究。他看到了国内关于马克思的研究大多从教科书等二手文献出发的缺陷，便特别强调从第一手资料即马克思的原著和手稿图片出发，进行文献学研究和文本解读，以还原马克思的本来面目，避免马哲界的一些光说空话、套话，力图使马克思研究科学化。为此，韩立新教授 2007 年起直接参与了新MEGA（*Marx Engels Gesamtausgabe*），《马克思恩格斯全集》历史考证版第 I 部门第 5 卷《德意志意识形态》电子版的编辑工作，获得了教育部哲学社会科学研究重大课题攻关项目"《马克思恩格斯全集》历史考证版（新 MEGA）研究"。

　　根据中央马列编译局和兄弟学校领导和相关学者的评价，韩立新教授关于马克思手稿的研究在国内是非常先进的，也是一流的。正是因为他具有这种基础研究的支撑，他在关于马克思的研究中，能够比较好地做到文献和文本事实与理论研究相结合，提出有新意的解释马克思主义的理论框架，避免了国内一些研究只有史料，而无思想的窘境。譬如，提出马克思的思想转折发生在《巴黎手稿》这样的新解释，改变了国内早期马克思研究的格局。目前研究对象主要集中在：《巴黎手稿》《德意志意识形态》和《1857—58 年经济学手稿》三大手稿上。依据上述方法，他已经出版了《〈巴黎手稿〉研究——马克思思想的转折点》（北京师范大学出版社，2014 年）一书，主编了《新版〈德意志意识形态〉研究》一书（中国人民大学出版社，2008 年）等，不久还将出版的关于《德意志意识形态》的研究著作。他十分注意将研究与人才培养结合起来，并且注重学术成果的推广与转化。据了解，近年来，他组织了 28 次"清华马克思论坛"，持续十余年一直坚持"研讨课"的读书方式，带领博士生读经典，包括黑格尔的《法哲学原理》。

　　清华对韩立新教授关于马克思手稿的研究和教学工作给予了持续和大力的支持，包括队伍的建设、经费的支持，以及搭建学术的平台，等等。例如。2011 年学校支持他成立清华大学马克思恩格斯文献研究中心，并帮助他收集马克思和恩格斯的第一手资料。2009 年以来，韩立新教授协助图书馆将日本东北大学已故教授服部文男的 2 万余册珍贵图书移转到我校，建立了"服部文库"。文库不仅完整地收藏了包括新 MEGA 在内的各种《马克思恩格斯全集》，而且还系统地收藏了《资本论》及其手稿、国际上有关马克思恩格斯研究的重点期刊和年鉴以及"日本马克思主义"文献，其中绝大多数都是该领域最为基础和最为核心的文献，堪称"经典文库"的典范。2015 年初又获得了国际著名 MEGA 专家大村泉教授捐赠的 4141 册重要文献资料，其中包括马克思《资本论》第二卷和第三卷手稿的图片、影印件等（多达 3000 多页），建成了"清华大学马克思恩格斯文献研究中心"资料库。此外，由于韩立新教授本人还参加新 MEGA 第 I 部门第 5 卷《德意志意识形态》电子版的编辑工作，所以还收藏有《德意志意识形态》等手稿的图片、影印件等。我非常清楚地记得，当时，韩立新教授的研究刚起步不久，资料和经费等都比较短缺。由于经费紧张，韩立新教授为不能及时购买 MEGA 的资料而着急。他找到我，希望能够给他帮助。当时我自己手上也没有足够的经费，只好求助于当时担任基金会理事长的贺美英老师。贺老师非常理解这个项目的重要性和这些资料的学术价值，欣然答应给予帮助。最后，韩立新教授的愿望得以实现。后来，随着研究工作的不断深入，他又希望学校能够支持他成立一个专门的研究机构，支撑马克思手稿的研究。学校与院系也都克服了各种困难，积极帮助他建立了清华大学马克思恩格斯文献研究中心。

可以说，中心已经使清华大学的马恩文献馆藏水平进入国内高校的顶尖行列，关于马克思主义理论的基础研究也正在形成越来越大的影响。他的目标是建立一个在亚洲一流、中国最好的马克思恩格斯文献库和研究基地。按照韩教授的计划，预计 2017 年在清华大学公开发表国际合作成果新 MEGA 第 I 部门第 5 卷《德意志意识形态》电子版；从

2012年起聘请了国际著名新MEGA专家大村泉教授等，对学生进行新MEGA培训，培养后备人才；招收来自校图书馆的博士后，与图书馆共建清华大学马克思恩格斯文献库，侧重于对《资本论》版本的收集（中国目前没有一本《资本论》第一卷1867年第一版）。

根据不完全统计，韩立新教授及其团队近年来的研究成果包括了其代表著作《〈巴黎手稿〉研究——马克思思想的转折点》，该书2013年入选"国家哲学社会科学成果文库"，2014年底入选"国家社会科学基金中华学术外译项目"。北京师范大学出版社2014年5月30日举办了"纪念马克思《巴黎手稿》写作170周年暨《巴黎手稿〉研究——马克思思想的转折点》新书发布会"；由清华大学与《中华读书报》共同创办的"清风雅集"学术评论在2014年10月16日在清华大学召开"《巴黎手稿》是马克思思想的转折点吗？"的书评会；2014年12月30日被《中华读书报》评选为"2014我们记住的思想社科图书"；2015年获得"第四届中国大学出版社图书奖优秀学术著作一等奖"。同时，韩立新教授的团队还进行了一系列关于马克思恩格斯文献的研究，包括《马克思恩格斯全集》历史考证版（新MEGA）研究、以新MEGA为基础的马克思恩格斯手稿研究、《巴黎手稿》的持续研究、新MEGA《德意志意识形态》电子版的编辑工作，等等。

显然，这样一个关于马克思主义理论的基础性研究是非常有价值的。它对我国的马克思主义著作编译事业和马克思主义理论研究，都具有非常重要的意义。相关的研究成果可以作为我国高校马克思主义理论课教学的重要辅助资料，既可以增强教学内容的科学性和权威性，又可以增加教学内容的趣味性和大众性。同时，本课题的成果还可以作为高校和全国各地科研机构的重要学术资源，可以有效提高我国马克思主义研究的整体水平。

刘：这样的研究确实是非常重要，而且，这样的学者也是非常重要的，是学校的宝贵财富。他能够如此专注于马克思主义基础理论的研究，体现了一种做学问的态度，但一位学者能长期心无旁骛、潜心学术并成果频出,也一定与学校优越的学术环境和有效支持分不开吧?

　　谢:你说得不错。关注基础研究,首先要关注从事基础研究的学者。我给你讲一个故事,就是这位韩立新老师,曾经有一段时间也由于学术工作的条件等困难,曾经想离开清华。而且,有些大学和研究机构也想把他挖过去。我知道这个信息以后,找韩立新老师一起聊天,吃饭,也积极帮助他解决实际困难,使他能够安心在清华工作。如果我们不能实实在在地关心他们,这样的学者是不愁没有地方去的。

　　刘:的确,虽然我们一直在讲坚持马克思主义,但是,至少有部分人并没有真正懂得马克思主义,也有一些专业工作者,并没有切实阅读、理解马克思的著作和理论。重视马克思原始手稿的研究,的确是马克思主义研究的基础。那么抓基础研究固然重要,那么,基础研究并不完全等于基础理论吧?您在抓基础文科时的其他思路呢?

　　谢:抓基础文科建设的第二个方面,就是做好传统文化的研究与传统学科建设,这也是体现基础性的重要方面。在这方面,清华文科做了许多的工作。根据我的体会,基础并不是一个抽象的概念,它有很具体的内容,而且包含了非常丰富的内涵,也有非常现实的抓手。这个抓手就是中国优秀的历史与传统文化。这也是清华文科在抓基础文科建设和入主流方面的一个具体实践。

　　刘:您觉得在文科建设中,基础理论与中国优秀传统文化是一个什么样的关系?

　　谢:传统的文科学科是一个非常重要的基础学科,包括文史哲等,尤其是先秦时代的各种学术流派、思潮与文献等,都是中国文化发展的基础和重要渊源。所以,重视基础文科,必须重视和加强对中国优秀传统文化的研究。它们本身就是文科十分重要的历史基础。中国传统文化中包含了非常丰富的人文社会科学的基础理论,特别是国学的研究,涉及了哲学、文学、历史学、政治学、社会学等多方面的理论。许多经典也都影响着中国几千年来的文化和社会发展。我甚至认为,中国人的思维方式和行为方式中,处处表现出传统文化的影响。而且,许多经学和经典的理论,在今天也仍然发挥着非常广泛的作用,甚至可以说,中国优秀的传统文化是中国特色社会主义的沃土。因此,中国优秀传统文化的丰富内容,本身就是非常重要的基础理论。清华大学在文科建设和发展中,必须始终坚持抓好中国优秀传统文化的继承和创新,并且将它们作为文科研究的重要课题。

让我们感到非常欣慰的是,目前这种抓基础学科建设的思路已经初见成效:在 2015 年 12 月公布的第七届高等学校科学研究优秀成果奖(人文社会科学)获奖成果中,清华所获得的五项人文社科一等奖中,有三个是属于基础文科。实践证明,这种办文科的思路是正确的,也是有效的。其实,清华文科在中国优秀传统文化方面的研究又岂止获奖的这些项目和领域,它已经成为了清华文科建设和发展的一项非常重要的基本工作,也是反映清华文科成绩的基本取向之一。

对此,我也可以给你讲一个故事。也许很多人并不知道,在清华大学文科的各种正式出版物中,有一本在国内外中国历史和传统文化研究领域中影响非常大的刊物,即由国学院副院长刘东教授主编的《中国学术》。这本综合性的院刊,迄今已经出版了 37 期。它由哈佛大学哈佛燕京学社支持、商务印书馆出版,被公认为是学术分量最重的国内刊物之一,也是享有国际声誉的权威学刊,杜维明甚至推许它为"华文世界第一刊"。你只要翻开这个刊物的目录,一定会让你眼睛为之一亮。眼看着一个个如雷贯耳的大名,一篇篇深入讨论中国文化的学术文章,一本本经典的著作文本,你顿时会感受到中国学术的分量与厚重。虽然它并不是什么所谓的权威期刊,但大凡研究中国学问的学者,都以能够在《中国学术》上发表文章为荣。更加重要的是,这个刊物倡导了一种非常严谨的学术风气,包括立论、文献索引、文字表述和审稿等各方面,都有着非常严格的要求。我在哈佛大学费正清中国研究中心担任访问研究员时,第一次来到费正清中心的大楼里,在大厅里第一眼看到的就是这本学术刊物。所以,在我看来,它可以算得上中国学术文化研究领域最具有权威性的学术期刊之一。

刘：您刚才提到清华文科"入主流"的第二个涵义是，清华文科必须与国家和社会改革、发展的主流相结合，主动融入国际文化发展的主流中去，成为文化建设的重要支撑，为国家的精神文明建设发挥支撑引领作用。您能给我们介绍学校在文科建设中对这个问题的认识吗？

谢：坚持学科建设与国家发展战略相一致是清华大学的基本办学战略，也是文科建设和发展的一个基本思路。这里的确有一个指导思想的问题，即大学文科的发展与国家社会经济发展主战场的关系问题。

我在这里给你讲一个非常有趣的故事。在清华文科的老师里，有一些学者经常参加中央电视台的访谈，或者是在各种新闻媒体上发表对国际形势或时政的看法，或者是对某些社会事件与艺术活动的评价，等等。我相信，很多人也一定能够在电视台的某些专栏节目中看到清华文科学者的形象，听到他们的声音。当然，这样的参与是值得肯定的，它对扩大文科的知名度和影响力，发挥学者参政议政的作用，也是有意义的。但是，在学校文科的部分老师中，对此也颇有微词，称这些学者是所谓的"公共知识分子"，认为这些学者没有踏踏实实地做学问，而是热衷于社会活动，甚至有的老师把这些活动看作是一种"炒作"的表现。如何对待这种批评呢？这种社会参与的工作与文科建设的基本思路是不是一致呢？它们是否也是一种学术活动呢？应该说，有些学者和老师的担心也是出于对文科的一种爱护和关心。实事求是地说，的确有些老师没有把主要精力放在学生培养与学科建设上，而是以学校作为一个栖身之处，忙不迭地在社会上参加各种非学术性的活动。而且，本来大学老师只是某一个专业领域的学者，可却在社会和媒体上"十八般武艺"耍得团团转，似乎智周万物，哪个方面都是专家。这些现象的确对清华文科的建设与声誉是不利的。但是，这毕竟是极个别的现象。而且，从另外一个角度说，文科的建设和发展的路径也应该是多样化的。它可以是"面壁"或者"坐冷板凳"的方式，也可以是在社会实践中"龙腾虎跃"和"拳打脚踢"的方式。况且从现代社会发展的角度看，社会经济文化发展对文科学者和各种学术观点的需求，也是一种客观的现实。文科的发展不能对这样的需求熟视无睹。同时，不同的学科也可以有不同的建设思路与路径。因此，在清华文科的建设和发展道路上，妥善协调不同的建设观念和思路，综合发挥不同学者的积极性，也是文科建设的一项重要工作。当然，需要进一步澄清的是，文科建设与国家战略的一致性，并不简单地等同于社会参与，或者追求某种热点问题，它的实现形式也可以是多种多样的，也包括潜心基础理论的钻研和探究，特别是某些时下虽然并不热闹，但却具有前瞻性和潜在性的问题研究。从这个意义上说，清华文科参与国际战略的建设与发展的道路也是多种多样的。

二、走出象牙塔

重新定义文科的第二个涵义，就是改变传统文科那种坐而论道的做学问的方式，走出象牙塔，深入社会和基层，与经济社会领域的各种机构，包括政府的各个部门等，开展广泛的合作，从现实中去获得实际的问题和资源，进而更好地满足经济社会改革发展的要求，以及人民群众对文化和社会科学的需求。

刘：您刚才提到文科的重新定义，特别强调了基础文科的建设和发展。那么，对于文科的其它学科来说，是不是也需要适应社会的发展而重新定义呢？

谢：你提到的这个问题也是清华文科近年来建设和改革的一个重要方面。在清华文科建设和发展的过程中，特别是如何对文科重新定义的改革过程中，我们做的一项重要工作就是进一步鼓励、支持和加强文科与社会经济发展及其它各方面的联系与合作。长期以来，文科的建设和发展有一种非常内在的惯性，有些学者比较喜欢沉湎于书斋中的高谈阔论，坐而论道；也有些学者受传统学术观念的影响，注重于考证、校勘、典故和微言大义；还有些老师特别专注于学院式的研究，等等。这样的一些传统和研究方法当然也有其合理性和必要性，但仅仅如此也是不够的,尤其是在整个社会经济文化快速发展、信息化程度不断提高的形势下,文科也应该与时俱进,不断拓展自己的存在形态和建设模式。这也是清华在文科建设过程中始终在思考的问题。在这方面,近年来清华文科的实践可以概括为两个方面,一是加强与社会经济领域的广泛联系与合作;二是进一步加强与其他学科,特别是理工科的联系与合作。可以说,这个方面的工作是有成效的,但做得还不够。

刘:是的,近年来学校里经常可以听到文科与社会经济各个方面合作成立研究机构的信息,能否请您介绍一些这个方面的情况?

谢:不错,这样的研究机构正是体现联系与合作的具体平台和机制。因为在文科与经济社会各个方面的合作中,一个非常具体的举措就是与校外不同的部门成立联合研究机构,包括政府部门、企业、社会组织,以及国际的著名研究机构,等等。这里,我可以列举几种不同类型的合作研究机构。首先是与政府有关部门联合成立的研究机构,比如中国农村发展研究院、清华大学科技-教育发展战略研究中心、北京市哲学社会科学应急管理研究基地、国家文化产业研究中心;其次是依托校外有关部门成立的各种研究机构,如清华大学亚洲研究中心、老年学研究中心、中国科协-清华大学科技传播与普及研究中心、清华大学-伯克利大学心理学研究中心、清华大学日本研究中心、清华大学华商研究中心、清华大学中国与世界经济研究中心、清华大学中国财政与税收研究所、清华大学中国发展规划研究中心、清华大学国际传播研究中心,等等;第三类是以协议形式与校外独立法人联合建立的科研机构,如清华大学-国家开发银行规划研究院、清华大学(新闻与传播学院)-网易公司未来媒体联合研究中心、清华大学产业发展与环境治理研究中心、清华大学(人文学院)-野村综合研究所中国研究中心、清华大学-布鲁金斯公共政策研究中心、清华大学当代国际关系研究院,等等。可以说,这些联合成立的研究机构,对清华文科的建设发挥了非常重要的作用,为文科的学科建设提供了更加广阔的平台,为文科的老师和学生进一步认识和参与国家社会经济文化的改革提供了更多的机遇和更大的空间,为文科的教学提供了更丰富的内容,而且,也为文科的建设提供了更多的资源。

刘:您能否举一个例子说明这种与经济社会各个方面紧密合作对文科建设的意义呢?

谢:这样的例子很多,我只举与国家发展和改革委员会联合成立的中国发展规划研究中心的例子。从传统文科的范畴而言,并不存在一个直接与发展规划相对应的学科和院系。从国家规划工作的格局来看,也常常是分成不同的部门和系统,包括社会经济的发展规划、城市发展的规划、土地发展的规划,以及其他许多不同领域的规划,形成一种比较分散的状态。而大学的文科虽然也有不少的学者和院系参加或介入政府的规划工作,也往往是比较零散和随机的。因此,在清华大学与国家发展和改革委员会的有关领导讨论如何进一步深化合作,并且开始考虑成立双方共同建设的发展规划研究中心时,我内心实际上是有点犹豫的,因为我们不清楚应该依托哪一个院系落实这样的合作,也担心这种跨学科的合作涉及不同的院系和专家,将来协调起来会非常困难。实际上,这就是一种比较保守的文科建设思路,它体现的是资源约束,而不是需求约束的思路。后来,在学校领导的推动下,学校依托公共管理学院,与国家发展和改革委员会联合成立了中国发展规划研究中心,由此也进一步推动了学科的融合,促进了大学与政府的合作,以及文科的建设。据清华大学公共管理学院王有强教授介绍,规划中心自2006年成立以来,按照马凯副总理提出的"学术思想的殿堂,规划人才的摇篮,政府工作的智囊"的定位,在国家发展和改革委员会、清华大学的共同领导下,围绕发展规划领域的学科建设、人才培养、政策咨询和国际交流开展了一系列活动,取得了较好的成绩。从学科建设的角度看,这个中心的成立至少从以下几个方面推动了学校文科的建设。

首先,促进了科研平台的建设。自成立以来,中心采取"小实体、大联合"的组织体制,广泛联合校内外、国内外有关单位,综合学科交叉优势,围绕国民经济和社会发展的全局性、综合性、战略性课题开展了一系列理论和应用研究,承担了国家自然科学基金和国家社会科学基金等纵向竞争性课题 12 项(其中国家自然科学基金重点项目 2 项);承接国家发展和改革委员会、文化部、铁道部、中编办、国家旅游局、国家开发银行等国家部委及北京、重庆、广西、江西、青海等地方政府委托课题 50 项,完成各类研究报告 45 篇,发表中、英文学术论文 70 余篇(其中 SSCI 论文 17 篇)。

其次,进一步促进了规划学科的建设,培养了一批发展规划的专门人才。围绕我国规划编制开展理论研究,形成了初步的知识体系,出版《发展规划的理论和实践》(杨伟民主编,2010 年)、《发展规划:理论、方法与实践》(杨永恒著,2012 年)等论著,并在全国高校率先开设了"发展战略与规划"研究生课程,至今已开设了 8 年。坚持理论教学与实践教学相结合,邀请国家发展和改革委员会的有关专家型领导朱之鑫、杨伟民、李守信、徐林、田锦尘、周南、岳修虎等领导,围绕发展规划相关问题进行专门讲座,增强学生对发展规划实践的了解,获得了学院师生的热烈欢迎和高度好评。在国家发展和改革委员会与清华大学的共同支持下,中心会同清华大学公共管理学院,自 2007 年起开设了"MPA-发展规划"方向的项目,累计招收 126 名来自全国发展改革系统的公务员在职攻读 MPA 学位,已毕业 79 人;培养博士后 20 人,多数赴国内知名高校及重要政府部门任职;培养博、硕士学术研究生 45 名,其中 1 篇博士论文、8 篇硕士论文获评清华大学校级优秀研究生论文。同时,中心的建设和发展也为文科教师充分发挥他们的智慧和才干提供了一个非常广阔的平台和空间。相关学院的多位教师通过各项研究和课题,也拓宽了自己的学术视野,丰富了教学内容。有些教师也承担了非常重要的责任,例如,王有强、杨永恒连续两届被文化部聘为国家公共文化服务体系建设专家委员会委员,王有强任首届专家委员会主任委员,杨永恒任本届专家委员会副主任委员。

再次,积极开展应用政策研究,有效地服务了国家公共政策的实践。围绕经济社会发展中重大现实问题进行了研究,积极配合国家发展和改革委员会的规划编制工作,也为其他部委、地方各级政府制定发展规划和战略提供决策咨询服务。(1)承担了国家发改委"十二五"和"十三五"规划的前期课题研究任务,为国家五年规划的编制工作提供了积极参考。其中,承担的"十二五"规划前期课题成果《深化行政管理体制改革问题研究》获教育部第六届高等学校科学研究优秀成果奖。(2)作为成员单位参与了《全国主体功能区规划》《广西北部湾经济区发展规划》《汶川地震灾后恢复重建总体规划》等国家级规划的研究和编制工作,作出了积极贡献。(3)与文化部有关司局建立深度合作,在文化发展规划和公共文化服务体系建设领域开展了大量的咨询研究,有关成果为《国家"十二五"时期文化改革发展规划纲要》《中办国办关于加快构建现代公共文化服务体系的意见》《公共文化服务保障法(草案)》等重要文件的研究和起草提供了积极参考。关于农民工文化权益保障的调研报告获得了李长春、张德江、回良玉、刘延东等中央领导的批示和高度肯定,直接推动了国家有关政策的出台。

最后,进一步促进了文科的国际交流与合作,扩大了国际影响。中心成立以来,接待了来自世界不同国家的政府部门、学术机构和国际组织的官员、专家和学者数百人次;受邀参加专家座谈、学术讲座、项目论证等活动计 100 多人次。自 2008 年起,中心成为国际知名竞争力评价机构——瑞士洛桑国际管理发展学院(IMD)在中国大陆地区的唯一合作伙伴,为编制《世界竞争力年度报告》(*World Competitiveness Yearbook*)提供数据支持和依据,至今已经合作编制了 9 个年度报告,产生了广泛的社会影响。

刘:清华大学具有文理工医多学科融合的优势,主动地开展这个方面的合作与交叉研究真的是非常有利的。在这个方面,您有些什么特别的体会吗?

谢:实事求是地说,规划研究中心这个项目的实施,对我来说就是一个极好的学习机会。由于规划的工作涉及许多学科,包括公共管理、社会、经济,特别是学校的重点学科建筑学院等,只有将这些学科和学院协调起来，才能够真正把事情做好。但是，由于我缺乏经验，在与国家发改委和有关政府部门协调与筹办规划中心研究北部湾规划项目时，却不自觉地犯了一个不应该犯的错误，即忽视与这个领域的有关理工科方面的专家的汇报与沟通，特别是向我国著名的规划与建筑学家吴良镛先生汇报，听取他的意见。后来，经陈希提醒，我才怀着歉疚的心情向吴良镛先生讨教与道歉。当然，吴良镛先生对我是非常宽厚的，他不仅原谅了我的失误，而且非常主动地参与规划中心的成立与活动。特别让我感动的是，吴先生在若干年以后，还专门赠给我一幅手书"春风大雅　秋水文章"，让我羞愧不已。通过这件事，我深深地感到，学科交叉关键是人的融合；而且，清华大学的一批老先生的厚重道德和与人为善，也时时激励和提醒我多向老先生学习。后来，这也成为了我工作的一条基本准则。

刘：在您办公室里看到过这幅字，的确非常有艺术感，非常美，原来它还有这么多的故事在里面。近年来，清华文科与社会经济和政府各个方面的合作的确是非常广泛的，也已经成了清华文科建设和发展的一个非常鲜明的特色。至于文科与理工科的合作，您能否也介绍一些有关的故事呢？

谢：文理渗透一直是清华办学的一个传统。清华文科的建设也秉承和发扬了这个传统，这也是重新定义文科的一种途径，如清华大学环境资源与能源法研究中心、清华大学与中国工程院联合成立的工程科技发展战略研究院、清华大学社会学系与建筑学院在人才培养和科研方面的合作，美术学院信息艺术设计系的创办和发展，以及酝酿已久而最近成立的幸福科技实验室，等等，都是这个传统的具体体现。

这里，我可以比较简要地讲一讲信息艺术设计交叉学科建设的故事。这是中央工艺美术学院与清华合并以后，与清华大学的计算机系和新闻传播学院共同合作建立的一个学科交叉的项目，包括了信息艺术设计交叉学科的建设与跨学科创新人才的培养。这个项目的重要特点之一，就是面向信息社会的创意和文化产业，强调艺术、媒体、信息科技的融合,重点培养高层次的创意型、复合型人才。在当今的重大课题研究和创新中,具有艺术与科学交叉知识背景的人才都显示出了更强的设计整合与协调管理能力。在跨国企业的设计开发和实践中,跨学科人才组成的设计团队更有利于产生原创性的成果。这个项目应对社会的需求,以文理交叉、艺术与技术结合为主要教学特色,培养具有艺术、技术、传媒等综合知识背景的人才。教学与实践中注重设计思维、策划管理、综合创新能力的培养,同时也与知名企业紧密合作,以项目驱动的方式开展相关的课程教学和课题实践活动。

在解决全方位人才培养的教育资源缺口方面,三个院系的领导和老师们在两个方面开展了工作。第一,是坚持通识教育的理念,在入学的第一年,允许学生跨专业选课,让学生以兴趣为导向吸收广泛的知识。第二,推行课题驱动的教学方法,打破研究生阶段的单一导师制,为学生提供更加全面、多样的教学指导和咨询。第二年开始,学生根据自己的兴趣在三个学院选择导师,要求每个学生选择两个导师,主要导师和辅助导师必须分别来自不同的学院,以保证学生在交叉学科环境下开展学习。在此基础上,尝试把单一地打破学生边界或单一地打破教师资源边界的模式融合起来,建立交叉学科的教学模式和范畴。学生和教师既隶属于原有的院系及学科编制,获得充足的资金、实验设备、教学指导与后勤支持,又同时超越系别的建制、在学科之间自由获取交叉性教育教学资源。在招生方面,开拓新思路,启用新的选拔办法,学生背景多样化,选拔机制为导师组命题,注重面试和考试结合的方式,对学生知识背景的考核根据专业方向将有不同侧重。同时也注重校内外的生源平衡,把不同的学术风气带进来,交叉与融合。在人才培养上,着重培养研究生多方面的素质,知识结构方面以社会、人文、美学、心理、教育、传播学科作为文化基础;交互多媒体、网络、虚拟现实等信息技术和编程方法作为技术支撑;人因工程、认知和行为研究作为理论指导。在素质方面强调设计项目的规划能力、艺术与科学交叉的创造能力、交流信息的组织能力,动态媒体的综合能力,以及多感觉的表现能力的培养与锻炼。目前已成较完整的研究生课程体系，形成有效的交叉学科培养模式。

这种学科的交叉也推动了传统学科的建设，增强了学科的科研与服务社会的能力。在交叉学科成立后的短短几年之内，美术学院开始与校内外团队合作，申请并获得批准了国家重点基础研究发展计划（973 计划）、国家高技术发展计划（863 计划）、国家自然科学基金项目（重点、面上、青年）、国家文化创意产业科技支撑计划项目、社会科学基金项目（重点、面上）等多项课题，开创了美术学院在社会科学基金和自然科学基金"双丰收"的局面，成为在国家级课题层面推动艺术、科学、设计、技术相融合的典范。此外，还承担了多项全球著名文化机构、企业委托的文化创业产业领域的研究和设计课题（敦煌、故宫、华为、百度、微软、小米、英特尔、波音、世博会，等等）。此外，信息艺术设计交叉学科近年来涌现出三名教育部长江学者特聘教授（徐迎庆、史元春、鲁晓波）和一批年轻有为的青年教师和研究生。例如：不到 30 岁的师丹青老师从美国罗德岛设计学院（全球设计学院排名第一）毕业之后，在德国一家著名的设计公司任职。加盟清华之后，发挥了重要的作用。他担任了多个重要设计项目的首席设计师，如数字故宫展馆总体设计、米兰世博会中国馆的新媒体设计、清华大学心理学实验室的设计、微软亚太研发集团展示中心的设计，等等。研究生也在国际学术舞台上频频出彩。例如，研究生方可（本科物理学、研究生信息艺术设计交叉学科）的作品在国际上最著名的林茨电子艺术节上展示，研究生团队设计的作品入选"月球探测载荷创意设计"；在中美创客大赛总决赛中，交叉学科研究生作为领队，取得冠、亚、季军。美术学院研究生团队连续两年作为中国唯一入选团队进入 UIST 学生竞赛单元，并获得最佳硬件设计奖。计算机系张映雪同学获得 CHINESE CHI 最佳论文奖；研究生团队设计并研发了国内早期的智能自行车。研究生团队经过几年的努力，设计并研发了针对盲人用户的触觉计算机，得到联合国儿童基金会的高度重视。

实践证明,这种交叉学科培养的学生也能够得到行业与社会的广泛认可和赞赏高度。而且学生们的自我评价也非常高。据了解,下面是部分同学的反馈:

例如,第一届交叉学科研究生,如今已经博士毕业,在 GOOGLE 工作的钟昱同学的体会是:

从 2009 年到 2011 年,在交叉学科两年的宝贵学习经历,教会了我从用户的角度思考设计和技术的结合,也帮助我找到了适合自己的兴趣方向。毕业后我选择了攻读人机交互方向的博士学位,这一宝贵收获帮助我成功地完成了博士课题"用移动设备辅助盲人和视障人士",并且发表了几篇顶级论文,发布了拥有数千盲人用户的 Q&A App:"VizWiz"。博士毕业之后我在 Google 继续运用这些年学到的知识,运用技术来改善残疾人的生活质量,每一天的工作都让我感觉到我的努力改善了很多人的生活,而这一切都是从我在交叉学科的学习开始的。

第二届交叉学科研究生陈昊现在国家电网公司信息通信分公司工作,曾经获得"五比一创"劳动竞赛一等奖。他的感受是:

交叉学科这个背景本身就很引人注目,尤其在国企中,会有很多人注意到我,因此无形中比很多人多了很多机会。很多问题领导都愿意给我机会让我去试一试,因为我独特的学科背景会比纯计算机的同事有更多的想法,使得我有机会去展示自己的能力和才华。学校给我们的很多训练是全方位的,所以自己很快就融入了电力这个对我们交叉学科来说很冷门的行业。在国企中目前依然是一个很基层的普通员工,也很辛苦,但是能为中国的电力事业奉献自己一份微薄的力量也十分荣幸。业余时间我可以在企业及公益机构的艺术设计方面工作,发挥自己交叉学科的背景优势,做一些与自己专业相关的有意义的事情,积累了经验,也提升了自己的能力。

第四届交叉学科研究生娜文,如今已是爱奇艺的交互设计师,她说:

> 有幸在交叉学科度过三年时光,我感到很幸福。学校为交叉学科提供了优质的学习环境和设备,老师们是不同领域的专家、佼佼者,言传身教的同时也给学生提供了很多机会。我很幸运也十分感谢。另外,有不同专业背景的同学本身就是一种财富,在学校时,大家在完成作业和合作项目的过程中相互影响和学习,启发很大。毕业后在工作中也能站在不同立场角度思考,同时也获得很多机会。另外一个走出校园的深刻感受是同学之间和同门之间都有一种很强的情感上的联系,可以很好地交流专业,也能够了解到不同的领域,最感动的是看到大家都为彼此和学弟学妹们着想,互相提携。

当然,这里只是文科推动和倡导文理渗透的一个案例,而且也是一个体制内的故事。其实,除了这种比较正式的学科交叉以外,许多不同学科院系的老师与学生都在自发进行相互合作。它已经是一种现实的需要。

三、多样化

重新定义文科的第三个涵义就是文科建设的多样化,这也是文科在新的发展形势下的一种思路。这种多样化的建设思路并不是单纯的建设新的学院和增加新的机构,而是一种文科功能的多样化拓展。

刘:目前清华大学文科的学院和研究院已经很多,覆盖了人文、社科、艺术、管理、商法、教育等多个领域,形成了一种比较全面的格局。

清华文科的教师规模不算太大,但学科点的数量已形成规模,甚至已不逊色于许多老牌综合性大学或文科强校。我理解,这个布局是经过长期持续有意识的经营才形成的。这样布局的背后,想必是有某种理念的指引或支撑的。我希望了解的是,学校对文科的这种多样化的布局是如何考虑的?

谢:你说得不错,清华文科的确已经形成一个学科比较齐全的局面,几乎覆盖了大文科的所有领域;它也的确很容易给人一种大而全的感觉。其实,我想做一个非常重要的更正,即这种学科布局并不是大而全的涵义,而是一种多样化的思路。清华文科的多样化建设指的是整个文科功能的多样化发展。

刘:是否可以理解为更注重内涵的拓展? 能否请您比较详细地说明一下什么是文科功能的多样化发展,文科功能多样化的具体涵义是什么?

谢:关于文科的多样化建设和发展,主要指的就是文科功能的多样化,或者说是搭建多个不同的功能性平台,为文科的建设、发展以及发挥文科的作用,提供更加广阔的空间、更差异化的途径和更多的机会。2009 年的全校中层干部会议上,我把学校文科的建设和发展概括为五个大平台:高层次干部培训的平台、高水平创新人才培养的平台、国际声誉与影响力拓展的平台、政策咨询与政府智库的平台、思想理论与文化建设的平台。这种概括主要体现的是当时清华文科的五个主要功能。后来,在总结学校"十二五"规划建设的全校中层干部会议上,我又将文科的多样化建设概括为"五个方面军":通识教育的正规军、文化传承创新的主力军、人才培养的方面军、新型智库建设的近卫军、国际化战略的野战军。这种新的概括主要反映文科在"十二五"期间所做的五个方面的主要工作,也初步地说明了不同方面工作的特点。

刘:清华文科多样化建设的思路究竟有什么理论的根据吗? 或者仅仅是一种现实的概括呢?

谢：清华文科建设的多样化思路，首先是清华文科现实发展的客观选择，也是清华文科多年建设和发展的历史性的选择，以及在这种客观历史基础上的一种逐步形成的自觉。这里，我特别想强调的是，学科并不是一个纯粹客观的存在，从某种意义上说，它甚至只是一种人为的建构。它本身必须随着时代的发展而不断进步的。文科也是如此。我曾经写过一篇文章，专门谈学科的道理，其中就论及了学科的发展变化及其功能等问题。在文章中，我引用了时任巴黎高师校长的观点。他认为，学科的划分只是对于初学者有意义，而对于科学研究而言，它是非常蹩脚的。更重要的是，学科的功能也是不断变化的，而这种功能变化的基本形态之一就是分化。正如大学本身的功能从传统的教学，不断分化发展，到科研，继而提供社会服务和文化传承，等等。文科的功能也是在不断分化的，其中某些个别的传统功能也在发生分化。例如，传统的人才培养的功能，就不仅仅只是职前年轻大学生的培养，它同样可以是对在职的成年人和领导干部的培训；又如，传统的社会服务的功能也具有更加广泛的空间和选择，如清华大学的文科建设是把智库建设作为社会服务的重要取向。所以，这种学科功能分化的道理，也正是清华文科采取多样化发展思路的科学基础和根据。

当然，实事求是地说，清华文科的多样化建设，也是一种在现存环境中寻求突破的战略选择，是在整个国家文科的基本格局已经形成、传统领域已经基本"瓜分"完毕的现实背景下的一种策略。尤其在一些比较传统的文科领域，某些重点大学，特别是若干综合性大学的文科已经形成了非常稳定的地位，即使在某些新的发展领域，也都具有了一定的态势和格局。在这种情境下，要想在这些领域中异军突起，争取一定的地位，往往是非常困难的，成本也是非常高的。所以，清华文科的建设必须在坚持"入主流"战略的同时，积极主动开拓新的发展空间，实现弯道超车。这里，有两个非常基本的思路。首先是国际化。清华文科在建设和发展的过程中，紧紧抓住了中国改革开放和高等教育国际化这个极其重要的大趋势，积极主动地开展国际交流与合作，包括邀请国际著名专家来学校讲学，努力创造机会和争取资源，与国际著名出版社合作出版学术刊物；推动学生的国际交流、举办国际会议与论坛，包括到国外召开学术会议，举办展览，等等。其次是大力拓展体制外的发展空间，即努力与现有教育体制外的其他部门和领域进行合作。实事求是地说，这也是清华文科近年来建设的一条重要的路径。正如前面所介绍的那样，近年来清华文科成立的联合科研和人才培养机构中，有相当部分是与教育体制之外的部门、企业和社会组织等合作建设的。这里，有一个非常重要的数据，即文科科研经费的构成。许多高等教育界的领导，常常对清华文科近年来科研经费的迅速增长感到吃惊，因为当许多其它大学的文科的科研经费还只是几百万或数千万时，清华文科的科研经费已经超过了亿元。其中最主要的奥秘就是体制外的横向科研经费的规模已经超过文科总科研经费的一半。这种体制外的合作使得清华文科的发展获得了一个非常大的空间，也进一步增强了建设和发展的活力。更重要的是，这种体制外的合作与共建，也深化和推动了清华文科本身的改革，促进了文科与社会、市场，以及政府之间更加密切的联系。

其实，文科的天地大得很，机会多的是，关键是我们如何解放思想，开阔视野，不断积极寻求和发现新的可能性。而且，社会和文化的发展对文科的需求也是越来越大，根本不需要去在某些传统的"一城一池"去竞争，完全可以在一个更大的空间中发挥文科的作用。

四、"布子"的故事

借用围棋术语来说，重新定义文科的另一个非常关键的举措是"布子"。它的基本涵义就是，努力研究和把握文科发展的基本走势，对国家的基本需求和国际热点问题进行深入系统和前瞻性的研究，进而尽可能主动地在某些领域里预先投入和建设。这也是一个大学文科学科建设的基本战略。

刘：近年来清华文科确实做了几件非常重要和有影响的事情,包括举办世界和平论坛,组建国学院和国家金融研究院,等等。这些年来,无论是校内师生还是外界同人,往往都惊讶于清华文科的布局日新月异,不时有出彩之举。客观来说,这也为清华文科创造了更多的学术增长点,优化了学科布局,也扩大了清华文科的社会影响力。清华是如何做到这一点的呢? 其中,有什么特别的思路和办法吗?

谢：其实,重新定义文科并不是随意的,而是必须根据国家和国际发展的形势与需求来考虑的。它一方面是对已有学科的一种调整,另一方面则是对文科未来的发展进行提前的布局。我称之为"布子"。文科的学科建设和发展也有类似围棋那样的"金角银边"和"草包肚",就看你往哪里布子。清华大学在重新定义文科的过程中,非常重视这种建设的战略布局。

应该说,这种"布子"对文科建设来说尤为重要,因为文科的建设与一般的理工科比较,往往需要更长的建设周期,需要更多的积累,甚至是必要的反复,如果等到社会发展和文化的需求已经出现甚至已经紧迫的时候再着手建设,其结果很可能是"马后炮",不仅错失了机遇,而且本身没有效益。大量的事实和历史经验也告诉我们,一个成功的文科学科,往往需要十几年,甚至几十年的努力和积累。缺乏必要的时间,没有提前的谋划和布子,临时抱佛脚是难以成事的。

现在大家都认为清华大学主办的"世界和平论坛"是一件非常重要,而且十分成功的学术活动,对它所发挥的作用,包括国际性的影响,也都给与了充分的肯定。然而,很少人知道,清华大学国际关系学科的老师们为此所付出的心血。

那还是在 2006 年前后的一个晚上,尽管学校下班的时间已过,大家或者是赶着回家,或者是在操场上锻炼,或者是匆匆地接孩子,等等,但国际关系学科的七八位教授却来到了我的办公室。大家的心头萦绕着一个非常重要的问题:清华大学的国际关系学科究竟往哪个方向发展? 实事求是地说,虽然清华的国际关系学科建设的时间不长,但确实汇集了一批非常优秀的学者。虽然我们也支持不同的学者可以充分发挥各自的优势和兴趣,但作为一个学术集体,它的总体方向应该放在什么方面呢? 这当然是一个关系到整个学科建设和发展的根本性问题。而且,这也是一个非常典型的学术性问题,不能简单地以一种行政化的方式或武断的方式决定,而必须充分尊重不同学者的意见,充分发扬民主。就这样,大家挤坐在我那间不算太大的办公室里,七嘴八舌地讨论着:有的主张以某个区域为主,有的主张以某个主题为主,也有的主张在国际关系的研究中建立清华的方法论学派,等等,不一而足。在这种情况下,我自然像梅贻琦老校长那样,"吾从众",主要是听取大家的意见,尽可能地综合大家的看法,努力寻求"最大公约数"。当然,作为国际关系学科的带头人,阎学通教授的建议是非常重要的。他根据当时的国际形势、国内国际关系学科的情况,以及国家发展的需要,非常敏锐地提出了以国际安全作为清华国际关系学科发展的基本方向。他非常详尽地说明了这个方向的现实意义和发展前景,而且分析了学科队伍的特点,并且对如何建设也发表了比较具体的意见,包括季度性的会议与年度论坛等。讨论持续了将近三个小时,大部分教授对阎学通的建议表示赞同。当然,我也非常愿意接受大家的意见。后来,整个国际关系学科的建设和发展,基本上就是按照这个方向进行的。而世界和平论坛的举办也是在这个基础上,在国务委员唐家璇的直接指导下实施的。因此,那个晚上的讨论非常有意义,它也给了我许多关于文科建设的体会与经验。

刘:您的这种"布子"的说法非常新颖,也体现了一种教育思想和办学理念。除了世界和平论坛之外,这种"布子"的学科建设思想还体现在什么地方吗? 能否和我们分享一下?

谢:学校文科建设的"布子"是一个内容非常丰富的理念,它包括学科的布子、人才的布子,以及人才培养方面的布子。而且,有些工作目前仍然在进行,它的效果现在可能还并没有充分显现,但它在未来必定是非常有意义的。这里,我还可以给你讲另一个很重要的故事,也是非常重视的一个布子。这就是研究生培养中的"发展中国家项目"。

这个项目起始于 2011 年前后。根据张传杰教授的介绍，发展中国家研究博士项目的主要定位是，致力于通过创新的国际化模式，培养一批具有国际视野，专注学科基础性问题研究，掌握前沿理论和方法，对若干发展中国家（地区）有深入理解的专业人才。该项目为政治学、经济学、人类学、公共管理、法学等人文社科多学科校级博士生培养项目，研究对象包含东南亚、南亚、中亚与南高加索、西亚、非洲、拉丁美洲等发展中国家与地区。具体培养目标是：为有学术志向的可塑之才提供一流的国际化培养方案和长期扎根发展中国家、潜心研究基础性问题的机遇，力求培养以地区研究为终身职业和志向的高层次专业化人才，为国家战略和发展服务。

这个项目整合了清华大学政治学、经济学、人类学、公共管理、法学等人文社科学科的优势资源，打造交叉学科平台，并为每个学生量身定制培养方案，针对每个学生的特点和需求提供丰富的教学资源和充分的指导。我们希望通过在清华的学习，学生继承清华大学"自强不息，厚德载物"的精神，怀着对国家的使命感终身潜心学术研究，同时，项目还为学生提供长期住在发展中国家深入学习和研究的机会，使学生掌握当地语言，从而全方位了解其文化、政治、经济等方方面面，并对该国（地区）的某些领域或议题有深入独到的见解。项目还派出学生到欧美发达国家进行学科理论和研究方法的深造，支持学生参加国际学术会议，使学生具有学科属性、前沿理论和方法论的储备，以及国际化视野。最终让学生成为复合型的地区研究人才，在未来形成一个具有清华特色的地区性研究学派。

发展中国家研究博士项目博士学位的学习期限为 5—6 年，研究领域包括政治、经济、外交、社会、法律、公共政策与人类学等；项目下设十个区域/国别研究：东南亚研究、南亚研究、中亚及南高加索研究、西亚北非研究、非洲研究、拉美研究、印度研究、巴西研究、土耳其研究、伊朗研究，等等。博士学位的整个学习周期由三个部分组成：2—4 个学期

清华的学习，完成主要的专业课程学习和基本研究训练；1—2 个学期
发达国家研修，前往发达国家相关院校或科研机构进行半年至一学年
的学科理论和研究方法的研修；4—6 个学期发展中国家学习和研究，
前往对象国（地区）大学或研究机构学习，进行实地考察和研究，完成博
士论文。

目前，项目已经实施五年，截至 2015 年，学生人数已达到 26 人，覆
盖全球 21 个国家/地区。我们的学生均为国内外知名高校的优秀本科
或硕士毕业生。部分学生有在发展中国家的工作经历，或长期从事该
国或该地区研究。大部分学生在入学前已具备发展中国家的语言技
能，而成为优秀的研究者是项目所有学生共同努力的目标。

根据初步统计，2012 年本项目共录取 6 名同学，分别以印度尼西
亚、巴西、阿根廷、阿联酋、巴基斯坦、印度等国家作为研究对象；2013
年本项目共录取 6 名同学，分别以缅甸、伊朗、墨西哥、哈萨克斯坦、马
来西亚、南非等国家作为研究对象；2014 年本项目共录取 8 名同学，分
别以印度、埃及、肯尼亚、阿根廷、智利、毛里求斯与马达加斯加、斯里兰
卡、墨西哥等国家作为研究对象；2015 年本项目共录取 6 名同学，分别
以巴西、喀麦隆、坦桑尼亚、格鲁吉亚、印度、泰国等国家作为研究对象。

这些学生对项目的定位与设计，以及未来自己的发展充满信心。
一位在印度访学的学生说："与印度同学在一起的讨论甚至是争论对我
修正、总结和提高自己的认识非常有帮助。当你提到的建议和问题被
接纳时，我们的交谈更富有意义，显然他们至少也乐意听到来自另外一
个国家的人的看法。"一位在缅甸访学的学生说："'从当地人的视角看
问题'，认识他们眼中的世界，进而理解他们的话语和行为以及背后的
文化逻辑。'像个缅甸人一样生活'成了我的生活指南，于是我也穿筒
裙，也穿夹脚拖鞋，也抹着 thanaka 而不是防晒霜出门，坐着人力车 saitka
在小巷子里穿行，在二手公交车上听售票员跟司机聊天。"一位研究南
非的学生说："在南非这一年的生活和学习，让我对当地的文化和当地
人的生活有了更加深入的了解，开拓了我的视野，收获了宝贵的友谊，

是我成长道路上很有价值的一段经历。"一位在阿根廷学习的学生表示,"在做地区研究的实地调研时,首先要予以研究对象足够的信任,过度的警觉怕是耽误体验真实。信任一个城市,才能成为其中的普通人,外来者的眼光难免偏差,普通人的体会更接近真实。"

学校对这个项目非常支持和重视,陈吉宁校长亲自关注和支持这个项目,为项目筹措经费,解决问题;研究生院的领导与国际关系学系的老师们也非常支持,使得这个项目的实施和进展比较顺利。而且,学校对项目的前景也充满信心。

刘:您以围棋中"金角银边"和"布子"的例子说明文科建设的战略和思路,是一个非常生动和贴切的比喻。而这种布局上的考虑也的确是非常关键的,通过这种布子的建设,学校在文科建设方面有什么体会吗?

谢:这些故事显然不仅仅是一个个单独的案例,其做法和经验的确具有一定的普遍性,也给予我许多的思考和启示。如果说与什么文科建设的方法论的价值,我认为主要反映在以下几个方面:

首先是对发展趋势的认识和把握。显然,随着中国社会经济的全球化发展,国际安全的问题必将越来越重要和突出,并且可能成为影响中国发展的一个关键。正是基于这样的分析和判断,国际关系学科的学者作出了学科发展方向和重点的选择。因此,能否对社会经济和文化发展形势进行前瞻性的研究和分析,进而作出合理的判断,是关系到文科建设和发展的一个非常重要的工作。如果能够对形势发展及其对文科的需求有一个比较准确的预测,我们则能够决胜于数年之后。这里,需要有比较开阔的视野、广泛的社会联系、迅捷的信息渠道,等等。它绝对不是在书斋里想出来的。

其次,文科的建设和发展常常依靠和取决于某种比较超前的理念,以及某些应然的思想。这也是文科的特点。但是,文科的这种特点往往又是文科的弱点。因为坐而论道、述而不作,往往是文科部分学者的局限。作为文科的管理者说,则必须充分发挥文科学者的思想优势,避免那种"醒得早，起得晚"的毛病，敏锐地抓住文科学者的新思想和新理念，找准机会，及时地付诸实践。

最后，也是最重要的一点，就是能够坚持，敢于克服困难，甚至是顶住各个方面的压力和折磨，以一种坚韧不拔的毅力和担当精神做工作。坦率地说，有些新的想法和理念在实践的开始阶段可能比较困难，也常常有些不同的意见，甚至是遇到看笑话的现象。所以，在这种"布子"的实践中，的确需要有一种毅力。尤其是在大的目标方向正确的情况下，缺乏一种克服困难的力量与精神是做不成事情的。

刘：您觉得清华大学文科的复建过程中这种对文科的重新定义，有什么历史性的意义吗？清华的这种做法是不是也能够反映中国人文社会学科在21世纪的某种形态？它与过去的汉学和宋学的文科形态之间有什么关系？与中国文科长期以来模仿苏联和西方的文科形态，又有什么不同和特点吗？

谢：你提出了一个非常深刻和重大的问题，也是一个很有意义和挑战性的问题。实事求是地说，在实际工作中，我们并没有直接考虑过这些问题。学校基本且一贯的想法和做法就是：努力在清华文科的复建过程中，既要继承中国优秀学术传统，特别是清华文科的优秀传统，又要与时俱进，适应新形势的要求，进而发挥文科的文化建设的功能。当然，这个问题深究起来还有许多值得探讨的地方，也不是简单几句话就能说清楚和透彻的。我希望在本书的结束之时，特别是通过我们彼此的对话，能够对它有一个初步的认识。

第二章

再学习
——高层次培训的平台

建设一个高层次的各级领导干部培训的平台,提供各种高质量的培训课程,是清华文科建设和发展及其人才培养与社会服务功能的一个重要方面。这种高层次的干部培训是高等学校为社会提供的一种重要的服务和产品,也是文科人才培养的一个重要领域和方面、与社会经济不同方面开展合作的一个重要窗口。清华文科十分重视这种高层次的干部培训,并且将它作为清华文科参与社会经济文化发展的一个重要途径、对国家和社会的人才贡献的一个侧面。可以认为,这样的培训平台和课程,已经成为了清华文科的一个重要的品牌。

一、文科人才培养的拓展

刘:您刚才已经将高层次的干部培训作为清华文科五个建设和发展的大平台之一,据我了解,清华在这方面确实取得了令人瞩目的成绩,也受到广泛的关注和认可。现在您能否就这个方面做一些比较具体的介绍和说明呢?

谢:清华文科开展这种干部培训的活动是非常丰富的,也是一项经常性的工作。我很难给你一个非常准确的数据。据不完全统计,仅2005年以来,清华共培训各级各类干部687个班次,培训人数达28848

人次。其中一些培训班已经成为"品牌",在国内外产生了很大的影响。大致说来,比较重要的干部培训主要有以下几个类型:

第一,高级行政领导干部培训班。这类培训主要针对中央和国家机关的高级领导干部。它的特点是层次比较高,任务也非常明确,组织化程度也很高。其中,比较有代表性的是 2002 年以来,在中组部的支持下,清华公管学院、国务院发展研究中心与哈佛大学肯尼迪政府学院联合组织的高级领导干部培训班。在世纪之交,随着中国加入 WTO,中国的改革开放进入一个重要时期。各级政府在经济和社会中的职能定位和管理方式发生了深刻的变化,对各级政府公务人员的工作效能提出了新的要求。干部,特别是领导干部,其公共价值取向、国际视野与能力关系到党和政府战略目标的实现,关系到国家的稳定与繁荣。在这一背景下,在中组部的领导下,国务院发展研究中心、清华大学公共管理学院与哈佛大学肯尼迪政府学院三方合作,共同举办了公共管理高级培训项目。据薛澜教授介绍,根据三方的要求,这个项目的总体目标是:通过政府官员与国内外教授们的协调互动,使中国公务员提高工作技能,扩展战略远见,掌握新的管理方法,以使他们更好地适应变动的公共政策环境。其具体目标包括:加强学员分析和解决问题的能力,提高他们的战略规划能力和领导技能,以更好地在特定的政策环境中制定、推出和实施政府的政策和措施;使学员掌握有关发展和公共政策实践的国际通行的方法,他们可以藉此对地方政策选择和环境作出判断与权衡;分析当代中国公共政策环境中特有的挑战,以及这些挑战对公务员的政策制定和政策实施能力产生的影响;使学员熟悉参与上述各方面国际合作与政策研讨所需的专业词汇和概念。

2002—2012 年间,合作三方计划共举办十期"公共管理高级培训班"(2007 年暂停一年)。学员均为中组部直接推荐的地厅级及以上领导干部。学习方式为在清华和哈佛两校进行两段式培训。至 2011 年,合作三方已成功举办了九期培训班,共培训了 451 名地厅级以上的政府官员。项目在具体执行中分为两个阶段:

　　第一阶段为 2002—2006 年,项目共举办五期,每期计划收学员 60 人,学员在清华学习六周,其中三周由清华教学,三周由哈佛教学。之后,学员到哈佛学习四周,并在美国参访一周。第二阶段为 2008—2012 年,每期的计划收学员 50 人。学员在清华学习时间减少为三周,其中两周由清华大学教学,同时补充了大量讲座,一周由哈佛教学。美国阶段的学习与第一阶段相同,学员到哈佛学习四周,并在美国参访一周。

　　项目旨在为中国高级领导干部提供公共管理前沿知识和技能的培训,课程既反映公共管理最新的研究成果,又符合中国国情和政府部门的需求,受到了学员的高度评价,在中组部的各类干部培训项目中享有盛誉。这种强强联合、国内外结合的高端培训项目为中国高级干部教育培训开创了一种全新的模式,展示了中国政府开放的形象和中国新一代高级官员的风采,在国内外受到了极大的关注。这个项目的直接成果主要表现在以下三个方面:

　　首先是探索了高级公共管理培训的新模式。高级领导干部往往具有毕业离校时间长、实践经验丰富、工作繁忙等特点。如何在较短的时间内,为这样一个特殊群体提供高质量的培训,是一个世界性的难题。本项目的重要产出之一就是经过多年的探索,逐步走出了一条与其他培训不同、具有国际视野、高水平、高质量的立体式培训新模式。项目的特色在于:在师资方面,由中美两国最高学府的一流教授共同担纲,同时兼顾中美两国实务界领导的讲座;在内容方面,注重国际公共管理的前沿理论和最新改革实践相结合;在教学方式方面,采用了以案例教学为主、以基础理论为辅,以教学为主、以实地调研为辅的新模式;在办学地点选择上,探索了先在国内集中培训,经过一段时间的过渡和适应国外教学方式后,再到国外集中培训的二阶段模式,大大提高了出国培训的效果。

　　其次是开发了一系列有针对性的精品课程与案例。为了保证教学质量,提高教学效果,三方通力合作,精心设计和开发了一套针对高级公共管理者培训的课程体系,包括公共管理创新与治理、公共政策分析、领导力与战略、公共财政与税收、城市发展、危机管理、全球化、国情与发展、可持续发展、社会政策、社会创新等。这些课程对其他高级公共管理培训也具有一定的参考价值。除课程外，每期项目还针对当年的国内外形势与公共管理的热点与难点问题，开设了一系列高端讲座，包括中国下一步改革开放的几个重要问题、关于"十二五"时期的发展、转型期中国社会变迁、中国宏观经济的挑战、中国经济增长方式的转变、经济重构中金融资本与传统产业的结合、金融改革与创新、当前我国三农政策若干问题、城乡一体化发展、依法行政与行政许可、政府与媒体关系、如何认识美国、新世界格局中的中美关系等涉及政治、经济、社会各个领域的精彩讲座。项目在 9 期的教学过程中总共使用了 281个不同的哈佛案例和十几个中文案例，这些案例为中国公共管理的教学提供了非常丰富的参考资料。所有案例中有 163 个案例使用过 1次，有 63 个案例使用过 2 次，有 31 个案例使用过 3 次，有 9 个案例使用过 4 次，6 个案例使用过 5 次，有 1 个案例使用过 7 次，有 7 个经典案例每期都使用过。

再次是培训质量很高。培训的质量是学员对培训本身的评价，包括学员对培训项目的满意度、实用性、教学方式适应性以及行政服务等方面的评价。根据有关方面发调查，学员对这个培训项目的满意度是很高的。首先，学员对项目整体的满意度高，接近"非常满意"的水平：从问卷调查的情况看，被访者对培训的总体评价平均分为 4.69 分，介于满意和非常满意之间，更接近非常满意。其中，选择非常满意的占68.8%，选择比较满意的占 31.2%。可见，学员对培训的总体满意度达到相当高的水平。其次，学员对培训各方面均较为满意，尤其对培训方式最满意：学员对培训方式的满意度最高，得分为 4.75 分；其次是师资水平的满意度，4.71 分；再次为培训内容的满意度，4.65 分；最后是对培训资料的满意度，4.47 分。可见，学员对培训各方面均较为满意。

非常重要的是，项目的实施对学员工作能力的提升帮助非常大。培训内容的现实性是衡量培训质量的重要指标。根据问卷调查结果，学员认为哈佛大学教师授课对工作的有用程度最高,得分为 4.51 分;其次是国外考察的内容和清华大学教师授课,得分均为 4.47 分;最后是国内系列讲座,得分为 4.41 分。综合来看,对于各部分内容的评价均在"有用"以上。从评价的分布看,没有学员对各个培训内容选择"完全没用",仅有一位学员对国内系列讲座和国外考察选择了"较没用"。总体而言,学员认为项目对工作的有用程度较高,特别是哈佛大学教师授课对工作的有用程度更高,而国内系列讲座的有用性相对稍差一些。

另外,案例教学方式获得高度肯定,但其中案例翻译的质量和案例的长度有待改善。案例教学是这个培训项目的特色。在案例教学各环节中,学员对于教学方式的评价最高,得分为 4.69 分,接近"很好"水平;其次为案例的内容、教师对案例的引导和学员对案例的讨论,得分分别为4.27、4.23 和 4.18,处于"较好"状态;最后是案例翻译的质量和案例的长度评价较低,得分分别为 3.93 和 3.76 分。同时,培训项目的理论性和实践性兼备,理论性略强于实践性。对于培训项目的理论性和实用性评价,有 69.8% 的被调查学员认为培训内容"理论性较强、实用性较强";18.3% 的学员认为培训内容"理论性较强、实用性较弱";11.8% 的学员认为培训内容"理论性较弱、实用性较强";没有人认为培训内容"理论性较弱、实用性较弱"。总的来看,培训内容理论性和实践性兼备,理论性强于实践性。更重要的是,这个项目对参与的领导干部的实际工作能力和理论思维水平的提高都具有非常明显的效果。

根据项目管理部门的调研,培训的效果可以概括为以下几个方面:首先,学员在学习方面的收获很大。调查表明,学员通过参加培训,收获最大的是开阔了视野,得分为 4.75 分;其次是公共管理知识、学习创新能力、战略思维能力、政策分析能力、解决问题能力得到提高;收获相对较小的是对美国管理运作的了解、国际国内形势以及知识结构,得分在 4 分以下,介于"收获较大"与"一般"之间;其次,培训效果普遍超过学员的预期调查表明,9.4% 的学员认为培训远远超出预期的效果;53.5%

的学员认为超出预期，两者合计占 62.9%；认为与预期一致的学员占 32.2%；也有 4.7% 的学员认为培训效果"略低于预期"，没有学员认为"远远低于预期"。总体来看，培训效果超过学员预期，取得良好效果。而且，虽然参加这个项目的官员既有中央和国家机关的，也有来自地方政府的，还有企业和社会团体等不同单位与部门的，尽管不同背景学员的收获存在一定的差异，但总体上的评价都是非常积极和充分肯定。这也充分证明，清华大学的公共管理学院以正确的方式做了一件正确的事情，一件有利于国家建设的事情。

清华这种对高级领导干部的培训得到了中央的充分肯定。中组部后来还特别委托清华大学承担了对中央和国家机关的司局级干部的培训，开设了由首席教授领衔、一批著名教授授课的干部选学班。在这个方面，公共管理学院的胡鞍钢教授所主持的中央组织部委托的中央国家机关司局级干部选学班也是一个十分成功的案例。由于胡鞍钢教授的信任，我多次被邀请给这个司局级干部的选学班讲课，介绍中国教育改革发展的情况与理论思考。由此看到了中央和国家机关干部对高质量培训的需要，以及高级领导干部对参加培训的热情。当然，由此也进一步认识到文科在这个方面的功能与价值。

第二，专业干部的培训。这类培训的主要特点是专业性非常强，特别是根据和针对国家社会经济发展和科技管理等领域非常需要的一些新的知识和理论，以及改革发展的要求，包括国际上的一些新的发展趋势，对相关部委领导干部开展的培训。其中值得一提的是针对新闻发言人的专项培训。这是中国不断走向世界、深化政府管理体制改革特别是政务公开的进程中，为进一步提高政府工作人员素质而举办的一项具有开拓性的培训工作。在 2006 年，清华新闻传播学院接受了中央对外宣传办公室的委托，对中央和国务院各个部委新闻发言人进行专业化的培训。由于新闻传播学院的领导和老师们精心备课，认真授课，取得了非常好的效果。后来，地方政府也纷纷建立了新闻发言人制度，选派人员来清华接受培训。中国最早的一批新闻发言人大多数都是从这个培训项目中走出来的，所以可以这样说，清华大学的这个培训项目，也算得上中国新闻发言人的"摇篮"，或者说是该领域的"黄埔军校"。项目先后一共举办了十期，参加培训的人员将近600人，对中国的新闻发言人制度的建设和完善，作出了非常重要的贡献。

当然，作为清华最早组建的文科学院之一，经济管理学院在服务国民经济主战场，努力培养高层次和高水平人才的过程中，也致力于成为国有大中型企业中高级管理干部的培训基地、优秀民营企业的事业发展伙伴，并且已经成为清华大学文科的培训项目中一个非常重要的品牌——高级管理培训（EDP）。其主要特点表现在两个方面：首先，它紧紧扣住了中国经济改革发展的走势和基本问题——市场经济的建设、金融体制的改革、现代企业制度的建设、股份制改革、资本市场的发展题等，深受政府经济部门和企业的欢迎；其次，培训项目邀请国际上著名的经济学家和企业家授课，在第一时间给学员们带来国际经济形势的第一手信息和理论研究成果。据了解，中国许多重要企业的领导人，都曾经参加过这个培训项目。如今，这个培训项目已经成为清华大学经济管理学院的一个常设课程，每年开设培训项目近100个，学员约3500人次（其中包括国务院国资委监事会主席岗前培训、国务院国资委央企董事会改革试点企业董事培训等），对推动中国社会主义市场经济的建设发挥了非常积极的促进作用。

除了开展为社会经济和政府管理干部的培训之外，清华文科还主动、积极开展高校教师培训。在这个方面，最典型的是马克思主义学院为高校思想政治理论课教师开设的培训项目，这样的培训课程和项目有各种不同的类型，参加者逾千人，对推动高等学校的"两课"和马克思主义学科的建设，发挥了非常积极的作用。

第三，国际培训。清华文科不仅开设了针对国内需求的各种高层次培训项目和课程，而且，也适应改革开放与国际交往的需要，举办了高层次、非常有特色的国际培训。

首先是国际关系学系的中美关系研究所开设的中美高级政府官员

培训项目。这是一个在中国和美国政界产生了重大影响的项目,也是中美人文交流的重要尝试之一。培训班以美国联邦行政学院院长约瑟夫·克雷默为领队,由清华文科的著名教授授课。由于这是美国高级行政人员首次来华培训,具有较强的前瞻性和特殊意义,而且也将成为中国知识界影响美国政府中高级行政官员对华态度的重要载体,对发展中美关系意义深远。当时,国务卿希拉里·克林顿在战略与经济对话时特别和刘延东国务委员提及此事。《人民日报》等媒体对中美高级政府官员培训班进行了长篇的报道。根据负责这个项目的有关老师的介绍,参加培训的许多美国国务院官员对中国政治制度与现实,包括中国的人民代表大会制度与政治协商制度的基本形式与功能,都知之甚少。所以,这个培训的意义是非常重要的。

　　另一个值得一提的是清华大学日本研究中心开展的中日百强企业高管交流项目——清华孙文塾。这个项目以能对 21 世纪中日两国良好关系作出贡献的两国商界领导为对象,系统学习从传统到当代中国的各种信息。孙中山先生领导的辛亥革命得到了志同道合的日本友人的理解和支持,他们克服了重重困难,最终实现了在亚洲建立第一个共和制国家的梦想。我们希望能将这一历史事实作为宝贵的遗产继承下来,并培养能加深当今 21 世纪中日两国间的理解、推进健全的相互依存关系的两国领袖,因而将此次研修项目命名为"清华孙文塾"。清华孙文塾发起人都是清华大学的老朋友,如原日本经团联会长、现佳能公司总裁御手洗富士夫(2009 年,清华授予御手洗先生"清华大学名誉博士"荣誉称号),全日空会长大桥洋治,永旺公司创始人冈田卓也,野村综合研究所会长藤沼彰久(2007 年我校授予藤沼先生"顾问教授"的荣誉称号),西科姆最高顾问饭田亮和原通产省次官福川伸次(2007 年我校授予福川先生"顾问教授"的荣誉称号)等人,顾秉林校长为中方发起人代表。

　　第一期研讨班的北京集中讲学于 2012 年 5 月 5 日在清华主楼接待厅举行了开幕仪式,作为分管副校长,我在仪式上表达了对学员的殷切希望,向学院赠送纪念品并与学员们一一合影留念。12 月 12 日于东京举办闭幕典礼,前校长顾秉林专程赴日为学员做纪念特别演讲。中国驻日大使程永华高度赞扬"清华孙文塾"的工作和意义,2012 年 12 月 14 日,于百忙中专程到学习班和大家见面,并做特别演讲。第二期研讨班的北京集中讲学于 2013 年 5 月 3 日在主楼接待厅举行开幕仪式,顾秉林前校长以及社科学院的多位领导出席。2013 年 12 月 5 日,中国驻日大使程永华在东京到学习班做特别演讲,顾秉林前校长专程赶赴东京参加闭幕典礼。截至 2016 年,清华孙文塾共举办五期,近百名日本百强企业干部参加,并与清华师生、相关企业家建立了良好的关系。

另一个值得一提的是中日青年企业家交流项目——鹿儿岛青年企业领袖清华学习班。为了进一步开展同日本各界交流,我们开展了中日青年企业家交流项目。2013 年,陈吉宁校长与日本鹿儿岛县签订了框架合作协议。这是清华大学与外国地方政府签署的首次合作协议,开创了中国的大学和外国地方政府全面合作的先河。在此基础上中心设计了中日青年企业家交流项目。2015 年鹿儿岛县派遣 40 多名企业家到清华学习参观和交流,2016 年又派遣了 30 名企业家访问清华,学习了中国的社会、经济与文化,并与清华师生以及相关企业家进行了很好的交流。这个项目对于鹿儿岛的企业家了解清华和中国起到了非常重要的作用。

二、第三级教育的新概念

刘:为什么清华文科会如此重视和积极开展对各级领导干部的培训?从常理来说,这些培训的事情似乎并不应该是像清华这样的重点大学的责任?

谢:清华大学文科对各级干部培训的重视,是有历史原因的。首先,这是清华文科复建的一个重要契机,也是清华大学服务国家建设和改革发展需要的一个重要举措。根据有关文献的记载，1980年6月，校长刘达和副校长何东昌在《光明日报》头版发表题为"重视大学文科，多办大学文科"的文章。他们认为，我们在培养干部的方法上，"存在着某种经验主义的片面性"；而且，由于我们的干部队伍主要是在民主革命战争年代形成的，当时，唯一可能的正确方针是在实践中造就干部，这样形成起来的干部队伍虽然有很大的优点，也往往存在着文化科学水平较低的问题。为了适应建设和发展的需要，提高领导干部的专业水平和管理水平，必须改变过去单纯依靠经验进行管理的局限，而应该提高干部的文化科学水平。可见，清华初期建设文科的基本考虑，首先是要与中央和国家的干部队伍建设的决策紧密联系在一起，与国家战略相结合。从清华文科不同学科和院系成立的时间顺序来看，也能够发现这种特点。

其次，清华文科将高层次人才培训作为重要平台，既有前面所提到的历史的原因和背景，也有非常现实的原因。由于当时文科招生太少，没有本科生，许多学科也没有研究生的学位点，无法招生，因此，发展干部培训自然成为了文科发展的一个现实选择，领导干部培训因此成为了清华文科的一个传统优势项目。

刘：现在，随着清华文科的发展，全日制学生的培养达到了相当的规模和水平，为什么还要如此重视干部的培训呢？是不是也有通过培训增加文科办学经费的考虑呢？

谢：增加文科的办学经费当然是这种培训的功能之一，但主要意义不是经费，而是大学功能的拓展，或者说，是对大学人才培养功能的一种拓展和分化。过去我们在分析和研究高等教育的发展历史时，比较关注的是大学整体功能的分化，包括从单纯的教学机构，分化出科研的功能和社会服务的功能。实际上，分化作为社会发展的一种基本形态，不仅表现在大学整体的发展上，而且也反映在大学人才培养的功能方面，即大学的教育教学功能也在发生新的分化，这种分化在现代社会和现代教育中，突出表现在从过去单纯强调职前的培养，发展到现在对职前与职后人才的共同培养。这是高等教育发展的必然趋势。2006 年，清华逐步完成对文科各学科的博士点建设以后，我也曾经思考过这样的问题：文科各个院系开展的干部培训是否需要做一些收缩，进而能够更加集中精力做好学科本身的建设？当初，学校甚至希望将各个院系的培训工作和相关机构全部转移到继续教育学院，一方面有利于管理，另一方面也希望由此加强各院系本身的教学和科研。但是，通过与有关院系的领导和参与清华文科培训的部分学院的沟通与了解，我深深地感到，社会、企业与政府部门对高水平干部培训的需要越来越成为大学人才培养的重要内容。特别是随着中国经济社会的不断发展和改革的持续深入，职后高等教育的确具有非常大的市场需求，而且对整个社会经济发展的意义也越来越大。

当然，虽然大学开展这样的职后培训具有现实的合理性，但它在理论和政策上是否能够成立呢？会不会有人认为这是大学在搞创收，是不务正业呢？以至于会影响学校本身的教学与科研呢？这样的质疑是客观存在的，而且我也这样问过自己，希望能够对这样的做法提出合理性的解释。由此，我想起了过去翻译 OECD（经合组织）的《教育政策分析》和《重新定义第三级教育》等文献时，曾经对欧洲某些国家高等教育的参与率超过百分之百很不理解。由于当时头脑中关于高等教育入学率的概念就是普通高等教育，而且就是职前的高等教育，所以在翻译时还误认为是原书的错误。后来经过求证，才知道高等教育入学率的统计口径已经发生了调整，它不仅包括职前的高等教育，而且也包括职后高等教育的参与。换句话说，在当代高等教育的范畴体系中，高等教育的人才培养或教学，已经超越了传统的狭义的职前教育的范围，而扩展到了职后的各种群体。从这个意义上说，清华文科从事和开展各种高层次和高质量的培训，不仅不是不务正业，而且是适应了现代高等教育发展趋势的改革，是高等教育人才培养功能和社会服务功能的新的拓展，因而也是清华文科人才培养的一个重要组成部分。

刘：我非常同意您的看法。在当时的环境下，您如此重视职后教育,的确是非常具有前瞻性的。但是,我仍然担心的是,这样一种拓展,是否会对清华文科本身的教学科研工作产生一定的影响呢?它毕竟是增加了不少工作量、占用了不少办学资源,况且清华文科的师资规模本身就比较小。而且,让清华文科这些高水平的教师去从事这样的干部培训工作,是不是有点"浪费资源"? 由此,精力和资源的稀释恐怕是难免的吧? 客观地说,我以前在相关的调研中,的确也听到不少人对这样的举措表示质疑甚至批评。我想,这其中的有些问题恐怕还需要我们在理论上作更进一步的探讨和澄清。

谢:这样的担心和顾虑是有道理的,甚至也是现实的,当然也是片面的。首先,实事求是地说,这种精力和资源的稀释的确存在。由于培训能够获得一定的额外报酬,个别教师甚至把主要精力放在职后培训上,以至于在一定程度上影响了学校的教学工作。另外,也出现了少量培训项目层次比较低、质量不能保障的现象。我甚至对有些学院的领导和老师提出了减少培训工作的要求和建议。

但是,这种培训总体上仍然是积极的,对清华文科的发展也是建设性的,这不仅体现在文科对国家的贡献方面,特别是有效地提高了一大批领导干部和各领域管理者的水平和素质。更加有意义的是,它也在一定程度上促进和加强了清华文科本身的发展与改革。这种意义和价值主要反映在三个方面:

首先,促进了文科与社会的联系与合作,开拓了文科院系与地方、部委以及企业等各方面的合作机会,增进了文科教师对社会和不同行业的了解与认识;同时也为学生培养,特别是学生的社会实践等,提供了更多的机会、更广的空间。据我了解,一些基础性的学科和院系在开展这种干部培训的过程中,通过与合作伙伴的相互了解与沟通,达成了若干彼此合作的项目,有的还发展成了学生社会实践的基地。

其次,间接地促进了教师教学方法的变革与创新。你刚才提到的"浪费资源"的问题,其实是一种很大的误解,甚至是一种对成人学习和培训的传统看法。大凡了解这种职后干部培训的人都知道,与学校的本科生和研究生系统的教学比较，干部和成人的培训往往难度更大，包括在教学内容和教学方法上，对习惯于本科生和研究生教学的老师都是一个挑战。有些在本科生和研究生课程教学中表现非常好，也很受学生欢迎的教师，却并不能够适应干部培训的要求，甚至评价比较低。因为，对于这样一批本身学历比较高，而且具有非常丰富的实践经验的干部来说，要想真正能够提供高水平的授课，是非常不容易的，甚至比本科生和研究生的课更难。它需要能够非常好地将理论与实际问题结合起来，而且能够真正抓住现实中的问题，提供一些新的视角。同时，它不仅需要有新的理论，而且必须提供必要的解决问题的方法，甚至是可操作性的具体途径。

第三，促进了文科的学科建设，丰富了学科发展的内涵与外延。在这个方面，我还要提到新闻发言人的培训。

清华大学新闻与传播学院早在 2002 年 5 月建院之初，就力图找到社会变革与学科发展、学术研究与国家需求的交汇点，把以西方为中心的新闻传播学体系与中国政治社会变革的实践加以有机结合。自 2003 年春夏之交"非典"危机爆发以来，政府新闻发布机制的确立和新闻发言人的出现，成为我国政治社会生活中一个引人注目的"亮点"。危机传播从一开始就成为政府新闻发布的一项重要内容。一方面，新闻发布制度为我国各级政府部门有效地与媒体和公众进行信息传递和意见交流，从而通过继承"群众路线"的优良传统，践行"立党为公""执政为民"宗旨提供了有力的保障。另一方面，它也为近年来在我国蓬勃发展的新闻传播学研究开辟了一个新的领域，提出了许多带有鲜明本土色彩的研究课题。毫无疑问，对建立有中国特色的危机传播和新闻发布机制进行理论上和实践上的探索，必将有助于我们将以西方为中心的新闻学和传播学理论运用于中国的具体语境中，从而为推动中国的政治和社会变革、促进新闻传播学学科建设的本土化提供一个新的话语平台。

早在 1983 年，中央和地方政府的一些部门（主要是外交部、外贸部等涉外部门）就已经启动了新闻发布机制，设立了新闻发言人，但这项制度在全国得以全面推广还是从 2003 年开始的——尤其是在"非典"阻击战取得阶段性胜利后。到 2004 年底,国务院各部委和各省级政府部门都有了自己的新闻发言人,在公众较为关注的卫生、公安、教育、环保、应急等重要职能部门,基本建立了从中央到地方市县一级的定期新闻发布制度。

特别值得一提的是,国务院新闻办采取了"以培训带建设"的方式来推进新闻发布制度。国务院新闻办主任赵启正多次讲到,新闻发布制度的全面推进就是清华的一批中青年学者用培训带动起来的。2003 年底,在清华、复旦等高校的专家学者和国内外资深记者、发言人的支持下,国新办在北京举办了两期全国新闻发言人培训班,组成了由主管领导、专家学者和业界人士组成的新闻发言人培训的"国家队",培养出了中国第一代政府新闻发言人,也被媒体和公众亲切地称之为新闻发言人的"黄埔一期"。随后,这支"国家队"到全国各省、自治区、直辖市进行培训工作,学员参加完培训后便以发言人身分亮相,带动了政府新闻发布制度短时间内在我国的全面推行。经过几年的实践和探索,"国家队"逐渐确立了新闻发言人培训五大"内容模块":主管部门领导(讲解党和政府相关的方针政策),新闻传播学专家学者(讲解相关的新闻传播学理论和策略),资深记者、编辑等媒体业界人士(讲解媒体运作规律),资深发言人(传授从业经验)以及实操训练(观摩国新办发布会、模拟新闻发布、专家点评等)。

新闻发言人培训为清华大学新闻与传播学院培养了老中青三结合的学术梯队,一批中青年学术骨干得以迅速成长。李希光(时任学院常务副院长)、董关鹏(现任中国传媒大学继续教育学部长)、史安斌(现任学院副院长)、周庆安(现任学院副院长)等教授作为"国家队"的骨干师资,走遍大江南北,为新闻发布制度的建立和新闻发言人的培养作出了自己的贡献。这个教学模块还被推广到周边国家,史安斌、王君超等教授被中联部选派到柬埔寨,周庆安被外交部选派到老挝、缅甸等国家培养当地的新闻发言人。李希光教授成为国内新闻传播学界的领军人物之一，史安斌、董关鹏等海归青年学者借助新闻发言人培训迅速找到了个人与国家社会的结合点，成为国内同辈学者中的佼佼者。史安斌教授获聘为2015年教育部青年长江学者，史安斌、王君超教授获选为北京市宣传思想战线"四个一批"人才，周庆安副教授2014年入选中宣部"千人计划"，2016年被任命为学院副院长。

从学科建设上看，史安斌教授2004年出版《危机传播与新闻发布》一书，首次将"危机传播"的理念引入国内学术界，这也是第一本在学理和实践层面上探讨新闻发布制度的专著，时机上又恰逢我国首批政府新闻发言人面世。由于李希光教授《发言人教程》、董关鹏教授《新闻发言人全书》等专著的出版，清华成了新闻发言人培养和相关学术研究的重镇。他们参与了发言人"黄埔一期"的培训工作，把自己的学术研究与社会需求紧密联系在一起，并亲身参与中国政府新闻发布制度的探索当中，迄今已经参与培训了各级政府和企业的新闻发言人逾万名。十年来，我国政府新闻发布工作成绩斐然。近三年来，仅中央各部委和省级政府部门举行的新闻发布会都保持在每年1500场以上。

我国学术界在危机传播与新闻发布的教学和研究上也形成了一定的规模效应，出版专著在30种以上，论文超过1000篇，400多所高校开设了相关的本科和研究生课程，针对政府官员、企业高管和发言人进行的新闻发布和媒体沟通方面的各级各类培训业已常态化的更是难以胜数。2014年5月，"全媒体时代的危机传播与新闻发布"国际学术论坛在清华举行，国内外200多名学者与会，史安斌教授与美国佛罗里达大学库姆斯（Coombs）教授、香港中文大学黄懿慧教授、台湾辅仁大学传播学院院长吴宜蓁教授等中外知名学者发表主题演讲，并在《全球传媒学刊》出版论文特辑。

为了深化新闻发布制度的研究，提升新闻发布的有效性，2005年起国新办还聘请清华和复旦作为学术评估单位，对政府新闻发布会进行全面评估。李希光、史安斌、周庆安等教授先后代表清华主持了这个项目。2016年初，国新办召开新闻发布评估工作会议，正式建立新闻发布工作评估机制，中央政治局委员、中宣部部长刘奇葆同志和国新办副主任郭为民同志对清华在研究和评估上提供的学术支持给予充分肯定。

实际上，这样的故事又岂止是新闻传播学院，包括公共管理学院等，都通过这种高层次高水平的干部培训，进一步提升了学科建设的质量。

三、大学教育的新发展

刘：这种职后培训，特别是干部培训，的确是与传统的本科生、研究生培养有相当大的差异，但在本质上又有某些相同之处。那么，按照您的看法，清华文科的这种干部培训工作，是否可以认为是对于文科功能的一种拓展或创新呢？

谢：你提出了一个非常好的问题。我个人认为，这还不能看作是一种创新，我更愿意将它看成是清华文科的发展顺应了现代社会和现代教育发展的趋势。实际上，中国的成人教育经历了两个非常重要的阶段：

第一个阶段可以叫做"补偿性的成人教育"。它主要是适应了改革开放以后，一大批成年人由于"文革"的影响而失去接受高等教育的机会，为了跟上国家经济社会发展的需要，而对继续教育提出的要求。对于他们来说，这种继续教育和培训是他们发展中的"第二次机会"。所以，这个时期的继续教育和干部培训，主要是满足他们的这种需求的，因此在内容上也是以普通文化知识与理论为主，课程建设也主要是参考高校的教学计划，甚至有些课就是将大学中本科生的教材直接用于成人培训和继续教育。

第二个阶段则可以叫做"发展性的成人教育"。它的特点是在高等教育越来越大众化，并且日益走向普及化的过程中，人们对继续教育的要求是为了适应不断进步和发展的经济社会发展的要求，进一步发展和提高自己的需要。经过若干的改革发展以后，特别是高等教育的大众化以后，新的一代人大多数都有了高等教育的经历，特别是一大批各级领导干部,在知识化、专业化的发展过程中,大多数都具有很高的学历,有些甚至有留学国外的经验,对他们而言,继续教育和培训具有一种"咬第二口"(second bite)的特点。因此,这种成人教育是比较难的,不能完全沿用大学常规的教学计划和课程,而必须是一种紧密结合实际,同时又能够超越现实的课程和教学。尤其是对于一大批领导干部来说,这种培训的课程与教学的要求则更高。从这个意义上说,高层次的干部培训,甚至是一般的成人教育,对大学来说,不仅不是浪费资源,甚至可以说是一种挑战和机遇,是大学提升教育教学能力的一个契机。从某种意义上说,能否提供和实施这种高层次的干部培训,也是反映和评价一个大学办学水平和质量的重要标准之一。

所以,清华将高层次干部培训作为自身的一个重要功能与责任,定位于文科建设的基本内涵,也是我们建设一流大学的一个重要方面。

第三章

人才"三质"
——文科人才培养模式的探索

　　学生的培养始终是清华文科建设和发展的重要工作,也是最根本性的任务。学生培养与学校整体教学工作是紧密联系在一起的,但也有文科的特点,包括文科的生源质量不断提高,不同的学院和学科形成自己的个性化培养方式和目标定位,以及注重学生的毕业去向,鼓励不断改革课程体系和教学模式,等等。可以说,清华文科的学生培养正在逐步形成栋梁特质、大师潜质、君子气质的特征。

一、文科招生的奥秘

　　刘:听说近年来清华文科的招生录取线经常在全国各省、自治区、直辖市都名列前茅,甚至是全国最高。人才选拔是人才培养的前提和基础,优秀人才的选拔为高质量的人才培养创造了坚实的条件。清华文科录取线的提升,是不是也可以理解为清华文科的学生培养工作已经居于全国的前列呢?

　　谢:近年来文科生源质量的不断提高的确反映了社会各界对清华文科的认可。清华文科近年来在全国各地的录取线都是最高的,一大批非常优秀的莘莘学子都成为了清华文科的学生,包括本科生和研究生,这的确是清华文科建设和发展中非常重要的一件事,也为清华文科人才培养的高质量奠定了一个十分坚实的基础。但是,现在就认为清华文科的人才培养质量已经居于全国的前列,仍然为时过早。客观地说,我们与若干老牌综合性大学的文科比较,整体上仍然有一定的差距。

2010 年,清华本科生共录取新生 3355 人。文科院系共录取 754人,其中,各省的前十名 71 人,占总数的 9.4%。清华文科新生在北京地区的录取提档线比北京大学高出 9 分。当时主管教学的袁驷副校长曾经表示:文科本科招生的质量提高已经发生了由点到面的变化。实事求是地说,清华文科招生质量的提高,尤其是本科的招生形势,呈现出一种持续走高的趋势,与文科近年来在社会上的声誉与口碑的不断提升是有关的。我认为,这种招生的形势当然反映了清华文科的进步和人才培养水平的提高,但客观地说,这种形势的主要原因包括以下几个方面:

首先是清华大学的整体优势和综合实力,为文科的招生提供了十分强大的背景支持,为优秀的学子对在清华文科学习提供了非常积极的预期。根据高校招生的基本规律,考生在选择自己心仪的学校和专业时,一般具有这样的逻辑,即有条件和可能报考重点大学的考生,在选择学校和专业时,常常是先考虑学校,然后再考虑专业。也就是说,如果能够被重点大学录取,考生们可以接受一个不甚理想的专业,以后争取再换专业,或者辅修自己心仪的专业;但是,如果自己的分数和成绩只能报考一般大学,那么,考生们首先选择的则是专业,而不是学校。所以说,清华文科的招生形势与整个学校的地位是联系在一起的,是整个清华的办学水平和社会地位拉高了文科的招生质量。当然,这也是清华文科招生和人才培养的独特优势。

其次,清华文科的招生形势和质量,尤其是本科的招生,也的确与文科本身的声誉和口碑有非常密切的关系。我们非常清楚,社会和考生家长对考生报考学校和专业方面的影响力是决定性的。然而,他们对大学和专业的了解往往又是十分有限的,常常是"道听途说",或者是根据某些表面的现象,如就业的情况,等等。而在这方面,一个学校或专业(学院、系所)的声誉与口碑就显得十分重要。清华文科的建设时间虽然不长,特别是大部分学科和院系专业的本科招生的时间都比较短,一时还很难立竿见影地形成非常清晰的专业性影响。但是,声誉和口碑是非常重要的。可以非常自信地说,近年来清华文科的口碑与声誉还是不错的。而重视声誉和口碑的维护和建设,也是清华文科建设的一个非常重要的方面。

坦率地说,清华文科招生既极大地得益于清华的整体水平和地位,但在一定意义上也受制于清华的社会形象。因为,时至今日,在社会上的许多人,甚至包括学术界的部分人的头脑里,清华大学仍然是一个多科性工科大学,主要是理工科比较强。令人哭笑不得的是,即使在某些官方的统计口径里,也仍然把清华大学放在理工科大学的范畴之内,给社会、考生及其家长带来了一定的误解,当然也给清华文科的招生产生了一定的负面影响。所以,如何尽可能地改变或扭转这种社会的成见,是文科建设和发展,特别是招生工作中不可忽视的问题。因此,我们非常注重发展和培育清华文科的声誉和口碑,并且将它作为文科建设和发展的重要工作。这种对声誉和口碑的维护,从积极的方面来说,是在宣传文科教师的学术水平和贡献,宣传文科学生的突出表现和成绩,不断提升清华文科的知名度和社会影响力,从而逐步改变社会各界对清华的整体印象。在这个过程中,一个十分重要而且有效的途径,就是加强对老清华文科的宣传。我十分清楚地记得,为了实现这个目标,我在2005年还曾经专门在《光明日报》上发表文章《清华学风:值得珍视的一份文化遗产——写在清华国学研究院成立80周年之际》,利用纪念清华大学国学院成立80周年的机会,介绍清华文科的传统和深厚的文化与学术底蕴,进而强化社会和人们对清华文科的认识和印象。另一方面,大凡文科的各个院系举办各种学术活动,我总是努力参加,并且认真地准备发言稿,把清华文科的今天与它的历史联系起来,力求不断扩大清华文科的社会影响与社会认同。

我非常清楚地记得,有一次清华美术学院与原纺织工业部的一个宣传机构共同举办"中纺圆桌论坛",美术学院院长李当岐先生盛情邀请我在论坛上做一个发言。尽管我对服装艺术是一个十足的门外汉,但为了宣传清华文科,我仍然大胆地接受了他的邀请。为了准备这个发言,我精心地选择了一个服装与文化之间关系的角度,特别是通过对文化界非常熟悉的清华大学历史上的几位思想家、教育家和艺术家的衣着风格,包括史学家陈寅恪、逻辑学家金岳霖、哲学家冯友兰、文学家朱自清等人的衣着,揭示了服饰与个人性格、身分的关系,说明服装和衣着风格是文化品位的重要特征的一个方面。例如,金岳霖先生作为一个逻辑学家,具有长期的留学经历,他的衣着则常常是非常整洁和笔挺,而且经常穿着一件非常光亮的黄皮夹克,显得非常得体;陈寅恪先生常常穿着一件蓝色的长布衫,手里拎着一个裹书的包袱,是典型的传统学问家的风范;朱自清先生的穿着又别有风格,也许是他的文学修养所致,也可能是他独特的某种格调,他中年时期经常是穿着一件类似于斗篷式的大衣,也显得颇有派头,等等。显然,这样的描述和分析对于服装界的人来说,的确是别有新意的,也能够拓展人们对服装认识和研究的角度。当我发言结束后回到自己的座位时,文化部的一位女副部长对我的发言给予了充分的褒奖和肯定,并且非常热情地表示,她看到了清华文科校长的风采和清华文科的实力。更加令人感到欣喜的是,当时在场的一位张姓服装设计大师,会后聚餐时当着大家的面,表示一定要给我专门设计一些服装。虽然我非常感激他的好意,但仍然委婉地谢绝了。但他还是坚持他的意见,并且通过李当岐先生一再表达他的愿望。我并没有给他提供我的服装的尺寸,他却根据他自己的观察和经验,硬是通过李当岐先生给了我好几套服装,包括西服和衬衣。我只好收下,并上交给了学校办公室。同时,根据学校的规定,我缴纳了一定的费用,领取了两套西服作为工作服装,而其它的则给了学校。据说,这些服装后来转送给了学校的电视台,成为学校电视台主播的服装。

当然,想要改变社会各界的这种习惯性看法,仅靠宣传是远远不够的,它更多的需要清华文科在人才培养方面的实际效果与社会影响。其中,还必须尽可能减少一些负面的信息与影响。当然,想完全杜绝这样的负面事件也是非常困难的,但必须坚持这样的思路。客观地说,社会各界对类似事件的看法是笼统的,也是非专业的,而且往往有连带性特点,即他们并不会认为这只是个别人所为,而往往由个别事件扩展为整体判断,认为你整个清华文科是有问题的,进而产生不放心的感觉。我记得,有一次我们的一位教师在境外出了一点问题,给一家不怀好意的媒体抓住大做文章,国内的某些媒体对此也非常敏感。当时,我自己也没有经验,不知道应该如何处理这种事件。后来,在常务副校长何建坤的指导和帮助下,比较稳妥地解决了这个问题,避免了对清华文科的一次很大的伤害。大家也可以看到,清华文科这些年的发展,总体上是比较平稳的,给人们的印象是积极和健康的,由此也给社会树立了一个比较信任可靠的形象。

第三,实事求是地说,清华文科招生,特别是本科招生质量的提升,也与本科的招生规模偏小有关。由于招生少,当然选择的余地就比较大。另一方面,虽然招生规模小也可能会造成报考的考生数量少,但是,这种小规模的招生也在客观上为提高人才培养质量提供了条件。有一次,招生办公室希望我在一个文科招生专场咨询会上介绍文科的发展情况,咨询会上就有一位考生家长专门给我提出了这个问题,他认为文科招生太少,有些考生不敢报考。我一方面表示非常理解这样的想法,也告诉他清华正在逐步扩大文科本科生的招生规模;但同时我也从另一方面表达了我的一个看法,即清华文科的本科生招生虽然少,但这种规模小也是清华文科人才培养的一个优势。因为这些学生来到清华以后,由于学生数量少,师生比非常高,同时有不少学院实施本科学生的导师制,所以他们可以享受研究生的待遇,获得更多的学习资源,受到老师更多的关心和指导。这的确是清华文科人才培养的一个优势。

总之,清华文科的招生质量高,已经成为了全社会和教育界的一个比较稳定的看法,越来越多的优秀学生选择了清华大学的文科,这也在客观上为清华文科高质量的人才培养奠定了一个非常好的基础。

二、面向主流,培养高手

刘:这么多优秀的学生来到清华文科,学校又是如何培养他们的呢? 如果没有能够给予他们精心的指导和培养,岂不是浪费了人才、辜负了"得天下英才而育之"的厚望?

谢:岂止是浪费人才! 如果我们不能很好地指导和培养他们,简直就是对国家和民族的犯罪。当然,绝大部分这样优秀学生的学习和发展肯定是没有问题的,但对于清华文科来说,也包括整个清华而言,我们追求的并不能够仅仅是一般的优秀,而应该是培养国家的精英;我们的担心并不是他们本身的成功,而是他们能否对国家和民族作出自己的贡献。我非常清楚地记得,清华大学原党委书记方惠坚曾经提出了这样一个问题:我们的人才培养工作不能仅仅看学生优秀与否,更重要的是看他们在清华的"成长幅度"。言下之意是,这些学生考进学校时,就是全国最优秀的学生,他们毕业时不仅仍然应该是全国最优秀的,而且应该成为更加优秀的拔尖创新人才。显然,方惠坚先生给我们提出了一个非常严肃的问题:如何能够使我们的学生能够在清华获得更大的成长?

当然,我们需要给他们更多更新和更加前沿的知识与理论,帮助他们掌握更多新的能力,培养他们的创新意识和能力,树立正确的人生观和世界观。但是,怎样才能实现这些目标呢? 从文科建设的角度来看,想要成为真正一流的文科,人才培养是关键。若干年以后,如果在中国和世界上那些重大的知识贡献、思想贡献、文化贡献与政策贡献里,在中国和世界著名的思想家、艺术家和学术大师中,没有清华文科培养出来的人,那清华还算什么一流大学? 如果不能保证和不断提高人才培养的质量,一流的文科就无从谈起。在这个方面,新闻传播学院院长范敬宜先生所提出的新闻传播学院的办院宗旨——面向主流、培养高手，正是代表和体现了清华文科在人才培养方面的主要思路与战略。

所谓"面向主流、培养高手"，就是清华文科的学生培养既要服务于国家的主流和要求，又要培养在服务主流需求方面的高质量的毕业生。显然，这既体现了文科对人才的要求，也符合清华的特点和地位。我觉得，清华文科学生的成长幅度，不应该仅仅是知识和专业理论的发展，而应该是通过不同学科的个性化培养，实现他们在清华的进步与成长。为了实现这种人才培养的战略和思路，我在各种不同的场合，包括学校的会议、与各个院系领导的沟通谈话，积极推广范敬宜先生在新闻传播学院的经验，鼓励和支持不同院系提炼和形成自己的办院理念。在文科教学改革的讨论会上，我们要求各个院系将人才培养工作放在各项工作的第一位，把质量视为衡量办学成功与否的最重要标准；以学生为本，以个性化培养模式为导向，为每个学生的个性发展和人格养成提供充分条件，为拔尖创新人才脱颖而出创造优良环境。这种个性化的培养模式与定位当然包括为不同学生的个性化发展提供支持和帮助，但我更主要的目的是加强和进一步明确不同院系在人才培养上的学科认同。当时，各文科学院均已形成比较明确的办学思路。例如，经济管理学院提出了"造就未来中国乃至世界范围的商业领袖，贡献学术新知，以推动民族经济的伟大复兴"的人才培养定位和办院理念，为学生的个性化发展设计了三条轨道：学术方向、创业方向、领导力方向；美术学院继承中央工艺美术学院的传统，提出了"以创作为主导理念的贯穿设计艺术学科的教学和研究"的办院思想和理念；人文社科学院通过人文实验班与社科实验班的改革，不断探索新的历史时期人文社会科学人才的培养途径；公共管理学院根据本学科的特点，致力于形成公共管理领域的多层次人才培养体系；法学院全面推行本科生导师制的部分……所有这些，都极大地推动了清华文科人才培养体系的建设和高质量人才培养的个性化模式的构建。其中，有些比较特殊的专业领域，也积极探索一些专门化的培养模式，比如对出土文献研究人才的培养、对中国古代经学研究人才的培养,等等。

刘:您觉得不同院系在学生培养方面的个性化要求,包括提出不同的学生成长的定位和培养目标,对文科的人才成长有什么特别的意义吗?

谢:你提出了一个非常好的问题,而且,这也恰恰牵涉到文科人才培养的一个重要特点。可以这样说,这种个性化的培养理念和机制,正是适应了文科,尤其是基础文科优秀人才成长的基本规律和要求。在一些外行人看来,好像文科,特别是基础文科,没有什么特别明确的专业性,正如俗话说的那样,文史哲不分家。从表面上看,文科的确非常容易给人这样的错觉,因为文科不同学科和领域之间具有比较大的相关性(或通约性),有些概念和范畴之间也往往具有比较大的交集。但是,这并不能否定文科的专业性。应该说,正是由于文科领域里不同学科专业之间界限的模糊,进一步明确文科不同学科的专业性在文科人才培养中才显得格外重要,由此也形成了文科人才培养的一个基本特征。

我在与文科院系领导和教师在讨论文科优秀学生的特征与培养思路时,经常强调两个方面,一是比较扎实和宽厚的理论与知识基础;二是能够在学术研究和发展中有自己的专攻。从目前文科学生培养和发展的实际情况看,特别是在信息社会的背景下,文科学生阅读的文献比较多,视野非常开阔,知识面非常广,这些都是他们的优势。但是,文科的有些学生也存在一种看上去好像什么都懂,但实际上却不够深入、缺乏专攻的现象。这在文科学生成长和人才培养中是非常可怕的现象。当然,这种问题并非仅仅是清华文科部分学生的现象,在整个文科学生中具有相当的普遍性,甚至部分文科教师也存在类似的现象和问题。这种现象虽然与文科本身不同学科专业之间边界模糊有一定的关系,但是也不可否认,这是文科建设特别是基础文科学生成长和人才培养中一种虚浮的学风问题。坦率地说,这也是我在抓文科建设时,对文科学生培养最为操心和忧虑的事情。有一段时间,我甚至特别关注文科院系中那些非常优秀的学生,并且通过不同形式和途径,宣传他们的事迹,希望树立几个学有专攻的典型。当时,哲学系有一位女学生周逸,她的知识基础非常扎实,阅读了大量的历史文献和书刊,同时又能够在某个领域进行比较深入的探讨和钻研。她在一个高水平的出版社以"北溟鱼"的笔名出版了自己的专著《风流绝》,以一种非常独特的笔法和文风,而且是从一个年轻学者的视角,非常生动而又深刻地阐述魏晋名士的个人风格、思想、学术作品及其特色,得到了学术界很高的评价,被誉为"潜伏在清华的天才少女作家,重树中国历史散文的新标杆"。我觉得这个学生的发展道路是值得倡导的,于是约她谈话,听取她的想法和对学生培养的看法与建议,并且在各种场合宣传和介绍她的学习方法与经验。同时,我也专门推荐她去国外的著名大学学习,极力鼓励她在这条学术道路上继续走下去。

所以,积极支持和鼓励文科各个院系总结和提出自身办院的基本定位和人才培养目标,倡导个性化的培养模式,正是针对上述问题和现象所采取的措施。因为这些不同的办院定位和人才培养目标,都能够非常积极和有效地促进和强化文科不同院系学生的学科认同与专业意识,而这恰恰是形成和发展学术专攻的基础。显然,不同的办院定位和培养目标,恰恰体现和包含了比较具体的知识与能力要求,而且能够成为高水平课程建设的指导思想与依据;对学生而言,则能够比较具体地了解自己的发展方向和实现路径,而不是抽象的一流人才。从目前的情况看,我越来越觉得,在清华大学对本科生的宽口径专业培养模式中,文科学生特别需要注意这个方面的问题,我也认为,这种个性化培养模式的建设和发展是文科人才培养和学生成长的一条正确的道路。

这里,我想特别提到的是,能否准确、清晰地表达自己学科的方向、人才培养目标,是反映院系领导、学科带头人是否胜任、头脑是否清楚的一个标准。如果连这都做不到,这个院系的人才培养质量也就可想而知了。

刘:您刚才提出了一个"学科认同"的概念,我觉得,这是一个非常重要的人才培养的目标和质量内涵。而且,我也感到文科的学生,甚至也包括教师,这种学科认同的意识好像是不如理工科学生和教师,您能否对学科认同的概念作进一步的说明？

谢：当然，学科认同的概念是教育学的一个十分重要的概念，是学科建设的重要内涵之一，也是人才培养质量的重要内涵之一。它反映的是一个学者对某一个学科和专业的认同感和归属感；从人才培养和学生成长的角度看，则表现为学生能否真正热爱自己的学科和专业，并且能够真正投身于这个学科和专业的学习与研究，愿意将它作为自己终生的志向。所以，且不说能否在某个学术领域形成自己的专攻，如果一个学生对自己所学习的学科专业不能形成必要的认同感与归属感，就很难期望他能够在这个领域取得优秀的学习成绩，日后有所建树。

必须说明的是，这种学科认同的要求与通识教育的目标是不矛盾的。通识教育强调的是不同知识与理论间的融会贯通，并且将这种融会贯通落实在人生观上，注重的是一个"通"字，体现的是宽厚的基础理论，以及知识与价值的统一；而学科认同强调的则是对知识理论与实际问题之间的具体联系，并且将这种联系落实在特殊的领域和问题上，注重的是一个"专"字，体现的是有针对性的专业化知识与方法，以及知识与现实的统一。优秀的人才则应该是这种"通"与"专"融合的人。仅仅"通"，往往只能是坐而论道；只有"专"，则只能是就事论事。只有"通专融合"的人，才能真正达到"就事论事地做事，而不就事论事地想事"的境界。

刘：我非常赞同您的观点。其实我听到有的理工出身但有人文修养的学者也强调过，现在人才培养和培训过程中，也强调"一专多能"，首先要"专"，有专长专攻；"精"而后"博"，再由博返约，才能避免成为"万金油"，什么都浅尝辄止。李学勤先生说治学要追求"一些的一切、一切的一些"恐怕也是这个道理。

谢：是这样的。正如你刚才所的那样，在这种学科认同方面，文科在客观上缺乏理工科那种知识上的系统性和专门性。与理工科比较，文科的不同学科之间的边界相对而言是比较模糊的，容易出现"万金油"的现象。最典型的表现就是，有的人在几乎所有领域和各种问题上都敢于发表自己的意见,而且能说出那些貌似很深刻的"大道理",但对于解决现实问题却没有实际的帮助。

坦率地说,目前这种缺乏学科认同与学术专攻的现象,正是当前文科教学中存在的一个比较突出的问题,也是文科教师建设中一个十分紧迫和艰巨的任务。不仅是学生的培养存在这样的问题,即使是部分文科的教师,同样存在这样的问题。显然,如果我们的文科教育不能真正培养出一些既具有深厚和广博知识基础,同时也能够在某个领域和方向具有学术专攻的人才,那么,我们的文科教育就很难说是成功的。如果更加极端地说,我甚至愿意认为,如果说理工科的学生,包括部分应用型比较强的文科学科专业应该更多地强调通识教育,那么,对于一般文科而言,则应该更多地强调学科认同和专业教育,这也是文科学生形成学术专攻,作出学术贡献的重要基础。这也正是我之所以如此重视和强调不同院系的学科认同和专业意识的原因。

三、人才培养的模式创新

刘:学生的培养,最基本的路径当然还应该是大学的课程和教学计划,这也是人才培养模式创新的重要基础。清华文科这些年在课程改革方面有什么新的举措吗?

谢:课程建设当然是文科建设非常重要的内涵,而且是基础性的建设工作。特别是对本科学生而言,课程建设直接影响人才培养的质量。从我的角度来说,主要还是配合学校分管教学的领导做好若干重点建设的工作。这个方面,我感到比较有意义的是下面几件事。

首先是"艺术史"课程的建设工作。有一次,我向曾经担任清华大学美术学院副院长的杭间请教美院的教学和人才培养机制改革时,他专门跟我提到了北京大学中文系教授王瑶的观点。王瑶先生在1952年之前曾经是清华大学中文系老师,后来由于学科调整调到了北京大学,并且担任北大中文系现代文学教研室主任。根据杭间先生的介绍,王瑶曾经提出，一所大学本科课程的质量的重要标志性成果之一，就是看这所大学的"艺术史"课程的水平，并且认为，不仅应该在美术学院开设"艺术史"，而且应该给全校本科生开设这门课程。我当时并不特别明白王瑶先生为什么如此推崇"艺术史"课程，也并不十分理解"艺术史"课程对本科教学的重要性和价值。我自己在艺术上是一个外行，开始时还以为它只是艺术专业学生的一门基础课。后来，在向一位曾经在国外著名大学访学的同学了解她在国外学习的经验、感想及建议时，她也非常热心地给我提议，应该在清华建设和开设"艺术史"的课程。当然，我也从其它途径多次听到一些专家和老师对"艺术史"课程充分肯定和积极的评价。为了进一步了解"艺术史"课程的价值，我专门购买和阅读了剑桥大学贡布里希教授的艺术史专著《艺术的故事》，同时也看了中国艺术史家、民国时期杭州艺专的艺术史教授李朴园先生的《中国艺术史概论》，实事求是地说，我的确产生了一种豁然开朗的感悟。因为，它真正地实现了一种艺术、历史、哲学、科学与人生的贯通。为此，我也真正开始督促美术学院的领导和老师们加强"艺术史"课程的建设，特别是将过去美术学院已经开设的"艺术设计史"课程扩展为"艺术史"课程。当时，我专门约了历任美术学院教学副院长的杭间、何洁和张敢教授讨论这个课程的建设工作，并且提供专门的经费，设置专门的项目，支持"艺术史"课程的建设，并且希望美术学院能够面向全校开设这门课程。

当然，类似于"艺术史"这样非常重要的文科课程在清华大学文科的课程建设中还有一些，包括彭林教授的"中国古代礼仪"课程、刘东教授的"国学"课程、尚刚教授的"艺术史论"课程、张明楷教授的"刑法"课程、崔建远教授的"民法"课程、阎学通教授的"国际安全"课程，等等。

刘：在高等教育的改革中，人们比较关心的都是学科和专业等。我觉得，学科、专业或整个人才培养要落到实处，取得实效，恐怕还是要依托在课程上，课程在人才培养问题上是第一线、最基础也最直接的。那么，您对课程在大学文科教育教学中的地位又是如何认识的？

谢:课程是大学教学建设中非常重要的一个方面,也是学生发展和人才培养的一个非常关键的载体,对文科学生的发展和人才培养更是具有十分特别的价值和意义。这种特别的价值和意义就在于,它实际上是文科教学建设和改革的一个非常具体的抓手和载体,能够有效地提高文科教学的规范性,进一步夯实文科学生尤其是本科生的专业知识与理论基础。

大学文科的教学有着自己的特点,其中之一就是老师的主体性强,个体性和随意性比较大,不同老师的教学内容和方法常常存在较大的差异,评价标准也是五花八门,各有各的一套。这种现象当然也是文科教学的一个优点,老师可以充分发挥与展示他们自己的学术优势和见解,给学生提供一个比较开阔的学术视野。但实事求是地说,这种现象也往往使得文科的教学缺乏必要的规范性和稳定性,教学内容太随意,不利于本科学生的发展和学科认同。因此,通过课程建设,尤其是加强对若干具有核心地位的关键课程的建设,对文科教学建设是非常重要的。例如,在历史上,那些著名的学者在学术上的影响,常常是通过他们的课程体现出来的。

另外,就人才培养的体系而言,课程,特别是课程的结构,则是直接反映了教育和人才培养目标的要求。这个方面的工作由于清华文科的大多数本科专业建设的时间比较短,尚未完全展开。但对于若干建设时间比较长的专业,则已经开始考虑教学计划与课程体系的调整。在这个方面,最为典型的是经济管理学院对经济管理本科专业课程体系的改革与调整。这项工作对整个清华文科人才培养的改革,发挥了一个重要的示范作用。

我非常清楚地记得,有好多次,经济管理学院院长钱颖一与我讨论经济管理学院本科专业培养模式和课程体系的改革。他认为,目前经济管理的人才培养过于注重那些比较具体的实务性的课程与知识,而忽视了文化素质和精神层面的培养。尤其是清华的经济管理人才的培养,如果希望能够培养真正的经济学和管理学的大师与领袖人才,更需要重视和加强学生文化素质的培养与思想的建设。在他看来,目前清华经济管理本科专业的教学计划和课程,主要是一种以传授实用性专业知识为主的本科教育模式,虽然短期来看,提升了学生的专业技能,为其就业创造了竞争优势,但从长远来看,并不能适应国家和社会急速变化的多样化需求,也不能为学生的长远未来和作为人的充分发展打下扎实宽厚的基础。而且,这种过于强调实用的课程体系和导向,也比较容易引发学生在市场短期利益诱导下的从众、浮躁心理和急功近利行为,使得学生常常以单纯的经济利益为导向,以短期功利为目标,进行职业规划。因此,要想真正提高清华大学经济管理学院人才培养的质量,实现老院长朱镕基提出的目标,必须改革现有的课程体系。简单地说,就是要把通识教育与个性发展相结合,其具体抓手就是要减少目前的某些实务性的课程,增加若干能够拓展学生视野、提升学生文化素质的课程,包括哲学、文学、历史等一些好像不那么"有用"的课程。我非常同意钱颖一的看法,甚至有点惺惺相惜的感觉,因为这也正是我非常想做的事情。这种惺惺相惜的一个直接原因则缘起于我有一次参加经管学院 EMBA 校友活动的感受。

当时,清华经管学院 EMBA 毕业生郝亚泓女士希望我在他们的校友活动上讲一次老子的《道德经》。坦率地说,我当时之所以非常愿意接受这个邀请,也正是出于我对某种功利主义学风的反感,希望通过这样的活动,进一步开拓清华经管学院 EMBA 学生的视野,提升大家的品位和境界。当然,我也知道经管学院 EMBA 学生的特点。我当时刻意选择了一个"呆若木鸡"的故事,讲述真正的高手是如何锻炼和成就自己的,他们是如何对待竞争和挑战的,以及他们的境界和追求。我希望告诉大家的是,那些真正怀抱远大目标和崇高追求的高手,往往不为眼前的某些蝇头小利所诱惑,也能够不被当下的某种成功所满足,而甘于忍受长久的寂寞,甚至是一时的挫折和屈辱,最后实现自己的目标。然而,让我万万没有想到的是,就在我讲课的过程中,一位中青年的校友站起来,非常不客气地问道:老子的"道"对收回钓鱼岛有什么用吗?

话音未落,顿时引起了会场的一阵哄笑声。面对当时的情况,我的心情的确比较复杂。如果不是出于礼貌,我真想狠狠地奚落这位校友一通,但是,作为学校的老师和主管领导,我只能克制自己的脾气,非常耐心地告诉他,看上去越是有用的东西,其实越是有限的,实用性反而是越小的。倒是那些看上去好像"无用"的东西,由于它受需要的边界条件少,反而是更加有用的。其实,我也明白,想用一次演讲就让那位校友真正理解"此处无用为大用"的道理是不可能的,但对在场的大多数校友来说,我觉得还是应该把这个道理讲清楚。尽管此事当时让我感到非常不愉快,但更加让我担忧的是,如果经管学院培养的学生都这样急功近利,那可就真的是一种莫大的悲哀了。

这也就是我当时对钱颖一的想法产生极大的共鸣的思想和现实基础。我当即表示非常支持他的想法,并且鼓励他立刻着手进行改革。有几次由于相谈甚欢,耽误了下班时间,以至于从办公室谈到了甲所餐厅,谈论的话题从经管学院的现象,扩展到整个国家高等教育存在的问题和改革。

经管学院的课程与教学计划的改革是动真格的。根据改革后的本科生培养方案,在总共 140 学分的课程总学分要求中,通识教育课程占 70 学分,任选课程占 20 学分,而专业课程只占 50 学分,这就在课程体系上保证了通识教育的主导地位。这里特别值得一提的是其中的通识教育核心课组。根据经管学院申报国家教学成果奖的材料,目前经济管理本科专业的通识教育核心课组包括至少 8 门课程:西方文明、中国文明、批判性思维与道德推理、艺术与审美、社会科学(心理学概论、社会学概论或社会网分析)、中国与世界、生命科学(生物学)和物质科学(物理学或化学)。其中,除生命科学和物质科学是已有课程外,其余课程全部是新开设课程。应该说明的是,这些课程并不是作为选修课和正式课程的补充和调剂,更不是高年级本科生修满学分的工具,而是作为必修课和贯穿大学生涯始终的重要课程。众所周知,这样的课程是比较难讲的,需要有高水平的教师。为此,经管学院进行了精心组织和设计,动员了大量人力物力,聘请院外乃至校内外知名学者教授、业界著名人士和成功校友来执教。每位授课教师从不同的视角,结合在学界和业界的丰富经历,为学生开阔了视野,带来了高质量的教学,比如2011年,"批判性思维与道德推理"课程邀请哈佛教授迈克尔·桑德尔来授课。这些课程的开设极大地拓宽了学生的视野,奠定了十分扎实的学术基础。更加重要的是,这些课程的学习,为学生在纷繁复杂的社会现象中进行冷静、科学与严谨的判断,提供了很大的支持和帮助。以"批判性思维与道德推理"课为例,它包括了一些与经济管理领域有关的有争议的重要话题,如"经济、法律与社会""气候变化与碳金融""全球化与中国""金融与社会""大数据时代的管理""中国的改革与发展""企业与社会发展的历史分析"等,通过开放式教学法,鼓励学生运用批判性思维来看待社会、思考答案。同时,推行大课教学和小课研讨、理论教学与案例教学相结合的教学方法。在"经济学原理""批判性思维与道德推理"等课程中,都开设了不超过30人的小班讨论课,组织同学剖析案例、展开辩论,将所学知识与实际问题联系起来,学会思考问题,提高辨析能力,在学校的改革中也产生了很积极的作用。

刘:经管学院的改革的确是非常有示范性的,而且也具有引领的作用。您是如何评价这个改革呢?它的主要成绩、经验是什么呢?

谢:经管学院的案例从一个侧面反映了文科教学改革的取向和进程,发挥了示范引领的作用。我对这个改革是充满信心的,但现在就对经管学院本科教学计划与课程体系改革的经验做结论,是不严谨的,也是不负责任的。课程体系改革的成效往往需要一个比较长的时间才能够反映出来,然而它的经验与启示却是非常现实的。对我而言,则是由此而更加深刻地认识到课程改革的重要性。特别是就清华文科而言,经管学院的课程体系的改革,无疑树立了一个很好的参照系和标杆。

当然,在经管学院本科课程体系的改革经验中,仍然存在一个我觉得不解渴的方面,或者说,我认为其中还没有说清楚的问题,即如何在教师中进行改革动员?换句话说,如何调动广大教师的积极性,参与课程体系的改革？这是教学改革中的一个非常关键的问题，也是最难的地方。尽管经管学院的改革成果中也提到了加强师生互动的若干举措，包括指导教师制度等，但是，学院广大教师如何认识、参与改革等问题，还是语焉不详，总结得不够充分。这不能不是一个遗憾。因为教师的参与，或者说改革的动员机制的创建，是大学教学改革的一个根本性的理论与现实问题，也是其中最难的方面。这也是大学教学的一个内在特点。由于教师是授课的主体，他们在教学上具有极大的自主权。从某种意义上说，教学也是一件"良心活"，投入的多少、认真的程度、内容的深浅，等等，这一系列关乎教学质量的因素，主要取决于教师的自觉性。所以，如果没有教师的认可和投入，教学改革是不可能成功的。当然，我相信经管学院在这个方面一定也做了不少工作。

刘：在大学里，教学常常是不受重视的，虽然教育部与学校反复强调教学的重要性，而且作为职称评审中"一票否决"的要求，而且如果出现学生评价中的后百分之五，那就不能晋升职称了。您对此有什么看法和做法吗？

谢：你提到的这个问题是大学教学管理中的一个顽症，甚至是一个几乎病入膏肓的大学之痛。虽然教育管理部门和不同的大学都使出了十八般武艺，甚至祭出如同"一票否决"这样的猛药，但是实际效果甚微。这究竟是为什么呢？坦率地说，我们的教育管理部门，甚至是大学的教务部门，也包括高等教育研究机构，并没有真正深入研究它，也没有真正根据大学的特点分析问题。这不能不是说一个极大的遗憾。因为许多大学加强大学教学的管理措施，更多的只是一种行政的手段或者经济的手段，殊不知，这样的方法不啻于饮鸩止渴，根本达不到效果，甚至是南辕北辙。其中的关键则是没有真正了解大学教学的实质是一种学术行为，缺乏以一种学术的规范对大学教学和教师的教学行为进行管理。

由于我的分工与分管教学的副校长是有交集的，所以我更多地是尊重主管教学副校长的决策,只是在文科的教学或者在文科院系的会议上对文科院系的教学工作提出我的要求,特别是他们向我反映学生评课中出现的各种问题和不正常现象,以至于影响了某些老师的职称和考核时,我曾经多次给文科的教学副院长或系主任强调,不能仅仅依靠学生的评课来决定老师的教学,而必须要求和安排教师的相互听课。而且,我非常明确地告诉他们,这是大学教学的学术规范。

刘:您为什么对教师的相互听课如此重视,而且把它看成是大学教学的学术规范? 我对此还是有些不太明白。您能否具体解释什么是您所理解的大学教师的相互听课,它们的意义和作用究竟是什么?

谢:所谓相互听课,指的是大学里相同或相近学科的教师彼此听取其他教师的讲课,由此分享各自的专业知识与经验,相互学习,共同提高,进而促进大学教学水平与质量的提升,推动和实现大学教学的学术性建设与水平的一种规范。这种相互听课应该成为大学教学的基本制度,并且作为大学教师的一种义务,成为大学教师的一种职业性要求和一个任职的规定动作。实际上,这种教师的相互听课,并不是我的发明,它在中国教育的优秀传统中也有着一定的渊源。

早在唐代,韩愈在《师说》一文中就非常明确地提出了"不耻相师"的思想。他抨击当时士大夫之族耻于从师的错误观念,倡导从师而学的风气:"古之圣人,其出人也远矣,犹且从师而问焉;今之众人,其下圣人也亦远矣,而耻学于师。是故圣益圣,愚益愚。圣人之所以为圣,愚人之所以为愚,其皆出于此乎? 爱其子,择师而教之;于其身也,则耻师焉,惑矣。"他还批评一些士大夫:"士大夫之族,曰师曰弟子云者,则群聚而笑之。问之,则曰:彼与彼年相若也,道相似也。位卑则足羞,官盛则近谀。呜呼! 师道之不复可知矣。"当今社会,父母对子女教育的投入与期望可谓是前无古人,但人们之间相互学习的现象,却实在不敢恭维。尽管时下"老师"的称谓满天飞,"师徒"的说法也成为一种时尚,可这些已经在一定程度上流俗为某种社会资本或社会关系的构建方式,失去了"不耻相师"的真正涵义。而在大学校园里,老师与老师之间则出现了"老死不相往来"的现象。有些虽然在一个院系,除了学校院系的某些规定性的活动,彼此之间也常常难得见面。有的是忙于自己的研究,有的则是我行我素,还有的是多一事不如少一事,等等。即便是学校和院系为了增加教师之间的交流而刻意设置某种"沙龙"或"俱乐部"等,效果也不甚了了。至于说教师之间的相互听课,恐怕已经是凤毛麟角了。实事求是地说,这些年我自己除了作为学校领导每年能够有一两次听课以外,也很少能够作为一个学习者或同行,主动自觉地听取不同教师的课。真可谓"愚益愚"也。

刘:我在研究清华的历史时,也曾经注意到清华大学过去的教师经常是相互听课的,而且成为了一种非常良好的风气。当然,这些清华前辈更多的是出于个人的兴趣和对学术的热情,可能未必从教育理论上有太多自觉的考量,毕竟课程与教学论的兴盛和发展主要是"二战"之后在西方首先出现的。我知道您在这方面有独到的研究,您能否给我们介绍这些方面的故事呢?

谢:正是如此,相互听课就是中国大学的一个非常优秀的传统,而我们今天文科的建设也应该继承这样的传统。据我了解,包括校史研究室的金富军老师给我提供的材料,在这个方面,清华的许多学术先辈为我们树立了非常好的榜样。例如,在国学研究院时期,吴宓教授对研究院各位老师十分尊重。他很高兴能与各位学有专长的大师共事,把它看成是自己学习和提高的好机会。王国维先生的"说文学习"课,他几乎每课必听。王先生演讲,他不仅用心听、详细记,有时还作注释。他也经常去听陈寅恪先生的课,认为陈寅恪讲课"字字精金美玉"。当时尚属"学术青年"的周一良教授、秦汉史专家余逊、历史学家劳榦教授也都经常听陈寅恪先生的课。不仅教授们听大师的课,许多学术大师之间也相互听课。例如,1942 年 11 月 6 日,闻一多先生作《伏羲的传说》的演讲,朱自清先生与许多听众一起,冒雨而来,听闻一多先生的报告。在西南联大,这种相互之间的听课可谓是蔚然成风。不仅学生旁听老师的课,而且老师之间互相旁听之事,也经常有之。根据有关专家回忆,闻一多先生与沈有鼎先生同开"易经"课,经常互相旁听。这给大家提供了一种自由选择的机会,也意味着开阔视野与学术对话。据校史记载,有一段时间,汤用彤的课,冯友兰先生每堂不缺地去旁听。特别值得称颂的是,这种相互听课不仅发生在相同或相近的学科领域,而且也存在于不同学科的教授之间。例如,物理学家王竹溪先生与沈有鼎先生一起,竟然不顾日本飞机轰炸的危险,还有闲情逸致,跑到中文系来听著名古文字学家唐兰先生讲古文字学。可见当时教授之间相互听课的风气之盛。其实,这种大学教师之间相互听课的现象又何止是清华大学或西南联大的故事,它也是许多大学历史中非常普遍的现象,是中国大学历史中一种非常优秀的文化传统。

刘:您介绍的这些故事真的是非常感人,而且具有十分强的现实意义。我们今天的教师之间,相互听课的现象已经很少见了。除非是学校布置的任务,否则真的是凤毛麟角,而且文人相轻的现象似乎也越来越严重。您觉得有什么办法能够改变知识分子的这种现象吗?

谢:我认为,这其中的主要原因之一是我们对教学和学术活动的某种偏见与误解,以及教学体制机制的问题,而不仅仅是教师或知识分子个人的缘故。其实,大学教学本身是一种学术活动,它也有自身的学术规范。所以,我在这里更想说的是,这种大学教师相互听课的做法,也是大学教学本身的学术性的要求与体现。大学教学的一个非常重要的特点就在于它的学术性。美国卡耐基教学促进基金会主席博伊尔(Boyer)在其《学术的再省思》一书中也十分明确地提出了"教学的学术"的理念。舒尔曼(Shulman)在《认真看待学习》一文中则更加明确地指出,并不是所有运用心智的活动都是学术,要成为学术,它必须是公开的,即学者必须将其心智活动的成果公开,与同辈共享;而且,一种学术成果作为整个学术社群的共同财产,必须经得起学术社群的批判性的检验。因此,教学要能够成为学术,必须具备三个基本条件:一是教室里的教学可以公开地被讨论和被研究;二是研究成果对教学实务的启示等,都要经过学术社群的批判性和严谨的评估与审查;三是研究结果必须供学术社群使用,并且在此基础上延伸发展。① 所以,大学教师在课堂中的教学活动,如果仅仅是个人的行为,无论其多么深奥,都不能算是一种学术活动。从这个角度看,大学教师之间的相互听课,也是大学教学的学术性建设的一个内在要求,是大学教学的学术性的重要组成部分,也是整个大学学术性建设的重要方面。当然,它也是大学教师学术水平的重要体现。可想而知,大学教学如果缺少了这种学术规范的要求,它怎么能够得到从事学术活动的大学教师的重视呢?

刘:您的这种观点的确非常有新意,而且是真正找到了大学教学的"病根"。那么,您能不能进一步从理论上和学术上阐述这种相互听课的学术规范的内涵与实质呢?

谢:当然可以,其实说起来是非常简单的。因为大学教师之间的相互听课,本质是大学教学的一种同行评议,而这正是大学学术活动的一个根本特征。所谓同行评议,从广义上说,指的是某一或若干领域的一些专家共同对涉及上述领域的一项知识产品进行评价的活动。而所谓知识产品,则是指人们在进行知识活动中所获得的精神产品和物质产品。在科学界,这种同行评议是指利用若干同行(即有资格的人)的知识和智慧,按照一定的评议准则,对科学问题或科学成果的潜在价值或现有价值进行评价,对解决科学问题的方法的科学性及可行性给出判断的过程,是科学界对科研项目进行评审和对科学成果进行评估的一种基本方法。显然,大学的课程与教学,也正是这样一种知识产品,它必须包含一定的科学内容,具有一定的科学价值与科学方法,也同时体现一定的科学成果,否则,就不能成为大学的课程与教学。而对这种作为一个科学活动的课程与教学的评价与认可,也同样不能仅仅是教师个人的行为,它作为一种学术活动或学术行为,必须得到同行

---

① 引自符碧真:《另类学术:教与学的学术》,《教育政策论坛》(台湾)2013年2月第16卷第1期。

的评价与认可。这也是大学课程与教学评价的基本要求与特点。正是在这种相互听课的过程中,大学教学活动中的知识、模式与方法等,逐渐成为了大家公开讨论的话题,并且能够在彼此的讨论与争鸣中形成一定的教学学术的标准和共识。从讲课教师的角度说,他不得不承受着同行的批判性评价与判断,在充分展示自己个性与教学艺术的同时,认真考虑大学教学以及本课程自身的客观规律,思考和妥善处理自己教学中的个性、艺术与教学规律的关系。对于听课教师而言,如何能够真正以一种比较客观公正的态度和标准,去实事求是地评价讲课教师的教学行为,进而能够提出有建设性的意见与建议,也是一个挑战。毫无疑问,这样一种相互听课,必定能够非常有效地提高大学教学的学术地位与学术水平,促进教学质量的提升。

你可以想象,大学本身作为一个学术机构,一个以学术作为基本评价标准的机构,那些没有或者缺乏学术含量的活动,怎么能够得到大家的重视和尊重呢?如果大学的教学仅仅只是一种个人的活动或行为,不能达到和符合学术的标准与规范,受到轻视和冷遇是必然的。我甚至担心,如果我们大学的教学仍然这样无学术性地发展下去,恐怕不仅是教师,就连大学生也要忽视上课了。另一方面,这种相互听课还可以真正有效和直接地提高教学质量。且不说,这种相互听课能够通过促进教学的学术性而提高教学质量,仅仅就大学教师本人而言,这种相互听课所产生的督促功能,将直接激发教师本人的责任心与积极性,而这种真正来自教师自己的对教学的重视,可以成为一种内在的原动力,它将比任何外在的刺激与压力,都更加能够有效地提升教学水平,并且真正地带动学生的学习热情与积极性。

四、就业的引导

刘:清华的毕业生就业一直都是相当不错的,好多毕业生往往可以拿到几个 offers(就业的机会)。文科毕业生的就业情况如何呢?

谢：可以这样说，毕业生的去向也是清华文科建设和发展中一个非常值得骄傲的方面，而且也具有自己的特点。这里，我可以根据以前的部分统计，给你提供几组数据：

首先，是进入国家各级政府机关和国有大型企业工作的毕业生人数较多，占比较高。清华 2010 届赴基层公共部门及国家部委任职的毕业生，在京国家机关任职的文科学生有 12 人（全校 45 人），占全校总数的 26.7%；在基层国家机关工作的文科学生有 83 人（全校 113 人），占全校总数的 73%。特别值得一提的，2006—2009 年，全校赴基层担任村官的共 23 人，其中，文科 6 个院系共 17 人，占 74%；以法学院为例，2010 年进入国家党政机关及其直属事业单位的毕业生，包括检察院、法院共有 121 名，占就业总人数的 29.8%。仅 2010 年，法学院毕业生签约各省组织部选调、西部及基层就业共计 40 人。同时，一大批毕业生进入到国有大型企业工作，如法学院 2010 年毕业生进入国有大企业（含国有银行等金融机构）131 名，占就业总人数的 32.3%。

截至 2010 年 7 月，经济管理学院毕业 MBA 校友 7100 人，EMBA 校友 2121 人，其中在大型企业（包括国有、股份、外资）工作的有 3050 人，在政府部门工作的有 240 人。可以认为，这也在一定程度上反映了文科毕业生入主流的就业取向。

其次，投身于国家教育文化领域工作的毕业生成为文科学生就业的一个重点。与理工科比较，文科院系的"博士生的教育科研行业就业率"尤为突出。根据 2005—2009 年的统计，我校共有 8 个院系超过 60% 的博士毕业生进入教育科研行业，前三名依次为美术学院、新闻与传播学院、人文社会科学学院。美术学院一大批毕业生在艺术机构、高校与新闻出版部门工作，成为骨干和中坚力量。清华文科近年来的毕业生在国内外重点大学任教的，有些已经成为了学科带头人、博士研究生导师和学校领导。据不完全统计，在经济管理学院培养的博士中，共有 123 位服务于教育科研行业，其中教授有 28 位，副教授有 17 位。这些校友中，包括院士、科研机构的领导、大学校长、学院院长、系主任

12 位，以及在境外高校任教的教授，这是不容易的。因为与某些高薪的领域比较，教育文化行业的待遇往往并不是很高，甚至是偏低的，所以对于具有就业优势的清华毕业生来说，这就不能不是一个值得赞赏的方面，反映了他们的价值追求和思想境界。

再次，文科学生的发展水平和教育质量得到了学术界和国际上的认可。据初步了解，清华文科毕业生被国外著名大学录取为研究生的人数越来越多。例如，人文学院近三年进入哈佛、MIT、耶鲁、斯坦福、伯克利、哥伦比亚、康奈尔、剑桥、牛津、LSE、东京大学等学习的毕业生达到 48 人。2010 年哈佛法学院在中国录取了 15 名研究生，其中清华法学院毕业生 5 人。

当然，还有一批毕业生得到了社会和行业的充分认可和奖励，例如，美术学院学生在国内外的艺术、美术与设计比赛中屡创佳绩，2003—2010 年，美院学生获国内外各种奖项 200 项。新闻与传播学院的两名毕业生在毕业后不久就获得了中国新闻奖。而新闻 2004 级 4 班学生集体采写的《在京创业的河南人》获得中国新闻奖二等奖，等等。

在清华文科的这些毕业生中，有一些非常突出的代表。如投笔从戎的公管学院 2005 届硕士生贺霖、法学院的"十佳大学生村官"周倍良、美术学院西藏村官高云亮等。贾娜在 2008 年被评为海军十大新闻人物、2009 年中国大学生年度人物；2007 级本科生李燕茜作为中国高校传媒联盟执行主席，代表中国青年参加 G20 多伦多峰会，并受到胡锦涛主席接见；法学院本科学生黄博，2008 年考入美国排名第五的芝加哥大学法学院读 J.D.，他的考试卷被院长选为优秀试卷，放在芝加哥大学法律图书馆展示，供学生学习。

总体上说，清华文科毕业生的社会声誉是不错的，得到了社会和行业的好评。

刘：您认为，清华文科毕业生就业的这些成绩是不是能够说明我们的教学水平和人才培养质量已经达到了一个比较高的程度？或者说，清华文科已经初步形成了自己比较成熟的人才培养模式？

谢:我个人认为,目前可能还不能得出这样的结论。一方面,清华文科的教学工作还是在不断的建设过程中,有许多方面仍然在摸索,例如,文科不同学科专业的人才培养目标应该如何进一步提炼? 人文与社会科学的实验班究竟应该在什么时候进行专业分流? 通识教育如何与专业性培养有机地融合起来? 课程建设方面也仍然需要进一步的完善,例如文科的通识教育课程应该如何设计? 另一方面,如何在老清华文科的历史遗产的基础上,结合新的时代特点,形成新的人才培养模式与风格,也是一个长期的任务。

刘:那么,清华文科毕业生如此出色的就业成绩又是如何形成的呢? 是不是也凭藉着清华的"光环"呢? 或者是有其它的什么原因呢?

谢:应该承认,清华大学的整体声誉对清华所有毕业生都是一种非常重要的资源,它增强了社会对清华毕业生的信任。这一点,对于清华的文科和理工科毕业生都是同样的。清华文科毕业生的就业成绩,一方面与这些毕业生的整体素质非常高是有关的,另一方面也与清华对文科毕业生的就业导向是紧密联系在一起的。我可以给大家讲一个非常有趣的故事。

清华大学新闻与传播学院成立以后,在学校和学院的领导下,通过全院教师学生的共同努力,取得了很好的办学成绩,在业界的口碑也越来越好。当然,这种声誉和口碑也为新闻与传播学院毕业生的就业带来了极大的优势。然而,新闻与传播学院的毕业生中有相当一部分并没有到国家的主流媒体和机构就业,而是去了一些广告公司或市场营销企业等机构。当然,这些企业和机构本身也是很好的,具有一定的市场品牌,待遇也非常高。同时,毕业生也可以自主选择他们的就业去向。清华大学党委书记陈希教授非常敏锐地发现这个问题,并且立即找新闻与传播学院的领导和教师谈话,了解具体情况,分析其中的原因。同时,他十分严肃地对新闻传播学院的有关领导指出,清华大学举办和建设新闻与传播学院,并不是为了仅仅能够给市场上的广告公司和营销机构多培养几个高水平人才,而主要是为国家的主流新闻媒体输送真正符合要求的高端人才。这也是新闻与传播学院的办学宗旨"面向主流、培养高手"的要求。这些要求对学院的领导和老师不啻为当头棒喝,也进一步明确了学院人才培养的方向,切实引领了学院的发展。自此以后,通过各个方面的共同努力和就业引导,新闻与传播学院的毕业生大部分走向了国家的主流媒体和宣传部门。截至 2010 年,学院培养本科毕业生(中国内地生源)8 届,共计 304 人,其中 187 人继续到国内外升学读研。就业的学生有 117 人,其中有 76 人到新华社、人民日报社、中央电视台、中国日报社等主流媒体就业。截至 2009 年,学院毕业参加工作的研究生(博士和硕士)共 212 人,其中 82 人到各大主流媒体工作,33 人到大型国企,30 人到党政机关,21 人到重要文化教育机构工作。他们在这些大舞台上获得了极为广阔的发展空间和很多的发展机会,也赢得了各个方面的赞赏,毕业生自己的才干也由此得到了极大的提升。

　　另一个故事是关于法学院人才培养方向的问题。清华大学法学院复建时间比较晚,国家政法系统的许多重要岗位已经被其它法律院校的毕业生占据,清华法学院的人才培养因而面临着一个严峻挑战:我们的定位是培养政法系统的骨干,还是主要培养律师? 当时,党委书记陈希非常明确地指出,清华法学院必须培养国家政法系统的骨干,进入执行和实施国家法制建设的主流领域,而主要不是培养律师。显然,这种对人才培养方向的把握与坚持、对"入主流"的强调,对清华文科毕业生的就业奠定了一个非常广阔的平台和坚实的基础。

　　实事求是地说,这样的做法是非常必要的,因为引导毕业生高质量就业,也是人才培养工作的一个重要环节——就业与他们日后在职业生涯中的成长密切相关,这是学校的人才培养工作的一种延伸。就业的位势本身就能够为毕业生的长远发展提供一个很强很高的动能。应该说,这种对毕业生就业的引导,也是清华大学学生工作的一个特点。当然,这也是清华文科毕业生就业成绩出色的一个重要原因。

　　刘:依我理解,这也可以说是对人才输送的一种"布子"吧。

五、人才三质

刘：清华文科不仅对文科本身的人才培养发挥着重要的作用，而且对整个学校的人才培养发挥了十分重要的支撑功能。同时，我听说您曾经就清华大学的人才观有过一些自己的看法，而且把它概括为"人才三质"，您能否就此做一些详细的说明。

谢：其实，整个学校的人才培养都是清华文科近年来一个非常关注的问题，教育研究院积极开展学位与研究生教育、学生学情的研究，提出了若干很有价值的政策建议，为学校进一步深化教育教学改革提供了第一手材料，同时也丰富了高等教育的教学与学习理论。

当然，我自己作为教育研究工作者，也非常关注清华在人才培养方面的历史文化传统与现实经验。而且，我关于这个问题的思考，也是由文科建设引起的。众所周知，随着清华大学恢复文科和理科，重新成为一所综合性大学以来，我们面临着一个不得不认真面对的问题，那就是：过去以"红色工程师的摇篮"定位的清华，应该如何重新定位和表述呢？特别是对于文科的人才培养，又应该如何在质量建设方面进行明确的导向呢？记得在有一次学校中层干部的学习活动中，学校领导要求我给大家作一次关于中国高等教育改革的报告。我非常高兴地接受了这个任务，而且做了非常认真的准备，将对国家高等教育改革的任务、进展与清华本身的工作结合起来分析。就在讲到高考改革时，我随即提出了一个问题和建议，即我们多年来非常关注高考程序与形式的改革，但对高考究竟应该选拔什么样的人，或者说高考的选拔标准，缺乏深入的研究，高考命题更多的也是依据基础教育的课程标准，而适应高等学校选拔人才的要求，往往停留在抽象的原则和愿望，而没有真正落实。同时，我也提到，对于清华的录取工作来说，由于自主招生的规模不断扩大，学校在招生方面的自主权也越来越大，所以更加重要的是人才标准的问题。为此，我建议清华招生应该有一个自己的质量标准，即所谓的"人才三质"，也就是"栋梁特质、大师潜质、君子气质"。自此以后，我经常在学校内外的不同场合提及这个概念，包括在招生宣传中也给高中学生宣传了清华的这种人才观。也许是这个概念还比较顺口吧，这个提法也就逐渐地不胫而走，在校内外也产生了一定的影响。在这种情况下，我自己也对它的内涵进行了不断的修改和完善，进而形成了一个比较完善的概念。

首先是"栋梁特质"。这里选择"栋梁"一词是有用意的，而且是特别对应于"领袖、领导"而言的。近年来，在一些高层次和高水平的学校和项目里，所谓"培养领袖""领导力"一类的词汇比较泛滥。在清华的某些场合，也常常有类似的说法。坦率地说，我对这些词汇的滥用是有点担忧的。试想，如果我们的大学生在刚刚开始学习和走上人生道路时，就有了一个要当"领袖"的念头，是一件非常可怕的事情。从中国的教育史看，这样的宣传和定位简直就是一种对现代教育的否定。因为"读书做官"是一种非常传统、陈旧的教育观。当然，也许有人会将它解读为一种责任感，但具有责任感并不一定需要做官。我甚至愿意说，这样的人才培养目标可能会害了年轻的学子。对于年轻的大学生而言，这样的追求只能说是一种欲望，而不是志向。而"栋梁特质"强调的是一种责任和担当，一种敢于承担压力与责任的素质，一种独立自主、不随波逐流的品质，一种在关键时刻能够站出来、不溜肩膀的素养。按照我的理解，它意味着在开放环境中能够独立自主、勇于担当、承担责任的素质。可以想象，一个人如果缺乏独立自主性、缺乏责任感与担当勇气，怎么可能真正忠于自己国家，认同本民族文化，又怎么能够成为具有国际竞争力的创新人才呢？这难道不是清华人才培养的责任吗？

显然，栋梁特质与领袖、领导素质是不同的。它注重的是当下，是对自己的要求。梁漱溟先生早年曾在一篇短文里说："在这个时代的青年，能够把自己安排对了的很少。在这个时代，有一个大的欺骗他，或耽误他，容易让他误会，或让他不留心的一件事，就是把欲望当志气。"他还尖锐地指出，"越聪明的人，越容易欲望，越不知应在那个地方搁下那个心。心实在应该搁在当下的。可是聪明的人，老是搁不在当下，老往远处跑，烦躁而不宁。所以没有志气的固不用说，就是自认为有志气的，往往不是志气而是欲望。仿佛他期望自己能有成就，要成功怎么个样子，这样不很好吗？无奈在这里常藏着不合适的地方，自己不知道。自己越不宽松，越不能耐，病就越大。所以前人讲学，志气欲望之辨很严，必须不是从自己躯壳动念，而念头真切，才是真志气"①。我有时觉得，梁漱溟先生这话仿佛就是针对清华学生说的。清华学生不能只考虑将来做什么，更要思考现在应该发展和锻炼什么样的素质。就如同当年化工系学生所倡导的那样，"从我做起，从现在做起"。

刘：梁先生 1920 年代曾在清华讲学，并住在清华潜心著述一个多月，他对清华的确不陌生。

谢：其次是"大师潜质"，当然，这主要是针对学生的学术发展而言的。然而，这个说法也是有涵义的。清华的学生当然是非常优秀的，这是清华的荣幸，而好好培养他们则既是清华的责任，也是清华的压力：你如何将这样优秀的学生培养得更加优秀？让他们进入清华时在同辈人中所具有的优势，能够不断扩大和提升，进而能够保持到毕业，甚至是一辈子。不苛求地说，清华学生的优秀并不完全是我们的功劳和成绩，他们本来就是同辈人中的佼佼者。用清华大学前党委书记方惠坚教授的话说，关键是学生在清华的"成长幅度"，以及清华的教育与培养对他们终身发展的贡献。所以，这个"大师潜质"的主要涵义则是两个方面，一是开阔的学术视野，二是学会用科学的方法看问题。两者强调的都是一种基础性的素质。

我之所以如此强调、重视学术视野和科学方法，并将其作为大师潜质的主要内容，也是针对青年大学生和研究生的成长规律而提出的。首先，学术视野对于大学生的发展而言是非常重要的，直接关系到他们未来的成长与学术地位。其实，虽然我们都知道年轻可贵，未来是青年

---

① 梁漱溟：《欲望与志气》，载氏著《朝话》，百花文艺出版社 2005 年版。

人的。可是,我们并不十分清楚青年人的真正价值和优势在什么地方,我们甚至说不清楚青年人发展的意义与挑战是什么。这对于教育而言不能不是一个非常可悲的事情。人们常常说,青年人的价值和优势就是他们年轻,有旺盛的生命力,有闯劲,没有包袱与框框,敢想敢干,等等。坦率地说,这样的表述是比较肤浅的。简单地说,青年人最大的优势和真正的价值,就在于他们是一种可能性的存在,或者说,一种将来成为各种现实的可能性。众所周知,尽管成年人也可以不断地改变自己,适应社会的发展和进步,但他们毕竟已经是一种现实的存在,包括在个人的性格、思想、思维方式,以及在职业、生活方式等方面,形成了比较稳定的特征。而青年人恰恰是还没有形成上述这些稳定的特征,但他们完全可以根据不同的环境和条件,逐渐发展和形成各种不同的现实存在。如同青年人之间彼此开玩笑的那样,说不定其中的某位同学就成为了国家的领导人,或者是学术界的领袖,或大企业的老板,等等。这种可能性正是青年人的价值与优势。

然而,青年大学生的这种优势也仅仅是一种可能性,它还不是一种现实性。真正要将这种可能性转变为现实,则需要有各种相关的条件和努力。其中,教育便是最重要的途径之一。而如何能够有效地帮助青年大学生去实现自己的可能性,非常重要的一个措施就是扩大他们的眼界,让他们知道这个世界有多大,他有多大的发展空间,他可以有多少可能的选择,等等。显然,如果在一个比较狭隘的范围或视野中选择,那么他或她就不可能真正分析进而选择适合自己的发展目标和成长路径。也只有在一个非常开阔的视野中,青年大学生们可以通过各种比较和实践,找到自己未来的现实目标。实际上,所谓"正确",就是一种选择的结果,是在不同的诱惑面前所做出的一种选择,反映青年大学生对于自己的发展目标与成长路径做出了一种比较合适的选择,意味着他们找到了适合他们的位置和发展方式。青年人将来能否取得成功,在很大程度上取决于你的视野,能否在一个恢弘的视野中认识与把握社会与人类发展的大势,进而乘势而行,把个人的利益融入到社会发展的大势中去。而这种视野对于清华的青年学生而言,更是格外重要的事情。他们的优秀意味着他们拥有比同龄人更多的选择,更多的机会,更加主动的位势。因此,如何进一步扩大他们的学术视野,为他们的正确选择提供最大的背景,不能不是教育的责任和目标。记得有一次在给清华学生讲大课时,我以传统照相机的变焦原理为比喻,对这种视野的价值和意义进行说明。以前的摄影师都非常清楚,如果要将对象拍清楚,必须调准焦距。因此,从事新闻摄影的记者往往采用一种景深的方法,即把前焦距与后焦距调准以后,在两者之间的人物或对象都是清楚的。而超出这个景深之外的对象则都是模糊的。青年人的学术视野也是如此,你只有专注于你学术的"景深"里,你的目标和努力就是最清晰和有力的;而景深之外的东西就都是模糊的,不会干扰和分散你的注意力。

其次是科学的方法。这也是陶行知先生关于大学教育的责任的一个观点。青年大学生将来都是要从事重要工作的人,尤其是清华的学生。能否真正地把握好时代的需要与自己的责任,科学认识纷繁复杂的形势和变幻莫测的现象,实在是一件非常重要的事情。对此,我有一个比较深刻的切身体会。有一次,我给研究生讲课,介绍英国教育学家伯恩斯坦的教育理论。在课后的讨论中,有一位研究生非常认真地对我说,谢老师,您介绍了这么多伯恩斯坦的理论,好像都是说他的理论多么好,难道他的理论就没有什么问题和缺点吗?应该承认,这个研究生是认真的,他如同许多年轻的研究生一样,持有一种非常敏锐的怀疑态度和批判精神,而不愿意轻易接受他人的观点。对此,我是赞赏的。但是,我并不赞赏这种形式的怀疑态度与批判精神。我甚至对现在某些年轻学者的这种所谓的批判精神感到一种遗憾和悲哀。殊不知,真正的批判精神并不是一种单纯的否定,或者是一味地发现缺点;它更多的是一种证伪的过程,是去发现某个理论的正确性的边界条件,而非简单的批评。而这种批判的精神正是一种科学的方法。

其实,真正能够学会和按照一种科学的方法去看世界,去分析和解决问题,真的不是一件容易的事情。它需要克服个人的好恶与成见,需要战胜个人的情感与冲动,有时甚至是牺牲个人的利益,等等。我曾经给我的学生刘捷的著作写过一个序言,叫做《故事、理性和精神》。其中在谈到理性时,我强调的就是一种科学的态度和方法。依据我个人的理解和领悟,这种科学的方法至少包括两个主要层面:一是逻辑理性,即必须按照一定的逻辑规则去认识和判断事情与对象,甚至是形式逻辑的要求;二是历史理性,即充分考虑不同社会和时代的特点,从人类社会的历史角度去认识和评价某个对象和事情。

　　然而,我之所以如此强调科学的方法,更重要的涵义是:这种科学方法意味着一种做人做事的原则。科学本身就是一种是非的标准,是一种价值判断的原则。所以,科学方法也就意味着做人做事是有原则的,而不能什么都讲求利害关系。这也是人才培养的重要取向,尤其是在市场经济环境中培养高层次人才的重要取向。清华的学生将来要从事非常重要的工作,担负十分艰巨的任务,甚至是做出关系到多数人利益的决定,等等。如果他们在处理这些问题上缺乏一种原则,而仅仅凭利害关系办事,那将是非常可怕的事情。

　　最后当然是"君子气质",它主要讲学生的道德素质与人品,这是对清华学生的一种道德要求。不待言,这也是对国家精英的必然要求。这种"君子气质"并不是一种高高在上的贵族作风,而是一种"律己"。梁漱溟先生曾经说过,"自觉真真是人类最可宝贵的东西!只有在我的心里清楚明白的时候,才是我超越对象,涵盖对象的时候;只有在超越涵盖对象的时候,一个人才能够对自己有办法。人类优越的力量是完全从此处来的……求自己生命中之机械性能够减少,培养自己内里常常清明自觉的力量。中国人之所谓学养,实在就是指的这个"①。

　　其实,清华校训"自强不息,厚德载物"中,"自强不息"的核心意思就是一种自律,它的英文翻译"Self Discipline"更是直接反映了这种自

① 梁漱溟:《吾人的自觉力》,载氏著《朝话》,百花文艺出版社 2005 年版。

律的涵义。梅贻琦先生有一句话讲得非常好:"孔子于《论语·宪问》曰,古之学者为己。而病今之学者舍己以从人。"①病就是批评"今日学者舍己以从人",也就是抛弃自己而从人。孔子的原话"古之学者为己,今之学者为人",意思就是古代的学者通过学习提高自身的道德修养和做人的水平,而后来的学者却不是为了自我修养,而是去讨得别人的欢心,得到社会的报答。梅贻琦先生还说,"曰安人安百姓者,则又明示修己为始阶。"就是你要为别人,为百姓,为社会服务,首先要以修己为第一个台阶,"本身不为目的,其归宿,其最大之效用,为众人与社会之福利,此则较之希腊人之人生哲学又若更进一步,不仅以一己智理方面之修明为己足也"②。希腊哲学最重要的是认识他自己,而中国哲学叫修养我自己。当然不一样了,仅仅是一个认识而已,我这里讲的是一种道德的修养,一种道德的实践。所以,清华一开始就讲究自我的道德实践。他下面说,学子自身之修养是中国教育思想中最基本部分,儒家哲学之重心所寄。新清华在这方面也是有一定传统的,1979 年,化学工程系七二班团支部提出了"从我做起,从现在做起"的口号,成为激励一代青年奋发进取的行动口号。

刘:您提出的"人才三质"概念非常好,可以说点出了清华人才培养的基本定位。但是,我好奇的是,您提出这样的概念有什么根据或基础吗? 有什么现实的针对性,以及思想和历史的理由吗?

谢:这个提法绝不是偶然的。它实际上也是中国优秀传统文化的继承,是清华文化传统的延续,是清华人才培养的现实需要。从"栋梁特质"来说,它本身就体现了清华校训中的"自强不息、厚德载物"的精神。在清华百年办学历程中,一个非常重要的办学思想就是坚持和发展中国学术的独立自主性。这也是清华大学能够得到国内外尊重的一个重要原因。别看它是用美国庚子赔款来建的,但是从一开始它就坚持中

---

① 梅贻琦:《大学一解》,《清华学报》第十三卷第一期,1941 年 4 月。
② 同上。

国人包括中国学术的民族性、独特性、自主性,这一点真是非常了不起。

1928 年 9 月,罗家伦就任清华大学校长。他在就职演说《学术独立与新清华》中说:"国民革命的目的是要为中国在国际间求独立、自由、平等。要国家在国际间有独立、自由、平等的地位,必须中国的学术在国际间也有独立、自由、平等的地位。把美国庚款兴办的清华学校正式改名国立清华大学,正有这个深意。我今天在就职宣誓誓词中,特别提出'学术独立'四个字,正是认清这个深意。"

国学院四大导师之一陈寅恪先生,是著名的史学家、思想家,他说:"二十年以前之清华,不待予言。请略称吾国之现状,及清华今后之责任。吾国大学之职责,在求本国学术之独立,此今日之公论也。清华为全国所最属望,以谓大可有为之大学也,故其职责尤独重,实系吾民族精神上生死一大事者。"(《国立清华大学 20 周年纪念刊》,1931 年 5 月)。陈先生为王国维撰写的碑文中也强调:"先生之著述,或有时而不章;先生之学说,或有时而可商;惟此独立之精神,自由之思想,历千万祀,与天壤而同久,共三光而永光。"

清华校务委员会主任冯友兰先生在 1945 年《大学与学术独立》一文中非常明确地说道:中国要成为世界强国,"我们就要做许多事情,其中最基本底一件,是我们必需做到在世界各国中,知识上底独立,学术上底独立"。他在 1948 年还有一段话:"清华大学之成立,是中国人要求学术独立的反映。"1987 年他在回忆清华发展历程时,更加明确地说:"清华发展的过程就是中国近代学术走向独立的过程。"

清华教授吴有训先生说:"大学主要工作的一种,自然是求学术的独立。所谓学术独立,简言之,可说是对于某一学科,不但能造就一般需要的专门学生,且能对该科领域之一部或数部成就有意义的研究工作,结果为国际同行所公认。"

清华的毕业生和校友在"两弹一星"事业中所体现的独立自主的精神,充分体现了清华独立自主的办学思想和人才培养理念。党委书记陈希也说:我们在办学过程中坚持实事求是的原则,就是做到不唯书、不唯上、不唯洋、不唯他、只唯实。

我们之所以强调大师潜质,是强调为学与做人的统一和知识的融会贯通。这也是对中国优秀的传统文化的发扬光大。在我国古代的经典著作当中,有许多将学习与人生修养、做人原则结合起来的论述。例如,《中庸》明确指出:"天命之谓性,率性之谓道,修道之谓教";苏辙认为,"为学日益,为道日损,不知性命之正,而以学求益,增其所未闻,积之不已而无以一之,则以圆害方,以直害曲,其中纷然,不胜其忧"。忘记了道的学习,由于缺乏根基,只能是一种缺乏统一的积累,其结果必然是"不胜其忧"。按照老子的观点,并非不学,而是要"以道为主,不学而不少,多学而不乱,廓然无忧"。

同时,所谓的君子气质,实际上也是早年梁启超先生在给清华学生的演讲中对大家提出的期望:"清华学子,荟中西之鸿儒,集四方之俊秀,为师为友,相磋相磨,他年遨游海外,吸收新文明,改良我社会,促进我政治,所谓君子人者,非清华学子,行将焉属。虽然,君子之德风,小人之德草,今日之清华学子,将来即为社会之表率,语默作止,皆为国民所仿效,设或不慎,坏习惯之传行急如暴雨,则大事偾矣。深愿及此时机,崇德修学,勉为真君子,异日出膺大任,足以挽既倒之狂澜,作中流之砥柱,则民国幸甚矣!"①

而且,清华早期的教学安排里专门有一个"伦理演讲",就在于培养学生的道德素养,为学校培养完全人格的教育宗旨。闻一多先生曾说,"伦理演讲虽没有积极地提高'道德音调'之力,可是确有'杜渐防微',禁恶于未萌底一种消极的功用,至少也能指示给我们什么是善,什么是恶,使我们知道世界上还有个真确纯粹的是非。(我们做事纵然不能一一行规蹈矩,只要出了轨道的时候,自己知道出了轨道,也是好的。)"

根据 1914 年《清华周报》登载,在演讲中,亦有职业指导的内容。"每两星期则请中西德高学广之人来校演说伦理,虽然伦理之为道,非

---

① 《梁任公先生演说词》,《清华周刊》第 20 期,1914 年 11 月 10 日。

仅仅空虚之谈，足以感化人心。故本校之伦理演说，每以各项职业为题，研究各种职业应具之道德观念。若是，则伦理者，乃实用之伦理，非徒空文而已。"关于这个伦理演讲，《清华周报》上还有一段话，"伦理道德为人生立身之大本，而应于学生时代加意涵养，异日在社会上方可站定脚跟，免除不名誉不道德之行为。本校特于道德一端，趋查实际之研究。成年学生由名人之演讲以发展其实用道德之趋向，幼年学生由职教员之教导以渐趋于正轨。"①这个清华演讲是作为一门课来安排的。

老校长曹云祥曾经说："社会团体需有领袖，无领袖则不成其为社会团体，譬如电机若无电力则与无电机同也，为领袖者必须有领袖之才，以力服人者，非真人才也，唯以德服人者，实可为社团精神指挥者，而为真领袖。"我们今天再讲所谓领袖的时候也要关注这一条。

那个时候大家对清华办学有各种各样的评价。关于德育，吴宓先生曾经很公正地评价说，清华有优点也有缺点，优点就是两条：第一条，办事能力强，第二条，公民道德高，而且不是一个人的，是毕业学生人人所长，有普遍性。

蒋南翔校长说，我们的学生要做到三"过硬"——思想过硬、业务过硬、身体过硬。张孝文校长在 1990 年 10 月 12 日清华大学第二届教代会和第 14 届工代会第二次会议讲话强调，把德育放在学校工作的首位。王大中校长在清华大学校风建设会上强调，为学需独行，为人重诚信，为学如为人，强调品德和修养。党委书记陈希则说：过去清华讲"听话、出活"，时代发展了，应该在原有基础上提"厚道、精明"，既要厚道又要精明，看起来是两个很矛盾的东西，精明的人斤斤计较怎么会厚道呢？厚道的人似乎老老实实的，实际上这个就是清华的境界，最高的精明就是厚道，抓住事物的本质和规律看得远，不为小事而困惑，而厚道就是最大的精明，所以这两者是统一的。

因此，我提出"人才三质"，其实就是中国优秀传统文化的体现，是

---

① 《清华阳秋》，《清华周报》第 12 期，1914 年 6 月 9 日，第 6 张。

清华文化的延续与发展。它并不是我的发明,只是我学习中国与清华文化传统的一点体会。

刘:我隐隐约约地觉得您这样的提法,好像也具有非常强的现实性。难道您就没有一点针对性吗?其中是不是也包含了一点对目前大学文化,特别是大学教育文化,甚至是清华的某种忧虑呢?

谢:你的感觉是对的,我的确有一定的针对性,它既包括对当前大学学风的批评,也包含了对清华的一点忧虑。对此,我曾经专门写了一篇文章《园子里要有些这样的人》,以笔名"何止"发表在校刊《新清华》上。我用散文的方式表达了我的这种忧虑,得到了许多人的认同与赞许。对于清华学生的发展而言,我最大的担忧并不是他们的智力水平,而是他们的道德意志。我曾经在教育研究院的一次开学典礼上提出了这样一个观点,即清华学生是非常优秀的,但这种优秀也是他们最大的风险。因为它常常会使得学生在社会的各种诱惑下,由于缺乏一定的定力而把持不住自己,甚至不能沉稳地坚持在某些领域和单位踏踏实实地工作,而往往是心猿意马,心有旁骛。在这种情况下,再优秀的人也是不能成功的,真可谓"成也优秀,败也优秀"。

这里,比较典型的一个故事是"搜狐教育"对我的一个采访,题目就是"少谈些学霸,多说些学痴"。当时,屠呦呦先生获得了诺贝尔医学奖,大家都感到中国开始要在诺贝尔奖方面有更多收获了。为此,搜狐网找我与几位人士做了一个采访,希望我们谈谈对这个问题的看法。当然,我充分肯定了屠呦呦先生获奖对中国学术界的意义,同时,我也非常客观地分析了中国传统文化中某些不利因素。

当时我是这样说的,在我们中国学术传统观念上,做学问历来强调"学以致用",这个应该说不是什么坏事,学习东西当然要有用,但是如果过分强调"用",在一定程度上就会影响我们对一些基础理论的探索。实际上做学问有两条轨迹,一条叫"学以致用",另外一条叫"学以求真"。科学其实更偏向于"学以求真"这样的方向。萧公权先生曾经认为,中国历史上有四大发明,这些都是技术上的发明,但是我们却没有像阿基米德定理这样一些公理上的突破，为什么呢？他认为很大程度上跟我们的传统有关，跟过分强调"学以致用"而轻视"学以求真"的学风有关。

当然，这样的现实也在逐步改变，观念也在调整，包括我们对一些基础学科的重视。拿清华来说，我们越来越重视基础科学研究。在前面提到的文章《园子里要有些这样的人》里面，我就主张我们不要老是讲"学霸"，我们能不能多点"学痴"呢？这种人对很多已经奉为经典的东西总是要多问几个"为什么"，其实这种"学痴"也是我们大学里要培养的人才。

第四章

"清华学派"的建设
——文科科研的传承创新

科学研究当然是清华文科建设和发展的重要任务,也是一流文科的基本标志。清华文科在科学研究方面的基本思路则是遵循老清华文科的足迹,沿着"清华学派"的道路,与时俱进地不断努力前行。

一、科研的"金牌"

刘:听说 2015 年清华文科在第七届高等学校学术研究优秀成果奖(人文社会科学)评选中,有五个项目获得一等奖,在全国高等学校中名列第一。这样的成绩令人兴奋,毕竟全国也只有五十个一等奖项目。但是,它也让人感到有些好奇:恢复建设不久的清华文科,究竟凭什么能够在这个中国人文社会科学研究领域的最高奖励中拔得头筹?他们究竟有些什么样的诀窍呢?

谢:坦率地说,这也是我非常高兴的事。当然,这是清华文科的荣誉,但我也感到这是老天爷在我退职时给我的一份"红包",一份对我工作的奖赏。可谓"天道酬勤"吧!

确实,这一次获奖的确反映了清华文科的进步,体现了清华文科老师们的水平与能力,展示了近年来清华文科科学研究的成绩和贡献。可以认为,这一成绩不仅在清华是前所未有的,不仅在新型综合性大学中异常突出，也超过了许多老牌综合性大学和久负盛名的文科强校，在全国大学文科领域堪称异军突起，非常引人注目，有相当高的能见度。更加重要的是，它对清华文科的建设和发展也是一个极大的鼓舞，由此向全校和全国传递了一个十分重要的信号：清华的文科虽然建设时间短，基础相对薄弱，规模偏小，但正在成为世界一流大学建设重要的支撑和组成部分。

但是，我也要实事求是地说，尽管我们取得了这样骄人的成绩，但并不能够就此认为清华文科已经跻身一流。与北大等文科"重镇"比较，清华文科的整体水平仍然需要进一步的提高。当然，我对清华文科的科研实力是充满信心的。因为就拿这次的获奖来说吧，许多人只是看到了一等奖的数量与名次，而我更加在意的却是这次获奖的结构。

清华文科这次所获奖项，覆盖了大文科的五个主要的一级学科领域：李学勤先生等著《清华大学藏战国竹简（壹—肆辑）》（中西书局2013年版）是在历史学科；李强教授等著《多元城镇化与中国发展——战略及推进模式研究》（社会科学文献出版社2013年版）的社会学一等奖，则是反映了我们在社会科学学科领域的进步；吴贵生教授等著《自主创新战略与国际竞争力研究》（经济科学出版社2011年版）的一等奖是在管理学领域的成绩；张明楷教授著《刑法分则的解释原理（第二版）》（中国人民大学出版社2011年版）的一等奖则是法学中的成果；而刘奋荣教授著 *Reasoning About Preference Dynamics*（Springer，2011）获逻辑学一等奖则是反映了清华哲学的进步。细心的学者一定能够发现，这些奖项大多数集中在基础学科，特别是文史哲领域。这是非常不容易的。它的意义包括两个方面：

首先，它充分说明清华文科的建设是以正确的方式走了一条正确的道路，真正体现了文科的进步与发展。早在清华文科复建的时候，学校领导和文科的老师们就已经形成了一个非常重要的共识：如果清华的文科仅仅利用已有的工科的优势，建设和发展那些应用型的文科，那么，清华的文科不仅永远不能成为真正的一流，甚至也得不到人文社会科学界的承认。要想打造一流的文科,必须建设和发展基础文科。这也是我多年来始终坚持的一个基本思路和定位,可以说,我在清华文科建设和发展中投入的精力,有一半是放在基础文科的建设上面。不夸张地说,我几乎认得人文社科学院的每一位老师,知道他们的学科方向和研究领域,了解他们的优势和正在从事的课题,他们的成绩与困难,甚至包括他们的家庭情况。我曾经在过去的人文社科学院的大会上说,人文社科学院的工作做好了,清华文科的一半工作就做好了。换句话说,建设和发展文科,除了必要的应用型学科之外,非常根本的就是基础文科的建设。而且,它也是文科建设和发展中最困难最复杂的部分,所需时间、精力与智慧等也是最大的。同时,它也是整个文科可持续发展的重要基础,对整个学校的文化建设等能够产生极大的作用。

其次,它表明清华文科的科研具有了一个非常坚实的发展基础。基础文科的价值不仅在于它本身,而且能够直接影响整个文科的发展。实际上,许多应用型文科的建设与成果,根基仍然在基础文科。我记得著名教育学家潘懋元先生曾经指出,所谓的综合性大学,并非是学科本身的综合性,而最根本的标志是它具有多个基础性的学科,包括人文与自然科学的基础学科。同时,从我个人的经验看,大学中应用型学科的发展与建设常常是比较容易的,而真正困难的是基础性学科,尤其是文史哲与经济社会等基础性学科。它们本身需要长时期的扶持,同时它们也能够发挥长时期的作用。

同时,这次获奖的学者,不仅有德高望重的老教授,如李学勤先生,也有"火力全开"的中年学者,如张明楷教授,还有朝气蓬勃的青年学术带头人,如刘奋荣教授。这是非常合理的人才队伍结构。我们经常听到有人说文科教师队伍的年龄偏大,应该多吸收一些年轻的教师。这种观点抽象地看当然是正确的,但对于文科来说,尤其是清华文科来说,却并非如此。从整体上看,文科教师的年龄层次可以略高于理工科的教师队伍;从文科本身而言,基础文科的教师队伍在年龄上可以略高于应用型学科的教师队伍；从某些支持教师的计划和项目来说，文科教师的年龄门槛也可以稍微高一些，等等。实际上，这次获奖的教师结构也在一定程度上反映了整个文科教师队伍的结构，体现了近年来建设队伍建设的成效。

刘：除了您前面提到的基础文科之外，清华文科科研的获奖是不是还有其他一些领域和学科，您能不能给我们介绍一下？

谢：其实，上述的获奖只是清华文科在科研方面的发展、进步与成绩的一个侧面和缩影。在多年建设与积累的基础上，清华文科的科学研究已经取得了比较扎实和系统的成就。例如，在高等学校科学研究优秀成果奖 2006 年的第四届评选中，清华总共有 12 项成果获奖；2009年，第五届评奖，我校总共有 18 项成果获奖。在各个学科领域中有一批教师获得多项殊荣，如管理学杰出贡献奖，已有 12 位获此殊荣，其中清华有 4 位，分别是陈剑教授（2006 年度）、陈国青教授（2007 年度）、胡鞍钢教授（2008 年度）、薛澜教授（2010 年度）。又如，在代表中国最高水平的综合类人文社会科学期刊《中国社会科学》上面，清华文科教师发表的文章越来越多，2006 年至今达 21 篇。其中，2008 年有 8 篇，是当年全国高校中发表篇数最多的。

李学勤先生在 2015 年获得首届汉语人文学术写作终身成就奖。这个奖项反映的是在文、史、哲、经、法、传播、宗教等某一学科领域或多学科领域内达到世界一流水平，并且作出突出的思想学术贡献的学者。根据评委的意见，李学勤先生之所以能够获此殊荣，是因为他在很多领域提出新见，一些古史或古文字因年代久远、证据不全，存在不同乃至相反看法，李学勤以他对古籍的熟悉，对新发掘材料的研究进行裁断。李学勤还利用金文和甲骨文对商周的礼制、法律等进行研究，并质疑中国文明形成于商代的传统观念。而我之所以如此重视这个奖项，则是因为它的评选方式比较合理，没有什么"运作"的因素和成分；同时，它反映的是对中国文化的建设与贡献。

人文与社会高等研究所汪晖教授，2015 年获意大利"卢卡·帕西奥利奖"(Luca Pacioli Prize)。这是一个国际上非常著名的人文领域的大奖。帕西奥利是意大利文艺复兴时期的重要人物,以他名字命名的奖项主要授予运用跨学科方法做出创造性研究的国际著名学者。与汪晖共同获得帕西奥利奖的哈贝马斯则是德国著名哲学家。

中文系格非教授则获得了第九届茅盾文学奖。评委会在给格非的授奖词中这样写道:"格非的《江南三部曲》以对历史和现实郑重负责的态度,深切关注着现代中国的壮阔历程。"以百年的跨度,在革命史与精神史的映照中,处理了一系列重要的现代性命题。三代人的上下求索,交织着解放的渴望和梦想的激情。

美术学院著名画家王宏剑教授在 2015 年获得第 50 届意大利国际缪斯奖颁奖中的埃拉托艺术奖项。这是该奖项成立 50 年来首位亚洲艺术家获得此奖,也是中国艺术家首次问鼎国际缪斯奖。王宏剑以中国农民作为创作主题,创作灵感和激情来源于他年轻时在农村生活的经历。他试图将中国传统文化中的审美精神注入欧洲传统油画的表现技巧之中,并以此表现当代中国农民的现状。他的作品与欧洲艺术家不同的是,欧洲艺术家大多关注的是人自身,作品表现的是人类的苦难、战争和理想,展示人类的智慧和创造。王宏剑教授充分展示中国艺术的特色,寄情于山水之间,表现万物的祥和与宁静,展示天地的伟大和智慧。这项大奖具有非常广泛的影响力,它诞生于文艺复兴的摇篮——佛罗伦萨,接受意大利共和国总统和文化与遗产部的双重资助,每年在全球范围内 12 个领域中选取最有代表性的人物授予此奖。五十年来,包括演员英格丽·褒曼、绘画大师马克·夏加尔、雕塑大师亨利·摩尔、演唱家安德烈·波切利在内的众多杰出艺术家都曾获此殊荣。而 2015 年王宏剑教授的获奖不仅是清华大学的荣誉,也是中国的荣誉。其实,美院的获奖又岂止是王宏剑教授。根据美术学院的不完全统计材料,从 2006 年以来,各种获奖数量达到数百项之多,而且有许多是国际大奖。美术学院已经成了清华文科的获奖"大户"。

二、文化的传承

刘：在清华文科的科研工作中，由李学勤先生领衔的"清华简"的研究，在全国甚至全世界都具有越来越大的影响。最近，李先生主持研究的"清华简"《算表》还获得了吉尼斯世界纪录的认证，引起世界瞩目。您对相关的工作和成果都很熟悉，现在能否给我们介绍一下这个方面的情况？

谢：当然可以，而且这也是清华文科科研近年来的一个标志性的成果和项目。这是由李学勤先生领衔，包括赵平安、李均明、李守奎、沈建华、刘国忠等一批学者，还包括年轻的研究生共同组成的科研团队。自2009年"清华简"入藏清华大学以后，经过大量认真仔细的修复和保护工作以后，逐渐开展了对其中的楚文字的辨识和整理，进而形成了一批非常珍贵的学术成果。到目前为止，已出版的《清华大学藏战国竹简（壹—肆辑）》由四辑"清华简"整理报告组成，每辑均包括图版、释文、注释、字形表、竹简信息表等五大部分。《报告（壹）》共包括《尹至》《尹诰》《程寤》《保训》《耆夜》《金縢》《皇门》《祭公》和《楚居》九篇文献，《报告（贰）》收录了一篇史书《系年》，《报告（叁）》包括《说命上》《说命中》《说命下》《周公之琴舞》《芮良夫毖》《良臣》《祝辞》和《赤鹄之集汤之屋》八篇文献，《报告（肆）》收录了《筮法》《别卦》《算表》三篇文献。其它成果将陆续出版。

更加重要的是，在"清华简"的整理与研究工作中，李学勤先生的团队在研究方法上进行了创新。同以往的简帛整理报告相比，"清华简"的整理报告在图版、字形表两部分有了很大改进，为今后竹简报告的编撰提供了典范。图版力求复原性与完整性，提供了竹简的正反面原色、原大的照片以及放大两倍的文字照片，无论是否有字，都竭力恢复竹简信息的原始状态，极大便利了学者的研究。增设的字形表收录了每一辑整理报告所公布文献的所有字形，大致按《说文解字》的部首编排,方面读者检索。所用字形,都从原图版一字一字提取出来,未经人工描摹,清晰可靠。释文及注释两部分的撰写,以二重证据法为指导,采取专人负责、集体讨论的形式,每篇"清华简"的整理都要经过多次的集体讨论和修改,最后由全书主编李学勤教授审定。这种工作模式可以最大限度地发挥集体的作用,为高质量地完成整理报告提供保障。

根据研究团队的报告,《清华大学藏战国竹简(壹—肆辑)》所收各篇文献的观点和学术价值主要体现在以下七点:(1)重现了《尚书》及类似典籍,这是汉代以后首次发现《尚书》以及类似的典籍,学术价值重大;(2)澄清了一些学术史上长期争论的疑难,如古文《尚书》的出现,有助于解决《古文尚书》真伪的纠纷;(3)发现了前所未知的周代诗篇,如《耆夜》《周公之琴舞》《芮良夫毖》等,对先秦文学史的研究意义重大;(4)提供了研究先秦历史及历史地理的鲜活资料,如《楚居》为楚国历史地理研究及文物考古工作提供了大量线索,《系年》对周代历史的研究有重大的补充和修订;(5)提供了古文字特别是楚文字研究的珍贵材料,这些新材料对古文字研究有重大的推动作用;(6)丰富了对先秦巫术、数术的认识,《祝辞》《赤鹄之集汤之屋》与先秦的巫术有关,丰富了我们对于先秦巫术及数术活动的了解;(7)展现了世界上最古老的十进制乘法算表,《算表》是中国目前所发现的最早的数学文献实物,对于了解先秦时期的数学成就极为重要。

令人欣慰的是,"清华简"的学术影响日益扩大,学术价值愈加彰显。由于《清华大学藏战国竹简(壹—肆辑)》所收文献是公元前300年前的古本,大部分属于中华文明早期的原典。这些文献再现了两千多年前文化典籍的原始面貌,不仅引发当下古史、古文献、古文字等相关领域的研究热潮,更为重要的是,这些新发现的先秦竹简将极大丰富以往的先秦文献,并且将与传世的先秦经典一起,作为中华传统文化的核心部分,为后世所一直学习与研究,对中华传统文化的发扬光大具有不可替代的巨大作用。

刘:"清华简"的研究的确是非常了不起的一件事,听说自从清华大学收藏了"清华简"以后,不少大学也都在收藏一些考古的文献,包括汉代和宋代的历史文献。我觉得,"清华简"的研究可以说是带动了中国高等教育界对传统文化的研究。但是,我也在想,这种事情好像也是可遇不可求的,似乎有那么一点偶然性。

谢:你说得对,"清华简"的研究工作及其成果,的确激励了一些高校对传统文化的研究。根据我了解,有不少大学,包括教育部属重点大学和地方大学,也开始关注出土文献的收藏和研究。而且,就"清华简"这个事情本身来说,它也的确具有一定的偶然性,甚至有相当的故事性。这个故事我后面会说到。但是,这件事也有它的必然性,包括两个方面:一方面是整个国家对中华民族优秀传统文化的重视与弘扬的大形势;另一方面则是清华文科的传统,特别是清华文科在复建过程中秉持的一个基本原则,即坚持对民族优秀传统文化的传承与创新。这是文科发展最基本的根子,也是文科建设和发展最重要的源泉。可以这样说,"清华简"的研究工作只是清华文科建设过程中传承和创新中华优秀传统文化工作的一个典型。清华文科在建设过程中,还有许多类似的故事,包括对中国传统工艺美术的支持和建设、对中国经济史学科建设的关注、中国古代文献研究中心的成立,等等。这里,我给大家讲三个比较典型的故事。

首先是美术学院工艺美术系举办当代工艺美术大展的故事。作为副校长,我有一个做工作的习惯,即除了日常的工作布置与安排之外,我自己一定要抓若干个能够体现学校发展战略和我自己工作计划与思路的典型,而且是一竿子插到底地抓。美术学院工艺美术系就是我选择的一个典型。因为它充分体现了国家与学校弘扬中华民族优秀传统文化的宗旨与精神,而且也是美术学院最具有历史性和基础性的一个学科。当时的系主任林乐成先生是一个非常有思想、能够团结大家一起干事的艺术家。他联系世界各国的工艺美术大家,同时又与江苏南通合作,在南通连续举办了包括纤维、玻璃、漆艺、陶瓷与金属工艺的系列展览,一方面弘扬了传统工艺美术,为一大批工艺美术大师和年轻的工艺美术人才的发展提供了一个非常开阔的平台,推动了中国传统工艺美术的发展;另一方面,也为江苏南通的发展创造了一个新的发展和改革的机遇与可能,特别是为南通这个传统的轻纺工业城市的转型发展提供了一条新的路径。我连续参加了其中几个展览的开幕式,与朱晋副市长等南通市领导进行了非常广泛的交流,结交了一大批国内外的工艺美术人才。当然,由此也极大地推动了清华大学工艺美术学科的发展。实事求是地说,那一件件精湛绝伦的工艺品,真的是令人眼花缭乱,目不暇接,闪烁着民族文化的光辉和艺术家的高超技艺。而且,有许多我从来没有见过的工艺品,有些艺术品的精美程度也是不敢想象的,甚至可以与故宫中的展品媲美。后来,林乐成先生又将南通系列大展的获奖作品集中在国家大剧院,进行了一次精品展,同时也还举办了学术研讨会,产生了非常积极和广泛的社会与学术影响。

这里,我不能不提到的是其中的纤维艺术。工艺美术系的纤维艺术展不仅在国内具有引领的作用,而且已经走向了世界,根据我个人不完全的了解,由清华大学美术学院主办,并且作为文化部"文化走出去"项目的这个纤维艺术展,已经先后在世界五大洲的数十个国家展出,产生了非常广泛的影响。我作为学校分管国际合作交流和文科的副校长,则利用尽可能的机会,与这些纤维艺术家一起到国外去做展览,帮助他们宣传中国的传统文化和艺术成就,开拓新的交流机会,探讨新的合作途径,甚至是帮助他们一起布展。记得有一次在哥伦比亚的首都波哥大办展,我就非常高兴地与参展的艺术家一起爬上高高的围墙,布置展品,整理展览的环境,等等。没有想到的是,著名纤维艺术家王凯竟然把我趴在高墙上挂展品的样子拍了一幅照片,并且挂了出来。对此,我也十分自豪。因为这些艺术家能够认可我,我能够有机会与他们一起沟通和交流,真的是我人生的一大幸事。

刘:美术学院的工艺美术学科是一个非常强的学科,也是清华大学艺术学科中一个非常有特色的学科与领域,它充分体现了中国的传统文化,在国际上也有极高的声誉。这项工作是很有价值的。

谢：你的看法和评价是完全正确的，实际上，中华民族优秀传统文化不仅体现在那些传统的经典上，也实实在在地反映在人民的日常生活中，浸透在老百姓平平常常的言谈举止中，所以，支持工艺美术学科的发展，就是弘扬优秀传统文化的一个具体抓手。工艺美术系的这几个项目，在全国，乃至于在全世界，都是领先的，是有影响力的。它值得你去投入，去关心，去参与，去学习。

刘：我听说清华文科关于中国传统礼仪的研究在全国影响很大，这也是清华文科建设和发展的一个特色，您能否给我们介绍一些这个方面的情况？

谢：礼仪当然是中华民族优秀传统文化的一个方面和体现。这个方面的研究也的确是清华文科弘扬优秀传统文化的一个案例。但很多人并不知道，清华大学关于中国古代传统礼学礼仪的研究，实际上是一个具有深厚理论基础的系统性的学科建设的项目。

那是 2004 年 11 月 13 日的事情。那天，由清华大学思想文化研究所、台湾"中央研究院"文哲研究所、佛光大学历史研究所联合主办了"清代经学与文化国际学术研讨会"。会上，有 38 位学者发表了自己最新的研究成果，会后集结出版论文集《清代经学与文化》。值得指出的是，这是内地第一次以经学名义召开的学术会议，进而为清华文科关于中国传统经学和礼学的研究，开了一个很好的头。在那天的会上，我也代表学校做了一个致辞。在致辞中，我以自问自答的方式，阐述和说明了清华为什么要重视对经学的研究，并且将这个工作与清华文科的传统联系起来，说明它是清华文科传统的一种延续。同时，我也非常明确地指出，对中国优秀传统文化的继承和创新，正是清华文科复建的一个基本原则和思路。此后，清华历史系每两年举办一次中国经学国际学术研讨会，至今已经连续举办了六届；并在这个会议的基础上，于 2005 年创办了《中国经学》的学术刊物，它以中国经学研究为主题，已出版 17 辑。2013 年，被评为"中文社会科学引文索引学术集刊"（CSSCI）。据彭林教授介绍，这些关于中国经学的研究和学术刊物的出版，是在科举制度废止百年之后,中国学人首次宗旨明确地提出重建经学学科的重要举措,被杜维明先生誉为当年度最重要的文化事件之一。自此以后,《中国经学》作为礼学中心主办的学术刊物,以半年刊的频率,刊行至今。《中国经学》是大陆地区唯一一份以中国经学研究为主题的刊物,除在海峡两岸发行之外,还在日本、英国等地发行,具有广泛的学术影响。

正是在对中国经学研究的基础上,历史系彭林教授等非常敏锐地抓住了礼仪和礼学这个中国传统文化中非常具有典型性的内容,进一步深化了经学的研究,并且于2012年4月7日,正式成立了清华大学人文学院中国礼学研究中心,还举办了礼学国际学术研讨会。来自中国和日本、新加坡、澳大利亚、英国的60多位专家学者,以及社会上众多热心礼学的有识之士曾莅会,就礼典、礼义、礼治、礼学、礼书等各方面展开研讨。这也是近半个多世纪以来,传统中华文化渐次回归主流价值视野之后,大陆学界以礼学为主题框架、梳理相关脉络、集结两岸及海内外权威学者的大型学术活动,至今已于北京、杭州等地成功举办三届,出版《礼乐中国》论文集一套,对礼学的深入探讨有重要推进作用。这个中心成立以后,在2014年便承担国家社科基金重大项目《〈仪礼〉复原与当代日常礼仪重建研究》。这个课题拟在深入研究《仪礼》本经的基础上,用虚拟复原的形式,将《仪礼》文本记载还原成明晰可视的礼仪流程,并用多媒体技术将之记录下来。目前已完成《士冠礼》《乡射礼》(初片)复原及拍摄工作。

这样一种研究方法,当然是《仪礼》研究的题中应有之义,也是经学研究现代转型的一条重要途径。据彭林教授介绍,这个课题的两大关键词是"复原"与"重建"。复原是重建的前提,而复原的前提条件则在于对《仪礼》内容的全盘梳理,和对历代积累下来的种种问题的探析。本课题以"《仪礼》复原"为主题,以"当代日常礼仪重建"为指归,就是要讲清楚中华民族的先民在冠、婚、丧、祭等人生礼仪、日常仪式中究竟要讲求哪些规范准则,究竟会穿着佩戴什么样的服饰,使用什么样的礼器、乐器,而其中究竟又蕴含着多少丰富的生活经验与精神内涵。在此基础上,阐明古典礼仪的具体仪节与思想宗旨,正视历代礼制变迁,充分尊重礼仪制度的时代特点,以现代社会生活为基本构架,作出重建日常礼仪乃至重振礼乐文化的初步尝试。古礼部分,课题组已经完成士冠礼的研究和拍摄,目前主要从事乡射礼与乡饮酒礼的研究、拍摄工作;今礼部分,已完成《小学生礼仪教材》的编写和《国民基本礼仪》的初步拍摄,正在进行《中学生礼仪教材》的编撰工作以及《大学生基本礼仪》的拍摄准备。

该中心是全国第一家礼学研究中心,开风气之先。自成立之日起,即为学界所重。在礼学研究、学术交流与礼乐文化推广方面,担任着重要的组织者、推动者的角色。中心由人文学院历史系教授彭林先生担任主任,多位知名学者,包括刘晓峰教授、戚学民教授等,常年参与礼学中心的工作,推动礼学研究的发展。更有意义的是,中心不仅从事学术理论的研究,而且通过项目和大量的学术活动,培养一批非常优秀的经学和礼学人才,发表了一批高水平的学术论文。同时,中心还走出大学校园,深入社会,举办各种普及和推广中国优秀传统文化和礼仪的社会活动,包括通过《百家讲坛》《文明之旅》《记住乡愁》《我有传家宝》等节目,普及礼乐文化,产生了非常好的弘扬优秀传统文化的效果。

刘:清华文科对中华优秀传统文化的弘扬与传承创新的确是做了很多的工作,我想,前些年复建的国学院应该也是一个非常典型的例子吧!

谢:当然。国学院复建以来,其学术成果、在学术界的地位与影响力,已经是有口皆碑。而且,国学院的复建,正是清华文科在建设和发展过程中传承清华学术传统的一个体现,也是清华大学文科在传承创新中华民族优秀传统文化方面的一个典型故事。

刘:您能否给我们介绍一点关于国学院复建的故事呢?我相信其中一定会有不少有趣的事情。

谢:民国时期的清华国学院是清华乃至中国思想界的一个永久的文化记忆,也是清华文科传统的一个学术性标志,是清华文化的一个品牌。在文科建设和发展过程中,曾经有许多人对重建国学院提出了很多非常积极的建议。尤其是在弘扬和发展中国优秀传统文化的形势下,国学院的重建更是一个清华文科建设过程中不可回避的问题。

为了让大家更好地了解清华国学院的故事,我专门请国学院副院长刘东教授撰写了有关的材料。纵观中国现代教育史,至少有两个让人啧啧称道的奇迹,其一是清华国学院,其二则是西南联大。前者在它创办的短短四年内,不仅聚集了执学界牛耳的五大导师(王国维、梁启超、陈寅恪、赵元任、李济),而且在它先后培养的71位学生中,有四五十位都成为了学术的中坚力量(如王力、姜亮夫、徐中舒、高亨、陆侃如、刘节、周传儒、杨鸿烈等);后者在极度艰难的非常时期,聚集我国三所名校的精英人才,培养出了大批像杨振宁、李政道、黄昆、邹承鲁、钟开莱、王浩、何兆武、汪曾祺、许渊冲、罗荣渠等一大批杰出人才,从而创造出了既堪称辉煌、又很难复制的"神话"。

上述这两大教育奇迹,都跟清华大学密切相关,前者作为清华学校的一部分,后来就直接融入了清华大学,而后者的骨干也大都出自清华,学校实际负责人是梅贻琦,教务长是冯友兰。联大最受推崇的国文课程,也是由清华教授朱自清、闻一多等人主持的。正因为这样,在改革开放的环境下,清华自然需要逐步恢复往日荣光,而首先就是恢复早期国学院的传统。2009年11月1日,清华正式复建至今为人念念不忘的"清华国学院"。

首先需要深入思考的是,什么才是清华国学院的精神?简单地说,由于清华大学的前身清华学校一直处在中西会通的最前沿,所以,即使办了国学院,它也不会闭关自守,故步自封,相反,必定会在国际学术的潮流中,来重新检讨与塑造原有的学术文化。在这方面,正如王国维当年在《国学丛刊序》所指出的:"中西二学,盛则俱盛,衰则俱衰,风气既开,互相推助。且居今日之世,讲今日之学,未有西学不兴而中学能兴者,亦未有中学不兴而西学能兴者。"所以,清华国学院当年的最大特色,就不仅在于呵护中学,而且在于同时援引西学;它的导师不但国学学养深厚,即使仅就西学学养而言,在当时的学界也是相当领先的。

既然如此,复建的国学院,也必须弘扬这样的传统,坚持陈寅恪当年的主张："至道教对输入之思想，如佛教摩尼教等，无不尽量吸收，然仍不忘其本来民族之地位。既融成一家之说以后，则坚持夷夏之论，以排斥外来之教义。此种思想上之态度，自六朝时亦已如此。虽似相反，而实足以相成。从来新儒家即继承此种遗业而能大成者。窃疑中国自今日以后，即使能忠实输入北美或东欧之思想，其结局当亦等于玄奘唯识之学，在吾国思想史上既不能居最高之地位，且亦终归于歇绝者。其真能于思想上自成系统，有所创获者，必须一方面吸收输入外来之学说，一方面不忘本来民族之地位。此二种相反而适相成之态度，乃道教之真精神，新儒家之旧途径，而二千年吾民族与他民族思想接触史之所诏（昭）示者也。"①

正是沿着这样的思路，陈寅恪在另一篇审稿报告中指出："吾国近年之学术，如考古历史文艺及思想史等，以世局激荡及外缘薰习之故，咸有显著之变迁。将来所止之境，今固未敢断论。惟可一言蔽之曰，宋代学术之复兴，或新宋学之建立是已。"②出于对学术传统的继承，复建的国学院，也应当遵循这条"新宋学"的路线——一方面吸收输入外来之学说，一方面不忘本来民族之地位。也正因为这样，沿着本院导师梁启超所提出的、充满了儒家精神的校训——"自强不息，厚德载物"，国学院又提出了大体上来自宋明理学的院训——"宽正、沉潜、广大、高明"。如果说前者意在指明"做人"的方向，则后者进一步指出"做学问"的规范；换句话说，正因为置身于这个熙熙攘攘的社会，它更加希望这种温柔敦厚、外圆内方的治学风格，能从清华园逐渐扩散开来，涵养出大气包容的整体治学氛围。

进而，既然当年的国学院有五位导师，那么复建的国学院，也延聘了五位导师，即陈来、刘东、刘迎胜、姚大力、李伯重。与此同时，正由于有了早期的榜样，如果其他院校里的类似机构，都大体采取了"雁阵"式

---

①　陈寅恪：《冯友兰〈中国哲学史〉下册审稿报告》，载《金明馆丛稿二编》。

②　陈寅恪：《邓广铭〈宋史职官志考证〉序》，《读书通讯》第 62 期，1943 年 3 月。

的布局,主要由一位顶尖学者来领军,那么,在清华园的国学院里,首批聘任的这五位教授,却表现为"并驾齐驱"型的;也就是说,他们所治的学科虽然不同,分属于哲学、美学、比较文学、国际汉学与历史学,但他们却在各自的领域里,都属于出类拔萃的人物。也正由于继承了这种"大师云集"的气象,复建的国学院虽在规模上比不上一些兄弟院校的国学院,可它在人们心目中的形象、在整个学界的学术分量,则的确承续了老清华国学院的学术衣钵。

对于早期传统的另一种继承,则是"三大讲座"的创办,也就是"梁启超纪念讲座""王国维纪念讲座"和"陈寅恪纪念讲座"。就像梁启超当年创办了讲学社,邀请了杜威、罗素等学者来华讲学一样,这三个纪念性的讲座都是邀请国际一流的学者,来清华来进行系统的讲学。到现在为止,我们已经分别从美国、法国、德国、日本等国,邀请了德里克、麦克法兰、梅维恒、包华石、巴斯蒂、狭间直树、廉亚明等教授,来开设一个学分的选修课,其内容涵盖了中国思想史、现代英国史、中西交通史、中国艺术史、留法学生史、中国近代史和中国伊朗交流史等。并非巧合的是,陈寅恪曾将王国维的治学之道概括为"一曰取地下之实物与纸上之遗文,互相释证","二曰取异族之故书与吾国之旧籍,互相补正","三曰取外来之观念与固有之材料,互相参证",并预言"吾国他日文史考据之学,范围纵广,途径纵多,恐亦无出三类之外",而现在,这三大讲座也正好分属于这三个方向,故其承继与光大的意图不言而喻。

在开展教学活动的同时,复建的清华国学院,还坚持出版或创办了两种刊物。其一是由刘东主编的《中国学术》,这本综合性的院刊,迄今已经出版了37期。这本刊物由哈佛燕京学社资助、商务印书馆出版,被公认为国内学术分量最重的刊物之一,也是已经享有国际声誉的权威学刊,杜维明甚至推许它为"华文世界第一刊"。其二是由姚大力、刘迎胜教授主编的《清华元史》,这本以元代历史为主、兼及整个边疆史地的学刊,也是由商务印书馆出版,迄今已经出版了3期;它继承了以王国维、陈寅恪、邵循正为代表的、老清华的元史研究传统,在国内学界也有很好的口碑。

除了出版学术刊物，国学院又出版了几套新的学术丛书。首先，是由北京大学出版社印行的《清华国学院》丛书，它迄今已经出版了三批，包括刘东的《道术与天下》、刘迎胜的《海路与陆路》、姚大力的《蒙元制度与政治文化》、陈来的《孔夫子与现代时代》、刘东与文韬的《审问与明辨》、王建革的《水乡生态与江南社会》、张卫红的《邵东廓年谱》、何俊的《事与心》、五位导师集体写作的《全球史中的文化中国》、陈来的《从思想世界到历史世界》、刘东的《自由与传统》和李玉梅的《陈寅恪之史学》。其次，是江苏人民出版社印行的《清华国学书系》，它迄今为止已经出版了《梁启超文存》《王国维文存》《赵元任文存》《梁漱溟文存》等二十几种，另有二十种正在出版或编辑中，并最终将会达到整整五十种的规模，从而把早期院友的全部学术成果，以每人一册的选本形式，完整地呈现在世人面前。最后，还有上海人民出版社印行的《讲学社丛书》，它记录了三大讲座的交流成果，迄今为止已经出版了三种，即德里克的《后革命时代的中国》、麦克法兰的《现代世界的诞生》、狭间直树的《东亚近代文明史上的梁启超》，还有不少正在翻译、编辑或扩充之中。

国学院还举办了几十次小型的"国学工作坊"，已邀请戴维·波特、萨班、池田知久、朱高正、张英进、沈国威等 19 位国内外知名教授来校讲座。工作坊为院内的小规模学术交流活动，灵活机动，便于深入交流切磋；本院优秀博士后也常就自己的课题在工作坊发表讲演；我们还举办十几次大型的"清华国学讲坛"，邀请国内外著名学者来清华园就中国文化的各个方面的研究进行讲演。本讲坛力求推动学术进展，加强思想交流，把更多的学界名流请到校园，以提升清华学术的品质，促进师生的人文关怀，扩大其精神关照的视野，并增进国内外、校内外的学术交流，如：陈寅恪的西学（桑兵教授）、从船想到的历史（李零教授）、农田景观变化与唐宋文学转型（王建革教授）、现代中国的家族与国家——以叶家为例（周锡瑞教授）、魏晋诠释学之方法（鲁道夫·瓦格纳教授）、传统中国大学的校园规划：以明代南京国子监为例（徐泓教授）、世纪礼法之争:晚清遗产谁人继承?(梁治平教授)、道家的人文精神(陈鼓应教授)、明清时期的西学剪影(何俊教授)、反思"现代世界的诞生"(麦克法兰教授)。国学院还培养了二十多位博士后,他们都陆续加盟南开大学、山东大学、武汉大学、东南大学、中山大学等,为教育界输送了后备人才。此外,国学院还在中华书局主编出版了《清华国学院四大导师年谱长编》中的《梁启超年谱长编》和《陈寅恪年谱长编》,而另外两种也正在写作之中;在北京大学出版社主编了梁启超的《德育鉴》和冯友兰的《新世训》,作为本院特别推荐的国学教材;在高等教育出版社推出了由刘东主编的《国学文摘》;还接收了一批来自国内外的访问学者,而等院舍的条件有所改善以后,还将更大规模地进行此类活动。近年来,国学院还举办了学术会议14次,出版论文集4种;举办清华国学院成立大会、朱子会议、冯友兰会议、柏林会议、两岸气论会议等,共同主办"章太炎、王国维与当代新国学学术研讨会",出版了四种论文集。

总而言之,尽管国学院复建只有几年,人员也不多,但它开展了很多学术活动,很被学界看重。这里,当然也有历史的原因,毕竟早期"五大导师"的声望,使这个国学院容易被外界认知;但与此同时,学校领导的支持和本院同事的努力,也是不可或缺的因素。也正因为这样,国学院已成为校园里不可或缺的组成部分,它强调和重申了悠久而辉煌的清华传统,也增强了对于一所学府来说至关重要的文化氛围。

刘:国学院自从成立以来,成果非常之多,而且影响力也越来越大,许多出版物都具有非常高的水平,可以说国学院的工作确实是成就斐然。您认为清华的国学院在办学方面有什么诀窍吗?

谢:关键还是学者的作用。这里有院长陈来教授的学术影响力,还有一位非常重要的人物——副院长刘东教授,他也是《中国学术》主编,是一位在国内外具有广泛影响的学者,而且是一位才华横溢、知识面宽、思想深邃的教授。根据我的了解,刘东教授早在南京大学哲学系本科期间就展示了深厚的研究素质,写出了学士论文《西方的丑学》,创造性地回应了现代派对于传统美学的挑战。这篇富于创意和激情的论文，不仅当时就被哲学家李泽厚一眼看中，发表在了他主编的《美学》杂志上，而且直至今日仍被坊间不断地重印，成为在这个方向上的经典作品。他自己还担任了《走向未来》丛书的编委。

鉴于刘东教授的学术水平和眼光，美国哈佛大学哈佛燕京学社从1999年起，就主动委托他创办一份高水准的中文学刊《中国学术》。而且，由于这份杂志的大获成功，赞助的合同还不断被续签，而最新一次已经延期到2019年，也就是说，他至少获得了来自哈佛的超过20年的赞助。如果你到哈佛大学的东亚研究所、费正清中国研究中心、哈佛燕京学社，都可以看到这份刊物。作为一位有思想的学者，刘东教授除了单篇发表的学术论文以外，迄今已经完成了25种专著、译著或编著，包括《西方的丑学》《审美文化的兴盛与失落》《浮世绘》《近思与远虑》《理论与心智》《道术与天下》《审问与明辨》《用书铺成的路》《思想的浮冰》《再造传统》《我们的学术生态》《自由与传统》《引子与回旋》《悲剧的文化解析》《中华文明读本》《伯林与当代中国》《德性与价值》《实践与记忆》《艺术与重塑》《融合与突破》《梁启超文存》，等等。

值得说明的是，刘东教授不仅是一位有思想的教授，而且也是一位很有学术品位的出版家。他创办并主持了多达十一套的学术丛书，包括《海外中国研究丛书》《人文与社会译丛》《西方日本研究丛书》《艺术与社会译丛》《同一颗星球丛书》《台湾国学丛书》《科学与社会丛书》《大学之忧丛书》《清华国学丛书》《讲学社丛书》和《清华国学书系》，尤其是其中的《海外中国研究丛书》和《人文与社会译丛》（前者已经出版170多种，后者也已多达120多种），影响了几代学人，并双双入选"新时期十大学术丛书"。他还在2014年被评为《中国新闻周刊》的年度人物，2015年评为腾讯网的年度人物，2016年又成为江苏书展的年度致敬作家。

刘：清华大学能够始终坚持这种对中华优秀传统文化的传承创新，由此促进文科基础学科的建设，的确是抓住了文科建设的一个核心。但我总是感到非常遗憾的一个现象是，这种基础文科的研究，好像经费常常比较少，难以支撑一些大规模的系统性研究，似乎给别人的印象也是如此。

您是怎样看待这个问题呢?

谢:你提到的现象的确是一个非常现实的问题,它也严重制约了文科的发展,也是社会对文科的一种误解。当然,这种现象目前也正在逐渐改善。我可以给你讲清华文科的另一个故事。这个故事反映的是文科基础研究的项目既可以是价值大,也能够获得比较大的经费。它就是"中华字库·宋元印本文献用字搜集与整理"的项目。

"中华字库"工程是新闻出版总署重大科技文化项目之一,也是《国家"十一五"时期文化发展规划纲要》的重大工程,是国务院常务会议讨论并原则通过的《文化产业振兴规划》中特别强调的具有示范效应和产业拉动作用的重大科技文化建设工程。这个项目的主要内容和目标是,在文献学和文字学领域深入研究的基础上,在通过专门研制的数字化工作平台上,穷尽式地收集所有古今汉字形体和少数民族文字形体,并在专业、科学的方法和原则指导下,建立中国汉字及少数民族文字的编码和主要字体字符库。清华大学作为责任承担单位,中文系刘石作为项目负责人,联合中华书局,经过多轮评审、答辩和与甲方(即新闻出版总署)的谈判,2011 年 3 月,成功申报承担"中华字库"工程子项目"宋元印本文献用字搜集与整理",获得科研经费 1866.3 万元。这也是清华文科中获得科研经费最大的基础研究项目之一。

根据项目总负责人刘石先生介绍,"宋元印本文献用字搜集与整理"项目针对我国现存最早的印本图书——2600 种宋元印本(约 54 万页、2 亿字)的文献用字加以研发,具体分为相互关联的四个课题:宋元印本文献总目调研与编制、宋元印本文献获取与图像制作、宋元印本文献文字采集与校对、宋元印本文献文字整理与考释。"中华字库"工程原订 2016 年 7 月完成,由于工程规模大,涉及面广,整体计划延展,目前仍在进行中。作为子项目,"宋元印本文献用字搜集与整理"进展顺利,最终将产生以下成果:存世宋元印本总书目、宋元印本文献数字化图档库、宋元印本文献待编码字总表。

可以说,这个项目最重要的意义和价值还并不是它作为基础研究所获得的经费,更重要的是它的学术与文化历史价值。"中华字库"是引领中华文化步入信息化、数字化时代的先导性、奠基性工程,是提高中国文化软实力的重要举措。它将全面打通我国各民族文字信息化的发展瓶颈,最大程度地满足中华各民族各类古今文字数字化传输、检索和处理的需要;最大程度地满足国家信息化建设与信息监管的用字需求,将成为信息时代中国各族文字处理国际化、标准化的必要平台,将使中国在各类中国文字国际标准制定中的主导地位完全确立,使中华文明的传播更加便捷和高效。

当然,每当我参与和想到这个项目的时候,眼前就会浮现我非常尊敬的傅璇琮先生的形象。我甚至可以说,这个重大项目的申请、合作、实施等,都离不开傅璇琮先生的关心、指导和参与。这是一位非常慈祥的老人,一位中国文献学界的泰斗,一位对清华文科建设有功的前辈。傅先生谦逊的君子之风,勤勤恳恳的工作与学术态度,让我受益匪浅;甚至是他那微微弓着的腰、由于疾病而略有残疾的手,特别是在给我赠书签名时颤抖的笔迹,等等,都常常让我历历在目,难以忘怀。

三、三个交集

刘:在 2015 年全国高等学校人文社科的大奖中,除了文化传承和基础研究方面的项目之外,经济、社会与法律这些社会科学的重要领域,清华文科都榜上有名。而且,这些也都是文科的主要学科。清华文科的获奖是否也意味着我们在这些领域已经具有了领先的地位,或者说已经居于这些学科领域的前列?

谢:这些学科领域的获奖,当然反映了清华文科在社会科学建设和发展中的突出成绩与进步,体现了文科教授的研究水平与实力。其实,除了这些获奖的项目,清华文科还有不少非常重要的项目,许多学者在各自领域里默默地钻研,发挥了很好的作用,形成和正在产生一批十分有价值的成果。但是,我并不认为由此就说明清华文科已经成为人文社会学科领域已经居于前列。我更想说的是,清华文科在人文社会学科领域的成绩与进步,已经比较充分地证明了清华文科在社会学科建设和发展中的战略与思路是正确的。

刘:您提到的清华文科建设和发展的战略与思路,是否就是您在清华大学校庆 100 周年时关于文科建设、发展的文集中写的那篇序言中反映的部分内容。您的那篇序言的题目好像就是《走在正确道路上的清华文科》。如果从现在的角度看,您认为,这是一条怎样的路,或者说,清华文科科研的主要战略与思路有什么突出的特点呢?

谢:那篇序言的确反映了清华文科建设和发展的部分思路,其中的主要思想和精神现在看来仍是站得住的,也反映了文科建设和发展的基本思路。如果说有什么突出的特点,那就是"三个交集"与"靠得住",这个思想我过去多次与文科的领导和老师们提起,也曾经在学校的中层干部会上向大家汇报过。这就是:文科建设要形成与国家、高等教育和学校发展的三个交集,形成三个"靠得住"。

首先是与国家战略的交集。清华文科的建设,包括它的科学研究,在战略与布局方面,必须与国家发展的基本战略形成交集,争取在国家经济社会文化与政治建设过程中,成为在某些方面能够"靠得住"的一支队伍,这样才不枉为一流的学科。

其次是与高等教育改革发展的交集。这也是清华文科的建设与发展,特别是它的科学研究的重要任务与目标,换句话说,它意味着文科要努力成为国家高等教育改革发展方面能够"靠得住"的一支队伍,这样才不枉学校的重视,不枉曾经的辉煌。

第三是与学校一流大学建设的交集。文科的建设和发展应该成为学校一流大学建设的重要组成部分和支撑力量,虽然复建的时间比较短,队伍比较小,基础也不够厚实,但必须按世界一流的标准要求自己,产生不负众望的科研成果和学术地位,成为清华大学建设世界一流大学"靠得住"的学科群。

刘:您能否具体说明清华文科是如何按照"三个交集"的思路开展

科学研究的呢？

谢：从第一个交集来说，清华文科始终强调文科科研一定要紧紧抓住当前国家社会经济改革发展的重大问题，这一点现在看来是做到了。我给你一个非常典型的例子。这就是李稻葵先生领衔的清华大学中国与世界经济研究中心（CCWE），以及"清华大学中国与世界经济论坛"的工作与成果。

中心 2004 年 9 月在清华大学经济管理学院成立。它以"全球视野、战略前瞻、服务决策"为使命，独树一帜，以政策研究为导向，以政策影响为驱动，汇集学术、政府和企业优秀资源，从世界角度观察和研究中国的现实政策问题，建设性地参与政策讨论，为政府机构提供富有洞察力的学术新知的政策建议。与此同时，中心从中国发展和改革的实践出发，与国际学术界政策界对话交流，思辨政策难题，把握时代脉络，升华学术智慧，推动中国经济政策研究及相关领域的建设。中心实施系列研究项目、学术与政策研讨会议，以及其它专题活动。《中国与世界观察》是中心的定期出版刊物，集中关注和深入探讨当代中国与世界的焦点问题。与此同时，中心还公布与香港科技大学经济发展研究中心合作的基于计量经济模型推导计算得出的中国宏观经济走势预测与分析报告，主要指标涵盖 GDP、城市居民消费价格指数（CPI）、进出口贸易变化、货币供应量（M2）和固定资产投资等。截至 2009 年 6 月，他们还举办了八期中国政策圆桌讨论会，与会者都是有影响的经济学家、国外商会和驻华大使馆的代表，以及包括 IBM、Microsoft、War-Mart、Shell、Siemens、Sony、EMC、GE、BP、Ericsson、UTC、ADP、HSBC 等著名跨国企业的代表。讨论会的主题包括：中国政府 4 万亿投资经济刺激计划与跨国公司、人大和政协会议出台的政府机构改革与政策趋向、中国面临的政治与经济新挑战、中国的金融市场改革、外资在中国生存与发展的拐点等。发言嘉宾有外经贸部原副部长、博鳌论坛秘书长龙永图，中央政策研究室副主任郑新立，中国社会科学院院长、政协副主席陈奎元，商务部 WTO 司司长张向晨，国务院发展研究中心副主任、人民银行货币政策委员会委员、知名经济学家樊纲,国家证监会研究中心主任祁斌,银监会政策法规司副司长杨再平等。

特别值得一提的是,中心自 2005 年以来,近十年来连续成功举办了季度经济论坛。论坛主题鲜明,思辨严谨,观点犀利,开放互动,独有特色。论坛受邀嘉宾来自国内国际一流研究机构、学术团体、政府部门和公司企业,与会听众包括大学师生、校友、政府官员、企业高管、媒体和社会友人。嘉宾颇具睿智、洞察力和真知灼见的发言和辩论,推进了学术与政策研讨,揭示了观察国际国内经济形势及其政策制定和实施的不同视角。与会听众反响热烈,受益匪浅。论坛经过多年来的提炼、发展,已成为分析和研讨季度中国宏观经济重大问题的一个重要事件,引起了独特的社会反响,引发了一系列学术探讨和争论。论坛嘉宾和中心研究人员同台分析和对弈季度宏观经济形势和走向,探索未来经济发展趋势。论坛就国内外政治、经济形势进行解读和分析,为政策制定提供分析和富有洞察力的建言。

刘:我也经常听到这个论坛的信息,据说每次的论坛都是人满为患,把整个伟伦楼的学术报告厅挤得水泄不通,甚至过道上都坐满了人,各类媒体也趋之若鹜。这无疑是清华文科平台建设中的一大亮点。您觉得,这个论坛为什么能够产生如此大的影响力呢?

谢:我认为,这个论坛的成功具有许多的因素,包括李稻葵先生个人的学术魅力和组织能力、清华大学的平台、经管学院的支持、中国与世界经济研究中心团队的集体努力,等等。但我认为,这个论坛的成功主要还有以下几个重要因素。

首先,这个论坛成功的根本在于它聚焦当前的宏观经济热点问题,以国际经济发展态势为大背景,以一种开放的角度,从不同视角展开思想碰撞和充分讨论与国际经济改革发展的大局具有高度的一致性,形成了非常密切的交集。例如,宏观经济形势研讨会的主题包括:"宏观经济形势分析"、"FDI 与自主研发"、"十一五起步:面对改革新形势"、"宏观经济是否过热"、"近中期政策重点"、"中国经济高速增长之争"、

"统计数据的冲击—重新认识中国经济"、"中国股市、汇率及经济走势"和"全球金融危机与中国"等。

纪念中国改革开放 30 年之际,中心系列宏观经济研讨会以世界政治经济和社会的变化为大背景,集中回顾 30 年来中国的经济发展和问题,反思改革开放 30 年的思想变迁,深入研讨并展望未来中国的经济走向和面临的挑战,其主题分别是:从刺激经济到深化改革、等待暖春的中国经济、突出重围—2009 中国经济、全球金融危机与中国、国际风云下的中国改革开放、经济波动与制度变迁、改革开放 30 年的思想变迁,等等。

这个论坛的另一个非常重要的特点,就是一种开放的学术讨论的机制与形式。每次论坛上,中心都会提供一个季度经济形势的分析报告,对当前经济形势的走向与问题发表自己的意见。然后,有与会的各位专家,包括参会的各个方面的听众沟通讨论,甚至是争论,形成了一种非常好的碰撞、交流和产生新思想新观点的环境。有一次,针对中国未来经济发展的走势,论坛上的两位大咖级的专家竟然打起赌来。那是在 2012 年 7 月初中心举行的论坛上发生的故事。当时,国内著名证券研究专家吴晓求与在场的华远地产董事长任志强提出了一个"对赌"约定,打赌当前投资股票的收益在五年后一定会大于买房的收益。吴晓求表示,中国的股市目前的状况是,"虽然拥有非常肥沃的土壤,但缺乏好的环境与温度,土地还是很荒凉",但"当前股市确实已经拥有投资价值,一些股票市盈率已经跌到四至五倍,有的甚至跌破净资产,如果有钱的话可以入市投资"。对此,华远地产董事长任志强对此并不认同,他对吴晓求说,"如果要给儿子赚钱,可以买股票,但如果要把财富留给孙子,那么最好还是买房产"。吴晓求表示,"我愿和任总进行对赌,不说远的,五年内,买股票的收益一定会大于买房地产。"香港科技大学经济系教授雷鼎鸣则建议,"五年之后,谁赢了谁要请客吃饭"。虽然这只是一个论坛中的小插曲,但它的确反映了当时论坛学术讨论的活跃程度以及社会的关注度。而且,通过这样非常开放的学术讨论,形成了一批非常重要的学术观点与政策建议,包括:出口放缓将给 GDP

带来负面影响、通过从紧的货币政策解决通胀问题是盲人摸象、停止紧缩或为摆脱当前经济困境的选择、中国外汇储备价值管理应防范基金流动风险、改革不能牺牲中小企业的利益、从控制总需求的传统思路转向调控总供给是当前经济改革的关键、中国要及时加入世界金融游戏规则中去……

第三个特点就是汇集了一大批国内外重量级的专家与学者，出席会议的嘉宾是中国宏观经济最有影响力的和很高知名度的学者、专家以及政府官员，具有权威性和代表性。据不完全的统计，其中包括夏斌、郑新立、李剑阁、樊纲、陈东琪、曹远征、吴晓求、姚景源、易宪容、蔡昉、温铁军、林毅夫、张维迎、茅于轼、许宪春、高尚全、胡祖六、张燕生、黄海州、雷鼎鸣、谭雅玲、华生、宋鸿兵、李稻葵、袁钢明等。国际方面的部分专家有：标准普尔金融机构评级董事廖强、世界大企业家联合会经济学家 Andrew Polk、欧盟委员会驻华代表团经济与金融部主任 Annika Melander、世界银行驻华首席经济学家 Ardo Hansson、标准普尔大中华区总裁 Chew Ping、布鲁金斯研究机构高级研究员 David Skilling、瑞士银行全球新兴市场高级经济学家 Jonathan Anderson、麦肯锡集团资深董事 Onathan Woetzel、新布雷顿森林体系委员会执行董事 Marc Uzan和顾问 Nina Massis、布鲁金斯研究机构高级研究员 Martin Baily、英国安石投资管理有限公司公共事务投资高级顾问 Ousmene Mandeng、法国央行驻华特别代表、法国使馆参赞 Yann Marin、日本野村资本市场研究所北京事务所首席代表关根荣一、英国金融时报驻华主编 Jamil Anderlini，等等。显然，这么多高水平的专家在一起讨论中国与世界的经济问题，当然会有许多真知灼见，也无疑能够产生非常广泛的社会、行业和政策影响力。

刘：这样好的一个学术论坛，您是怎样策划的呢？为什么会想到举办这样高水平的经济论坛呢？

谢：这个论坛的起步并不是我的策划，而是李稻葵先生的主意和策划。他一直是中心的主任和这些活动的主要负责人。我做的工作只是积极支持和参与,并且在征得李稻葵先生的同意以后,将它由经管学院的论坛提升为清华大学的论坛。2009 年那场席卷全球的金融和经济危机、全球化浪潮所带来的世界经济的日益密切依存与整合的态势,以及中国等新兴经济体崛起所形成的新的世界经济格局,给中国与世界经济发展造就了前所未有的机遇和挑战。中国与世界经济的关系日益错综复杂、相互交融,是当今世界最重要、最令人兴奋和关注的问题。国际金融危机对世界经济的影响不仅是重大的而且是长远的。种种迹象表明,国际金融危机将会改变世界经济的格局,金融危机后的世界经济将会发生重大变化。金融危机后中国和世界的经济将会呈现出什么样的特点?中国作为世界上最大的发展中国家将会面临怎样的机遇和挑战?这些问题毫无疑问是我们这个时代的学者和决策者所必须研究和回答的问题。鉴于当时的形势,我便与李稻葵先生商量,能否以中心过去几年举办的中国宏观经济研讨会和政策圆桌讨论会为基础,启动"清华大学中国与世界经济论坛"(校级论坛系列),邀请国内外最有影响力、最具战略眼光的学术精英、政府要员和企业领袖共同探讨中国与世界经济发展中所面临的重大问题,揭示中国与世界经济的相互关系和未来趋势,进行深层思想博弈,开掘经济学术新知,提出相应的政策与战略选择。论坛由清华大学总体领导,中国与世界经济研究中心具体规划组织实施,学校拨给专项经费支持,李稻葵先生欣然同意了这个建议。

现在可以认为,中心和论坛充分体现了清华文科积极参与国家战略的建设思路,而且是非常成功的一个典型案例。同时,它也告诉我一个非常重要的道理:文科的发展的确需要走群众路线。清华文科还有一大批像李稻葵这样的教授。他们的智慧与才能,是清华文科建设和发展最重要的基础和资源。

刘:看得出来,您对这个论坛是颇费苦心的,也是非常投入的。当然,这种投入也是非常值得的。如果清华文科能够多有几个这样的论坛和学术平台,那么文科的影响力就会更大一些。

谢：的确如此。当时我几乎每一次的论坛都参加，并且针对当届论坛的主题，做一个简短的致辞。当然，主要还是表示学校的鼓励和支持，以及对参加论坛的各位专家表示感谢。有时也会偶然地发表一点自己的看法，比如有一次关于经济发展不确定性的看法还得到了与会专家的认可。

刘：除了李稻葵先生的中国与世界经济研究中心及其论坛以外，您还能够给我们讲一些其他的科研方面的故事吗？

谢：当然可以。清华大学商法研究中心的教授们长期持续的研究及其成果，以及据此举办的民商法论坛也是一个非常典型的故事。这也是在全国乃至于在世界范围内都有相当影响的一个学术论坛。中心成立于1998年，第一位主任是我国著名商法学者王保树教授。中心现任主任为朱慈蕴教授，副主任汤欣教授，其他著名学者还有高西庆教授、施天涛教授、梁上上教授、高丝敏助理教授等。他们都是非常出色的学者。此外还有若干博士后、博士、硕士等。近年来完成了许多课题，得到相关政府部门、立法机构和法院的认可。

刘：清华文科有不少类似的研究机构，您为什么对这个中心如此重视呢？

谢：这当然是有原因的，其中非常重要的有两个：其一就是它与社会主义市场经济条件下法制建设的关系非常密切；其二则是它的持续性。这里，我特别想说的是后者。我看到，这个中心并不像某些研究机构那样，成立时非常热闹，可谓是"锣鼓喧天、鞭炮齐鸣"，其后常常是虎头蛇尾，甚至是销声匿迹，或者像俗话说的那样，狗熊掰棒子，掰一个扔一个，有始无终。而民商法中心则是始终如一地坚持了十几年而不间断地开展活动，并且取得了非常好的成果与影响力。据朱慈蕴教授介绍，中心作为一个研究机构，一直以贴近商事活动实践为基础，以把握全球商事理论研究的前沿问题为切入点，以参加并影响中国商事立法和商事司法的走向为目标，通过搭建国内和国际的研究平台，从法学、社会学、经济学等多视角进行商事法律制度的研究，形成国内商事法学研究最具权威的学术机构。中心经过 18 年的发展,已经成为在国内外享有很高声誉的研究中心。从国内看,清华商法研究中心一直被认为处于全国商法研究领域中的领军地位,无论是立法机关、行政监督部门还是司法审判机构,讨论立法、行政执法和司法疑难问题时,商法研究中心或者其成员会成为主要的邀请对象,领衔进行研究或者召集会议。例如,在 2005 年公司法的修订过程中,中心的王保树教授和朱慈蕴教授成为十人专家小组成员,王保树教授为小组负责人;汤欣教授多次参加中国证监会相关规则的起草和疑难案例的专家论证。再如,中心各位老师的研究成果,有许多观点被立法或者司法解释所采纳,如朱慈蕴教授作为国内研究"公司法人格否认"制度最早且最全面的学者,以及对中国公司中控制股东义务的深入研究,他所主持的这两个主题,都被写进 2005 年公司法中;施天涛教授关于关联企业的法律规制研究成果也体现在公司法的总则当中;汤欣教授在证券法相关领域的研究较有影响力,他不仅担任两届上市公司并购重组委委员,还主持多项中国证监会和两个交易所的重大项目等。

在国际方面,中心开设的 21 世纪国际商法论坛,已经成功举办了15 届国际研讨会,在近百人规模中大约有四五成来自境外。在中心经费有限、基本不支付参会者旅费的情况下,有许多学者多次参加会议。如,中正大学法学院的王志诚教授,连续十五届参会,且台湾地区学者多位都是多次参会,甚至很关注每年的邀请;韩国公司法学界的两位顶级学者崔埈璿教授、李哲松教授也几乎是全程参加了论坛;美国宾夕法尼亚大学法学院的 Bratton 教授在年近七十岁时受邀参加 2014 年国际研讨会,到今年为止已经第四次提交论文来参加会议;澳大利亚的Tomsic 教授也是超过十次参加这个论坛。据说这种状况在中国法学界是绝无仅有的,表明中心和 21 世纪商法论坛已经成为在全球商法领域颇有影响的学术平台,在国际上有许多高校法学院的商法同行都十分期待与中心进行交流与合作,包括共同举办小型研讨会,积极参加21 世纪商法论坛等。

中心借助其在国内外的影响力,开展了多项学术交流活动:一是两岸商法论坛,自 2010 年首次开坛,迄今组织了 6 届,在两岸商法学者间建立了很好的学术交流平台;二是与东京大学法学院建立了公司法律制度专项研讨平台,不定期在两校之间举行公司法方面的专题讨论,从 2014 年开始以来,以及举办了 6 次,对深入了解中日双方的公司法、证券法意义重大(这种模式也是中国法学界唯一一例);三是在 2016 年正式推出清华大学青衿商法论坛,这是专门为商法学界的青年学者创设的平台,目的是为中国商法领域培育后备人才服务,也是为了延续清华大学在全国商法领域的领先地位。此外,中心还开设了商法讲堂,迄今已经举办了 48 场,国内外一些著名学者、实务界一些著名法务工作者都在这个讲堂上展露风采。特别是每年的 21 世纪商法论坛的国际研讨会开会期间,有许多著名的参会学者都为清华大学法学院的莘莘学子带来了法学盛宴,传授了许多商法领域前沿的知识和丰富多彩的信息。

刘:这些探索体现的是清华文科的"第一个交集",即与国家战略的交集。那么,清华文科的科研又是如何体现与国家高等教育改革发展的交集的呢?

谢:清华文科参与国家高等教育改革是多方面的,包括人才培养、科学研究、社会服务,等等。这里,我仅仅想从直接的方面给大家讲几个故事。

我首先想讲的是教育研究院袁本涛教授主持编撰《中国学位与研究生教育发展年度报告》的故事。这件事是非常重要的,直接反映的是中国学位与研究生教育的发展与质量建设的工作,对国家教育政策的制定与实施,具有非常重要的意义。

在 2010 年和 2011 年,这个报告主要由中国人民大学负责编研,分别出版了《年度报告(2009)》和《年度报告(2011)》。为了组建更为合理的研究团队,协作完成年度报告的编研工作,国务院学位委员会办公室委托教育部学位与研究生教育发展中心(以下简称"学位中心")承担《年度报告》的编研组织工作。自 2012 年起,学位中心组织成立了由清华大学牵头,北京大学、中国人民大学、北京航空航天大学、武汉大学等高校十多位专家、学者组成的课题组,共同完成了 2012—2015 年连续四年的《年度报告》。《年度报告》的编研采取按章节分头编撰、定期研讨交流的工作方式,确保编研报告的专业性、科学性、严谨性和一致性。编研工作得到了国务院学位委员会办公室和教育部学位管理与研究生教育司的具体指导,同时也得到教育部发展规划司、政策法规司、社会科学司、国家留学基金管理委员会、全国学位与研究生教育数据中心等部门的大力支持。特别是国务院学位委员会办公室,经常派人参与《年度报告》编研组研讨会,对《年度报告》的编撰工作提出了许多非常宝贵的修改建议。

教育研究院规模比较小,却承担了国家和学校科研与人才培养等大量工作。但是,教育研究院在人员非常紧张的情况下,还是接受了这个工作,并且由袁本涛教授担任了报告的组织和主持的责任,以课题立项方式逐年编辑出版《中国学位与研究生教育发展年度报告》(以下简称"《年度报告》")。目前,它已成为国务院学位委员会办公室的一项常规性、持续性工作。截至目前,《年度报告》已连续编辑、出版 6 个年度。它所发挥的统计年鉴、分析资料、咨询报告与政策导向等多重功能,得到了研究生教育界、社会公众的广泛认可。《年度报告》已于 2014 年起纳入《中国教育报告·发展与质量》系列丛书,由教育部统一发布。经过近几年的努力,《年度报告》已成为在学位与研究生教育战线具有知名度与影响力的品牌。

《年度报告》之所以对国家学位与研究生教育具有非常重要的意义,主要是它通过一系列系统和准确的数据,直接反映了国家学位与研究生教育的现实进展与整体形势,《年度报告》旨在定期公布我国学位与研究生教育统计数据,总结归纳我国学位与研究生教育的年度工作要点,权威解读学位与研究生教育相关政策,系统阐述学位与研究生教育发展趋势,持续关注学位与研究生教育质量,跟踪分析境外主要国家与地区的研究生教育发展动态。近年来,《年度报告》已形成了较为稳定的研究内容、结构与体例:第一章《总论》,系统分析当年学位与研究生教育发展所面临的国际国内环境、形势与任务,概括我国学位与研究生教育年度改革重要举措,归纳当年我国研究生教育的发展概况,并就一些重要指标与西方发达国家进行比较,最后阐述我国学位与研究生教育的改革重点;第二章《规模与结构》,从学位授权、研究生招生、在校生、学位授予等方面,全面分析当年度我国学位与研究生教育的总体规模与结构状况;第三章《条件与支撑》,主要从导师队伍、财政支持、科研经费与交流合作等方面,系统分析当年我国研究生培养过程中的支撑条件情况;第四章《质量与保障》,主要阐述当年我国学位与研究生教育的培养质量、发展质量与质量保障体系建设,并结合部分省份的典型案例,凸显省级政府相关部门在研究生教育质量保障中的重要作用;第五章《比较与借鉴》,分析比较国内外研究生教育重要发展指标,编译并解析当年国外研究生教育相关重要报告,呈现国外研究生教育发展的若干新特征,跟踪国外研究生教育发展进程中遇到的突出问题和应对策略。

通过近些年的工作,《年度报告》编研工作得到教育部等部门的广泛认可,产生了比较大的影响。总体上看,它的贡献主要表现在以下几个方面。首先是发挥了决策咨询的作用。《年度报告》持续关注能够反映研究生教育发展与质量的核心指标,定期向研究生教育管理部门提交分析报告与咨询建议,以供有关部门决策参考。课题组提交的国际研究生教育发展动态与趋势、研究生对高水平学术论文发表的贡献率等多份分析报告与咨询建议,均被国务院学位委员会办公室采纳,成为制定研究生教育管理有关政策文件的重要参考依据。《年度报告》也已成为学位委员会年度会议的会议材料之一。其次是对全国高等学校和研究院所的学位与研究生教育有重要影响。《年度报告》出版以来,受到了研究生教育界的广泛关注,成为了有关政府部门和研究生培养单位管理者、研究者的重要参考资料。在近几年教育部学位中心举办的全国研究生教育管理干部培训会议上,基于《年度报告》所形成的分析报告都是数百名与会代表最为关注、最受欢迎的专题报告之一。第三个方面是培养了一批关注和研究学位与研究生教育的专门人才。《年度报告》课题组成员中，除了研究生教育领域的专家、教授外，还有一批活跃的青年教师、博士后和研究生，他们在参与编撰报告、调查研究的过程中得以锻炼与成长。因此，可以说《年度报告》的编研，促进了清华的教育学科建设，并且由此成为了教育研究院的一个重要的研究方向。

刘：我认识袁本涛老师，这个项目也给清华大学的学位与研究生教育的工作带来了很大的促进，体现了清华教育的引领作用。另外，我听说学校最近与中国工程院合作，共同成立了联合国教科文组织国际工程教育研究中心，您能否给我们讲一讲这个故事呢？

谢：清华大学及其教育研究院积极参与中国的工程教育走向世界，包括积极参与促进中国的工程教育加入《华盛顿协议》，以及与中国工程院一起申请和成立联合国教科文组织国际工程教育研究中心，是一个很长的故事。实际上，它与清华文科中教育学科的建设思路是有关的。仅以中国加入《华盛顿协议》而言，清华教育研究院和工程教育研究中心的老师就与学校其他方面的领导与老师一起，作出了非常重要的贡献。所谓《华盛顿协议》是工程教育本科专业认证的国际互认协议，1989 年，由美国、英国、加拿大、爱尔兰、澳大利亚、新西兰六个国家的工程专业团体发起成立，旨在通过校准、系统的工程教育本科专业认证，持续稳定地保证工程教育质量，为工程师资格国际互认奠定基础。《华盛顿协议》所有签约成员均为本国（地区）政府授权的、独立的非政府和专业性团体，在国际工程教育界具有很高声誉。中国从 2005 年开始进行这方面的工作，包括研究有关的材料，组织相关的机构进行专门的调研，以及成立所需要的工程教育认证协会，等等。截至 2012 年底，中国工程教育认证协会已在机械、电子与电气、化工制药、计算机、土木等 14 个专业领域，对 373 个专业点开展了认证工作。2013 年 1 月底，中国科协正式向《华盛顿协议》秘书处提交了中国科协作为预备成员加入《华盛顿协议》的申请报告。2016 年 6 月 2 日，在马来西亚吉隆坡的国际工程联盟大会上，中国成为第 18 个《华盛顿协议》正式成员。这标志着我国工程教育质量正在得到国际认可，工程教育国际化迈出重要步伐。加入《华盛顿协议》是提高我国工程教育质量、促进我国工程师按照国际标准培养、提高工程技术人才培养质量的重要举措,是推进工程师资格国际互认的基础和关键,对我国工程技术领域参与国际竞争、走向世界具有重要意义。

在长达十年的时间里,工程教育研究中心、教育研究所(院)、教务处以及相关院系的研究人员参与了大量的认证研究和试点组织工作,特别是在推动工程教育认证的理论与政策研究、标准研制与实践指导等方面发挥了重要作用。工程教育中心的主要负责人长期在全国认证机构中担任负责人,对认证工作从学术研究走向政策制定和院校改革发挥了重要作用。类似的研究还有史静寰老师领导的大学生学情调查,对于提高大学教学质量发挥了更好的作用。

刘:您刚才提到,文科的科研除了与国家重大战略、与高等教育强国建设的交集之外,还要有与清华大学建设世界一流大学的交集,这当然也是清华文科建设发展的重要内容。您能否也给我们讲讲这个方面的故事呢?

谢:文科建设与清华建设世界一流大学的交集是非常广泛和全面的,甚至可以说,文科的所有工作就是要努力成为世界一流。起初,学校里有的人认为,清华建设世界一流大学,主要是工科的事情;有些文科的老师也对此觉得信心不足。实事求是地说,与工科比较,清华文科当然在许多方面都存在差距与短板,有的学科在国内也才刚刚起步。要想成为世界一流,的确非常困难。但是,我们的文科也有自己的优势。这种优势主要体现在两个方面:第一,艺术设计学科和管理学科,已经是国内一流和世界前列的学科,完全有实力建设成为世界一流学科;第二,文科中还有一批学科及其领域,包括社会学、经济学的某些领域和方向,如经济史、中国思想史、马克思主义学科、政策分析、法学的若干领域,儒学、伦理学、国学、国际传播、出土文献学、文学的某些领域,等等,都已经在国内得到了越来越多的认可,并且形成了一批标志性的成果,具有了若干旗帜性的学科带头人。另外,对文科而言,国内一流也就意味着世界一流，因此，文科同样也有希望成为世界一流，也是清华建设世界一流大学的重要组成部分。

事实也正是如此。这里，我仅给大家介绍两个故事，它们都体现了清华文科建设世界一流的成绩与水平。

一个是马克思主义学科的建设。当然，清华大学的马克思主义学科有很好的传统与基础，1952年，政治理论教研组成立，承担全校公共政治课的教学和课程建设工作。1978年，马列主义教研室成立。以林泰、刘美珣、李润海、朱育和等教授为代表的教师群体，获全国五一劳动奖章；1984年，社会科学系成立，开设马列主义基础和思想政治教育两个专业，同年招收思想政治教育第二学士学位班学生。1993年，人文社会科学学院成立。思想政治理论课教学和马克思主义理论相关学科，依托人文社科学院各系所发展。1999年，高校德育研究中心成立，并于2000年被确定为教育部人文社会科学重点研究基地。1996年，获批马克思主义理论与思想政治教育博士学位授权点。2003年，马克思主义研究中心成立。2006年，获批马克思主义理论博士学位一级学科授权点。2007年，获批马克思主义理论博士后科研流动站。2008年，马克思主学院成立，负责全校思想政治理论课教学、马克思主义理论学科建设和人才培养。当时，学校聘请我国著名马克思主义理论家邢贲思教授为首任院长，由学校党委副书记邓卫兼任党委书记。后来，学校决定由艾四林教授担任院长。虽然学院规模不大，但水平很高：两人担任"马克思主义理论研究与建设工程"咨询委员，七人担任首席专家，九人为主要成员；五人担任国家社科基金学科评审组专家；六人担任教育部学科教学指导委员会委员。这一学科已成为具有清华特色并全国具有重要影响的马克思主义理论学科，在2012年教育部学位评估中心组织的全国学科评估中，位列全国第二。

学院马克思主义理论学科经过二十多年的建设和发展，重点发展三个学科群。第一是以马工程首席专家刘书林、吴潜涛，以及教育部人文社科重大攻关项目首席专家张再兴为学科带头人，以及肖巍、王雯姝教授为学术带头人的思想政治教育学科,依托教育部人文社科重点研究基地清华大学高校德育研究中心,在当代社会思潮研究和网络思想政治教育研究等领域形成了研究优势。第二是以马工程首席专家邢贲思、艾四林以及主要成员吴倬、赵甲明、邹广文、王峰明为学科带头人的马克思主义基本理论及其发展学科,依托马工程重点教材《马克思主义发展史》,整合力量编著了《清华马克思主义发展史研究系列丛书》《马克思主义经典著作导读丛书》等,形成了清华特色。第三是以马工程首席专家李捷、肖贵清、曹德本以及主要成员蔡乐苏、韩冬雪为学科带头人的马克思主义中国化研究学科,依托国家社科基金重大招标项目"中国特色社会主义制度研究"和"中国梦的理论和实践研究"平台,研究特色鲜明。

2008年以来,作为首席专家单位,马克思主义学院承担了马克思主义理论研究与建设工程重点教材编写项目6项,国家社科基金项目25项(其中重大项目6项,重点和特别委托项目4项),教育部社科研究项目33项(其中重大项目4项),北京市社科研究项目29项。2008年以来,出版学术专著(含编著)92部,其中学术专著43部;在SCI和CSSCI收录期刊发表学术论文429篇,其中在《求是》《中国社会科学》《马克思主义研究》《哲学研究》《政治学研究》等权威期刊发表学术论文97篇。

近年来,学院获得了一系列重要奖励,包括两项国家级教学成果奖。2005年,"思想政治理论课研究型教学理念与实践"获第五届国家级教学成果一等奖,主要获奖人为刘美珣、艾四林。2009年,"深化新课程体系研究,推进教学改革,提高思想政治理论课教学的实效性"获第六届国家级教学成果二等奖,主要获奖人为艾四林、吴倬。2007年,清华大学思想政治理论课教学团队获首届国家级教学团队,带头人为艾四林,这是全国第一个思想政治理论课国家级教学团队。该学科有五门国家精品课。《思想道德修养》《马克思主义哲学原理》《马克思主义政治经济学原理》《邓小平理论与"三个代表"重要思想概论》《思想道德修养与法律基础》5门课程先后被评为国家精品课。2008年建院以来，学院14项科研成果获省部级以上科研奖励，其中2项成果入选国家社会科学文库，6项成果获教育部高等学校科学研究优秀成果奖，以及全国重点马克思主义学院、北京高校马克思主义理论与思想品德课重点建设示范单位、北京高校德育工作先进集体、北京市模范集体。

刘：清华大学的马克思主义学科的建设近年来的确发展非常快。我们在校外与同行交流的时候，也经常能感受到清华马克思主义学科的影响力。但真的令人难以置信，这一学科在短短几年中居然已经跃升到全国第二的地位。那么，您要讲的另一个故事是什么呢？

谢：那是一个传统的老学科，即艺术设计学科达到世界一流水平的故事。这里，我首先要提的是"艺术与科学国际作品展暨学术研讨会"。这个展览会目前已办过三届。2001年，第一届在北京举办，江泽民总书记亲临展览会，给予了非常高的评价；第二届在清华大学举办，也是宾客满棚，座无虚席，热闹非凡；第三届则是在清华大学与中国科技馆举办，同样好评如潮。这个展览会的主题就是艺术与科学的结合，因而成为了整个世界艺术界与科技界共同关注的活动。而且，每次展览会都有新的创新产品的出现，吸引了无数纷至沓来的观众。以第三届为例，其主题为"信息·生态·智慧"，基于"深化文化体制改革推动社会主义文化大发展大繁荣"的战略背景，积极践行国家提出的"生态文明建设"的重大战略目标。展览旨在汇聚当代国际艺术与科学领域最前沿的研究成果，集合当下艺术与科学领域多元化的认识理念、多样化的表现形式，从信息科学、生命科学和生态科学视角，以艺术美学、生物信息技术和生态智慧为载体，关注人类终极理想和精神，用新的思路、方法探索未知，创造未来。

第三届"艺术与科学国际作品展"组委会从462件提交作品中推选出22个国家和地区的112件作品最终参展，作品包括新媒体艺术、工业产品、建筑与环境、视觉传达、陶瓷、服装与染织等相关设计门类，美术创作以及体现艺术与科学相结合的各类作品。参展作品充分体现了艺术与科学的相互交融,应和着人类文明的发展进程,共同探寻艺术与科学的理想目标,以视觉的方式展示艺术与科学创造的精神潜质和最新成果。与此同时,第三届"艺术与科学国际学术研讨会"于 2012 年 11 月 1 日至 3 日分别在中国科学技术馆和清华大学举行。研讨会邀请了 30 余位国内外知名艺术家、科学家和设计师进行主题发言,国内外专家结合科技与艺术的最新前沿动态,对当下社会面临的重大问题进行研讨。通过研讨会提供的学术交流平台,充分展示当今国内外艺术与科学领域内最新学术成果,并赋予艺术与科学这一命题新的思考。来自全国 130 余所艺术设计院校的近 300 余位院系领导和学科带头人应邀参加本次研讨会。在中国科学技术馆报告厅举行的主旨论坛上,清华大学美术学院院长、本届展览总策展人鲁晓波教授作为学术主持,中国空间技术研究院院长杨保华,中国文联副主席、中央文史馆副馆长、清华大学美术学院名誉院长冯远,中国科学院院士、信号处理与智能控制专家李衍达,中国工程院院士、清华大学环境学院钱易,麻省理工学院出版社学术期刊《雷昂纳多》指导委员马克·赫伯特,亚利桑那州立大学艺术博物馆主任戈登·诺克斯,费斯托公司(Festo AG)企业传讯部门主管海因里希·弗朗泽克(Heinrich Frontzek)等分别发表了精彩演讲。

为探索中国艺术与科学教育融合之路,促进艺术思维与科学思维的互动与互补,2008 年 12 月吴冠中先生以个人画作捐赠清华大学教育基金会设立"吴冠中艺术与科学创新奖励基金"。"吴冠中艺术与科学创新奖"在第三届艺术与科学国际作品展进行了首度颁奖,重点奖励艺术与科学创新人才,鼓励青年学生加强艺术思维与科学思维的培养,探索艺术与科学、真理与美的内在联系。本届大奖秉承公平公正的原则,由来自国内外的 13 位著名科学家、学者、艺术家组成评审委员会,严格按照评审条例进行了三轮严肃认真的评审,以投票方式从参展的 112 件国内外作品中评选出 9 件在本届艺术与科学国际作品展中最能够体现艺术与科学的融合,最具特色的作品。

刘：中央工艺美术学院与清华大学合并，从学科结构上可谓是珠联璧合，具有非常强的互补性。所以，充分发挥这种独特的优势，举办这样的科学与艺术的展览会，无疑是得天独厚。

谢：是的，这样的联合与展览能够很好地促进相关学科的建设与发展，作为分管副校长，我自始至终地参与了这些展览会的筹备、开幕等主要活动，而且还主持了若干活动。然而，这里我并不想过多地赘述它的学术与艺术价值，我只想讲一个非常感人至深的小故事。记得在我主持第二届展览会开幕式时，首先是著名物理学家李政道先生发言，他阐述了科学与艺术的内在关系，并且讲述了他与毛泽东主席讨论科学与艺术的故事。李先生讲完以后，我根据发言名单的顺序，请著名艺术家画家吴冠中先生发言。吴先生在登上主席台时，首先让他的学生在清华大学主楼后厅主席台右边，挂上了一幅字，那是只有一个字的字幅。而且，那也是一个似乎大家都认识，却又从未见过的字，即在"曲"字里面又加上了一横。吴冠中先生的发言就从这个字说起，他解释说，人们在一般情况下并不会认错这个字。但是，非常显然的是，在这个"曲"字里面加上这么一横，则能够进一步强化这个"曲"字本身所表现的那种错综复杂的感觉。由此，他希望表明的是，艺术的手法往往更能反映和表现事物的特征，与科学并不矛盾。吴先生的讲解打动和征服了全场的听众。我也是听得入迷了，以至于差点儿忘记自己主持会议的职责。然而，精彩仍然在延续，就在我根据议程准备邀请下一位科技部领导发言时，李政道先生坐在台下有点按捺不住，直接对我说："谢校长，我申请继续发言。"这个意想不到的插曲使得会议达到了一个新的高潮。我忙不迭地请李先生上台发言，此时，整个会场响起了雷鸣般的掌声。这个情节也成为了整个大会的一段佳话。事后我与吴冠中先生说起这个故事，他告诉我，李政道先生是一位值得尊敬的大科学家。可以说，科学与艺术的这种联姻，真正在李政道先生和吴冠中先生的身上得到了淋漓尽致的体现。我甚至想，这样两位世界著名的科学家与艺术家之间的友谊和相互尊敬，人们将长久铭记在心。我作为见证人，真是人生的幸运。这样的展览会、这种科学与艺术的合作成果,还能不是世界一流吗?

四、少而精

刘:我注意到一个细节,您在介绍清华文科的科研工作和成果时,很少提清华文科的科研经费和项目的情况。这一点的确与众不同。这其中究竟有什么样的考虑吗? 一般而言,在许多大学里,科研经费可都是反映和评价科研水平的非常重要的数据呀!

谢:你的确很敏锐。我是刻意不去过多地介绍科研经费与项目之类的数据和情况。这并非说清华文科的科研经费不多,也不是说清华文科的科研项目很少。我可以告诉你,近十几年来清华文科科研经费的增长是非常大的,已经跃居全国高校文科科研经费的前列,甚至是首位。有些年份甚至超过 2 亿元。科研的项目数量,包括重点重大项目的数量也是年年增长。但实事求是地说,科研经费和项目方面的数据并不能完全反映清华文科科研的工作成效。因为,对于清华这样的大学而言,由于它本身在全国的地位、贡献和软实力,包括它的品牌效应,各种各样的资源往往会自动地向它聚集,而这种现象在很多高校是没有的。根据我自己在其它大学工作的经验,其它大学需要花费很大的精力才能够争取到的各种资源,包括经费、政策、项目和某些"番号",等等,对于清华来说,相对而言则比较容易,成本也比较低。当然,这是清华综合优势的体现。所以,虽然这些方面的变化和数据也能够在一定程度上反映清华文科的进步,但它并不是最能够说明问题的。

刘:您说得非常有道理,这也是我们一般很少注意到的现象。既然如此,那清华文科的科研究竟应该抓什么方面的工作呢? 您能不能给我们介绍一下学校在文科科研方面是如何做顶层设计的? 您作为文科的分管副校长,是如何考虑和部署文科的科研规划和实际工作的?

谢:清华文科的科研总体上是根据学校的统一部署实施的,是按照一流大学的评价标准进行的,也是继承清华文科的传统而发展的。我作为文科的分管副校长,所做的工作一方面当然是贯彻学校的总体部署和要求,另一方面,紧紧依靠广大文科教师,充分发挥他们的聪明才智,为他们的科研提供支持和服务。如果说我自己有什么想法,可能主要反映在我在校刊《新清华》上,用笔名"何止"发表的《清华科研的新阶段与新常态》里面。

刘:您能否介绍一下这篇文章的主要观点?我以前就在《新清华》上看到了这篇文章。但我还是希望听听您自己的解读和背后的涵义,您的"现身说法"一定更鲜活、更具故事性。

谢:这篇文章的主要观点非常简单,就是少做事、做大事,做经得起实践和历史检验的事。这其实是非常高的一种要求,也是我到清华工作以后经常在不同场合中对科研工作提出的一个要求。而且,我认为这种科研的取向也应该是清华的责任与定位。

清华的人,包括老师与学生,无论年轻还是年迈,都忙得不得了。当然,这也反映了大家的勤奋与努力。但是,我对此却非常不以为然。我甚至认为,这样的忙实际上是一种"偷懒"的表现,是一种浪费清华资源的行为,是一种错误的科研战略。

刘:为什么要这样说呢?我真的是听不太懂你的意思。难道大家这样的辛勤工作还错了吗?您这样的观点会遭到大家反对的。

谢:我其实讨论的是清华大学科研的基本定位的问题。换句话说,清华大学科研追求的究竟应该是什么?当然,你也许会说,多出一流的新成果。但是,谁都知道,在当代科学研究的前沿,要想产出世界一流的成果,绝对不是一蹴而就的。它需要大量持续的努力与集体的合作,它需要强有力的耐心和坚韧不拔的毅力,包括忍受挫折与困难、抵御各种干扰的精神,以及稳定的支持和安静的环境,等等。而且,这样的重大成果也绝对不是若干小成果的简单相加,不是各种成果的机械拼凑。早在"985工程"二期时,学校就已经看到了这个问题,明确提出500万以下的项目不列入学校科研项目的统计范围,也没有任何经费与资源的配套。其意就是要引导老师们去申请大项目，不要花大量的精力在那些"小富即安"的小项目上。记得有一次学校的科研工作会议上，某个科研机构就为此受到了严厉的批评。它近年来做了几百个项目，但总经费也只有一千多万元。我是非常支持这个政策的。而且，对于清华大学来说，拿几个百把万的小项目是非常容易的，况且社会上还有不少人和企业就希望花上百把万的经费，与清华搭上一脚。实际上，大凡做过科研的人都知道，真正做一两个大项目，比多做几个小项目，要难得多。换句话说，少做比多做更难。当然，这种"少"并不是单纯的少，而是真正集中精力做几个大项目。这才是清华大学科研所需要的，也是国家对清华的期望，是清华的责任。当然，这也是清华大学科研区别于其它大学科研的地方。如果清华的科研成果只是其它几所大学科研成果的简单相加，那就没有存在的价值了。而正是这种少数且重大的科研项目，才是清华大学科研追求的主要目标。为此，我曾经在文科的若干院系的会议上非常明确地表达了"少干事，干几件大事"的观点，也得到了大家的高度认同。几次在学校的中层干部会议期间，我也跟几位文科的主要领导谈，希望大家不要着急，少做一些意义不大的琐碎的项目，集中精力做几件能够经得起实践和历史检验的大事。记得有一次在学校科研工作会上，我发表了自己的这个观点以后，参加会议的国家自然科学基金委杨卫主任在随后的讲话中，也充分肯定了我的观点。

刘：我理解，您在科研上强调的也是"少而精"，重质胜于重量。那您认为什么才是重大项目呢？是不是经费越大越多的项目就一定是大项目呢？

谢：那倒未必。我所谓的"大"，并不是规模或经费的涵义，而是对国家社会经济文化和科学发展的意义和价值大。我曾经在一次全校科研工作会议上做过一次报告，题目就是《伟大的技术与思想》，专门通过信息科学领域的电子管技术的发明、医药领域中青霉素的发明，当代"3D"打印技术，以及社会科学领域中的新教伦理、亚当·斯密的经济学思想、犹太民族的思想，等等，说明什么是伟大的技术与思想。它们的共同特点就是,能够在一定程度上影响甚至改变人们的生活方式和思维方式,推动社会的进步,增加人类的福祉。我觉得,这才是清华大学科研最关键的挑战和追求,当然也是清华文科科研的使命:产生能够影响中国社会和人类世界的思想。

刘:我完全能够理解您的观点,而且,我也十分认同这样的追求。我曾多次听到您提倡大学要有伟大的成果。而这成果,对文科主要是思想,对理工科主要是技术。而这些,往往都源于解决重大课题,依托于大的项目。这里您能否举一个现实的例子说明这样的大项目呢?

谢:"清华简"就是一个最典型的例子。这也就说明学校,包括我自己,为什么如此重视"清华简"的研究。这里,绝对不是简单地增加几个历史故事与史料,也不仅仅是多认识几个先秦的文字,它的最重要的意义是,让我们重新认识我们中华民族的历史,进一步丰富我们自己对历史的认识和了解。按李学勤先生的说法,它意味着中华民族的"古史重建"。这是我们的"根"啊!所以,你可以理解,学校为"清华简"投入了多少经费和资源,而"清华简"为什么如此受到包括国家领导人在内的各界人士的高度关注。这里,我非常愿意引述《文汇报》记者江胜信2008年10月9日的报道《惊世清华简》的部分内容介绍"清华简"的价值。因为我自己参与了"清华简"收藏、整理、修复,拍照,以及研究、出版的全部过程,因而觉得他的报道也是比较客观和全面的。

江胜信写道,穿越2300年的时光隧道,"清华简"让毁于"焚书坑儒"的失传经典得以复活,让先秦诸多历史谜团得以廓清,让中华民族文明根脉得以重现。据李学勤先生介绍,当初有一支简的内容("廿又一年晋文侯仇杀惠王于虢")让他非常吃惊。他解释道:"仇"在这里念"qiú",晋文侯,姬姓,名仇。"仇"的楚文字字形很特别,没有深入研究的人是不可能知道那种写法的。这支简说的是两周之际,携惠王(又称携王、惠王)被晋文侯仇杀于虢国。这段史实《史记》中未提及,《左传》里仅有"携王奸命"这语焉不详的四个字,但古本《竹书纪年》提到了,知道的人极少。一个生僻的楚字,很可能就是一段隐匿的历史呀!看来,这批"清华简"很可能"就是司马迁也没有看过的典籍"。

经清点,"清华简"共包含约 2500 枚有字竹简,残断比例少,整简长度 10—46 厘米不等。无字残片经 AMS 碳十四测定,可判定其年代为公元前 305±30 年,相当于战国中期偏晚,与业内所熟知的"郭店简"和"上博简"相仿。但在内容上,"郭店简"和"上博简"的主体是儒、道,"清华简"的主体是经、史。随葬书籍的特点与墓主人的身分和爱好有一定关系。李学勤先生笑称,银雀山汉简主要是兵书,墓主显然是位军事家;"郭店简"和"上博简",墓主可能是哲学家;这一次("清华简"),我们"挖"到一个历史学家。1925 年 7 月,王国维为暑期留校学生作了题为《最近二三十年中中国新发见之学问》的演讲。他一开头便说:"古来新学问起,大都由于新发见。"他认为"自汉以来中国学问上之最大发见"共有两次,"一为孔子壁中书,二为汲冢书"。王国维在讲课过程中,首次倡导古史研究最有影响的治学方法——二重证据法,即"纸上之材料"与"地下之新材料"相互印证。1920 年代初,中国现代考古学萌芽,地下遗存被陆续发现。王国维感慨"吾辈"之"幸":"此'二重证据法',唯在今日始得为之。"但王国维之幸,应不及李学勤之幸。"孔壁书"和"汲冢书"早已佚失,王国维对它们推崇的背后,掩着一声叹息。李学勤却遇到了"清华简",他说:"学者们认为这批竹简的出现,堪与前汉的孔壁、西晋的汲冢媲美,也未为过誉。"这种媲美,绝不限于重要性上的比较,还牵及"清华简"和"孔壁""汲冢"在内容上的奇妙缘分。

坦率地说,我之所以如此大篇幅地引用江胜信的文章,是因为我觉得他真的是下了功夫来报道"清华简"。而且,他为了充分说明"清华简"的价值,还专门比较了"清华简"与"孔壁"和"汲冢"的多舛命运。他在文章中介绍了"孔壁"的历史故事,从秦始皇公元前 213 年颁布《挟书律》说起。《挟书律》下令把原来东方六国的历史文化典籍、诸子百家著作全部烧毁。孔门弟子后裔伏生把《尚书》偷藏于泥墙夹层后,逃亡别处。汉惠帝四年,《挟书律》废除。伏生返回家乡,取出《尚书》,因风雨侵蚀,它们竟朽烂过半。伏生用汉代通行的隶书重新整理出其中

28 篇,被后人称为"今文《尚书》"。半个多世纪后,景帝末年,分封到曲阜的鲁恭王为扩充王府,下令拆除近旁的孔子故宅,意外发现孔宅墙壁中竟有竹简,它们很可能是孔子后人为逃避"焚书"而藏匿的,这便是著名的"孔壁中经",又叫"孔壁书",或以"孔壁"二字指代。其内容以《尚书》为主,用战国古文字书写,被称为"古文《尚书》",经孔子十一世孙孔安国整理,篇目比"今文《尚书》"多出 16 篇。今、古文《尚书》存有很大差异,中国学术史上延续至今的今古文之争自此发端。西晋战乱中,今、古文《尚书》都散佚了。东晋的梅赜向朝廷献出一部《尚书》,包含33 篇今文《尚书》和 25 篇古文《尚书》,流传至今成"传世本"。该书来历蹊跷,经反复辨析,宋代以来学者大都认为梅赜所献古文《尚书》系伪作,称之为"伪古文《尚书》"。

再说"汲冢"。西晋之初,汲郡一座战国时期魏国墓葬被盗掘,惊现十多万字竹简。竹简损毁严重,荀勖、和峤等学者历时十载,整理出 75 篇"汲冢书",其中最重要的是先秦编年体史书《纪年》12 篇,是为《竹书纪年》。让人痛心的是,全部竹简和大多数整理成果在西晋宗室"八王之乱"中毁于战火,仅在古书中保存有《竹书纪年》某些佚文。

"孔壁"和"汲冢"仿佛历史微茫星空中划过的两颗彗星,炫目之后便消逝不见。但对仰望星空的人来说,那两道光已凝滞为《尚书》情结和《竹书纪年》情结。古史专家张政烺生前总是说:"什么时候挖出《尚书》就好了。"李学勤对散落在古书里的《竹书纪年》佚文了然于胸,佚文中关于"晋文侯杀携王"的孤史竟然在"清华简"上得到印证。

随着进一步释读,让李学勤和他的研究团队欣喜不已的是,"清华简"的主体是《尚书》和体裁与《尚书》类似的文章,同时还有一部类似《竹书纪年》的编年体史书《系年》。曾经湮灭的"孔壁"和"汲冢",竟能在"清华简"中现出影子!若王国维在天有灵,想必会将他所认为的"自汉以来中国学问上之最大发现",从两次修改为三次了。

2008 年 10 月,全国 10 家文博机构的 11 位专家对"清华简"出具《鉴定意见》:"这批战国竹简是十分珍贵的历史文物,涉及中国传统文化的核心内容,是前所罕见的重大发现,必将受到国内外学者重视,对历史学、考古学、古文字学、文献学等许多学科将会产生广泛深远的影响。"

当然,从目前整理发表的情况看,"清华简"的学术价值与意义是多方面的。自 2010 年起,上海的中西书局以差不多一年一辑的速度,出版清华大学出土文献研究与保护中心的整理报告,目前已推出第六辑。全部整理报告的体量巨大,李学勤估算,目前只完成了约三分之一。"清华简"上的文字是六国古文字,"言语异声,文字异形",和秦国的大篆分属完全不同的文字系统。一场"秦火",六国典籍付之一炬,六国古文字传承遽然中断。"有些字尽管认得,却读不通,太难读了!"李学勤感慨。西晋整理"汲冢书",历时十载,在语言文字经过更多变迁之后,今天整理"清华简"不可能更快。"就算全部整理完了,那也只是凭我们现在的能力,提供一个本子,请大家来继续研究。今古文之争,争了都两千年了;'清华简'也会留给子子孙孙来讨论。"由于"清华简"内容十分丰富,用李学勤先生的话说,目前的研究成果只能是"初识"。然而,哪怕只是"初识",也对进一步认识原始而生动的中华民族早期文明图谱具有非常重要的意义。李学勤曾说过一句风趣的真心话:"读起来实在太激动,每天读得多了,心脏会受不了。"根据已发布的研究成果,"清华简"的内容非常厚重、深广,从其主体的经史入手,经有《尚书》,史有《系年》。

让我们先通过《尚书》例篇一起初识"清华简"。

(1)《金縢》 "清华简"中,有一篇题为《周武王有疾周公所自以代王之志》,将其与今文《尚书》中的《金縢》对照,虽然个别地方不一致,但显然,这其实就是《金縢》。相传《尚书序》是孔子写的,孔子曾在序中概括《金縢》的内容,"武王有疾,周公作《金縢》"。孔子生活的时代早于"清华简"的抄写者,可"清华简"上这一篇为何不叫《金縢》呢?整理此篇的刘国忠教授提出大胆猜测:有两种可能,一是抄写者不知"金縢"这个篇题,那就说明当时流传着不同的《尚书》版本;二是此文当时根本就没有"金縢"这个篇题,那么《尚书序》就不是孔子所作,而是另有其人了。

（2）《说命》 《说命》见于东晋梅赜所献古文《尚书》。此书到底伪不伪？伪在哪里？"清华简"中的《傅说之命》终于为旷世之争画上圆满句号。《傅说之命》最早发现于 2008 年 8 月 13 日，李均明、刘国忠等在清洗竹简时，在一支简的背面看到"尃敚之命"四个字。李学勤闻讯赶来，非常激动，说"尃敚"就是"傅说"（音"付月"），傅说是商王武丁的贤臣，《傅说之命》即《说命》。《尚书序》曾明确《说命》共有三篇，梅赜所献古文《尚书》中，《说命》正是三篇；"清华简"中，《傅说之命》也正好三篇。以此结合《金縢》可推测，尽管"清华简"抄写者未见过《尚书序》，但"清华简"或可证明《尚书序》的存在。再看内容，"清华简"《傅说之命》与梅赜古文《尚书》中的《说命》完全是两回事，前者讲了武丁如何依据天命寻找贤臣傅说，后者却是傅说对武丁进言治国之道。《傅说之命》的部分内容与《国语·周语》的引文完全一致，这就足以证明《傅说之命》是先秦时期《说命》的原貌，而梅赜所献古文《尚书》中的《说命》是后人编造的，进而证明整本书有伪。

（3）《厚父》 《尚书序》及今古文《尚书》中都没有《厚父》，但"清华简"中有《厚父》，且被考证为《尚书》逸篇，依据是其中的"天降下民，作之君，作之师……"一段话，与《孟子》所引《尚书》相似。《厚父》中，"厚父"对"王"阐述了畏天命、知民心的重要性。今年 4 月 15 日，李克强总理在清华大学考察"清华简"，获赠一幅书法作品，上有根据《厚父》竹简照片放大描摹的八个古文字："民心惟本，厥作惟叶。"李学勤先生解释说："这句话说的是民心是根本，人民要做什么事、说什么话、有什么趋向和发展，都是从'本'里派生出来的'叶'，执政要重视民心。"以史资政，古为今用，"清华简"里包含着很多这样的智慧。

（4）《保训》 "清华简"中的《保训》未见于《尚书》，但完全是《尚书》体裁。此文开头说"惟王五十年"，先秦时期在位五十多年的国君不多，只有周穆王、楚惠王等，《保训》里的"王"会是谁呢？从古至今，大多学者认为周朝的实际开创者周文王生前并未称王，李学勤先生最先不敢考虑周文王，但他很快就联想到《尚书·无逸》篇中所说"享国五十年"

的周文王，"清华简"中"惟王五十年"的"王"，很可能就是周文王。对《保训》的进一步释读证实了李学勤先生的推测。《保训》是"王"对"发"的遗训，"发"正是周武王的名字，能对姬发直呼其名并交待遗训的，当然就是文王姬昌了。《保训》不仅为周文王称王提供了有力证明，还将周文王遗训生动再现。周文王以虞舜和商汤六世祖上甲微的史事，要求太子姬发遵行一个思想观念——"中"，也就是后来说的中道。

我们再通过《系年》继续"初识""清华简"。上文提到的与《尚书》相关的简文，篇幅从 7 支简至 14 支简不等。与此相比，共有 138 支简的《系年》可谓体量庞大。《系年》共二十三章，记述了周武王伐纣到战国前期的史事。它不仅修正了传世史籍，甚至填补了历史空白，《系年》第三章关于秦人始源的记载，便是其中之一。西周覆亡，周室东迁，秦人雄起西方，称霸西戎，逐步东进，终于兼并列国，成就统一大业。李学勤先生认为，秦朝存在时间虽短，对后世的影响却相当深远。"特别是秦人的文化，有其独具的特点。伴随着秦人的扩张，带到全国各地。研究中国的传统文化，不能不追溯到秦人。秦人从哪里来，其文化有怎样的历史背景，是学术界争论已久的问题。"长期以来的主流意见是秦人出自西方，《史记·秦本纪》及《赵世家》中，曾详述秦的先世，"在西戎，保西垂"，蒙文通先生便据此认为"秦为戎族"（《周秦少数民族研究》）；也有一些学者持不同意见，比如钱穆先生主张"秦之先世本在东方"，理由是《秦本纪》中提到秦先为嬴姓，分封之后以国为姓，而很多国族凡可考定的都在东方（《国史大纲》）。"清华简"《系年》第三章廓清了这一千古谜团，其中提到，奄是商王朝的东方大国，"商奄之民"反周失败后，被周人强迫西迁至"邾虚土"，他们正是秦的先人。"这真是令人惊异！"《系年》的这一记载让李学勤先生很兴奋，"'邾虚土'是《汉书·地理志》天水郡冀县的'朱圉'，可确定在今天甘肃甘谷县西南、礼县西北。目前，礼县已发现周代遗址。根据《系年》提供的珍贵线索，从礼县往北，就是'邾虚土'可能的位置。"

《尚书》和《系年》之外，"清华简"中还有很多重要文献，比如《周公之琴舞》《算表》等。《周公之琴舞》为周公及周成王所作,是一组十分重要的乐诗,这不仅是佚诗的重大发现,也是佚乐的重大发现。它和六经之中唯一完全失传的《乐经》会有关系吗? 李学勤说:"和'乐'肯定有关系,但会不会就是《乐经》的内容,没人知道,因为谁都没见过《乐经》。"《算表》是由 21 支简串编而成的计算表格,用编绳及朱丝栏分隔数码,为迄今所见中国最早的数学文献实物。它采用十进位,能进行 100 以内任意两位数的乘除,功能远超九九乘法表,为当时全世界最先进。

正是因为一项又一项的惊世发现,"清华简"将改写先秦历史。从 1970 年代出土马王堆帛书,到 1990 年代出土郭店竹简,到近年从境外购回"上博简"和"清华简","地下之新材料"成为订正"纸上之材料"、探寻中华民族文明根脉的学术潮流。王国维说他的时代是"发现的时代",李学勤感慨自己是被历史厚待的学人,他的时代是"大发现的时代"。1990 年代起,有学者认为中国考古"已进入黄金时代",李学勤如今面对惊世"清华简",却淡定地说:"黄金时代才刚刚开始呢!"

江胜信的介绍是非常专业和比较全面的,我们应该感谢他在对"清华简"的报道中认真负责的科学精神,以及对"清华简"的宣传报道。

顺便说一句,对于"清华简"这样的重大项目,清华文科在管理过程中也有一个战略性的政策措施,根据党委书记陈希的建议,"清华简"的研究不能仅仅作为一个科研项目,而应该上升为一种学科建设的领域。研究工作就由此能在人员和经费等各方面获得持续性的支持和稳定的环境。所以,"清华简"的研究已经不仅仅是一个项目,而是成为了清华文科的一个重要学科领域,这也是项目研究成果转化为学科建设的一个非常典型的案例。

第五章

智库建设
——文科社会服务的新平台

清华大学文科的智库建设在全国是比较早的,而且也产生了一批非常出色的成果,形成了一些初步的智库建设经验,有些研究机构已经成为国家重点建设的智库。更加重要的是,智库建设已经成为清华文科建设和发展的重要战略之一,成为一流文科的重要组成部分。

一、中国农村研究院的故事

刘:您在前面谈到清华文科的重新定义时,曾经将智库建设作为文科建设的一个重要思路,而且成为文科发展的一个重要平台。您能否给我们介绍一下这方面的情况?

谢:早在 2009 年,我在清华大学的中层干部会议上向大家汇报文科建设工作时,就曾经将智库建设作为文科建设的五个大平台之一,并且介绍了智库建设的某些进展和思路。后来在 2015 年总结"十二五"规划文科建设工作时,我又将这种智库比喻为国家战略的近卫军,并且介绍了它们的进步与成果。清华在这个方面抓得比较早,有了一些成绩和基础,所以,后来中央有关部门专门来清华召开智库建设研讨会,还专门选择清华文科作为国家第一批重点建设的国家级智库之一。

刘:是的,我很早就听说清华文科非常重视智库的建设,当时也就将它们看成是一般的大学研究机构,但没有想到智库建设对国家发展有这么重要的意义和价值。您能否给我们介绍一些清华文科智库建设的情况?

谢:当然可以,我可以简单介绍清华大学中国农村研究院的故事,这也是清华文科近年来建设得比较好的智库之一。清华大学中国农村研究院(以下简称"农研院")2011 年 9 月 14 日经清华大学校务会议批准设立,12 月 29 日举行成立大会。农研院旨在为国家经济社会发展服务,为中国农村改革发展服务,积极为国家"三农"问题决策献计献策,推动涉农学科建设和人才培养。自成立以来,农研院始终围绕服务国家"三农"决策、培养涉农高素质人才、繁荣"三农"研究的定位,全体科研人员和行政人员共同努力,建立健全了运行机制和管理规章制度,各项工作取得显著成效。

农研院围绕"三农"领域的全局性、战略性、前瞻性问题进行了深入系统的研究。紧紧围绕中央"三农"决策需求,开展了 62 项科研课题,包括重大课题、首席专家课题、重点研究课题、青年课题、博士后课题等类型,以自主研究、定向委托、公开招标等多元化形式,整合校内外一流专家团队和研究资源,服务国家农村改革发展决策和理论创新,研究内容涉及农业现代化、粮食与食品安全、土地制度、农业资源环境、新型城镇化、农村公共服务、精准扶贫、农村金融、乡村治理等。课题研究产出了专著、研究报告、论文、内参建议等丰硕成果,产生了良好的学术影响,部分成果发挥了决策参考作用。

农研院还承担和参与了一些有重大影响的科研项目,包括国家自然科学基金项目、国家社会科学基金项目、中国博士后科学基金项目等,形成了一批具有影响力的优秀研究成果。

刘:一般而言,清华文科的智库通常要开展哪些方面的工作呢? 是否已经形成了某些比较成熟的经验?

谢:智库的工作是多方面的。以农研院为例,它的定位是努力成为中国农村改革发展和建设的一流的决策思想库。这些年来,其主要工作包括以下几个方面。

首先是农村调研。农研院建立调研基地六个、调研联系点两个，多次开展专题调研，产出了一批有价值的成果，为有关方面提供了有益的决策参考。农研院每年组织开展大规模暑期农村调研活动，鼓励高校在校学生通过实地调研认识中国农村，引导学生在实践中运用已知、更新旧知、开掘新知、探索未知，帮助学生体验参与式调查研究的全过程，促进学生进一步认识科学研究规律，掌握科学研究方法，树立科学研究意识，增强自主研究能力，从而在实践中受教育、作贡献、长才干。为此，农研院设了了"农村调查研究奖"，旨在表彰农村调研实践中产出的优秀调研报告。这项活动吸引了国内80余所高校的2500多名学生参加，共走访约1000个村庄、25000户农户，完成调研报告近400篇，取得了良好的活动效果和丰硕的调研成果。其中，77篇调研报告获"农村调查研究奖"，91篇汇编出版，29篇刊载在农研院内部刊物《"三农"决策要参》。

其次是人才培养。农村研究院连续四年评选、颁发"清华农村研究博士论文奖学金"，为有志于"三农"问题研究的青年学生开展博士学位论文研究提供资助，旨在促进研究人才培养，激励青年学生致力于"三农"问题研究，增进彼此间的学术交流。国内27所高校的94名博士生获得奖学金。他们举办了两届"清华农村研究博士生论坛"，为国内涉农领域的优秀博士生提供互相学习与交流的平台，帮助他们拓宽学术视野，提升创新能力。农研院邀请资深专家对论文进行评审并现场点评，从选题、研究方法、写作规范等多方面给予细致和专业的指导。博士生通过撰写论文和现场演讲得到锻炼，通过学习交流和专家指导得到提升。论坛吸引了来自全国30多所高校博士生的积极参与，入围论文112篇，宣读论文58篇，评选优秀论文13篇。其中，24篇论文汇编出版，28篇论文刊载在《"三农"决策要参》。他们还开设了"中国三农问题前沿"课程，农研院指导委员会和学术委员会委员授课，支持清华大学"三农"课程建设，促进具有清华特色的涉农课程教学体系形成，并为清华多个高级专题班授课，为清华人才培养和培训工作作出了贡献。

农研院通过双向选择招收培养博士和硕士研究生16名，为学生提供助研岗位勤工俭学、参加各类学术和调研活动的机会,使学生的科研能力和实践能力得到多方面锻炼。

第三是开展各种学术活动。几年来,农研院举办了五届"清华三农论坛",每年在中央农村工作会议之后举办,探讨中国农村问题的对策思路,交流农村改革发展的实践经验,发布最新的学术成果;举办了18讲"清华三农讲坛",邀请权威专家宣讲党和国家关于"三农"问题的方针、政策,介绍中国农村和农业改革发展的最新动向,传播农村问题研究的前沿学术成果;举办了12期专题研讨会,邀请涉农领域的专家学者与主管部门的领导围绕"三农"热点专题进行研讨,提出相关政策建议;举办了讲座35讲,不定期邀请国内外涉农领域专家学者来访、讲学,介绍"三农"领域学术前沿问题,分享"三农"研究观点,促进学术交流。这一系列活动的累计参会者约9000人次。

第四是合作交流。如加强与全国涉农高校和研究机构的合作,联合开展调查研究、人才培养和学术活动,促进中国农村改革发展研究成果的交流。加强与海外涉农机构的交流与合作,通过学术互动、考察访问等多种形式,树立农研院的海外形象,提升国际影响力。开展访问学者项目,通过参与课题研究、开展专题讲座、参加学术交流活动等方式,为国内外访问学者提供访问学习和学术交流的机会。支持清华大学盐碱地区生态修复与固碳研究中心、清华大学学生三农学会两个挂靠机构的发展,并为挂靠学生社团提供科研指导和经费支持,等等。

刘:据我了解,一个智库的建设及其成效,与它的组织架构有非常密切的关系。清华大学文科在智库建设过程中,是如何构建它的组织结构的呢?

谢:这个问题非常重要,也是智库建设非常根本的问题。清华大学中国农村研究院也是如此。农研院在组织架构方面着实下了很大的功夫,而且参考了所谓"旋转门"的思路,聘请了中国一大批在农村政策研究方面造诣很深、影响很大,又很有话语权的专家,包括一些从领导岗位退下来的政府官员,参加研究院的工作。同时,建设农研院网站和微信公众平台,及时发布农研院工作动态和研究成果,跟踪国家涉农政策动向,反映国内外"三农"研究最新进展。农研院中文版网站于 2014 年 1 月上线运行,访问量达到近 2.6 万次。官方微信公众平台 2015 年 12 月开通,访问量约 17.5 万次,用户 5500 多人,发挥了巨大的传播能量。同时,他们还编发工作简报 27 期,发送学校有关领导、农研院指导委员会委员和学术委员会委员、学校有关机构、全院教职员工及有关合作单位,及时报道工作动态,加强农研院内部及与有关合作单位间的沟通。根据工作需要,农研院制订、修订和完善了科研工作、博士后工作、行政运行工作等一系列管理办法和制度,保障农研院各项工作有序、高效和科学运行。

刘:过去常常听说,清华大学文科相关智库的研究报告能够直接送到党和国家领导人的办公室,而且经常得到领导的批示和肯定,发挥了非常重要的政策咨询的功能。您能否给我们介绍一些它的主要成果与贡献?

谢:清华文科智库的成果和贡献是多方面的。他们在不同的时期有针对性地提供国情与国策等方面的重要信息、决策知识和政策建议,在重大经济社会决策中发出声音,对中国发展的国际环境、国内条件进行全面、系统的研判,在重大发展战略、重大发展规划和关键发展政策方面提供有价值的决策咨询意见。他们还通过新华社、《人民日报》、《光明日报》、国内核心期刊等主流媒体,定期或不定期向社会公开发表阶段性成果。以为农研院例,他们编发《"三农"决策要参》等内部刊物,为中央和地方"三农"工作决策提供政策建议和决策参考。《要参》2013年 3 月创刊,已编发 180 多期,累计发行近 10 万份,为中央和地方各级政府相关部门和有关领导提供了详实的农业农村现状数据和资料、高质量的农业农村发展改革战略思路和切实可行的解决"三农"问题的政策建议。他们提供的决策信息受到中央及有关部委领导同志的高度重视,党中央国务院领导同志对多篇报告作出重要批示,部分信息被相关部门转载,影响面日益扩大,产生了良好的社会反响。农研院通过著作、论文等多种形式分享研究成果,为创新中国农业农村改革发展理论贡献力量。农研院通过自主研究、委托科研课题、组织调研活动和学术研讨会议,取得了丰硕的学术研究成果。汇编优秀调查研究成果,出版《用纯净眼光看中国农村》《中国特色"三农"发展道路研究》《经济新常态下破解"三农"难题新思路》《转变中的村庄》《中国农业供给侧改革研究》等著作 12 部,在 *World Development*、*Agricultural Water Management* 等国际顶尖学术期刊和《管理世界》《中国农村经济》《农业经济问题》《中国人口·资源与环境》等国内高水平学术期刊上发表学术论文 130 多篇。

目前,农研院已经成为了一个比较成熟的智库,它建立了自己的研究团队,积累了科研力量,实现了机构的有序运行,对外树立了良好形象,知名度不断提升,影响力日益增强。"十三五"期间,农研院将继续依托清华大学的综合优势,有效整合社会资源,创新发展,重点突破,显著提升农研院在"三农"领域的学术影响力、决策影响力、社会影响力、国际影响力,打造"三农"领域一流高端智库,进入国内新型高校智库领先行列。

二、政策咨询的形式与途径

刘:清华文科在智库建设方面的工作是多方面的,据我初步的了解,除中国农村研究院之外,学校还有其他学者和机构也做了一系列重要工作。您能否和我们分享一下其它机构的故事?

谢:应该说,清华文科在国家智库建设方面的工作是多方面的,成果也是非常丰富的。根据我自己不完全的概括,清华文科智库建设大致可以分为三种形式:第一,直接给政府的专题报告,如国情研究院;第二,会议或论坛的形式,通过影响媒体和社会,提供政策服务,如中国与世界经济研究中心;第三,通过发表研究报告,针对重大现实问题提出建设性的观点,进而影响政策,如社会转型研究系列报告。除此之外,也有其它各种不同形式的研究成果,直接或者间接地发挥了政策咨询作用,其观点为各级政府所采纳。

清华文科有几位老师成为中央政治局领导集体学习的授课教师;

还有多位文科教授通过学术论文、新闻媒体、校内外公开讲座等多种方式，积极参与应对国际金融危机的讨论，提出重要观点和研究结论，影响政府决策和社会思潮。学校通过"985 工程"等机制，实施了影响力建设工程，并且支持高水平系列论坛，例如，清华社会发展论坛、清华大学中国与世界经济论坛、清华国际安全论坛、中国法学创新讲坛、清华全球健康论坛，等等。

刘：清华文科在智库建设上已经形成了自己的体系和思路，而且已经形成了一定的成果，您能否再给我们介绍一些这个方面的故事？

谢：除了直接为国家经济社会改革服务之外，清华文科的智库建设还直接参与中国走向世界的有关政策研究。例如，2014 年 11 月 6 日，清华大学中国与世界经济研究中心和重建布雷顿森林体系委员会联合主办，由金砖国家经济智库承办的金砖国家经济智库论坛。论坛也得到了巴西瓦加斯基金会、巴西应用经济研究所、俄罗斯财政部顾问机构、俄罗斯国立高等经济大学、印度观察家研究基金会和南非前沿咨询公司的支持。来自中国社会科学院、国务院发展研究中心、国家开发银行、北京大学等国内科研机构和高等院校，联合国开发计划署、国际货币基金组织、印度观察家基金等国际组织和国外研究机构，新华社、人民日报社、光明日报社等新闻媒体的 150 多位官员和专家学者参加了本届论坛会议。

这个论坛是非常及时的，也适应了中国和金砖国家金融改革和参与国际金融新秩序的需要。论坛的主题是"通力合作应对挑战，共谋改革国际金融体系"。财政部副部长朱光耀、上海市常务副市长屠光绍、国家开发银行行长郑之杰、国务院发展研究中心党组成员隆国强、中国社会科学院财经战略研究院院长高培勇、天津市滨海新区副区长杨兵、联合国开发计划署驻华代表处副国别主任汉娜·赖德、重建布雷顿森林体系委员会执行长和创始人马克·乌赞在会上致辞。他们介绍了金砖国家新开发银行成立的现实意义和历史影响，肯定了银行落户上海对上海国际化进程的推动力，介绍了国开行作为国际化开发性金融机构与金砖银行之间的经验分享，也强调了建立金砖国家智库的必要性。

同时,他们也提出了重塑全球金融体系架构,展开各智库、各国家间通力合作的愿景。论坛通过了金砖国家经济智库共同声明,声明智库将致力于推动世界多极化,使世界经济更加平衡,全球治理更加有效,国际关系更加民主;智库还建议金砖国家领导人峰会建立常设秘书处,使金砖国家从概念走向务实合作;智库论坛将与金砖国家领导人峰会同步举办,为金砖国家领导人峰会提供智力支持。

在此次论坛中,中国与世界经济研究中心及金砖国家经济智库联合发布研究报告。报告指出国际金融体制对金砖国家的不利因素,包括外汇储备及债券发行的币种过于单一、货币错配问题、浮动汇率下小国易受到国际资本市场的冲击、大宗商品定价权不合理、在国际组织中话语权低等。同时,报告建议金砖国家举办各种论坛,在国际上发声,推进投资和贸易的便利化,并加强国与国之间的智力合作。我当时代表学校也参加了这个论坛,并且对论坛的举办表示了清华的支持,也介绍了智库建设是清华大学建设的一个重要方面。

刘:清华的确有智库建设的传统。早在抗战时期,清华大学就针对国家抗战和建设的需要,建设了国情调查研究所,对国土、资源、人口、民生、民族、对外关系、科技发展等问题进行了广泛调研,并创造了一系列优秀成果。新清华对国家战略需求的服务更是突出。智库建设在清华已成为一项制度化的发展战略。从近年多个机构的评估看,清华的智库建设在全国已形成较大影响力,特别是在高校智库建设中名列前茅。有几个智库尤其活跃,如国情研究院、当代国际关系研究院等。从这个意义上说,清华文科在智库建设方面应该是走在全国前列的。我想知道的是,它目前在清华整个文科里是否已经成为了一种学科建设的常态呢?

谢:你说得对,智库建设已经成为了清华文科建设的一种常态,包括基础学科,也能够发挥智库的作用。这里,我还可以给你讲一个故事:这就是清华大学国家文化产业研究中心的故事。

2003 年 8 月 12 日,熊澄宇教授应邀在中共中央政治局第七次集体学习上讲解"世界文化产业发展状况和我国文化产业发展战略",中共中央总书记胡锦涛主持。会后,总书记与熊澄宇教授个别谈话时明确指出:要利用清华大学的多学科优势,就文化产业的相关问题,作跨学科、跨领域、跨行业的综合研究,为中央决策提供依据。熊澄宇教授根据领导的建议与要求,积极地与不同学科的教授进行沟通,做了大量的协调工作。在经过充分准备与上下多方协调后,清华大学校务会议2004 年 5 月通过决议,成立由新闻与传播、经济管理、公共管理、法学、美术、人文社科、信息科学等七个相关院系为基础的校级跨院系研究机构,开展文化产业的跨学科研究。熊澄宇教授任中心主任,陈国青教授、鲁晓波教授任副主任。中心 2005 年被教育部批准为文化产业学科唯一的国家 985 哲学社会科学创新研究基地,2006 年被文化部命名为国家文化产业研究中心。

　　按照中央领导的相关指示和学校的部署,中心在主任熊澄宇教授的带领下,深入参与我国近年来文化产业领域的政策制定与产业实践,开展理论与应用研究,广泛进行国内外学术交流,特别是对我国文化产业的建设与发展发挥了智库的作用。中心成立十余年以来,跨学科的科研团队在文化生产力理论、文化产业经济理论、文化产业政策、文化创意产业园区等方面进行了大量的研究工作;连续主持完成了三个国家社科基金重大项目——我国文化产业的理论与实践研究、我国文化产业政策研究、我国文化产业学科体系研究,以及国家社科基金面上项目、国家自然科学基金项目、国家艺术科学基金项目,中宣部、广电总局、文化部等中央各部委委托课题二十余项,广东省、北京市及广州、杭州、武汉等副省级城市委托课题二十余项。中心科研人员发表的学术成果在国家文化产业政策、文化产业经验总结及模式提炼、一带一路与文明互鉴、文化园区与基地建设、文化与科技及金融结合等领域,明显处于国内领先水平。与此同时,中心连续多年承担中组部司局级干部"文化产业专题"培训工作,培养了一批文化差异领域的人才。

　　应该说,决策咨询是中心的一个非常重要的功能。中心的主要研究人员参与中央及各部委、各省市文化发展、文化产业发展等领域的决策咨询工作。熊澄宇教授先后为二十余个省市的中心组学习讲课,并担任北京、上海、广东、云南、吉林、福建、杭州等多个省市的政府决策顾问,参与我国十一五、十二五、十三五的文化发展规划的编制工作,在《求是》《人民日报》《光明日报》等重要媒体发表政策解读文章等。中心的研究简报报送中宣部、文化部等相关行业主管部门,取得了良好的社会影响力。同时,中心的主要研究人员参与我国各地市的文化产业发展的相关咨询与服务工作,将学术研究的理论研究成果与社会实践相结合,取得了良好的社会效益。中心与广州、杭州、武汉、长沙等重点城市及国家级文化产业园区建立了广泛的合作关系,形成了密切的信息共享机制和科学的数据采集手段。中心 2015 年初与亚太(台湾)文化创意产业协会联合发布《两岸城市文化创意产业竞争力 2015》,自创一套科学可行的城市文化产业评估体系,在两岸文化产业学界、业界产生极大反响。中心的研究成果之一《世界文化产业研究》一书获教育部人文社会科学优秀成果奖,已第四次印刷,发行量 1 万余册。2014 年 6 月,中心还与瑞典驻华大使馆共同举办了"中国-北欧数字内容产业高峰论坛"。

中心按照思想库、智囊团、信息中心、人才基地的定位,围绕国家文化产业发展的重大关键问题开展了多方面的工作。2015 年 1 月 12 日,中心在上海社会科学院智库研究中心对外发布的《2014 年中国智库报告》中,获评"专业影响力(文化建设)"的第二名(第一名为中国社会科学院),成为全国专业文化产业研究机构中唯一上榜的智库。

目前,清华的文科院系已经形成和创建了一批非常高层次和高水平的智库。这其中,非常突出的是公共管理学院。这个学院本身就是一个多学科的综合性平台,在我看来,它已经初步具备了哈佛大学肯尼迪学院的某些特征,以及在高层次智库建设方面的功能。在清华文科的各个学院里面,它在智库建设方面也是独树一帜的——产业发展环境研究中心、中国工程科技发展战略研究院、科技教育政策研究中心、廉政研究所,等等,都是在公共管理学院的平台上建立起来的。它们或者与政府部门合作,或者与理工科院系结合,或者与企业共建,也包括与一些国际性的政策咨询机构合作,正在发挥着越来越大的作用,他们的报告、建议与影响力也成为了决策科学化、民主化的有力支撑,同时也成为有关学科建设与人才培养的重要平台。

刘:智库建设的确是文科建设的一项战略之举,但我们知道,文科往往强调个性,有一定的价值倾向性,也很容易引发争论和分歧。智库的建设有没有什么风险呢?万一提出的某些观点受到社会的误解或批评,您是如何考虑这种问题的?

谢:这也是文科的特点,由于某些社会领域的政策往往很难顾及社会的各个方面,因而常常出现不同的利益相关者对政策的不同评价。这是十分正常的现象。越是有价值的问题,可能它的风险也就越大;但风险越大,也就越值得我们去做。我也可以你讲一个非常有趣的故事,即杨燕绥老师在社会保障领域参与政策咨询与研究的故事。这件事当时也曾经引起了相当大的影响。

公共管理学院教授杨燕绥专门从事社会保障问题的研究。以她为首的就业与社会保障研究中心是 2001 年 6 月正式成立的,目前已是国内本领域最具有影响力的研究机构之一。目前,杨燕绥教授在公共管理学院担任社会保障课程,还受聘于医院管理研究院,担任医疗保险课程,学生对她的课程的评价进入全校前 5%。中心成为中编办、国务院对外经济交流中心、财政部、发改委、人社部、民政部等部门的长期合作的智库机构。据我所知,这个中心的工作与国家目前社会保障领域的政策发展高度契合,也与国家社会保障政策的改革及其面临的挑战紧密联系在一起。中心的成果非常丰富,大概可以简单地分成以下几个方面:

首先是发布《中国老龄社会与养老保障发展报告》和相关指数。杨燕绥从理论上定义人口老龄化现象为银色经济,并阐述了其特征和发展战略,于 2013 年和 2015 年两次向党中央、国务院递交了"积极应对人口老龄化"的政策建议。2014 年,中心承担国家社会科学基金项目《人口老龄化与养老服务体系建设》,杨燕绥团队研究了全球主要国家老龄社会的进程及养老制度,编制了中国人口老龄化时间表,提出即老即富的政策和制度安排建议。在清华大学文科基金和文化传承基金的支持下,自 2014 年开始,中心每年 2 月与《国家经济周刊》联合发布中国银色经济、养老金、医疗保障等指数,影响力越来越大。2016 年中心获国家社科基金后期资助,并出版了专著《银色经济与嵌入式养老服务》。自 2015 年开始,中心举办系列银色经济论坛,意在引领中国进入健康的老龄社会。杨燕绥担任了中国老年学和老龄医学学会老龄金融分会副会长。2016 年,中心创办专业期刊《银色经济与金融研究》,年底出版创刊号。杨燕绥教授在研究人口老龄化方面有第一学人之称。2016 年,她入选人民网十大最佳嘉宾,次年入选清华大学良师益友。此后,中心成为国务院对外经济交流中心长期合作的智库机构,每年承担一两个社会政策领域的项目,如延迟退休执行方案、医养结合规划、五险一金改革方案等。今年,杨燕绥又接受亚洲开发银行的聘任,担任发改委和财政部的社会服务 PPP 首席专家,提出"医养服务的 PPP 模式",包括四大要素和五种购买模式,得到委托方的认可。

其次,在理论上引领中国养老金制度改革。自 2001 年起,中心在清华主办"中国企业年金之路"系列论坛共计 12 期,推动中国培育养老金受托人制度和养老金第二支柱政策,2004 年国家出台了《企业年金管理暂行办法》和《企业年金基金管理办法》,杨燕绥在业内有奠基人之称。2009 年 12 月,中心向国务院递交《养老金制度结构》的政策建议,获得马凯副总理的批复,转交有关政府部门研究。2016 年,中心接受国务院的委托开展我国五险一金的调研,并拟定了"养老金结构性改革的方案",已经报送国务院研究室。

第三,为构建国家医疗服务综合治理机制提供理论支持与政策建议。2007 年,杨燕绥获得国家社会科学基金资助研究《医疗服务综合治理机制:走进管理型医疗》,提出两维五圈型医疗服务综合治理机制,继而研究医疗服务诊断分型（DRGs）和医保预付制度（PPS），并在金华、杭州、成都等地开展实验，继而举办系列研讨会，在业界具有很大影响。2014年起，中心开始举办系列"医疗服务综合治理峰会"，在业内具有一定的权威性。2016年7月向国务院提出《医疗服务综合治理的政策建议》，得到李克强、刘延东、马凯等领导的批复。

这里所谓的两维五圈治理模型，两个维度指诊断处方信息的合规性和财务成本信息的合理性；将利益相关人被纳入如下五个圈中：一是以医生和患者为核心的当事人，二是医疗机构，三是包括药物及相关服务供应商物资保障，四是作为医疗保险法定代理人的医疗保险基金及其经办机构，五是社会参与和社会评价，由此构建医患首诊合同、医院服务合同、药物合同、医保支付合同、社会参与评价，实现了以社会医疗保险为引擎，基于大数据等基础信息，通过支付方式改革，达到抑制医患道德风险，引导医疗资源合理配置，构建协议定价平台，实现合理控费目标，得到政府医保部门和基层医疗机构的认可和利用。目前，正在举办的"广东省医疗保险一体化建设问题"等系列研讨培训班，将医疗服务治理的理论与实践进行了有机结合。

第四，为建立服务型政府运行机制提供政策研究和咨询。2012年，受中央编办委托完成《服务型政府运行机制研究》，提出三级财政和四级信息管理的服务型政府运行机制，得到课题评委的高度评价。同期完成人社部委托的《社会保障管理体制和运行机制研究》课题，提出一体化的管理服务体系，由人社部发文向全国推广，并出版专著《社会保险机构能力建设》在业内产生极好的影响。

总之，中心多年来累计完成国家社会科学基金、部委委托、国际组织资助等30余项国家和省部级项目，包括《农村养老金结构研究(2004)》《弹性就业机制研究(2003)》《医疗服务治理结构：走进在管理型医疗(2005)》《计划生育政策创新研究(2009)》《社会保险经办机构能力建设(2010)》《老龄化与养老金结构研究(2011)》《医疗保险基金平衡机制研究(2012)》，以及国家社会科学重点项目《老龄化与养老服务产业化研究(2012—2014)》和清华大学 985 项目和学院自主研究项目《老龄社会的养老保障研究：从未富先老到即老即富的政策设计(2012—2013)》《老龄人口红利研究》等；出版了《劳动和社会保障法》等数十部专著、译著，发表中英文章 400 多篇，其中，核心期刊 100 多篇。中心不仅发挥了智库的重要作用，而且培养了大批的专业性人才，产生了非常丰富的学术成果。

坦率地说，杨燕绥老师关于社会保障与延迟退休的若干报告，也曾经由于某些非专业的外部原因，受到社会与舆论的误解与批评，给她自己和学校带来了一定的压力，但学校采取了非常适当的方式，冷静地面对这样的压力，平稳地解决了这个问题。其实，类似的事情并不是个别的，特别是对非常有价值和重要观点的政策研究报告与时事评论，甚至还可能是比较常见的。清华文科在这个方面曾经还有过一些非常有影响力的研究报告，由于各种各样的原因，在社会上也常常是议论纷纷。所以，做真正的、有独立性的智库研究，需要有一种责任感和建设性的基本立场与态度，也需要有一副能够扛得住压力的肩膀。这也是智库建设过程中需要客观科学对待的，是清华支持智库建设的一种基本态度。

三、文科的成果转化

刘：由此看来，清华文科已经在智库建设方面取得了一定的经验，从学校管理的角度，您是怎样评价智库建设的呢？清华对智库建设的态度又是如何的呢？

谢：我自己对智库建设的认识也是一个逐渐深化的过程。更加重要的是，对智库建设的认识和支持，也是清华大学的文化与基本战略的重要内涵。换句话说，智库建设作为新的历史时期高校参与和服务国家战略的重要形式与途径，是清华文科的必然选择和建设思路。关于这个问题，2013 年有一位人民日报的记者采访了我，并且以"一流智库是一流大学的重要内涵"为题发表在 2013 年 11 月 21 日的《人民日报》上。文章的内容大致是这样的：

记者：您如何看待高校智库建设的重要性？

谢维和：一流智库是一流大学的重要内涵。在建设中国特色新型智库的工作中，高校特别是高水平大学，责无旁贷要聚焦重大问题，服务国家战略，"急国家之所急，想国家之所想"，发挥学科齐全、人才密集的优势，继续开展独立性、前瞻性的研究工作，"不唯书、不唯上、只唯实"，为党和政府科学决策提供高质量的智力支持。同时，积极培养专业人才，为党和国家的决策、执行和研究提供充足的人力资源保障。

记者：您觉得高校智库在下一步建设过程中，应该把握怎样的方向？

谢维和：高校智库建设应该处理好两个关系，把握好一个关键。这两个关系和一个关键，从本质上讲就是要解决智库建设在学科方向、科研态度和发展路径等方面的问题。

"两个关系"是指一要处理好当前发展和未来战略的关系，既要着眼于解决实务部门最关心的一个又一个的实际问题，也要未雨绸缪提前研究将来可能出现而当前尚无端倪的重大问题，不仅是作为国家智库的"担当者"、国家治理的"监督者"，更要做国家战略的"谋划者"、国家未来的"瞭望者"；二是要处理好问题意识和建设态度的关系，当前我们面临的各类问题既重大又复杂，既尖锐又困难，决策部门在解决方案的制定和选择上往往需要极高的理论水平和极大的政治魄力，而智库学者作为高校教师在一定意义上也是国家公职人员，更有责任有义务以建设性的态度来研究问题、提出方案，这样，我们的智库才能真正成为改革发展决策方案的"建言者"、政策效果的"评估者"、社会舆论的"引导者"。"一个关键"是要把握好改革开放这个关键。改革开放只有进行时没有完成时。高等教育事业发展也是如此,高校智库建设更是如此。

记者:清华大学的智库建设从无到有,经历了一个怎样的过程?目前建有哪些重要智库,取得了什么样的成果?

谢维和:清华大学作为始终与国家和民族共命运的高校,肩负着为国家发展提供高层次政策建议、高水平专业人才、高端科学技术的重要责任。在国内高校中,我们是最早明确提出要建设一流智库的,早在1998年,校长王大中院士就曾为学校21世纪发展研究院题词:"努力将清华大学21世纪发展研究院办成一流的思想库"。"863计划"的诞生,就是源自1986年3月我校王大珩、王淦昌、杨嘉墀和陈芳允4位科学家提出的"关于跟踪研究外国战略性高技术发展的建议"的报告。改革开放以后,清华大学逐步恢复文科建设,引进高水平专家,鼓励他们聚焦重大问题,深入开展应用对策研究,逐渐形成了一批在国内具有重要影响的高端智库。

目前,清华的智库更多集中在文科领域,当代国际关系研究院发起创办了中国第一个高级别、非官方的国际安全论坛"世界和平论坛"。国情研究院编辑出版的《国情报告》累计逾千期。此外,中国科学技术政策研究中心、中国与世界经济研究中心等也在各自领域作出了重要的研究成果。

记者:改革开放30多年来,清华在智库建设方面有哪些好的做法和经验?

谢维和:首先,学校层面的积极支持以及建章立制、规范运行是先决条件。其次,定位明确、战略清晰是第一要素。作为建在清华大学的智库,我们要求做到"三个定位":中国特色、清华品牌和世界一流,必须以中国问题为导向,以清华专长为依托,以世界一流为目标。此外,高校智库建设要注重实现学科建设、人才培养、决策咨询的有机结合,在凝聚研究力量的基础上,培养多层次、高水平的专业人才。另外,智库与服务咨询对象之间必须建立渠道、搭建平台,增强可持续发展的竞争力。

当然,这个报道也是学校文科处的同志们与我一起完成的,它只是反映了一种当时的初步想法。

刘:这篇文章的总结是很到位的。我想,经过多年的实践,清华文科的智库建设应该是越来越系统化,而且也取得了更大的成绩。据我所知,清华大学五道口金融学院成立的"国家金融研究院"就是一个高层次和高水平的国家金融政策的智库。您能给我们介绍一些故事吗?

谢:你说得非常准确。清华大学五道口金融学院的国家金融研究院,也是一个比较成功的智库建设方面的案例和故事。根据他们的总结,这些年国家金融研究院在智库建设方面发挥了很好的作用。

五道口金融学院成立后,院长吴晓灵与常务副院长廖理等领导就一直考虑如何在过去中国人民银行五道口研究生部的基础上,进一步发挥与清华合并以后多学科的综合优势。当时,在国内外经济金融形势日益复杂的背景下,为进一步提高我国金融政策性研究的准确性、科学性和有效性,完成十八大报告提出的深化金融体制改革,健全促进宏观经济稳定、支持实体经济发展的现代金融体系的目标,我国金融领域亟须建立一个高平台、高水平的智库,具有前瞻性地提出重大的战略、制度、政策以及实践问题的相关研究。国家金融研究院正是在这个背景下应运而生的。

我记得非常清楚,有一天下午,吴晓灵院长与廖理常务副院长来到我的办公室,一起讨论五道口金融学院的建设问题,特别是如何建设智库的问题。经过我们的充分沟通,大家一致认为,应该依托五道口金融学院成立"清华大学国家金融研究院",由此致力于打造一个世界一流、学术导向的金融研究智库,为中国金融政策制定提供科学的研究基础,为金融机构和非金融机构提供咨询服务,对国际金融界产生重要影响,在深化中国金融体制改革、健全现代金融体系、完善金融监管、推进金融创新、维护金融稳定等重要领域提供高质量、有影响力的研究成果。这个想法很快得到了学校领导的认可。经清华大学 2013—2014 学年第 13 次校务会议讨论通过,决定成立清华大学国家金融研究院(National Institute of Financial Research,Tsinghua University)。研究院是清华大学建立的校级非实体科研机构,下辖若干实体院级研究中心。委托单位为中国人民银行研究局、银监会政策研究局、保监会政策研究室、证监会研究中心。委托单位均承诺各自及相关单位的重大课题优先交由国家金融研究院承接,政府部门的重大金融政策性研究项目优先委托国家金融研究院承担。

可以说,研究院的确是一个高大上的智库,实行理事会领导下的院长负责制。五道口金融学院理事会即为研究院理事会,是研究院的最高决策机构,负责研究院发展战略和学术方向的确定。研究院成立的同时,任命吴晓灵、李剑阁为联席院长,人民银行、银监会、证监会、保监会研究部门领导和五道口金融学院教授担任副院长。研究院借助清华大学分系列改革的趋势,借鉴美联储和国际金融机构研究队伍的建设经验,以清华大学的事业编制、市场化的薪酬体系,研究系列的职业发展路径,建设一支具有国际水平的政策研究队伍,为我国的经济和金融决策提供支撑研究的平台。专职研究员为清华大学事业编制研究系列全职教师。同时设置兼职研究员、博士后研究员、研究专员等岗位。五道口金融学院全职教师均为研究院兼职研究员。每名研究员按照需要配备研究助理。整个研究院的研究范围几乎涉及和覆盖了金融的各个方面和领域。

尽管研究院成立的时间不长,但已经取得了非常可观的成果,作出了非常重要的贡献。自 2014 年成立以来,研究院积极为国家金融体系建设和发展规划提供政策性研究,从事货币与汇率政策、金融监管制度、中央银行管理、金融稳定、系统风险监测与控制、银行、保险、企业财务、证券承销、资产管理、风险投资等领域的学术研究、政策分析与案例研究。同时为中国人民银行和其它金融决策与监管部门提供政策分析与咨询,取得一系列具有影响力的成果。截至 2016 年 9 月,研究院共在国内外核心期刊上发表学术论文 43 篇,学术著作 10 部,撰写案例研究 147 份,同时发布系列研究报告 30 篇、研究简报 27 篇。其中,《完善制度设计,提升市场信心——建设长期健康稳定发展的资本市场》的 18 万字报告揭露股灾元凶,引起广泛的社会反响;《2016 年中国公募基金和私募基金研究报告》是自 2014 年起公募和私募行业最全面的年度研究报告;在国家网信办的指导支持下撰写的《全球互联网金融商业模式报告(2015)》是目前该领域最全面、最具前瞻性和权威性的研究报告,每年发布。这些研究成果在学界和业界均产生了较大的影响。同时,研究院积极与学界、政府和业界沟通交流,共举办内参会议 4 场,提供内参报告 5 篇,举办具有国际影响力的高水平金融学术会议和论坛 12 场。其中"中国金融学术年会"是研究中国问题的高水平国际学术会议,旨在鼓励全球金融学者研究中国经济、金融问题,为中国经济发展建言献策;"全球创业金融与创新学术论坛"与世界顶尖级金融学术期刊《金融研究评论》(*Review of Financial Studies*)合作,邀请国际顶级学者,在国内举办的高水平学术论坛中尚属首次;"中国资产证券化论坛"已成功举办两届,是目前我国资产证券化行业层次最高、规模最大、影响力最强的盛会之一;"清华大学-圣路易斯联邦储备银行货币政策与金融稳定会议"是中美央行的直接对话,邀请几十位中美经济学家和政策制定者一同探讨当前全球经济形势中的金融与货币政策问题。另外,研究院承担国家级、省部级和政府机构委托课题 21 项。其中由互联网金融实验室承担的国家社科基金重大项目课题"互联网金融理论、实践与政策研究"对于推动我国互联网金融的健康发展、促进金融行业的有序创新和深化金融改革具有重要参考价值。与此同时,研究院还承担了若干来自企事业单位的各类课题。

刘:智库建设的确反映了国家社会经济政治建设对大学的一种新的需求,也是高校服务社会与国家的一种新的途径。我这里还有一个问题:智库建设与学校现有的工作,特别是文科的工作是如何结合的呢?

谢:大学的科学研究工作当然有它自己的规律和系统性,尤其是基础研究,有时往往并不能够直接与现实相关。即使是某些应用性的研究,也常常与现实存在一定的距离。这也是大学文科的重要特点之一。但是,这种特点往往也容易演变为单纯的述而不作,或者是坐而论道,以至于脱离现实的现象。为此,我曾经在多个场合,与文科不同院系的领导和某些教授讨论文科科研成果的转化问题。换句话说,成果转化并不仅仅是理工科科研的事情,同样也是文科的事情。其实,政策咨询或智库恰恰就是文科成果转化的途径之一,也是文科的社会服务功能的新形式。从这个意义上说,智库建设应该是进一步深化和拓展了文科建设的路径,同时也为文科科研的发展提供了一个更大的空间。

刘:您的这个提法非常有新意。过去好像从来没有人提过这样的概念。我觉得也是文科建设和管理的一个创新吧! 您能否更加具体地给我们介绍文科的成果转化的思想?

谢:文科科研成果的转化其实并不是一个创新,它只是文科建设服务社会和国家的一种新的思路和途径。实事求是地说,我对这个问题并没有十分深入系统的思考,更多的还只是一种探讨和尝试。最初让我思考文科成果转化的契机是"清华简"的成果报告会。当时,由于"清华简"的收藏并不是直接来自发掘现场,社会上有极少数人因此而对"清华简"存在这样那样的偏见,为了澄清社会的各种偏见和流言蜚语,我和李学勤先生等专家一起商量,决定在"清华简"的整理工作取得初步成果和进展以后,举行一个成果发布会,向社会和学术界介绍"清华简"的具体整理内容与成果,以正视听。当时,第一次的成果发布会就在清华园的近春园举行,许多专家出席了成果发布会。让我没有想到的是,有相当一批记者也来到了发布会现场。而且,通过他们的报道,"清华简"的成果不仅广为学术界所了解和认识,而且还产生了十分积极的社会效果。后来,"清华简"的研究成果发布会也就随着每一次的成果而逐年进行,并且成为了学术界的一种积极的期待。

这件事对我的触动很大,也使我深深地感到文科的研究成果也能够产生很大的社会影响。所以,除了"清华简"的成果发布会之外,我就想,其他的文科科研成果是不是也能够采取多样化的形式进行发布呢?

这样也许能够适当地改变过去文科成果往往就是出书和写文章的途径。许多好的想法和研究成果,往往不能发挥其必要的社会影响和辐射。这也就是我之所以提出文科成果转化的由来。

刘:这是一个非常好的思路。许多研究者也都看到了显性化的成果,扩大了社会效应。现在清华文科的成果是否都能够采取这种转化的形式加以宣传,进而提高社会影响力呢? 您对此有什么经验吗?

谢:非常惭愧的是,这个工作到目前为止还只是刚刚起步,还没有真正加以推广。其中,主要问题还是机制的问题,例如,什么样的成果应该采取什么样的转化形式,如何对成果进行选择和甄别,等等,还没有形成比较成熟的想法。其实,就文科教师而言,他们实际上是非常希望自己的成果能够为社会和学术界所了解,能够产生更大的社会经济效益。关键是我们的服务工作要跟上。在这种情况下,智库的建设无疑给文科成果转化提供了一个非常重要的途径,所以,智库与文科科研和整体的建设应该是相得益彰的。

刘:这里,我还有一个可能是比较敏感的问题,但也是一个不可回避的问题,即智库建设是否会影响大学学术研究的客观性? 当然,我也知道,大学智库的功能是多方面的,涉及对形势的分析,对某些热点问题的评论,以及对若干具体难题提出政策建议,等等。但是,智库的功能无论如何都会涉及国家的政策,包括对政策的评论、建议,甚至是批评。我想了解的是,清华文科的智库建设是如何处理好对政府有关政策的批评的问题? 不知道您对这个问题有什么看法?

谢:你的问题非常实在。智库的功能当然是多方面的,但它一定会,而且必须要涉及国家的政策问题,否则它的战略意义或贡献也将大打折扣。所以,在智库建设中的确存在这样的问题和挑战。一方面,我们的智库当然要积极维护国家政策的权威性和必要性,通过充分的材料和数据,包括各种理论,证明政策的合理性,并且对政策的发展与实施提出各种建议;另一方面,也的确需要对某些政策,特别是政策中的若干不合理的地方提出批评和意见,这也是智库的责任。智库不能只是一味赞扬,完全没有批评。因此,在智库建设中秉持学术研究的客观性在理论上是没有问题的。然而,在现实中如何处理好这个问题,的确也是一个挑战。

首先,大学智库的功能可以分成两种类型:一种是对国家政策的执行或实施层面的研究和咨询,即关于某些政策如何能够更好地实施,进而达到其预期目的的研究。智库的这种功能与政府部门本身的研究机构的功能是非常相似的。而且,一般而言,由于材料与数据等方面的原因,大学智库的这种功能常常不如政府本身的研究机构,特别是各中央和国务院各部委的研究机构。大学智库的另一种功能则是对政策本身的基础或合理性的研究与评价。它并不关心某个政策本身如何实施,而是对这个政策是否合理或必要进行研究。应该说,后者才是大学智库最重要的功能,它涉及的往往都是某些政策的理论问题。实际上,从政策的科学化建设的角度说,他们对大学智库的需求也更多是体现在这个方面。当然,这也是大学智库建设的重点。

其次,大学智库的这种对政策合理性,而并非操作性的关切,当然要求在政策咨询中具有更多理论和学术的含量。所以,从这个意义上说,大学智库的这种定位与大学的学术性是非常一致的。从另一个角度说,这种智库的建设也能够促进大学学术的发展和进步。

再次,大学智库的功能当然不仅仅是单纯的点赞和论证,也应该包含必要的批评。没有这种必要的批评,也就失去了大学智库存在的意义和价值。我想,政府的决策部门和领导除了需要肯定与论证之外,他们也需要一定的批评去帮助他们去发现和认识政策中的某些不完善、不合理的方面,进而避免决策的失误、偏差和疏漏。当然,在这个过程中出现某些误解也是可能的。从我做工作的角度和经验看,在面对这些可能性的时候,我常常秉持的是两个原则:

第一是相互理解原则,即一定要认识到,政策的制定往往遵循的是某种合法性原则,而且,在关于政策的定位与操作性方面也大都是依据现有政策或法规。应该承认,政策制定的这种合法性原则是必要的,它是政府文件和政策指导的重要基础。然而,大学智库对政策的评议和咨询,则往往遵循的是一种合理性原则,它讲究的是政策本身是否合乎某种一般的道理或理论,包括是否符合某种没有条件的"绝对命令"的要求。如果说政府部门制定政策讲究的是一种实然性,那么,大学智库的评价则更多是讲究一种应然性。由于存在这种定位的不同,大学智库的建议才具有内在的价值和意义。所以,大学智库对政策的批评是非常正常的,没有批评反而是一种不正常的现象,关键是彼此之间的相互理解。

第二是建设性原则,即大学智库对政策的批评必须秉持一种积极和建设性的态度。这种建设性的批评首先是一种站在国家和人民的立场上的批评,是为了维护国家和人民的利益的批评,而不是一种简单的个人好恶。这种建设性体现的是一种清华老师对国家民族命运的关切和责任感;其次,这种建设性批评的目的是为了使政策更加完善,更加科学和严谨,而不是为了否定和简单地推翻它。实际上,如果能够对政策的制定与实施增加一个合理性的维度,而不仅仅是现实性的考虑,某种政策必定能够更加容易实现其目标,达到长期的更好的效果;最后,这种建设性批评必须是有原则的,而不能是一种利害关系的作祟使然。这种原则性也是批判性的最根本的标准。没有原则的批评只能是一种追求个人私利的卑鄙。当然,这种建设性的批评也可以有各种不同的形式,它可以是非常平和的,也可以是比较尖锐的;它可以是比较顺耳的,也可能是不太好听的。

刘:您关于大学智库建设的这些观点,我还是第一次听到,非常清晰和合理,我想一定会对大家更好地认识和推动智库建设有不少帮助。您认为,目前中国大学智库建设中的主要问题是什么呢?

谢:我觉得中国大学的智库建设还在起步的阶段,不应该对它有过多的指责和苛求。前些时候,有一位国外的所谓知名学者对中国的智库发表了一些批评,我个人觉得是有些不妥的。清华文科的智库建设本身也是多样化的,例如,我们有与国家机构合作成立的智库,也有聘请非常有思想、理论与实践相结合的富有实务经验的退休政府官员参加的智库;我们有中国农村建设研究院,有中国教育科技研究中心,还有与国际组织联合成立的智库,等等。它们的形态与概念都是不一样的,也都有自己的特色。当然,中国大学的智库也应该加强自身的理论建设,而清华的经验应该是有价值的。

第六章

走向世界的文科
——文科的国际化建设

在清华文科的重新定义与建设中,国际化是一个十分重要的方面和组成部分。而且,21世纪以来,清华文科在国际化方面已经迈出了非常可喜的步伐,取得了十分重要的进展和成绩。

一、LL. M. 项目的故事

刘:清华大学是国际化程度非常高的大学,在世界上也有很高的知名度。您前面在谈到清华文科的重新定义时,专门提到了文科也是一个国际化的平台和窗口。能否请您讲讲这个方面的一些故事和思考?

谢:清华文科的建设和发展很好地继承了清华大学国际化与开放的特色和传统,也是文科建设的一个基本思路。我甚至非常愿意说,它是体现清华文科近年来建设和发展成绩的一个非常重要的方面。实际上,从清华文科复建开始,学校就非常明确地提出了走国际化的建设和发展道路。这既是清华大学本身的基本定位,也是文科建设的一个战略选择。作为世界一流大学建设中的文科,必须是国际化的,必须能够适应和符合国际化的要求。当然,在这个方面,首先要谈的仍然是人才培养的国际化工作。

刘:我听说,在清华大学的留学生中,大部分是在各文科学院学习的,而且,学校为了进一步吸引国际上的优秀青年来清华学习,还专门建设和创建了若干全英文的硕士项目,文科在其中发挥了非常重要的作用。您能否给我们介绍一些这个方面的情况。

谢:在清华文科的人才培养中,特别值得一提的是文科对国际化人才的培养(包括本国学生的国际化,以及国际学生的培养),这已经成为清华文科人才培养体系的一个重要组成部分。这项工作包括两个方面:一是文科院系课程的国际化,即加强部分英文项目与课程的建设;二是充分重视留学生的培养工作。我这里首先介绍清华文科在留学生培养方面的一些工作和思考。这当然也与我在分管文科的同时,也负责学校外事工作有关。

根据当时的有关统计,截至 2009 年 10 月,全校共有 1909 名学历留学生,其中文科学生有 1338 人,占 70.1%。在全校 1014 名本科留学生中,文科有 753 人,占 74.3%。在全校 895 名研究生留学生中,文科有 585 人,占 65.4%。可以说,文科由于自身的文化优势,成为了学校发展国际学生教育的主力军。在这个方面,有两件事特别值得重视和说明。

首先是清华的留学生教育政策的重大变化,即逐渐减少单纯语言学习的留学生规模,而进一步加大学历教育的留学生规模;同时在留学生的统计上,不再统计语言学习的留学生数量,而以学历留学生为统计口径。这个政策的变化和改革是由当时清华的党委书记陈希提出来的。他曾经对我说,在留学生的培养方面,国家的重点大学应该更加重视学历留学生的培养。因为学历留学生往往能够更加系统地学习和了解中国的社会政治与经济文化,对母校的感情也更深。而且,他们回国以后也能够在各自的专业领域发挥专业化的作用。而清华大学应该在这个方面给全国的留学生教育起带头和引领作用。我非常同意他的观点,并且立即在政策和制度上进行了调整,包括减少了对单纯语言留学生的规模,以及对学历留学生的政策倾斜。同时,在上报给教育部的留学生统计中,只是反映学历留学生的规模和变化,而不再包括语言和短期留学生的数量。而在这个方面,文科的学历留学生规模也是学校整个学历留学生的主体。

其次是建设一批全英文的硕士项目,这也是清华留学生教育走上新台阶的标志性工作。而且,从全国的范围来看,这件事同样发挥了引领和示范的作用。坦率地说,这件事也是非常不容易的。而之所以要建设这种全英文的硕士项目,也是一个非常有趣的故事。

那是在一次经管学院国际顾问委员会会议期间,老院长朱镕基在钓鱼台国宾馆会见所有参会的顾问委员会委员,教育部部长周济与国务院及若干部委的领导也都在场。当时,就在经管学院的院长钱颖一向朱镕基汇报学院建设情况的时候,朱镕基打断了钱颖一的话,专门问道:目前经管学院的英文课程建设得怎么样了? 有没有达到一半的程度呀? 钱颖一说,还没有达到一半的程度。朱镕基不太高兴地说,国际一流的经管学院必须有全英文的课程,才能够吸引国际上的优秀学生。没有全英文的课程是不行的。然后,他又非常直截了当地问钱颖一,是不是没有钱呀? 如果没有钱,我给你们找钱。在场的国务院及有关部委的领导,包括周济部长等,都连忙表示支持。可以这样说,正是在朱镕基总理的激励下,在顾秉林校长的领导下,我们开始了全英文硕士课程项目的建设工作。通过国际处与研究生院的精诚合作,以及相关院系和学科的积极支持参与,学校全英文的硕士课程逐步建设起来了。到 2015 年,全校共有 12 个全英文硕士项目,其中文科有 7 个,占 58.3%。

刘:清华大学很早就有英文的课程,而且也招收了不少留学生。老清华在相当长时期内,主要是以英语为教学语言的,并吸引了一批高素质的海外留学生。新清华在不同时期也都有不少留学生。英文课程建设在 20 世纪末也开始提上日程。这次的全英文课程建设有什么特点呢? 与过去有什么不同吗?

谢:当然,清华举办全英文的硕士项目是比较早的事情。经济管理学院在国际合作中,已经开办了全英文的国际工商管理硕士的教育,并且取得了一定的经验。但当时的全英文研究生教育项目大多是与境外大学合作举办的,真正完全由清华的教师作为主体承办全英文的硕士研究生项目,还要从法学院创办面向海外的全英文中国法硕士项目(LL.M.)说起。当时,王晨光院长向学校提出了创办 LL.M.项目的想法,建议以全英文授课的方式,面向全世界招收高水平的硕士研究生,一方面帮助国际上的法学院学生和部分从事法律的专业人员,学习和了解中国的法律制度和相关知识,另一方面也能够扩大清华及其法学院的影响。2004 年秋季,顾秉林校长与法学院教授座谈,探讨法学院发展规划。在这次座谈上,法学院向顾校长反映了设立全英文中国法硕士项目的设想和遇到的问题。顾校长当场表示:这是中国教育国际化的一个好途径,学校支持;并要求法学院就具体项目开设问题与研究生院等部门具体协商,寻求解决这些问题的方法。他说:"如果这种改革的事情清华不做,其他学校就更难了。"顾校长推动教育国际化的决心和旗帜鲜明的决策给法学院极大的鼓舞。此后,这一项目进入了具体设计和落实的阶段。

当然,我非常支持法学院的建议,并且立即与研究生院的有关领导商量相应的政策要求与条件等问题。我非常清楚地记得,当时有三个主要困难。第一个是师资问题,是否有能力承担这些非常专业性的全英文研究生课程。为了确保高水平的师资队伍来实现这个目标,我曾经与王晨光非常具体地逐个讨论了承担课程的教师,包括他们是从国外什么大学毕业的,有什么国外教学的经验,承担什么课程,等等。第二个问题是留学生管理的若干具体政策,包括学费的标准等。第三个问题是中国的高等教育法规定,硕士研究生学习必须满足两年,这种要求与国际 LL.M.学位课程的一般特点是非常矛盾的。

实事求是地说,在当时的条件下建设全英文的硕士课程,的确是一个非常大的挑战。但法学院的领导和老师们在学校的支持下,很快地在院内组织了一支能够用英文授课的教师队伍,设计了相应的课程体系,给教师配备研究助理,编写相应的课程资料和课件,并在资源和行政支持方面给予参与的教师更大的支持。尽管如此,一些老师仍然有不同程度的畏难情绪，不愿意承担具有挑战性的额外任务。对此，通过大量的说服引导工作，参与的老师形成了为清华法学教育国际化作贡献的共识。用有些老师的话说：是赶着鸭子上架，走上了国际化的讲台。为此，法学院领导专门成立了 LL.M. 项目办公室，出台专门的政策，提供非常具体的措施，支持和指导老师们参与这个项目。

同时，法学院与研究生院等部门举行了一系列工作会议，逐一解决面临的困难和障碍，并就学费、招生方法、学位名称等一系列问题专门向学校有关部门提交了报告。比如，此项目是法学院在学校支持下开设的自筹自支的项目，不会有国家和学校的拨款，因此项目的经费来源就需要通过收取学费和其他资助的形式解决。为此，法学院广泛搜集了解国外 LL.M. 项目的学费信息，结合清华具体情况，制定了较为适当的标准，既不能像美国法学院那么高，也不能完全按照国内专业硕士的标准收学费。而学费问题又与当时禁止高校乱收费的政策和学位的类型有关。由于法学领域有两个硕士类型，一个是传统的学术型的法学硕士学位，一个是实践型的法律硕士学位；前者的学费不允许高于国家设定的标准，而后者则可以自行确定学费。通过与研究生院协商，研究生院又与北京市物价局和教委协商，最终通过了法学院的收费方案。又如招生问题，法学院制作了招生广告，在法学院网页上开设了相应的 LL.M. 项目招生网页，设计了报名表格，并通过邮寄把广告发给外国尤其是欧美和亚洲地区的法学院。当时美国天普大学法学院院长赖因斯坦（Robert Reinstein）教授特意为该项目进行推介，并建议我们把他的推介印在招生手册上。有了美国教授的积极评价和推介，美国学生对项目就有了信任。同时，我们还与有学术合作交流关系的美国法学院进行联系，在该项目中为宾州大学法学院、波士顿大学法学院、乔治城大学法学院和天普大学法学院的交流学生保留名额。这些措施对于招生都起到了积极的作用。该项目在 2005 年 2 月正式向外界推出，到 9 月份就招收到 14 位首届学生。再如上课时间的安排，我们通过加长每一节课课时的办法，把 18 周一学期的设置压缩为 14 周。这样就充分照顾了外国尤其是美国学生需要在 5 月份落实暑期实习或进入工作的惯例，把 LL.M.项目的学期进行了微调。尽管有不少不同意见，我们还是坚持了一个基本观点，即该项目培养的学生应当能够进入高端的就业市场。如果因为学期设置不合理或与外国就业时间节点不一样，而使得我们的学生无法进入法律职业，这就是最大的浪费和功亏一篑的愚蠢做法。通过与研究生院和留学生办公室等部门的反复沟通，学期时间的微调得到了学校的支持，破例允许该项目学期的独特安排。这对于扩大项目的国际影响起到了积极作用。

在建设 LL.M.这个项目时，其实最大最难的问题是学制如何设立。按照学位法的规定，获得硕士学位的学生应当经过二至三年的学习。如果我们按照二年制进行设计，许多外国学生就不会报名，因为对法学院学生而言，这将意味着多花费一年的时间和更多的投入，甚至有可能错过就业市场的机会。但是中国的法律规定又是明确的，且不说其是否符合教育的规律，如何在现有法律框架下设计该项目，似乎是一个无法逾越的制度障碍。经过多次讨论，法学院提出了学分制的建议，即学位不基于单一的学习期限，而是基于学生修完的学分数量。当时教育改革所倡导的一项改革措施就是实行学分制，给学生更大的选择余地。按照这一政策，该项目设计了必修课和选修课两类课程。如果学生在一年内修完所要求的学分，就可以申请获得硕士学位。最终研究生院同意了这一方案。在所有招生和培养方案上，该项目都没有学制期限的要求，而是以学分是否修满为授予学位的依据。通过这种法律技术解释，该项目可以符合有关的法律要求。应该说，这样的处理方式也体现了一种改革的精神。

经过各方努力，作为首家在国内举办、面向国际的中国法法律硕士项目，LL.M.得到了国内外法学教育界的一致认可，成为法学院对外交流中一个重要的品牌项目。例如，国内其他兄弟院校在参考借鉴的基础上推出了类似的国际项目；此项目还得到美国律师协会的认可：2010 年 11 月 29 日到 12 月 1 日，美国律师协会（ABA）指派一位法官 Jequita

Napoli 和乔治城法学院副院长 Adam Kolker 到法学院 LL.M.项目进行课程考察和评估,并在 2011 年 6 月通过了上述考察,使得 LL.M.项目的学分得到美国律师协会和美国法学院的认可。可以认为,在 2011 年英国知名高等教育评估机构 Quacquarelli Symonds 首次对全球法学院进行国际评估和排名中,清华法学院位居第 45 名,进入全球 50 强,成为我国惟一进入全球 100 强的法学院;2012 年名列第 26 名,2013 年后,仍以第 43 位和第 44 位稳居全球排名 50 强。在聘人单位对毕业生质量评价方面,清华法学院获得 90 分左右的高分,位居全球前 20 名。这些成绩都或多或少与这个项目的国际影响不断扩大有关。

刘:您对这个项目是如此熟悉,可见您的投入和重视。我想,法学院的这个项目对整个学校和文科的国际化建设一定发挥了非常重要的示范作用。

谢:我的确非常重视这个项目,但这里呈现给大家的这些材料,都是王晨光老师提供给我的。他在这个项目的设计、实施中发挥了非常关键的作用。当然,正如你所说,这个项目的确在学校和文科国际化建设,特别是全英文课程建设方面起了一个很好的带头作用,也走出了一条新的国际化的道路。

刘:您为什么对留学生教育这么重视?据说,您在留学生新生入学时亲自参加迎新,每年年末都参加留学生的新年晚会,甚至自己带队去国外招收优秀的留学生,等等。这是您的职务行为,还是对留学生教育的某种偏爱呢?

谢:这并不是我个人偏好留学生教育,而是学校建设世界一流大学的基本战略和部署。清华大学并不愁招不到留学生,多年来,清华大学一直是国家招收留学生的重点单位。但清华大学在这个方面也的确有需要进一步提高的地方,而这也是学校重视留学生的理由。它与我们对世界一流大学基本特征的认识是联系在一起的。换句话说,如何进一步提高清华大学对世界优秀青年的吸引力,仍然是一个需要不断改革和加强建设的方面。

二、国际认证

刘：近年来学校在百年校庆之前开展的专业认证与学科评估，是不是您所说的清华大学在进一步加强国际化方面的具体措施呢？

谢：学校在百年校庆之前开展的专业认证和学科国际评估首先是学校世界一流大学建设的重要任务，当然也是国际化的一个抓手和具体措施。在这个方面，清华大学，特别是文科，在全国也发挥了很好的引领作用。

刘：我听说，除了 1990 年代物理系做过一次国际评估以外，在清华大学非常正式地开展专业认证的应该是经济管理学院吧？据我了解，经管学院的这一举措在国内也产生了一定影响。您能否给我们讲讲这个方面的故事？

谢：的确，清华大学经济管理学院在当时申请参加的专业认证是全国首家，而且是非常正式的一种国际性的行业认证。

故事还要从 10 年前说起。2007 年 4 月，国际商学院联合会（Association to Advance Collegiate Schools of Business, AACSB）在美国佛罗里达的年会上宣布清华大学获得 AACSB 管理教育认证（简称 AACSB 认证），使得清华大学成为当时中国大陆第一家获得此国际顶尖管理教育认证的学校。作为清华大学管理教育的主要办学单位以及 AACSB 认证申请和评估的对象主体，清华经管学院也成为了率先在国内商学院中获得此项国际顶级管理教育认证的学院。

清华经济管理学院是我国开办最早的一批管理学院。它与中国其他管理学院一样，经历了开放学习（1978—2001）和融合扩张（2002—2015）两个阶段，并开始进入一个稳健创新（2016—　　）的新阶段。概括说来，这是一个大的发展周期。

在开放学习阶段，大量的国际企业进入中国，带来了一大批新的管理理念、思想和方法。中国管理教育领域的教学和研究的基调是学习和吸收，其中包括大量的模仿，包括教材、案例和研究方法论。特别值得一提的是，1991年全国九所院校开始试点工商管理硕士（MBA）项目，标志着中国管理教育模式与国际现代管理教育模式的接轨。MBA项目在越来越多院校的开设和发展，为我国经济发展和企业实践培养和输送了大批职业经理人和各类管理人才。

在融合扩张阶段，大量中国管理理念和成功实例得到关注和重视，越来越多的中国情境和文化因素融入管理理论和实践中。此时，中国管理教育领域的教学和研究的基调是融合与提速，一方面，教学和研究内容一直处于全球化与本地化、世界与中国既分野又融合的状态；另一方面，教学和研究在数量和质量维度上得到显著扩张和提升。截至2015年年底，全国开设MBA项目的高校已经达到230余所。此外，2002年全国30所高校开始启动高层工商管理硕士（EMBA）项目，体现了中国管理教育在培养模式上的深化，以及在管理思想、领导力、企业家精神、企业社会责任等面向更高层次管理人才培养内容上的针对性。至2015年年底，全国开设EMBA的高校已经达到60余所，在这样的背景下，清华经济管理学院2002年开始研讨和规划国际管理教育认证，并于2004年启动了AACSB认证进程，并于2007年在国内率先获得了AACSB认证，反映中国管理教育在规模扩展的同时，开始关注整体办学的国际化与质量的提升。

应该说，清华大学AACSB认证在中国管理教育的发展历程中具有里程碑意义和引领作用。清华经济管理学院在参与AACSB认证过程初期与AACSB机构和负责人进行过多轮接触、交流和研讨，一方面了解AACSB认证体系，另一方面积极向AACSB方面介绍中国管理教育的情况（如历史沿革、教育体制、培养模式、师资状况、社会经济环境等），为AACSB认证在中国开展创造条件。随着2007年清华大学获得AACSB认证，一批中国管理教育院校也分别开始了AACSB认证进程，截至2016年中，中国大陆获得AACSB认证的院校已经达到17所。此外，不少院校也获得了其它不同层面不同视角的国际管理教育认证

（如 EQUIS 认证、AMBA 认证等）。通过参考借鉴 AACSB 等国际认证体系和质量标准，我国于 2012 年启动了中国高质量 MBA 教育认证（CAMEA），旨在更好地体现我国管理教育的特点和相关人才培养的需求。目前，全国已经有 13 所院校获得了 CAMEA 认证。

今天，回顾清华大学获得 AACSB 认证也具有现实意义。在当前国际环境和国内社会经济变革的新形势下，我国改革发展进入了一个新常态。中国管理教育也进入了稳健创新的新阶段，面临着机遇和挑战。在此阶段，将从较多关注规模发展到更多强调内涵发展和品质改进，探索新的办学路径和人才培养模式。教学和研究的基调将是更严谨的质量体系建设，以及能够贡献更多影响世界的中国特色的管理理念、思想和方法创新。

刘：当时，经济管理学院和学校是如何准备和接受最早认证的呢？我想，既然是第一次参加这样的国际认证，困难和压力肯定不小吧？

谢：是的，根据经管学院有关领导的介绍和我的回忆，这个参与认证的战略部署与认证过程的确是非常复杂的，也是一个长期的过程。当然它本身也是经管学院学科与专业建设的过程。实际上，清华经济管理学院关于 AACSB 认证的探讨和战略部署始于 2001 年年底，正好是中国的 MBA 教育刚刚渡过了十个年头（即 1991—2001）。此时的清华经济管理学院已经基本完成了其主要学科布局并建设了本、硕、博各级学位项目（包括启动于 1991 年的 MBA 项目，以及始于 1997 年的与美国 MIT 斯隆管理学院合作共建的国际 MBA 项目），并在 2000 年全国 MBA 培养院校评比中名列榜首。在这样一个历史节点上，清华经管学院领导班子在院长赵纯均教授带领下，研讨学院未来的发展方向和位势，认识到在建设世界一流经管学院的征程上，高水平国际管理教育认证是构建质量持续改进的重要平台，也是跻身高水平国际商学院大家庭的必经之路。说到国际认证，不得不说国际排名，二者都基于各自的评价指标体系。这也是当时大家研讨时面对的一个选择题。其实，这是一个管理学院在国际化进程中难以回避的问题。然而，对于国际管理教育领域的跟随者和赶超者来讲，先认证后排名可能是必要的战略，这样可以避免过早迷失方向，或被具体指标左右而挣扎于低峰和深谷（如排名大起大落）。即便认证之后考虑排名，也应有冷静的思考。赵纯均教授曾指出："不能完全按排名来引导我们办学，如果靠排名来引导办学的话，我们会进入一个误区。……而是（应）根据我们的实际情况，根据怎么有利于我们的人才培养和教育的发展来决定我们的策略。"

选择了国际认证，下一个问题就是哪一个认证？可能的国际认证不止 AACSB，从指标体系上看，比如有的更强调企业联系，有的更关注国际多样性，有的聚焦在特定管理教育项目。而 AACSB 认证的特点则是面向整个管理教育各个环节，关注使命驱动及其支撑闭环，强调持续改进体系化。显然，这是一个相对严格的认证体系，通过认证的难度也公认是最大的，当然，在圈内也最具权威性。清华经管学院选择先行启动 AACSB 认证进程，正是看到 AACSB 认证符合其当时的五年战略目标："打好世界一流经济管理学院的初步基础"，以及"全过程深化改革，提高培养质量"的发展思路。

清华经管学院的 AACSB 认证过程是一个全员参与的攻坚过程，也是保持和进一步增强学科优势和教育质量位势的重要举措。其相关时间节点如下：2002 年 10 月成为 AACSB 会员；2004 年 12 月提出认证申请；2005 年夏，提交认证计划；2006 年夏提交自评报告；2007 年 3 月，同行评审组实地考察；2007 年 4 月正式通过 AACSB 管理教育认证。整个认证工作得到清华经管学院前后三任院长赵纯均、何建坤、钱颖一的高度重视，而且始终是院务会工作的重点之一，并由常务副院长陈国青教授分工主管（陈国青教授长期担任清华经管学院副院长，并于2001—2009 年担任常务副院长。2001—2012 年间一直分管国际认证工作，包括 AACSB 管理教育认证、AACSB 会计教育认证、EQUIS 管理教育认证等）。同时，AACSB 认证工作也得到了清华大学领导的高度重视。校长顾秉林院士亲自听取清华经管学院认证工作进展汇报并参加AACSB 同行评审组实地考察相关活动安排；常务副校长何建坤教授、副校长汪劲松教授和我都分别参加清华经管学院的认证动员和贯标活动,包括对整个经管学院的动员大会。记得在一次全院的动员大会上,我在伟伦楼的报告厅里代表学校讲了一个多小时,强调了认证的重要性,也对经管学院的领导、师生与管理人员提出了要求。

刘:这一认证到底意味着什么呢? 对清华经济管理学院乃至清华文科的发展有什么样的意义呢?

谢:清华经济管理学院的专业认证,不仅对经济管理的国际化和办学水平的提高产生了十分积极的作用,而且在全国形成一个非常重要的引领作用。仅仅从 AACSB 认证来说,它对于清华管理教育乃至经济管理学院也是意义非凡的。在 2007 年 4 月 AACSB 公布新获认证的院校时,AACSB 高级副总裁、首席认证官 Jerry Trapnell 说道:"获得 AACSB 认证需要大量的投入和决心。这些学院已经达到了卓越性的严格标准,同时做出了持续改进的努力,以保证给学生们提供高质量的教育。"钱颖一院长这样评价:"AACSB 是公认的全球顶级的商学院认证机构,它的认证是最具权威性的认证。学院通过严格和全面的评估后取得认证资格意味着 AACSB 对我们学院的教学科研质量和发展前景的肯定。取得 AACSB 认证是优秀的管理教育的重要标志,它使得我们学院从此以后同国际上其他通过该认证的优秀商学院站在了同一平台上。"2007 年 5 月 21—22 日,AACSB 世界管理教育实践大会首次在中国举行,陈国青教授在大会上发言,指出获得 AACSB 认证对于清华经管学院来讲意味着:"构建了一个整体办学体系上的国际化平台,拥有了一个国际化的办学语言,强化了一个连续发展和持续改进的机制。"清华经管学院以参与 AACSB 认证为契机,将认证过程变为使命驱动的管理相关学科建设和管理教育办学质量持续改进的过程。2002—2007 年间,工商管理一级学科和管理科学与工程一级学科在国家教育部的全国学科评估中分别名列第一、二位;应用经济学和理论经济学分别获得一级学科博士授予权;聘请了一批海外特聘教授,涌现了多位教育部长江学者和国家杰出青年科学基金获得者;持续建设高水平的顾问委员会,并深化拓展了与 MIT 斯隆管理学院和哈佛商学院的合作,启动了多个高水平国际合作项目;获得了 AACSB 会计教育认证,并顺利启动和开展了 EQUIS 认证,并且于 2008 年 3 月获得 EQUIS 认证,成为当时国内唯一获得北美和欧洲两个认证的经济管理学院。

刘:您作为当时的分管副校长,亲自参与了 AACSB 的认证过程,有什么特别的故事与体会吗?

谢:实事求是地说,这对我首先是一个学习的过程。而且,这种专业的国际认证对于我们国家高等教育的建设和发展来说,都是一种新的挑战。特别是对于如何更好地建设高校本身的质量保障体系,以及进一步完善某些应用性,或者与市场联系非常密切的学科专业的质量建设,都是非常必要的。尤其是我自己作为一个高等教育的研究者和管理者,这也是一个非常难得的学习机会。为了能够更好地参与经济管理学院的这次国际认证,我向经济管理学院索取了有关的材料和文件,认真学习其中的要求与各种标准,特别是了解和熟悉整个认证过程中各种必要的,甚至是有点繁琐的程序,的确让自己感到了一种很大的压力。因为整个的认证过程就有点像企业的 ISO9000 那样的质量认证,非常复杂,教学与管理过程的每一个环节,每一门课程的具体要求,希望达到的目标,老师与学生的理解,研究适当的评价方法,等等,都规定得非常细致。所以,我在伟伦楼报告厅的经济管理学院迎接和准备 AACSB 的全院动员大会上特别讲到,这次的认证绝对不是几位学院领导和教授的事情,而是全院教职员工的事情,因为它涉及每一个人的工作,关系到每一个环节,甚至是每一个细节,要求所有教职员工要有全身心的投入,不能在任何一个细小的环节上出问题。

实际上,当我对经济管理学院的领导和教职员工提出这样的要求时,也是对我自己提出了这样的要求。当然,这样的认证也不能在我自己身上出问题。而且,这种要求并不是一种所谓的领导责任,或者所谓的管理责任,而是在 AACSB 的认证程序中就有一个必要环节,即对主管校长的质询,包括学校对经济管理学院的 MBA 项目的各种政策,以及对目前存在问题的看法和相应的解决办法,等等。实事求是地说,为了准备这个质询，我非常认真地阅读了有关的文件和标准，包括AACSB 的各种质量要求。但即使如此，我那天仍然是非常紧张。为了万无一失，我请经济管理学院的院长、副院长、研究生院、人事处、财务处等方面的领导都坐在我的两边，万一有些问题我准备不充分，也可以请他们帮助我回答。也许真的是天道酬勤吧，质询进行得非常顺利。而且，我看得出来，认证专家对我的回答是比较满意的。因为事后他们纷纷向我表示，清华大学对经济管理学院 MBA 项目的支持是很好的。当然，他们唯一不满意的是，学校对经济管理学院 MBA 招生名额的限制，希望学校进一步增加经济管理学院招生的规模。

　　但是，在 AACSB 的认证中，也发现了我们存在的某些问题。这主要是我们在完成对 AACSB 的认证以后，接下来进行的对 AACBS－CC 的认证，即会计专业的认证。当时，我随时关注着认证过程的进行。就在认证过程中，有一位学院领导向我汇报说，认证专家对会计专业中的某几门课程有些不满意，认为课程的内容与相关环节不能有效地实现课程目标和专业目标。其实，这也是我对会计专业的担心。为此，我专门找到认证专家，非常谦虚地征求他对这几门课程的意见，诚心诚意地表示学校和学院将会认真考虑专家的意见，对这几门课程教学改革和加强建设。谢天谢地，最后，我们的会计专业也还是通过了认证。当时，我真的是捏了一把汗，甚至做好了通不过的准备。所以，后来在清华获得 AACSB 认证后的新闻发布会上，我非常坦诚地说道："经管学院参加国际认证……一方面对我们是一种认可，另一方面也是一种方式和手段去帮助我们提升发展。"这样，在 2007 年和 2008 年，经济管理学院相继获得 AACSB 和 EQUIS 的认证，在全球获得这两大全球管理教育顶级认证的为数不多的商学院中，我校经管学院是中国内地的第一家。显然，通过这样的认证，经济管理学院极大地提高了在国际上的声誉和影响力，也有效地促进了教育教学质量的提高，在全国经济管理学院的建设上发挥了示范作用，在学校本身也产生了引领作用。随后，新闻与传播学院在 2009 年 10 月邀请美国新闻与大众传播教育认证委员会（ACEJMC）开展国际教学预评估活动，反馈情况也比较好。实事求是地说，我在分管学校国际合作与交流工作时，力主和积极推动国际评估，并且首先选择工业工程系作为学科评估的试点，进而在全校逐渐推开的这项工作，正是从经济管理学院开始的。

非常有幸的是，正是通过经济管理学院的认证，我第一次真正了解和认识了高等教育中专业认证的涵义、程序，以及有关的特点。这也是我的一次专业性学习吧！

三、公共外交的平台

刘：清华文科在学校国际化方面的工作的确是非常突出的，我听说文科很早就提出了"文科走出去"的战略，而且一度在联合国大厦里举办展览，等等。您能否给我们介绍些这个方面的情况和故事？

谢：关于"文科走出去"的战略，早在学校的"十一五"期间就已经开始尝试，并且在学校的"十二五"规划中正式作为文科重点工作之一。这其中也有一段非常有趣的插曲。记得当时在学校的有关会议上讨论"十二五"规划时，我提出了文科的三个重点领域，即文化传承创新、社会经济重大问题研究，以及文科走出去。这本来是我已经在实践中进行广泛调查和有所实践的一个具有引领性的文科发展和建设战略，但让我万万没有想到的是，会议上竟然有一位专家甚至有点不屑一顾地表示反对，说什么文科怎么还能够走出去！而且，还认为这不符合国家意识形态的要求，等等。真的是让我啼笑皆非。当然，我也是一个比较倔强的人，一旦认准的事情，我也是不会轻易放弃的。在我的力争下，学校通过了文科的三个战略，包括文科走出去的规划战略。事实充分证明，这个战略的实施极大地推动了文科的国际化发展，也有效地提高了文科，乃至于整个学校的国际影响力。这里，我说句比较不谦虚的话，国家关于文科走出去的政策还是在清华的这个战略以后才出台实施的。

刘：这也可以算是清华文科对我国大学文科建设的贡献之一吧！在实施这个文科走出去的战略中，有什么比较重要的政策和生动的故事吗？

谢：当然，这里我首先要说一个学校文科资助国际会议的规定。目前在清华文科，老师出国参加各种国际会议和学术活动，已经是家常便饭，非常方便。而且，学校也非常鼓励大家积极参与国际学术活动。但是，随着学校建设世界一流大学的进程，以及国际化程度的不断提高，学校文科对参与国际学术活动的政策也在变化。如果仅仅是出国参加由其它国家、国际组织、大学或学术机构组织的学术活动，学校一般是不给予资助的，完全是老师个人经费支持。但是，如果是由清华大学，包括清华文科的某个院系或研究机构，在国外组织国际性的学术活动，即由清华在国外主办的学术活动，学校是可以给予经费资助的。例如，人文学院历史系在日本神奈川大学举办纪念辛亥革命的学术活动，就得到了学校的资助。出土文献研究中心在美国达特茅斯学院举办的"清华简"国际研讨会，也得到了学校的资助。因为这样的学术活动对于提升清华文科的国际影响力具有更大的意义。实践证明，文科不仅能够走出去，而且，还具有很大的走出去的优势。

刘：近年来文科在国际上的影响力不断提高，包括在各种国际的排行榜上的名次也在不断提升。我想与文科走出去的战略也是有关的吧！

谢：我不敢说它们之间具有什么必然的直接的关系，但我相信，这些文科走出去的项目一定能够不断扩大和提升清华文科的国际影响力。这里，我可以给你讲几个非常典型的故事。首先是在国外组织展览，提高我校艺术学科在国际上的影响力。自从 2009 年 2 月美术学院纤维艺术研究所和圣何塞纺织艺术博物馆共同主办"正在改变的景观——中国当代纤维艺术展"（Changing Landscapes：Contemporary Chinese Fiber Art），精选"从洛桑到北京"纤维艺术双年展作品，首次在美国展出以来，以美术学院林乐成教授领衔的纤维艺术团队又连续在乌克兰、白俄罗斯、哥伦比亚、厄瓜多尔、巴西等国家举办现代纤维艺术展览，取得了非常广泛的国际影响，部分项目也被列入文化部"文化走出去"规划，由此增进了中国现代纤维艺术与国际的交往与合作。美术学院陶瓷系的白明教授在法国赛努奇博物馆举办的个人现代陶瓷展览，在巴黎引起轰动，在巴黎最最著名的香舍丽榭大街两旁的广告柱上，都贴满了白明陶瓷展的宣传海报。中国雕塑家协会会长、著名雕塑家曾成刚先生在欧洲的展览也成为了文化部"文化走出去"的重点项目。更加重要的是，美术学院艺术家们的艺术作品由于其在国际上的影响，已经成为了中国政府开展国际交往的礼品单上的重要内容。就在马凯副总理赠送给恩格斯家乡的青年恩格斯铜像的落成典礼上，中国驻德国大使、恩格斯家乡的市长和社会各界的名流纷纷到场表示祝贺，成为了该城市的一件大事。除了上述几件事以外，我特别想讲的是下面几个故事。

第一个当然是"清华简"在联合国大厦入口大厅的展览。这在中国的国际展览中恐怕也是前所未有的。起初，当大家提出这个设想时，我也认为是一个天方夜谭。但没有想到，在学校和有关政府部门的支持下，这件事居然真的做成了。为了确保这次在联合国大厦的展览取得成功，文科处与国际处的同志们做了大量工作，包括在学校的各种准备工作，以及与中国驻联合国使团的联系，甚至在联合国大厦中场地的考察与协调。由于那是全世界的一个重要机构，每天来来往往的人流非常大，而且，需要有十分严密的安保措施。所以，展览的开幕式只能安排在联合国正常工作时间结束以后的傍晚进行。而且，文科处与国际处的老师也只能在展览开幕式前几天晚上进入联合国大厦布展。整个活动非常紧凑和辛苦。当然，由于国家的规定，我们不能携带"清华简"实物到国外展览，所以，为了使整个展览不会由于缺少实物而逊色，文科处的老师与美术学院的老师真的是费尽了心思，使得整个展览的图片效果非常逼真。特别是"清华简"中那栩栩如生，字画同形的楚文字，充分展示了中华文化的魅力与穿透力。当时，党委书记胡和平教授亲自率领清华大学的代表团出席了开幕式并致辞，联合国副秘书长、中国驻联合国代表都亲临清华简展览的开幕式，并且做了非常热情的致辞。我主持了这个开幕式。尽管我曾经多次主持国内国际活动的开幕式，也有比较丰富的经验，但那天我仍然是显得有些紧张，甚至曾经练习了几遍的英文主持词也有点结结巴巴。虽然展览的开幕式时间已经是联合国的下班以后，整个开幕式仍然是人头攒动，气氛热烈友好。在开幕式后的酒会上，不断地有人询问我"清华简"上那神秘而充满动感的文字究竟是什么意思。那个时候，我真是恨不得自己成为了古文字学家，能够非常专业地向大家宣传中华文化的精彩，抖擞中华民族的骄傲。可以说，这是一次非常成功的展览，是我这一辈子从来没有经历过的展览，也是我人生中一次对中华文化的魅力的最深刻的体验。

尽管大家看到胡和平书记和清华大学代表团的人个个神采奕奕，但是，很少有人知道，整个代表团是当天从华盛顿特区，途经费城而赶到纽约的。而且就在开幕式之前，代表团的成员还都没有吃饭。更加让人感动的是，就在开幕式结束以后，代表团一行人还要连夜赶到哈佛大学，参加第二天的一个交流活动。就在那天开幕式结束后赶往波士顿的路上，我完全顶不住了，只能躺在旅行车的后座上睡觉。当然，最辛苦的还是胡和平书记，他不仅要致辞，还要与联合国高级官员和各方朋友交谈。而且，对整个活动的各种细节考虑得非常仔细，对全部的活动指挥若定。

刘：真的是非常感人的故事，这些内情都是我们通过普通媒体所无法知晓的，也是许多清华师生以前闻所未闻的。清华文科的老师们还真的是很拼的哟！如果说，在联合国大厦的"清华简"的展览是一次伟大的成功，那么，您如何看待在意大利米兰世博会上中国馆的成功呢？

谢：这当然也是清华文科走出去的一个非常生动典型的故事，一次非常成功的开拓和实践。更加重要的是，它是清华美术学院真正参与国际竞争的一次非常好的历练。

2013年初，美术学院的老师们得知中国将第一次以自建馆的方式参加 2015 年在意大利米兰世博会的消息以后，就立即开始了准备和策划。当时，参加这个项目投标的设计单位都是建筑设计界的"大牛"，包括中国建筑设计院、中央美术学院，以及国外的建筑设计机构等十余家单位。经过非常激烈的竞争，2013 年 11 月 30 日，清华美院以"天、地、人"为核心概念设计的方案，在"2015 年米兰世博会中国馆设计方案"评定中，拔得头筹，成功中标。后来，又再一次经过中国世博会筹备委员会的审定，最终拿下了这个中国馆的设计权。

世博会作为全世界最高级别的展览活动，至今已有 160 多年的历史，具有规格高、时间长、规模大、参与国家众多的特点，是展示国家形象、促进人类科学发展、增强国际间交流的大舞台。2015 年世博会主题为"滋养地球，生命的能源"，涉及农业、粮食、饮食文化、食品安全等。这是中国第一次以独立自建馆的形式参加在海外的世博会，为此，组委会通过政府采购的形式向世界征集设计方案，招标项目内容包括：中国馆建筑设计、景观设计、室内设计、设施设计、展陈大纲、展陈设计、影像脚本、多媒体设计、标志设计、吉祥物设计、视觉系统设计等。由美术学院环境艺术设计系、信息艺术设计系、工业设计系、视觉传达设计系等相关专业的多位优秀骨干教师组成的设计主创团队，在学校、学院大力支持下，在半年时间中全力以赴、通力合作，集合各专业领域优势，克服场地、资金、人员等各方面的困难，完成了设计方案，完美诠释了中国馆的主题"希望的田野、生命的源泉"。经过两轮激烈竞争，以明显的综合优势从 14 家参与投标的设计机构中脱颖而出。

世博会是国家综合实力的展示，也是中国设计实力的展示。通过世博会这个窗口，中国将进一步树立一个开放、自信的东方强国形象。而清华美术学院凭借雄厚的设计实力、先进的设计理念圆满地完成了方案，将在全世界人民面前展示"中国设计"。中标世博会中国国家馆的设计，既是一份光荣的国家任务，同时对于提升学院、学校的社会影响力、知名度、国际声望将发挥积极作用。这项具有里程碑意义的设计工作也将载入中国艺术设计史册。

刘：世博会中国馆的确是一个富有历史意义的成就，这其中一定有很多鲜为人知的故事。您作为这一工作的参与者、亲历者和见证者，一定了解很多相关情况。您能不能给我们多介绍一些关于美术学院获得中国馆设计中标的某些细节与故事？

谢：这里有很多故事，许多美术学院的领导和老师为此都投入了大量的心血，涌现了许多感人的故事。特别是一批年轻的艺术家，在这次的竞争和设计中，包括整个中国馆的运行过程中，都充分展示了他们的才华与智慧。而且，我们现在听起来似乎非常简单，但其中所经历的各种风险、挑战、矛盾，以及压力等，都真的是表现出了我们美术学院艺术家的毅力与品格。当然，这里也有中国贸易促进会领导的理解与支持，有农业部领导的关心与支持，有学校办公室等各个方面及有关学科院系的参与与支持，还有清华控股清尚公司的参与和贡献，等等。

这里，我可以讲讲其中的几个小故事。记得在美术学院的设计团队成功中招以后，世博会中国筹备委员会的领导小组又进一步审定清华的设计方案。清华的设计方案的确是一次非常有特色的创新，它以希望的田野为主题，反映中国农业的发展与一幅丰收的景象。而且，选用的是非常环保的竹条作为中国馆的屋顶，整个建筑呈现出一幅稻田中翻滚的麦浪，甚为壮观、生动。然而，万万没有想到的是，有一位筹备委员会的领导对此提出了一个近乎颠覆性的意见，他认为，这样的设计没有反映中国传统文化的特点，有点太夸张，等等。在这种场合下，重要领导的意见几乎就是定论啦！当时，我作为清华大学的代表坐在一边，心里十分焦急。因为如果这个领导的意见没有其他人的解释和反对，那就意味着我们整个的设计泡汤了。我非常想站起来进行说明和解释，可我在那个场合是没有资格发言的。我也非常希望设计团队的艺术家出来解释，但由于我们只是列席会议，如果没有主持人的邀请，是不能发言的。会场好像也进入一个冰冻状态，鸦雀无声。

就在这个时候，一个沉稳却又非常铿锵有力的声音出现了：某某部长的意见是非常重要的，他是在提醒我们，中国馆作为我们国家第一次以自建馆的方式参加世博会,必须要体现中国文化传统的特色。中国馆的设计必须认真考虑这个意见。当然,我认为,中国文化传统的特色也并不就是所谓的大红灯笼,或者说常见的红墙绿瓦大屋顶,等等。它也是丰富多彩的,可以随着时代的发展而不断丰富和变化的。说话的正是筹备委员会的主要负责人、中国贸易促进会会长万季飞先生。他接着说,目前这个设计总体上还是非常好的,而且也能够反映中国传统文化的特色,等等。后面的话我基本上就记不清楚了。因为我听到万会长前面的话以后,已经激动不已了。我甚至觉得是他拯救了中国馆的设计方案。其实,中国馆的设计中那种起伏回转的屋顶,只是中国传统建筑文化的大屋顶的一种变形和艺术处理。至今我仍然对万季飞会长的睿智与眼界感到一种内心的钦佩。

然而,这样的考验仍然在延续,就在中国馆的设计方案最后一次向国务院领导汇报时,我们又差点遭遇了一次滑铁卢。就在清华的设计团队汇报完整个方案以后,国务院领导还没有发表意见之前,一位类似于领导助手的人就开始横挑鼻子竖挑眼了。当然,完美无缺的设计是没有的,总会存在这样那样的缺点与不足。但没有想到的是,这位老兄竟然最后对中国馆的吉祥物:两个小娃娃的形象,发表了完全否定性的意见,认为两个小娃娃的样子不像中国人,而是像日本人,要求进行重新设计。真是让我哭笑不得。为什么不可以说日本人就像是中国人呢! 好在国务院领导还是比较尊重专业设计团队的艺术家的意见,并没有太具体地对设计方案进行批评,而是非常宏观地给予了进一步完善的指示。这样,参加汇报的陈吉宁校长也表示一定按照首长的要求进一步修改。

可以说,整个的设计过程可谓是过五关斩六将,即使就在整个世博会开幕前的一两个小时,还有的领导对"中国馆"的几个字的字体表示不满意,要求修改,等等。我们美术学院设计团队的艺术家们真的非常了不起。他们克服了各种各样的困难,最终非常顺利地完成了任务,给清华,也给中国争了光。

刘：原来这众所周知的中国馆背后还有这么多回环曲折的故事！真是没想到。清华大学举办的世界和平论坛近年来声名鹊起，您能否比较详细地给我们介绍有关的情况和其中某些鲜为人知的故事呢？

谢：实际上，文科走出去并不是非要到国外去不可，在国内同样可以实施这个战略。其中非常成功的案例之一，就是世界和平论坛的举办，它近年来的确已经成为了一个具有国际影响力的论坛。但要说到它的创办，也是一个五味俱全的故事。

清华大学的世界和平论坛创建于 2012 年，是由清华大学主办、中国人民外交学会协办、清华大学当代国际关系研究院承办的中国第一个高级别非官方国际安全论坛。论坛于 2013 年实现了机制化，定于每年夏季定期举行。其宗旨是为世界各国战略家提供一个讨论国际安全问题的平台，在全球性或地区性的安全威胁、国际安全合作等领域，讨论我国关切的安全议题，宣传我国安全主张，从而提高我国在国际安全问题上的话语权。

论坛由前国务委员唐家璇担任主席，教育部长、外交学会会长、清华大学校长任副主席，清华大学校长兼任论坛理事长，国际关系研究院院长阎学通任论坛秘书长。

2012 年 7 月 7 日—8 日第一届世界和平论坛在清华大学举行，国家副主席习近平同志出席开幕式并发表演讲。七位外国前任领导人出席会议并作大会发言：阿兰·加西亚（秘鲁前总统）、多米尼克·德维尔潘（法国前总理）、肖卡特·阿齐兹（巴基斯坦前总理）、阿卜杜拉·艾哈迈德·巴达维（马来西亚前总理）、伊戈尔·伊万诺夫（俄罗斯联邦安全会议前秘书）、哈维尔·索拉纳·马达里亚加（北约前秘书长）以及鸠山由纪夫（日本前首相）。第一届会议共有三场大会、三场餐会演讲（一场由外交部长杨洁篪演讲）和 18 个小组讨论会。小组讨论的议题由清华与外交部设定，小组讨论由驻华的大使们主持。共有 21 个国家的智库领导人、43 个国家的驻华大使及中国智库、企业家共 150 人出席了论坛会议。据不完全统计，除本国媒体外，共有来自 21 个国家的 42 家媒体报道了此次盛事。

第二届论坛于 2013 年 6 月 27 日至 28 日在清华大学举行,主题为"世界变革中的国际安全:和平、发展、创新"。国家副主席李源潮发表题为"同心求和平、携手促安全"的演讲。塞拉利昂总统科罗马、苏里南总统鲍特瑟、上海合作组织副秘书长扎罗洛夫、马来西亚前总理巴达维、巴基斯坦前总理阿齐兹、法国前总理德维尔潘、日本前首相鸠山由纪夫、美国前国家事务安全助理布热津斯基、俄罗斯联邦安全会议前秘书伊万诺夫、前欧盟理事会秘书长兼共同外交与安全政策高级代表索拉纳等外国政要分别发表了主旨演讲,并回答了提问。外交部长王毅做午餐会主旨演讲。论坛共设 18 个专题小组,8 场新闻发布会,近 130 位驻华使馆的官员、30 位外国智库领导参加。本届论坛在多位前任政要与会的基础上,又有现任政要参加;与会的中外智库人员中,40 余位有副部级以上任职经历;驻华使节数量明显增加,60 余位驻华大使参加了本次论坛。与第一届相比,第二届论坛不仅在参会人员级别和规模上有明显的提升,而且充分体现出论坛的合作性与全球性特点。

2014 年 6 月 21 日至 22 日,第三届"世界和平论坛"在清华大学举行。国务委员杨洁篪出席开幕式并发言。美国前国务卿基辛格特发来视频致辞。马来西亚前总理巴达维、巴基斯坦前总理阿齐兹、法国前总理德维尔潘、日本前首相鸠山由纪夫、美国前总统国家安全事务助理哈德利、俄罗斯联邦安全会议前秘书伊万诺夫、前欧盟理事会秘书长兼共同外交与安全政策高级代表索拉纳等外国前任政要分别发表了主旨演讲,并回答了提问。外交部副部长张业遂、中国人民解放军副总参谋长孙建国莅临午餐会并发表演讲。会后 64 家外国媒体共刊发 61 篇报道(不含电视报道),与上届论坛相比,这届参与的媒体和发文数量都远多于去年。已知各类媒体报道的语言包括英文、俄文、日文、韩文、马来文、土耳其文、西班牙文、意大利文、马来文、印尼语、越语、波斯语等多个语种。

2015 年 6 月 27—28 日,第四届"世界和平论坛"在清华大学举行。

国家副主席李源潮出席论坛开幕式并以"共同构建人类和平安全命运共同体"为题发表致辞。前国务委员、论坛主席唐家璇致欢迎辞。清华大学校长邱勇主持论坛开幕式。第四届世界和平论坛的主题为"同舟共济：理解、协商、互助"。印度尼西亚前总统苏西洛、巴基斯坦前总理阿齐兹、法国前总理德维尔潘、澳大利亚前总理陆克文、俄罗斯联邦安全会议前秘书伊万诺夫、美国前国家安全事务助理哈德利、欧盟前外交与安全政策高级代表索拉纳、印度前外交秘书萨仁山等前政要出席论坛。论坛开幕 20 天内，中外媒体报道共 175 篇，其中外媒报道为 85 篇，比 2014 年多 26 篇，数量增长 39.3%，且外媒主流媒体，如《华盛顿邮报》、美国有线电视网（CNN）、美国国家广播电视（NBC）、法国新闻社、日本共同社、英国路透社、俄罗斯新闻社都报道了有关本届论坛的内容。2016 年 7 月 16 日上午，第五届世界和平论坛在清华大学拉开帷幕。国务院副总理刘延东出席开幕式并致辞。原国务委员、论坛主席唐家璇致欢迎辞。清华大学校长邱勇主持论坛开幕式。第五届论坛主题为"共同安全秩序：合作、包容、开放"。法国前总理德维尔潘、日本前首相鸠山由纪夫、巴基斯坦前总理阿齐兹、欧盟前共同外交与安全政策高级代表索拉纳、俄罗斯前联邦安全会议秘书科科申、澳大利亚前外交部长卡尔、泰国前外交部长苏林、巴基斯坦前外交秘书霍哈尔、韩国前外交通商部长官尹永宽，国务院台湾事务办公室主任张志军、外交部副部长张业遂、中国国际战略学会会长孙建国等出席并发表演讲，中国人民外交学会会长吴海龙、清华大学校务委员会主任陈旭等出席了论坛。

刘：当时清华大学为什么会想到举办这样一个论坛呢？我觉得它似乎已经超越了大学惯常的功能了。学校究竟是怎样思考这个问题，又是如何对这个论坛进行定位的呢？

谢：当然，这个论坛的发起人应该是前国务委员唐家璇。他站在国家外交战略的高度，提出了这个建议，按照阎学通教授的理解，论坛的举办实际上也是大学参与公共外交的一个具体举措和行动。许多人有所不知的是，论坛的举办实际上是国家安全的需要。目前，中国在国际舞台和外交领域中,经济是一个长项,安全是一个短板。世界上关于国际与地区安全的论坛主要有两个,一个是德国的慕尼黑论坛,另一个是新加坡的香格里拉论坛。可以说,这两个论坛基本上都是被发达国家所控制的,是他们发表声音和观点的平台。广大的发展中国家,包括中国,在世界上是缺少表达自己意见的管道的。换句话说,中国在国际安全方面也应该有一个能够表达自己声音的平台。这就是清华大学世界和平论坛的基本定位。从目前已经举办的五届论坛的实际效果看,这个目标也正在逐步地实现。而且,我自己也感到,清华大学在这个方面做了一件对国家非常有意义的事情。

四、全世界优秀青年向往的地方

刘:我非常赞同您从国际化的角度对新时代文科的重新定义,以及这方面的实践。我相信,这也应该是世界一流大学的基本体现与要求。您是如何看待世界一流大学与国际化的关系的?

谢:缺乏国际化,就谈不上世界一流大学;国际化的水平不高,也不能算是世界一流大学。但是,抽象地说国际化是世界一流大学的内涵是不够的,它还需要进一步具体化。我在分管学校的国际合作与交流时,也曾经考虑过这个问题。当然,学生的交流、研究的合作、共同的参与、师资的国际化,等等,都是世界一流大学的重要指标,也是某些排行榜的重要指标。但是,我又觉得,在这些各种各样的指标和数据里,有没有一个简单明了,同时也比较核心或者关键的指标呢?就在2016年11月参加北京大学斯坦福中心举办的"世界一流大学——制度化的视角"的论坛时,当其他学者都在讨论和强调经费、研究、排行榜、以及师资等指标时,我的发言题目则是"世界一流大学应该是世界上优秀青年向往的地方",特别强调了世界一流大学对世界优秀青年的吸引力,认为是这些优秀青年的选择决定了谁是世界一流大学。这个观点也得到了与会许多国内外大学领导和专家的认可。

刘：我也是第一次听到对世界一流大学的这种定义。而且，过去虽然大家都在强调人才培养对建设世界一流大学如何重要，但如何落实这个理念，使之落地生根，许多论述还显得比较虚。您的这个说法是非常具体的，是"实"的，也体现了世界一流大学的真正的定位。那么，您能否告诉我们清华大学是如何实践这个理念，吸引世界优秀青年的呢？

谢：我可以给你讲一个具体的故事，说明清华大学包括文科在国际化过程中是如何落实这个理念的。那是在 2008 年和 2009 年间，当时，我除了分管文科之外，还分管了学校的国际合作与交流。有一次，党委书记陈希专门找我讨论学校的国际化工作时，就非常具体地提出了清华大学国际化的周边战略，即除了吸引发达国家的留学生之外，应该加大力度吸引周边国家的重点大学的优秀学生来清华大学读学位研究生。而且，这与整个国家的外交战略也是一致的。我非常佩服陈希的战略眼光，因为这的确是一步好棋。于是，我一方面即刻让国际处和研究生院，以及文科等相关院系联系，研究在东南亚各个国家的某些最好的大学里招生的具体事宜；另一方面，我又马上与教育部的留学服务中心和国际司联系，商讨留学生奖学金的问题。当时，清华大学分别由陈希自己带队、副校长汪劲松带队，和我自己带队，组成了包括国际处、相关院系、研究生院、基金会等部门领导参加的代表团，先后到印度尼西、马来西亚、文莱、柬埔寨、老挝、越南、泰国等东南亚国家，访问这些国家中最好的大学，其中有许多甚至是以国王的名字命名，或者直接就是由国王担任校长的大学，与他们商讨交流与合作的事宜，并且给这些国家和大学来清华大学读学位研究生的优秀学生提供奖学金，等等。由此，也开始实施了清华大学国际合作与交流的周边战略。可以说，这个战略的实施是非常成功的，进一步加强了彼此之间高等学校及优秀青年的联系。

刘：我相信，这个战略的效果将来会进一步的显现。而且，陈希书记也的确非常有远见。那时南海问题还没有现在这么紧张，而他能够非常有前瞻性地加强与南海周边相关国家和地区的重点大学的联系，不仅对清华，对国家也是有意义的。这种超前谋划、提前布局的努力，现在已经开始逐渐显示实效了。

谢：你说得完全正确。这个战略对清华和国家都是非常有意义的。我可以再讲两个故事。首先从对清华的意义上说，当时为了争取获得国家奖学金，我专门与教育部国际司司长张秀琴联系，希望得到她的支持。因为根据中国政府以往的规定，政府的奖学金通常都是由中国政府在各个国家的大使馆负责的，由大使馆确认获得奖学金的名单。这里，当然有政府的意图。我也是理解的。但是，这样的做法也是有不足的，因为它的政治倾向性太明显，往往会产生另外的弊端。而我的目的则是希望清华大学能够承担这个工作，即直接由学校选拔合适的留学生，并且发放政府奖学金。这对以往的政策显然是一个补充和完善。对此，张秀琴司长非常支持我的想法，而且通过留学基金委给予了清华大学若干个政府奖学金的名额。后来，这个政策逐渐也扩大到了其它高校，现在想起来，我们也是发挥了一个突破性的作用。

至于对国家，同样意义重大。过去有些东南亚国家对中国高校的学历是不承认的。你即使在中国的重点大学，包括清华、北大等，拿到了正式的学历和学位证书，回国以后仍然得不到政府的认可，也不能在政府机构工作。我们这次出访东南亚就遇到了这样的情况。我记得在马来西亚与华人团体和教育部官员讨论招收留学生的事情时，他们非常渴望到清华大学读书，但是，他们告诉了我们一个十分现实的困难，即政府不承认中国大学的学历。而这对于一批优秀青年来说，自然就成为了他们人生发展中的一个障碍。于是，我们向马华工会的领导人，他同时也是马来西亚政府的一个部长，以及马来西亚教育部的一位副部长，提出了学历认可的希望。令我们没有想到的是，就在我们招生回国半年多以后，马华工会的领导人作为政府官员带领一个马来西亚代表团访问中国，他专程来清华大学告诉我，经过努力，马来西亚政府已经首先对清华、北大中文系的学历表示认可。这可是一个非常大的突破呀！我当时真是有点欣喜若狂了。它不仅有利于清华招收马来西亚的优秀青年来清华读书,而且对两个国家之间的交往也是非常有利的。当然也对马来西亚的华人是一个重大的利好消息。

当然,目前清华大学在吸引世界优秀青年方面又做了大量新的开拓性的工作,包括双边交换的项目等,特别是苏世民书院等项目,对于进一步扩大清华大学的国际影响力和竞争力,都具有十分重要的意义。

第七章

"太上，下不知有之"
——文科管理的思路与实践

"太上，下不知有之"，这句话出自老子《道德经》第十七章，它是一种关于社会治理的思想，意思是：虽然在进行治理和管理，但是人们并没有感觉到被领导、被管理，这是一种非常高明的领导，对文科的管理有一定的借鉴意义。

一、管理与"太管理"

刘：您前面非常全面地介绍了清华文科发展的总体情况，我看得出来，您对清华文科的建设和发展已经形成了比较系统的思路。这也是我非常感兴趣的问题，即清华文科的建设和发展在管理上有些什么思考和实践？我相信，您在这个方面一定有很多心得体会，也一定能够给我们讲许多的故事。

谢：始终坚持正确的办学方向，是清华文科建设和管理中管理工作的基本宗旨与原则；而具体的管理工作都是在学校党委和行政的总体部署和支持下进行的。它也一直坚持清华大学长期以来已经形成的良好的文化传统与学风，秉持清华大学"自强不息，厚德载物"的校训与"行胜于言"的校风，等等。这些传统与清华的文化对文科整体的建设和管理具有非常重要的引领作用。同时,清华文科在建设和管理过程中,也不断地继承老清华文科的传统,包括不同学科的特点与风格,以此作为文科建设和管理的重要资源。这些都是清华文科取得成绩的重要基础和原因。这里需要特别指出的是,清华大学的优点和特色是它的管理,包括在各个方面都有非常具体的规则与细节。而这一点,对清华文科的建设和管理也具有非常重要的意义。任何的建设和管理都需要有一定的制度作为保障,文科也不例外。例如,关于文科振兴行动计划的实施就是一个非常典型的故事。

刘:我也时常听到清华的老师们说起文科振兴行动计划的事情。您是这一工作的直接推动者,能否给我们比较详细地介绍一下这个计划?

谢:清华高度重视基础理论研究和队伍发展,在鼓励和支持基础文科的建设和发展方面,出台了一系列的相关制度和专门的项目。其中,人文社科振兴行动计划和相应的人文社科振兴基金尤为重要。许多老师的基础研究得益于这个基金,而基金支持的许多项目,后来也都不断发育成长。自 2005 年以来,在获得基金资助的课题中,有 152 位项目负责人,通过基金的培育,向外发力,获得了各类国家及省部级竞争性课题的立项 293 项,占基金立项总数的 93%(总立项数为 315 项),其中获得国家、教育部重大招标课题有 12 项(表 7—1)。可以看到,其中大部分是基础文科的老师和项目,从中也可以体现出清华基础文科的成绩和实力。

这里,我想特别介绍与文科振兴计划配套的《清华大学人文社科振兴基金研究项目管理实施办法》。《办法》第二条明确规定:"人文社科振兴基金研究项目,重点资助我校人文社会科学基础理论研究、应用基础研究和自由探索研究,促进基础学科和新兴学科发展,增强竞争国家各种科研项目的实力。"而且,在评审过程中,文科的基础研究是资助的重点。更加重要的是它的管理办法,如第 15 条规定:"为提高科研效率,节约管理成本,研究计划执行过程中,以项目负责人自我管理为主。项目负责人及项目参加者应以高度的责任心,按计划进度高质量完成

表 7—1 清华获得人文社科振兴基金资助项目

（单位:万元）

项目批准号	院系	负责人	项目名称	经费	项目来源	年度
08&ZD045	社科学院	李 强	推进多元城镇化战略模式研究	50	国家社科重大项目	2008
10JZD0039	教研院	袁本涛	我国研究生教育结构调整问题研究	80	教育部重大项目	2010
10JZD0014	新闻学院	史安斌	全球化背景下国际新闻传播人才培养模式创新研究	60	教育部重大项目	2010
10JZD0003	人文学院	韩立新	《马克思恩格斯全集》历史考证版（新 MEGA）研究	70	教育部重大项目	2010
10&ZD123	人文学院	赵丽明	中国西南地区濒危文字抢救、整理与研究	60	国家社科重大项目	2010
10&ZD091	人文学院	李守奎	清华简《系年》与古史新探	80	国家社科重大项目	2010
10&ZD078	社科学院	龙登高	中国土地制度变革史	60	国家社科重大项目	2010
11&ZD125	人文学院	张美兰	近代汉语常用词词库与常用词历史演变研究	80	国家社科重大项目	2011
12&ZD149	人文学院	陈争平	近代中国经济统计研究	80	国家社科重大项目	2012
13&ZD068	社科学院	吴 彤	科学实践哲学与地方性知识研究	80	国家社科重大项目	2013
14ZDB154	人文学院	江铭虎	汉语非字面语言大脑加工的神经机制研究	80	国家社科重大项目	2014
14ZDB009	人文学院	彭 林	《仪礼》复原与当代日常礼仪重建研究	80	国家社科重大项目	2014

所承担的项目。"同时,《办法》"鼓励项目组在研究中自由探索,推出新见。允许根据项目的实际进展情况对研究计划做出变更"。这里体现了两个非常重要的突破:一个是关于项目实施过程中的中期检查的要求,一个是关于项目负责人对项目进行调整和变更的自主性。一般而言,目前国家的科研项目都必须有各种形式的中期评估,包括写出研究进展的报告供专家评审,甚至邀请专家进行现场评估,还要有中期检查的报告,等等。实事求是地说,这样的中期检查和评估,对于大多数文科项目来说,意义不大。所以,取消中期检查和评估是必要的。同时,允许项目负责人可以根据自己的研究,调整研究的目标和思路,也更加符合基础研究本身很难预先确定目的的特点。因此,文科处的管理人员告诉我,每年老师们申报这个项目都非常积极,而且也取得了很好的效果。许多项目后期发展成为了国家社科基金的重大项目。

刘:在清华这样特别注重程序和规范、凡事特别强调"规矩"的学校,能够给予文科建设这样的自由空间,确实不容易。那您是如何做到的呢? 当时有没有反对的声音?

谢:当时的背景恰恰是"985工程"的二期。当时学校的总体思路是能够在某些学科领域实现重点突破,基础文科的建设显然还缺乏重点突破的条件。而且,学校在"985工程"建设中经费分配的方式是鼓励各个学科院系"对外发力",积极争取从学校外面获得更多的横向合作经费。换句话说,根据一定的额度和比例,你能够从学校外面争取到多少经费,学校就给你配套多少经费。在这种情况下,能够得到学校领导的支持,实属不易,也体现了学校对基础文科的重视和理解。当然,当时也有人不理解,好在总的经费额度不大,不影响整体的安排,所以也就做成了。

刘:我也听说这个计划对文科,尤其是对基础文科的发展,发挥了非常重要的作用。而且,据说许多资深的文科专家和教授也申请这个计划。那么,我想知道的是,为什么这种计划能够得到文科老师们的欢迎呢?

谢:的确,正如你所说,计划确实很受文科老师的欢迎。原因可能是多方面的,但我觉得最根本的一个原因是它符合文科,特别是基础文科建设和发展的规律。

其实,在文科的建设和发展中,始终存在一个难题,就是经费的使用和管理。在文科建设的早期,缺乏经费是一个主要的困难,有些人常常认为,文科的研究就是笔与纸,加上一个聪明的大脑,用不了什么经费。这种现象甚至也不同程度和形式地反映在国家的层面和学校的政策里。所以,在文科建设的早期阶段里,对我而言最主要的任务是争取更多的经费,支持文科的发展。然而,随着文科的建设,以及人们对文科的认识不断深入,对文科的经费支持力度也逐渐增大。但由于经费使用方面的限制,经费管理又出现了新的问题,即部分经费花不出去。于是又重新出现了文科不需要什么经费的声音。其实,这在一定程度上仍然反映了我们对文科建设的规律和特点认识不够。

从清华的经验看,文科建设当然需要经费,即使是像文史哲这样的基础文科,也仍然需要经费的支持。而且,文科的经费支持与使用的确不同于理工科,它更多的是人头费、咨询费等方面。现在也有越来越多的人认识到了这一点。但是,有一个问题目前仍然需要充分的认识,即文科的经费支持和使用常常具有一种"山间的小溪,长流不断"的特征,并不是某种一次性的巨大投入和限期使用完毕,而是需要经常性的、不间断的投入。尤其是对于基础文科来说,钱也许不一定要太多,但一定要持续性的支持。同时,对经费的使用管理一定要更加宽松和人性化,包括没有太多的所谓中期评估和时间限制,以及一定要购置设备等刚性要求,等等。这也正是这个项目能够得到文科老师欢迎的一个重要原因。可以认为,在这个方面,我们以正确的方式,做了一件比较正确的事情。

刘:有的文科老师总是批评清华的管理太严格,许多事情管得非常死,不符合文科建设和发展的规律,对文科的发展很不利。有的老师甚至说这分明就是在用工科的办法管文科(包括艺术),用工科的思维发展文科,结果往往事与愿违。您是如何看待这个问题的?

　　谢:我并不完全同意这样的观点。学术活动当然应该有规则,应该加强管理。科学的管理规则实际上就是规律的表现,没有规律的事情才是没有规则的。所以,文科的建设和发展也需要合理的规则进行规范与引导。例如,我们在引进人才方面,有非常严格的程序,尽可能减少在判断方面的失误;我们在年轻人才培养方面,有文科基础人才的专门性计划,给予比较稳定的支持;我们还有关于自主科研的项目评审规则,努力使那些有意义和有价值的文科研究项目能够得到非常大的支持;我们还有关于文科学术活动的管理规则,有学术规范的规定,有科研机构管理的规定,等等。实事求是地说,这些规则和制度,对促进和保证文科的建设和发展发挥了非常重要的作用。更加重要的是,必要的制度与规则对于坚持文科建设和发展的社会主义方向,使得文科人才培养、科学研究与社会服务能够与国家和人民的利益保持一致,维护文科发展的公益性与社会效益,都是非常重要的。

　　刘:也就是说,对清华的文科建设来说,不是需不需要规则的问题,而是需要怎样的规则的问题。

　　谢:确实如此。其实,文科的建设和发展非常需要真正科学与合理的规则,尤其是在目前文科建设和发展的过程中,充分发挥规则的作用,这也是文科发展的一个非常重要的经验。我可以给你举一个很有说服力的例子。《清华大学学报》的哲学社会科学版在过去连清华文科自己的教师都不愿意在上面发表文章,可它在短短的十年里已经发生了根本性的变化。现在,《学报》已经成为全国中文核心期刊、中国人文社会科学核心期刊、中文社会科学引文索引(CSSCI)来源期刊,入选"教育部高校哲学社会科学名刊工程"、全国百强社科期刊、第一批国家社科基金资助期刊、中国人文社会科学权威期刊,等等;全文转摘率和综合指数均居全国高校学报前列。比如 2006 年在《新华文摘》《中国社会科学文摘》《高等学校文科学术文摘》三大文摘的文摘率居中国社会科学期刊第一位;《复印报刊资料》转载率在高校学报中居第一位。此后,历年全文转摘率和综合指数均居全国高校学报前列,2012年度《复印报刊资料》综合指数和转载率均列全国高校学报第一位。此外,无论文章转摘率、转引率以及影响因子等各指标,《学报》始终都在全国学报的前列,在全国学报的影响日益扩大,真正起到了模范和抬头作用。常务副主编仲伟民教授被因此推选为全国高等学校文科学报研究会(全国一级学会)副理事长兼秘书长。

《学报》之所以能够取得这样的成绩,很重要的原因之一就是尊重学报工作的规律,有一套符合文科科研特点的规则。学校成立了由文科各学科带头人组成的编委会,分管文科的副校长分管学报工作,人文学院常务副院长罗钢教授任主编,曾获"全国新闻出版行业领军人才"称号的仲伟民教授任常务副主编,著名学者刘石教授担任副主编。同时,为了保证办刊方向的正确性,专门聘请具有一位具有很高政治觉悟与水平的教授把关。编辑队伍精干,七人中有博士学位者五人,有高级职称者五人,同学术界联系广泛,学术策划能力强。更重要的是,《学报》已经基本上形成了自己的规矩,例如,2006年改版之初,就明确提出了以发表文史哲基础学科论文为主、兼顾其他学科的基本定位,避免了大学学报专业化不够的缺陷,这在大学学报中是一个创新。初步统计,在2006—2012年间发表的论文中,文史哲基础人文学科的论文占到了发文总量的一半以上。众多知名人文学者,比如李学勤、傅璇琮、李伯重、陈来、王学典、罗志田等,都在《清华大学学报》上发表过文章。除了固定的历史研究、文学研究、哲学研究等栏目外,涉及人文基础学科的栏目还有学术史研究、文献与考辨、讨论与评议等。由于学科之间的巨大差别,人文学科的论文引用较少,影响因子普遍偏低,这一点大家都知道,因此有些期刊为了提高转引率、影响因子,有意少发甚至不发文史哲基础人文学科的文章,这种做法很不利于人文社会科学的发展,《清华大学学报》坚决反对这种做法。

其次,为了进一步发挥清华文科的特色与优势,《学报》选择"国情研究"作为重要专栏,由此在全国学报中非常有特色,一是坚持不懈,从

2006 年设置这个栏目以来，一直没有间断；二是发表了大量有影响的论文，10 间年共发 60 余篇；三是作者队伍稳定，充分赢得了作者和读者的信赖。一些论文，如何建坤《全球应对气候变化对我国的挑战与对策》、刘涛雄《大流感对中国经济的影响预测》、明庆忠《人地关系和谐：中国可持续发展的根本保证》、孟宪范《家庭：百年来的三次冲击及我们的选择》等，不仅具有极高的学术性，而且现实意义很大。

我在这里特别想指出的是，《学报》始终坚持办刊的基本学术规范与规则。首先，鉴于人文社会科学学术期刊注释混乱以及严重不符合学术研究规范的情况，学报编辑部联合全国几十家综合性学术期刊，于 2007 年 8 月 20 日在清华大学召开了"综合性人文社会科学学术期刊编排规范研讨会"，来自全国各地的期刊总编和专家学者就人文社会科学学术期刊编排规范中存在的问题进行了讨论，制定了《综合性人文社会科学学术期刊编排规范（征求意见稿）》，与会期刊决定自 2008 年起执行新的编排规范；《学报》编发了 13 位专家的专题笔谈，在期刊界引起热烈反响。此后，很多重要社科期刊采纳了本刊所提倡的新的编排规范。其次，关注学术期刊改革与发展。其中，《高校学报的专业化转型与集约化、数字化发展——以教育部名刊工程建设为中心》（2010 年第 5 期）一文引起了热烈反响（2011 年第 4、6 期又连续发表了 4 篇回应文章），此文提出了高校学报改革的设想，而且此设想很快变为现实，这就是高校学报在中国知网联合推出的"中国高校系列专业期刊"，做到了理论与实践的完美结合。新闻出版总署 2012 年 7 月 30 日颁布《关于报刊编辑部体制改革的实施办法》后，《清华大学学报》2012 年第 5 期集中发表了三篇文章进行深入讨论：《中国高校学报传统析论——兼论高校学报体制改革的目标和路径》《编辑部体制的终结与"后学报时代"的来临？》《学术期刊编辑部体制改革"实施办法"之理性解度》，不仅在期刊界引起巨大反响，而且拉开了学术期刊体制改革讨论的序幕，这场讨论至今没有停止，并在某种程度上促进了相关部门对此问题的重视。再次，关注学术期刊在学术评价中的重要作用。南京大学学报主编朱剑《学术评价、学术期刊与学术国际化——对人文社会科学国际化热潮的冷思考》（2009 年第 5 期），批评了学术评价中的种种偏见，指出了人文社科学国际化的正确路径；《重建学术评价的逻辑起点——从"核心期刊"、"来源期刊"排行榜谈起》（2012 年第 1 期）一文，更是尖锐批评了大陆学术评价体系的弊端，提出了合理建议。可以说，《学报》发表的这几篇文章，是目前关于学术期刊、学术评价问题水平最高的讨论。

同时，《学报》在办刊规则上始终强调开门办刊，作者不分校内外，稿件采用与否完全取决于质量；建立了完备的规章和工作流程，实行严格的同行专家评审、双向匿名审稿、稿件三审等制度，严格执行送审规定，确保学术水准和编辑质量。尽管办刊经费紧张，为维护学报良好的学术形象，学报多方筹措，但从不做任何广告，也从不收取版面费。为吸引优质稿源，每期及时发放稿酬，并做到优稿优酬。

也正是由于坚持了文科学术刊物的办刊规律与规则，《学报》在高等学校文科学报界得到了大家的广泛好评，也获得了很好的声誉。一批国际学者也逐渐在清华文科学报上发表自己的文章，如美国艺术与科学院院士席文、美国著名文博学家和艺术史家方闻、美国密歇根大学教授李中清、美国斯坦福大学教授王斑、澳大利亚哲学学会主席贝安德、日本东京大学教授小森阳一等。这些文章不仅学术水平高，而且他们还在国际学术界带来了较大的影响，为学报走出国门创造了有利条件。而且，由于《学报》在业界的影响力，近年来又由《学报》牵头，联合入选教育部"名刊工程"的 21 家高校学报，于 2011 年创办"中国高校系列专业期刊"（简称"专业网刊"），在数字平台上联合创建专业学报的初步尝试。目前已有一百余家学报加盟。各加盟学报发表的文章同步进行数字化、专业化重组和编排，先于纸刊通过网络优先出版。在通过传统渠道传播纸本原刊的同时，利用互联网平台和手机无线网络推送等全媒体新型手段，强化传播效果，增强影响力，从而构建权威的、以主要一级学科为基础的高校系列专业期刊。

刘：真的没有想到，清华文科学报近十年来的变化的确是一个奇迹。而且，您从文科学术刊物的规律与规则的角度，分析它的成功，我觉得也是一个非常独特的视角。规则应该尊重和适应规律，不能适应的规律的规则需要调整或重构。您能否进一步说明这种办刊规则对学术刊物的意义和具体的实施途径？

谢：尊重文科的规律，制定科学合理的制度，严格按照规矩办事，等等。这些都是非常基本的途径，由此才能够保证学报的学术质量与水平。但是，我个人认为，在学术刊物的制度建设方面，还有两条十分重要的途径。第一，必须真正的尊重和相信办刊者。《学报》的成功在很大程度上与管理体制有关。根据规则，学校分管副校长担任编委会主任，但学报的日常工作由主编负责。《学报》主编是中文系的罗钢教授，副主编是历史系的仲伟民教授和中文系的刘石教授，日常工作由仲伟民负责。学校对整个编辑部给予充分的信任，同时，为了鼓励学者们开拓进取，不断努力创新，我向他们明确表示，如果有问题，或者出现了管理方面的事故，我绝不会"溜肩膀"，给大家一个努力工作的"定心丸"。这里特别要提到的是，学校引进仲伟民担任常务副主编以后，就让他做一个真正有责有权的常务副主编。我除了传达学校的有关要求，或者是帮助解决某些具体问题之外，从来不干预《学报》的用稿等学术事宜，甚至帮助他们抵御这样的干预。

对此，我曾经也一直在思考，文科的发展当然有它的内在规律，特别是与理工科不同的地方就是它的个体性，以及缺乏统一的标准，等等。但是，这些并不是可以拒绝规则的理由。文科的建设和发展既要遵循文科的规律，但也必须有一定的规则。清华文科的建设和发展在一定程度上也得益于清华的管理。这也是一个客观事实。

刘：是的，规则对文科建设和发展的确是非常重要的。我们中国社会的许多问题往往就是没有规则，或者潜规则压倒了显规则。但是，我相信您也一定碰到过清华的某些制度和规则不太适合，甚至是不利于文科建设和发展的情况。您又是如何看待这样的问题和现象呢？

谢：你说的这些现象和问题的确存在，我觉得需要努力改变。顾秉林校长曾经半开玩笑半认真地说过：清华的优点是管理，清华的问题则是"太管理"。这话与原话不一定完全一致，但意思基本是这样的。它的确反映了清华大学在管理方面的特点。

我是这样理解顾校长的观点的：首先，从优点是管理这个角度说，清华的确是一个组织化程度非常高的大学，这也是党委书记陈希多次强调的一个清华的传统，用他的话讲，就是"工字厅不能空转"。办事效率也比较高，政策能够得到很好的落实。而且，清华的这个优点也体现为，不管做什么事情，不仅是有想法，而且还有办法。我到清华来工作，也深深地感觉到了这个优势。而且，清华文科的建设和发展也得益于这个优势。

其次，从问题是"太管理"这方面说，我觉得主要有三层涵义：

第一，1950年代初以后的清华大学，基本上就是一个多科性的工科大学，由于学科单一，而且工科本身的操作性也比较强，因而比较刚性的管理是可行的，但自从清华大学逐渐恢复成为一所综合性大学以后，建立在以往工科基础上的管理模式与规则当然就不太适应多学科发展的要求了，特别是文科与理科，还有医科和艺术学科，这就出现了单一性与多样性的矛盾。从历史的角度来分析，清华大学在管理上的这些传统优势与特点是合理的，对清华的人才培养与科学研究等都发挥了十分重要和积极的作用。这是事实，是应该给予充分肯定的。但是，从发展的角度说，特别是清华大学从1990年代前后开始，逐渐从一个多科性的工科大学重新转变成为一所综合性大学以后，过去在管理方面的文化和传统，当然有一些就不能适合新的学科结构的要求，而必须改革和完善。因为不同的学科有不同的发展和建设规律，而且新老学科在建设过程中的阶段不同，它们所碰到的困难与问题也不同。

第二，清华以往的管理文化主要是建立在计划经济体制基础上的一种管理制度，比较适应计划经济的要求与特点，也是有效的，即便在今天也仍然有许多值得继承的优点，但是，从发展的角度看，为进一步适应市场经济的要求,就要不断调整和优化现有的管理体制与制度。

第三,清华的管理优势有时在某些方面存在着滑向科层制的风险。在某些部门和某些活动的管理过程中,的确出现了个别为了坚持规章制度而忘记了制度本身的初衷的现象,以至于手段本身变成了目的。顾秉林校长的眼光非常敏锐,他非常深刻地指出了清华管理体制改革的基本问题。当清华已经发展成为综合性大学以后,学校的管理文化和管理体制,包括某些具体的制度规则,的确需要不断的改革与调整。其实,你从我前面介绍的关于文科振兴行动计划的规定的实施办法中,已经可以看到我们在制定和执行过程中的某些调整与变化。

由此,如何进一步发挥清华过去在管理方面的优势和优点,适应新的学科发展与人才培养的要求,进一步改革和完善新的管理制度,自然也就是文科建设和发展过程中的一个非常关键的问题。坦率地说,这也是经常让我感到比较苦恼的事情,因为这个转变不可能是一蹴而就的,它需要一个过程,甚至是一个需要付出代价的过程。

刘:我非常认同您对于顾秉林校长的观点的理解。我相信您对此也有很多的体会,有过不少苦恼,也可能遇到过误解。能否给我们讲点比较典型的故事呢?

谢:我可以给你讲一个很典型的故事。按照清华人事制度的规定,人员的系列是不能轻易改变的。你在进入清华时属于什么系列,如教学科研系列、教学系列、研究系列、管理系列、企业系列以及实验室系列,等等,要想改变几乎是不可能的。这样的制度对于稳定队伍、人员的管理等当然是有优点的。但是,它也的确不利于人员的流动和有效发挥不同人的作用。有一次,中文系和人文学院的领导找我,希望我帮助将清华大学出版社的一位编辑调入中文系。为了慎重起见,我也比较深入地了解了此人的基本情况。虽然他是一个地方大学的本科毕业,但是,由于自己的努力,考入北京大学读研究生,而且,在古代文学领域已经具有了相当的积累和比较深厚的学术造诣。另外,他已经在中文系兼任课程,并且反响也比较好,与中文系的老师在科研方面也有一定的合作。更加让我看好的是,他有自己的学术专攻,对《淮南子》的研究在学术界已经形成了相当的影响。所以,我非常同意人文学院和中文系的意见,并且让他们尽快把材料报送有关职能部门,准备提交学校人事会议讨论。然而,让我没有想到的是,这件事就没有通过,而主要原因就是他的系列问题。后来,我也一直不甘心,继续把他的问题提交给人事会议,可最终的结果仍然是不行。为此事,我的确是非常懊恼。

刘:我完全理解您的处境与苦恼。作为清华的一员,我个人也很期待类似的情况今后能够减少或者避免,为文科学者人尽其才、才乐其业创造更宽松的环境。我想,经过这么多年的建设和努力,文科的地位应该有了比较大的提高和变化吧?

谢:通过学校领导的支持和关心,特别是文科老师们所作出的实际贡献与成绩,文科在学校中的地位已经有了非常明显的提高。当然,进一步提高认识,完善管理工作,仍然是一个需要解决的问题。我个人的认识是,清华文科建设、发展初期的突出问题主要是如何真正尊重文科的规律与特点的问题,不要简单地应用理工科的规律和规则去管理文科,那么,这些年通过各个方面的共同努力,这个问题已经有了很大的改进,大家也越来越认识到文科有它自己的规律与特点,不能简单地与理工科"一视同仁",搞"一刀切"。特别是文科的建设时间比较短,与理工科的发展也不在同一个发展阶段上,因而需要更多的扶持和帮助。

二、群众路线是文科的生命线

刘:我记得,您在 2015 年暑假中层干部会议上总结"十二五"文科建设发展工作时,曾经提出了群众路线是文科的生命线的观点,当时,我还没有完全理解您的说法。现在,您能否比较具体地解释,为什么是群众路线?为什么它是文科的生命线呢?

谢:我想,这也是我参加党的群众路线教育的一个认识吧。你一定知道当年梅贻琦校长在介绍他如何办学时,有一句名言即"吾从众"吧。其实这就是大学管理的"群众路线"。所以,文科管理中的"群众路线",实际上就是充分尊重和听取老师们的意见,从他们那儿获得办学的思路和主意。坦率地说,你看到文科近年来的许多项目取得了很好的成绩,也获得了不少国家级的奖励,产生了非常广泛的影响,等等。对此,我可以非常客观地告诉大家,它们中大多数并不是学校的要求和规划,更不是我的高明,而是文科老师们自己的主意,是他们自己努力的成果,包括世博会的项目、支持农民工的政策研究、围绕村官政策与实践中出现的新问题而扩展的为村官提供公益性的培训、城市社区的改造,以及全球健康项目的开展,等等。我甚至可以说,这些年文科的建设与发展,总体上是文科的老师们在推着我往前走。这里,我特别要给大家介绍清华大学美术学院策划首届北京国际设计三年展的故事。

首届北京国际设计三年展于 2011 年 10 月 17 日在中国国家博物馆徐徐降下帷幕。作为在中国举办的最高规格、最大规模的设计大展,本届展览创下了很多个"第一",如第一次在国内设计展中真正采用国际化的策展人制度,第一次邀集到众多国际顶级设计师参展(42 个国家、近 500 位设计师、2000 余件作品),第一次让设计史上的名作及众多当代设计精品与中国观众见面,第一次通过举办设计展吸引了中国公众和媒体的大范围关注,等等。

这个高水平国际化设计大展的创意正是来自美术学院。2009 年初,美术学院名誉院长冯远教授倡议在中国举办"北京国际设计三年展",其目标是与国际同类展览齐名,显然这只能是国家层面的兴办格局。最初的一轮斡旋,争取到教育部、文化部、中国文联的支持,接下来又与北京市申办设计之都和 2009 年开始举办设计周的计划不谋而合,最终成为由教育部、文化部、中国文联和北京市政府共同主办,清华大学、北京歌华文化发展集团和北京工业设计促进中心共同承办的"2011 北京国际设计周暨首届北京国际设计三年展"。

首届北京国际设计三年展采取主题展形式,展览主题——"仁:设计的善意"(Ren：Good Design)，由策展委员会通过学术讨论的方式集体决定。"仁"是中国传统文化中最重要的概念之一，同时也能完美地体现"好设计"的精神主旨。"仁"意味着关爱他人，关爱人民；而好的、优秀的设计也同样使大多数人民受益，从而体现出设计的仁爱精神。以此为主题的首届北京国际设计三年展集中展示当代人类所取得的优秀设计成果，以帮助中国公众更好地理解设计的价值，认识设计对满足生活需求、提高生活品质的重大意义。

　　不仅这个展览的创意来自美术学院的领导和艺术家们，而且整个展览本身的策划与策展团队也是美术学院的老师们。首届北京国际设计三年展采用策展人制度，在策展委员会统一领导下，面向全球遴选和聘请优秀策展团队，最终从来自意大利、法国、瑞士、英国、美国、中国的十余组策展人中遴选出五组，以一名(组)境外策展人加一名中方策展人的形式，确定了五个分主题展的策展人——创意联结：吉达·博亚迪(意大利)＋杨冬江(中国)；知"竹"：刘小康(中国香港)＋杭间(中国)；理智设计情感：本杰明·卢瓦约特(法国)＋方晓风(中国)；混合现实：特里斯坦·凯柏勒、芭芭拉·霍泽尔、马丁·海勒(瑞士)＋李德庚(中国)；可能的世界：菲奥娜·拉比、安东尼·邓恩(英国)＋金江波(中国)。为组织策划本次展览，清华大学作为主承办方成立了筹备办公室，专项从事展览的筹备、组织和运营工作。这是一个由清华美术学院青年教师和研究生组成的团队。筹备办公室于 2010 年 11 月正式成立，运行至 2011 年年底，加上学生志愿者和其他相关工作人员，前后总人力投入达 100 余人。筹备办公室采取项目管理责任制，各项目组分阶段制定目标任务，在秘书长统一协调下，各项目组成员严格按周计划执行工作内容。在展览的整个筹备过程中，各部门责任到人，运行有序，部门之间配合精准，堪称一支高水准的专业化展览组织团队。

　　三年展一流的创意与策划管理吸引了全球许多一流的设计师及其一流的作品参展。首届展览汇集了来自全球 40 多个国家的近 500 名一流设计师的 2000 余件精彩作品，涉及衣食住行用等各方面，代表了当代国际设计的最高水准和最新潮流,成为"2011 北京国际设计周暨首届北京国际设计三年展"活动中的精彩看点。参加本次展览的作品大部分为国际一流设计师近五年的力作,多数在国内是首次展出。值得一提的是,近百位中国设计师也在这一展览中集体亮相,如张永和、马岩松、石大宇、石振宇、严迅奇、郑曙旸、田青、何洁、鲁晓波、贾伟、丁伟、石川、滕菲、叶宇轩、蒋华、王艾莉、"小马哥 & 橙子"和"都市实践"设计团队等,他们充满创意和智慧的作品代表了中国设计的前沿与未来。

"创意联结"是本届三年展中占地面积最大的展览单元,由米兰设计周总策划人、《室内设计》(INTERNI)杂志主编吉达·博亚迪女士和清华美术学院杨冬江教授联合策划。"创意联结"着力体现全球最知名的设计师和最知名的设计品牌之间的"联结",观众不仅能见识阿尔瓦·阿尔托、埃托·索特萨斯、吉奥·庞蒂和安藤忠雄等设计大师的经典之作,以及菲利普·斯塔克、扎哈·哈迪德、亚米·海因、布鲁莱克兄弟、坎帕纳兄弟、帕特里夏·乌古拉、康斯坦丁·格里克和佐藤大等当红设计明星的最新力作,而且还能学到不少关于设计品牌的知识。从座椅到灯具,从餐具到床上用品,展品大多数与家居生活息息相关,充分体现了设计为人民服务、提高生活品质的精神主旨。

"知'竹'"是本届三年展中最具东方情调的单元,由香港知名设计师和策展人刘小康和清华美术学院知名设计史教授杭间联袂策划,以具有浓郁中国特色的竹文化为背景,对亚洲和世界范围内的竹工艺和竹设计进行了富于诗意的呈现。著名华人设计师石大宇、严迅奇、林伟而、陈秉鹏及众多优秀华人设计公司携精彩竹艺作品参展,此外,越南的传统竹艺,泰国、印度和日本的当代竹设计,以及荷兰、美国、瑞士等西方国家别出心裁的竹设计产品,都给国内外媒体及观众留下了深刻的印象。

"理智设计情感"单元由 32 岁的法国新锐策展人本杰明·卢瓦约特和清华美术学院方晓风教授共同策划,突出强调了在优秀的设计作品中,理智(功能、技术)如何与情感(装饰、审美)取得最佳平衡。

本单元既有高精尖的工业设计产品，如利用"空客"技术制造的塑料打印自行车、用"可乐"充电的手机，也有体现出较强工业审美特征的日用品，如上海世博会英国馆设计者托马斯·赫斯维克制作的"陀螺椅"、荷兰90后设计师昆汀·德·考斯特设计的"枳橙"榨汁器。这些作品在体现"理智"和"高科技"的同时也满足了"情感"和"审美"的需要，在代表最新设计审美潮流的同时，也体现了策展人扎实的学术功底。

"混合现实"单元由来自瑞士的霍泽尔和凯柏勒建筑事务所和清华美术学院李德庚副教授联合策划，充满了诙谐、低调和混搭的后现代精神，用十余万双竹筷子搭起长龙阵，将400余件当代设计精品陈列其间。这些展品大多数与现实相关，表现了参展设计师对全球化时代"混搭"处境的独特立场和带有批判性的反省意识。如奥地利/美国平面设计大师施德明将一系列观念性的摄影作品印在T恤衫上，以此对被大众文化侵蚀的日常生活发表独特的评论；广州美院的冯峰和卢麃麃则以旧报纸捆扎的方式，对大众所关注的新闻人物迈克尔·杰克逊、本·拉登等投以关注，以波普的方式提醒观众注意到自己身处一个被大众传媒左右的世界。此外，不少参展作品体现出了强烈的环保意识，如荷兰设计师克拉斯·库肯利用回收的旧玻璃瓶吹制出花瓶，中国设计师石川用矿泉水瓶制作出不同色彩和形制的玩具马，宣传"废物利用"的环保理念。

"可能的世界"是本届三年展中最具前沿性和探索性的单元，由设计界怪才、英国皇家艺术学院教授菲奥娜·拉比和安东尼·邓恩，以及中国新媒体艺术家金江波联合策划，以设计为切入点，探索了转基因、器官移植、纳米技术和核物理等当代前沿科技对于未来生活的诸多可能性。纳米冰淇淋车、收音牙齿、发电阑尾、人工肉食、细菌颜料、音乐植物、打喷嚏的收音机、长腿的光驱……进入展厅的观众，犹如置身令人咋舌的阿凡达世界，对新技术蕴藏的可能性及设计师天马行空的想象力惊叹不已。

值得进一步说明的是，伴随着高水平的展览，还有高水准的学术研讨。首届北京国际设计三年展系列研讨会由组委会主办,清华大学美术学院承办,2011 年 9 月 29 日至 30 日在清华大学大举行。本此系列研讨会的举办,是借助三年展的契机,构造国内外设计师交流的平台,促进国内外相关企业与设计界的联系,以及加强国内设计院校的设计教育交流。来自全球近 400 名设计师代表参加了开幕式暨总论坛,其中包括世界当红设计师、著名设计公司代表、各大艺术设计院校的院长、教师骨干及相关专家学者,参加本次三年展的策展人、设计师和设计团体,以及来自主办单位的各位领导,吸引各界听众千余人。

当然,这样高水平和前沿性的设计展览自然引起了社会公众的广泛参与和海内外媒体的强烈关注。在历时 20 天的展期内,本次展览共接待中外来宾和观众近 50 万人次。意大利、英国、法国、瑞士等国近 400 位设计师组团前来参与此次展览及研讨会等相关活动,国内百余所院校师生组织前来参观展览。特别是在"十一"长假期间,来自全国各地的游客在这一展览中深受启迪、大开眼界,领略了"设计的善意",切身感受到设计对于生活的意义。以往少被专业界之外关注的设计展,通过本届三年展走向了社会、引起了全民关注。中央电视台、北京电视台的连续报道,使得无法来京参观的观众也了解了本次展览的内容。同时,新华社、中央电视台、北京电视台、人民日报、光明日报、中国日报、中国青年报、新京报、北京日报、南方都市报、三联生活周刊、纽约时报、伦敦金融时报等主流媒体,以及装饰、艺术与设计、Domus、Interni 和 Frame 等专业媒体对展览内容进行深度挖掘,对策展人、参展设计师和观众进行现场采访。

刘:当时这个三年展的影响是非常大的,它实际上已经成为了北京市的一个重大项目了。而且,我觉得,这个故事也充分体现了清华文化中"基层出经验"的特质。刚才,您在介绍中也提到了学校的参与和支持,您能否说说在文科发展的群众路线方面,基层出经验与学校领导的参与是一个什么样的关系呢?

谢:我说"群众路线"是文科建设和发展的生命线,并不意味着学校就完全不管,或当"群众的尾巴";相反,学校更应该充分发挥自己在服务和协调方面的作用。所谓"群众路线"的涵义,就是真正体现教授治学和参与治校的要求。它一方面当然是充分听取和尊重基层的意见与智慧,相信群众,尤其是信任高水平的教师和艺术家;另一方面,则是善于将基层的经验与想法,转变成为学校的思路。同时,将学校的发展战略转化成为文科老师的想法,变成他们的主意、他们的愿望,由此形成学校与基层老师在发展思路和项目上的交集与共鸣。这样,文科的老师就会感到他们是学校的主体,具有充分的自主权,是在干他们自己想干的事情,当然有积极性去做事。

刘:您认为这样的管理是不是文科的一种管理模式呢? 或者说,这种管理思路的根据究竟是什么? 您的这一管理理念或风格的思想资源包含哪些内容?

谢:这里,我想我可以解释为什么我要用老子的话作为本章的题目了。按照一般的解释,老子的意思是指,最好的领导或管理,是人们感受不到你的管理,甚至还以为是完全自己管理自己。换句话说,你的管理是隐形的,是与群众的想法一致的,是符合群众利益的。这样,群众也就将领导看成是大家的代表,于是也就能够积极主动和自觉地开展创造性的工作。这种管理模式与思路正是十分适合文科的特点。首先,它并非是放弃管理,或者是充当群众的尾巴,而是一种有原则的管理,一种坚持方向的领导,一种大格局的管理,一种真正代表和体现群众利益的管理。其次,这种管理又不是一种直接的干预或者领导的命令,而是一种能够深入了解群众的利益指向与要求,并且将这种要求和期望与国家的战略紧密结合起来的管理。更加有意义的是,这种管理是真正的相信群众和依靠群众的体现。

刘:显然,老子所提出的这种管理模式是一种很高的境界,也是一种理想的模式。然而,知易行难。在现实中,恐怕很难真正实现这种管理模式吧?

谢:我觉得,在文科建设和发展中,坚持"群众路线"的管理模式实际上就是一种这样的实践。但是，根据我的经验，在实施这种管理模式时，至少应该注意两个问题：

首先，文科的老师有一种自我调整和自我管理的内在机制。平时有的人总是认为文科本身的内在差异非常大，对某些现象也没有一个完全统一的评价标准，是非常多元化的取向，文科老师也比较喜欢提意见，所以不好管理。其实，这个话只是看到了表面现象。当然，文科本身的差异性和多元化是一种客观事实，有时它的矛盾也比较大，对同一件事，往往是众说纷纭，不一而足。对许多事情也常常是仁者见仁，智者见智。在这种情况下，任何高明的领导都难以摆平。根据我过去在几所大学工作的经验，文科的这种现象，尤其是基础文科的这些现象，非常普遍，也往往是学校管理中的难题。尽管文科老师有很强的主体性和个体性，甚至存在所谓"文人相轻"的弊病，但是，一般而言，文科也有一种自我协调的内在机制，即当矛盾和冲突发展到一定程度的时候，文科老师自己往往能够想出一定的办法，协调各个方面的观点，找到一个彼此都能够接受的主意。因为与理工科比较，文科涉及的资源分配的问题是比较少的，没有太多的资源方面的矛盾，比较多的是一种学术性的分歧，或者是文化方面的冲突，即理念之争。同时，大多数文科老师的工作形态也不需要太多的团队合作，而往往具有某种个体性的方式，这样，即使有矛盾也容易和平相处，犯不着弄得你死我活的。因此，学校领导不必过早地干预基层院系的某些矛盾，否则非常容易将局部问题上升为全局性问题，把院系的问题扩大为学校的问题。这是一种管理的大忌。

很多人认识不到这一点，常常觉得文科应该加强管理，包括更多的规定动作、更多的资源支持，以及更多的规划与指导，等等。殊不知，这样做的效果往往并不能达到我们的目的，而经常会南辕北辙，事与愿违。这也就是落实文科建设和发展中群众路线的具体机制之一。

刘：我注意到您在解释"群众路线"的涵义时，谈到教授治学和教授参与治校。我觉得您这样表达一定是有所思考的。在历史上，民国大学中教授治校和校长治校两种模式都曾存在过。二者各有特点,也各有成功和失败的例子。蔡元培时期的北大、梅贻琦时期的清华,可以说是教授治校的成功范例。现今学界、舆论界也有人倡言教授治校,然而,客观来说,在今天的环境和20世纪前期已经大不一样了,不宜简单照搬旧有经验。至于教授治学,在近代以来的大学历史上,总体上是一贯的,并延续至今。那么,在您看来,教授治学与参与治校的区别在什么地方呢? 前些年大学的行政化曾经是一个非常热闹的话题。您对此怎么看?

谢:这也就是我要说的文科建设和发展中实施群众路线的内在机制之二。大学文科管理中群众路线的管理模式,的确有两层涵义。一方面当然是教授治学,它指的是在大学的学术问题上,应该充分尊重教授的意见和要求,甚至是让教授委员会在学术问题上有高度的决策权;而参与治校,则是指学校在行政事务管理方面,应该充分听取教授的意见,但并非完全由教授去决策。在现代大学如此复杂的系统里,完全让教授去管理是不合适的,也容易出问题。大学组织本身是一个二元化的结构,同时有学术和行政两条系统,行政系统重在追求秩序和效率,学术系统重在追求宽松与创新,它们并行不悖,应该强调两者的协调配合,强调"共同治理"。但目前应该更多地加强学术的权力,减少行政的干预。大学管理,管的是"理",把道理管好,而不是具体管人。"道理"中非常重要的一条,是以学术为中心,以学术为本,以学生为本,以追求知识创新为根本价值,以追求真理为根本价值。同时,大学的行政管理是建立在"同意"的基础之上,而不是建立在"命令"的基础之上。

其实,在文科建设和发展中坚持群众路线的管理模式所强调的这两点本身是一致的。你也一定注意到我在说明文科教师的自我调整或管理机制的时候,曾经特别强调文科教师与某些类似于实验室、仪器设备、团队规模,以及其它物资资源的需求之间的关系并不十分密切,而这也就是他们在许多问题上能够自我调整的重要基础。如果他们的学术工作也有十分强烈的物质资源的需求,那么,这种自我调整的机制则是不可能的。为什么工科大学的学校管理通常都比较强，而传统的文科或理科大学的管理都比较弱，其背后的原因也就在于此。它并不是说工科大学的管理人员水平高或者能力强，文科大学的管理人员水平低能力弱，而是由于工科对学校行政方面的依赖性比较大，因此比较容易管理；而文科则因为对学校物资资源的依赖性比较低，所以它也比较松散，不太容易管理。

刘：您关于工科与文科在管理方面的差异的分析是非常深刻的，这也是高校管理中非常重要的理论问题，是清华管理体制改革的一个重要方面。但是，我还有一个问题，这种文科的管理模式和思路有什么问题吗？它是不是就可以相对放任了？

谢：当然，文科的这种管理模式和思路肯定不等于放任，也有一定的风险，甚至有可能是比较大的风险，因为你可能面临着失控的可能性。所以，除了对老师的一种基本认识与信任之外，还有一个十分关键的因素：就是你要能够去承担可能出现的问题与责任；而且，这是一种真正的担当。当然，这种担当并不是鲁莽的，而是有把握的，所以，它同时也是一种真正的自信。

有一次，某个大国的两位议员到中国访问，他们在与中国领导人会见之前，专程来清华经管学院访问，希望就知识产权等敏感问题与经管学院的教师和学生座谈。由于某些特殊的原因，我无法拒绝他们的要求。但是，这是一个十分敏感的问题，而且，他们在后期的访问中还专门要就这个问题与国家领导人会谈；更加要命的是，对方并不希望学校方面的领导参加座谈。说句心里话，我当时确实非常紧张，担心可能有个别教师或学生在座谈中说一些不恰当的话，以至于给国家带来麻烦。当时我在临近的一个大楼里参加另外一个会议，可脑子里尽是关于座谈会的事情，想象着各种可能出现的情况。等到座谈会结束的时间一到，我马上打电话询问情况。座谈会上的一位老师告诉我，经管学院的老师和学生表现得非常出色，他们非常好地回答了两位议员的各种问题，而且对中国如何保护知识产权的有关工作和政策，作了非常专业的说明。事后，我在反思中常常感到自己对清华老师和学生缺乏了解，同时，这件事也让我感到应该充分地相信我们的老师和学生。其实，这样的活动对老师和学生都是一个非常难得的锻炼机会，即使出了一点问题，自己去承担就是了，何必如此的恐惧。说到底，还是缺乏担当精神，是自己的不自信。后来，我更加愿意鼓励老师和学生们积极主动地开展各种活动，并且经常对他们说，大家大胆地干，有问题我来负责任。

文科知识分子的一个非常重要的心态就是他们特别在乎你是否信任他，你是否会在关键时刻，包括在出现问题和麻烦的时候，把所有的责任都推给别人。曾经有一位学校领导问我，什么是人文情怀？我告诉他，人文情怀不仅仅是琴棋书画等才艺，更重要的是一种担当，一种设身处地的换位思考，以及彼此之间的信任。这也是我在清华文科管理工作中一个十分重要的思想认识和实践体会。

三、文科管理要管好"理"

刘：您刚才关于文科管理中的"群众路线"的论述，对我很有启发，实际上它也反映了文科管理的一种规律。那么，您关于文科管理的第二个体会和经验是什么呢？

谢：我对文科管理的另一个体会或经验就是，文科管理的关键是把"理"管好。其实，这也是关于大学管理的一个认识。有人开玩笑说，这也是我关于"管理"定义的一个创新。

刘：您的这个说法非常有意思，我也是第一次听说。能不能请您比较详细地解释这个观点呢？

谢：其实，这也是很简单的道理。从比较的角度看，行政管理的关键与核心是把"权力"管好，形成相互配合、彼此联系的系统，进而发挥它的效率；经济管理的关键是把"利益"管好，因为经济部门的根本目标就是不断提高经济效益，而其中的根本就是把利益分配机制建立好，形成一种充分调动大家积极性的格局；而学术管理的关键则是把"道理"

管好,因为学术本身就是要研究和发现对象的内在规律,而学术活动本身也有内在的规律。这种内在规律是学术界必须共同遵守的,是彼此之间自觉地约束和规范自己的基本规矩,这就是"道理"。所以,大学作为一种学术机构,非常重要的就是"讲道理";而大学的管理,根本要求就是把大学的"道理"管好。这个"理",就是大学的规律;就文科而言,就是文科建设和发展的规律。

刘:您的这种解释和定义确实是很有创新的,我还是第一次听到这样对管理的阐释。但是,我仍然感到有点抽象。您能否比较具体地说明这种管"理"的具体内涵?

谢:文科的这个"理"应该是非常丰富的,根据自己的管理实践与思考,我可以从几个方面对它作一些比较详细的说明。

首先,文科的建设和发展有一种"影响力与时间长短正相关"的规律,这也就是文科建设的可持续性道理。它的主要涵义是,文科的项目(包括专业、课程、研究项目)、刊物、机构,以及相关的学术会议,等等,如果能够坚持办下去,不要中断或停顿,那么,它的影响力,包括它的质量与水平,虽然也会有一定的起伏与波折,但最终都会逐渐提高。而且时间越长,它的影响力越大,质量越高。从大量文科建设的经验来看,这是一个非常基本的规律。如果说,理工科的建设必须很快地与时俱进,那么,文科的项目,特别是基础文科的项目,则常常是需要更多的稳定与延续。因为文科的积累是它取得成功的基本的必要条件,积累得越深厚,它的底蕴就越丰富扎实,就越能够形成学术上的口碑与信任感。我前面曾经介绍的清华大学法学院的民商法国际论坛的故事,就是这样一个非常典型的例子。虽然开始时规模并不是很大,影响力也不算太大,当时,由于王保树先生与朱慈蕴先生等老师的坚持,不断地克服各种困难,历经十几年,现在已经是越来越好,在学术界和国际民商法领域的影响力也是越来越大。在我担任副校长期间,清华曾经有一个关于支持文科学术会议的不成文的政策,即学校更多的只是支持"锦标赛",而不太支持"邀请赛"。所谓"锦标赛",指的就是那种定期召开，而且有序号的学术会议。这种学术会议一般是比较规范的，而且是长期持续举办的，通常都具有比较高的质量与很大的影响力。所谓"邀请赛"，则是比较随意性的，不定期的，缺乏持续性的学术会议。我之所以要这样做，也是希望文科的学术活动能够持续性地做下去。现在的教育改革发展的建设项目与计划，很多都是短期行为，做几年就放弃了，又换一个新的项目，似乎这样就能够与时俱进。这其实是一种违反教育规律的现象，也是一种缺乏自信的现象。近年来清华文科的建设和发展也存在类似的问题，但学校在文科建设发展的管理中，始终非常注意这个问题。我曾经非常严厉地批评了某些院系，也曾经非常明确地提出要求，希望某些院系能够坚持把过去比较好的建设和发展平台持续地做下去。

刘：历史上许多有影响的文科的项目，包括课程、论坛，或者是刊物等，一般也都有比较长久的时间。文科的建设和发展有点像是酿酒一样，时间越长则越香醇。而且，从历史的经验看，这些能够坚持长久的文科活动或项目，通常也是能够体现文科规律的活动。

谢：文科建设和发展的第二个非常重要的道理就是所谓"内生性"特点，即文科具有一种稳态系统的特征，内生性非常强，外部刺激与奖励的效果往往并不大，而需要更多地形成文科老师内心的认同，因而需要更多的智慧和耐心。君不见，有些经济收入比较高的院系，内部环境并不和谐，内部矛盾往往还非常尖锐；而有些经济条件不算好、奖金也不多的院系，由于老师们彼此之间的沟通比较顺畅，领导工作方法得当，内部却十分和谐。亨廷顿在《变革社会中的政治秩序》一书中曾经有过这样的观点，即对知识分子和专业技术人员而言，物质的奖励当然是必要的，但是，相对而言，它的作用不如对劳动阶级的物质奖励所发挥的作用大，因为对于知识分子而言，他们更加看重的是一种比较性的价值评价。有时他虽然也获得了一定的奖赏，包括收入的提高等，但是，如果他发现其他同事所得到的奖赏比他多一些，那么，他仍然会感到一种相对剥夺，进而产生消极行为。所以，对文科老师来说，尽管也需要不断提高他们的收入，但是，最有效的动员方式并不是物资的刺激，而是一种精神的激励与内心的认同。因此，文科最重要和基本的管理与领导方式是与老师充分沟通，听取他们的意见与诉求，包括抱怨、批评，甚至发脾气，等等。同时，在将心比心、充分理解老师们的基础上，坚持原则，耐心地解释学校的有关政策与要求，并且实事求是地告诉他学校目前存在的困难，同时也一定要坚持公正地解决某些具体问题。所以，在我的日常行政工作中，大量的时间是花在与老师的谈话中。文科的老师几乎可以在没有任何预约的情况下，到我的办公室，推门而入。即使是在上下班的路上，我也时常被偶尔遇到的老师叫住，驻足而谈；甚至在晚上，一个电话可以说一个多小时。

有一次，我参加心理学系的活动。就在我即将推门进去的瞬间，我听到里面一个非常激昂的声音在叫喊道："等会儿谢校长来了，我也要跟他说说。"我走进心理学系的会议室以后，我并没有直接地追问这个问题，而是首先夸奖和肯定心理学系近年来所取得的成绩，表扬大家的努力。而当有的老师给我提出人事制度改革的有关问题时，我则是给他们介绍我自己当年面临类似问题的情况，包括压力与苦恼、较差的学习研究条件，以及自己的努力，等等。当然，我也不失时机地对某些现象提出了批评。后来，心理学系的领导反映，虽然大家仍然觉得有压力和困难，但都感到比较舒畅，了解了学校的政策，也明确了自己努力的方向。当然，我也有不耐烦的时候，有时也会发脾气。但总体上感到，让文科的老师感到在清华比较气顺，就是一种最有效的动员方式。

刘：我也感觉到文科老师和理工科老师在个性、气质上确实有较大差异。我们常常会发现文科老师普遍有一种比较喜欢较真的现象，而不愿意简单地接受学校的要求和领导的指示。但您觉得这种现象的原因究竟是为什么呢？

谢：我有时也会反思，为什么文科老师会有这样的特点呢？难道他们就把精神的东西看得如此重要吗？后来，我逐渐发现，文科老师的思维逻辑有一种价值理性的特征，即对任何事物和活动，不仅要追问其实现条件与操作工具,更喜欢追问其意义和价值。例如,学校在进行教学改革时,提出了以实效为根据的评价方式。当然,这种方式目前是国际上高等学校教学评估的重要方式之一,比较强调对学生学习成效的检测,特别是重视学习成效的可证明性,而不能仅仅是一种抽象的定性判断。但是,这个改革意见在征求意见时就遭到了部分文科老师的反对。他们从文科学习与人才成长的角度,反复强调这种可检测性的教学评估是不合理的。因为学生成长发展中有许多变化是不可能检测的,不可见的,过分强调学习成效的可检测性实际上是否定了某些缄默性知识的学习与相关能力的发展。类似的例子还有很多。总之,人们可以发现,文科的老师在讨论学校的有关政策和决定时,总是喜欢问一个为什么。如果他们心中的这个疙瘩没有解开,或者我们不能很适当地说明与解释学校有关政策或决定的道理,在实践中往往很难真正落实这些政策或决定。

刘:其实,我平时也看到了文科老师的这些现象和特点,但却没有从文科的内在规律和学科发展的道理这个角度去思考。这样,我也很能够理解您何以如此重视与老师的沟通。

谢:文科建设和发展的第三个非常重要的道理,就是学术刊物的建设是一个不容忽视的重要方面,它也是文科学科建设的基本内容。由此,文科的教师能够发表自己的学术事业与观点,也能够很好地建构学科的学术生态。所以,文科的建设和发展必须想方设法地发展和建设自己的学术刊物,包括以书代刊的各种学术出版物。党委书记陈希就多次亲自与校内外有关方面沟通,积极为文科各个院系和学科创办学术刊物,包括法学院的《清华法学评论》、经济管理学院的《清华管理评论》等,都是陈希一手促成的,它们对清华法学学科和管理学科的建设发挥了非常重要的作用。21世纪初的时候,清华文科只有《清华大学学报》(哲学社会科学版)、美术学院的《装饰》、《清华大学教育研究》三个学术刊物,老师们要发表文章很不方便。通过陈希的推动(包括他自己的亲力亲为)和大家的努力,清华文科已经基本实现了每个学院都有自己的学术刊物(包括以书代刊的出版物),而且,不少学术刊物在各自的学术领域已经成为了旗帜性的学术平台。

有没有自己的学术刊物,对文科学科的建设和发展是至关重要的问题。在这个方面,清华大学美术学院的《装饰》杂志就是一个最典型的例子。据我不完全和非专业的了解,这个杂志反映了设计艺术发展中最新的动态、进展,以及各种新的思想与设计活动等,汇集了设计艺术领域中前沿的研究成果与设计产品,也集聚了国内外设计艺术学科的发展与进步。目前,它已经成为了中国设计艺术的一个旗帜性的学术刊物,也是一个具有国际视野的设计界的学术刊物。年轻的设计艺术家在《装饰》上发表文章,对他们评职称都是非常有价值的。我们应该认识到,一个高水平的学术刊物,既是展示一个学科发展成就的窗口、一个传播学科社会影响的途径,也是一个与国内外其它学科交流的重要平台,还是展示该学科人才培养质量的窗口。甚至可以说,看一个学科的发展建设水平,其学术刊物就是一个最基本的指标与观测点。

正是由于学术刊物对文科建设的这种重要性,我刚来清华工作的时候,陈希书记就找我谈文科学报的事情。他对当时清华大学文科学报的办刊质量非常不满意,明确地指出,必须要把文科学报办好,这是文科建设的一个基本任务。也正是在他的领导下,在学校有关部门的支持下,通过历史系李伯重教授的推荐,我们将仲伟民教授调入清华,担任文科学报的常务副主编兼文科处副处长,全面自主地负责文科学报的工作。可以说,清华大学文科学报这些年真正是比较彻底地翻了身,不仅文章的引用率和转载率多年高居全国大学学报的前列,甚至是榜首,而且,很快地成为了全国高等学校学报的名刊。仲伟民教授也担任了全国高等学校文科学报学会的主要领导职务。文科学报的翻身与进步,既反映了清华文科的进步与成绩,又进一步提升了清华文科的学术影响力。

这里,我也可以给大家讲一个清华文科学报争创"名刊"的小故事。所谓的"名刊",是教育部为了提高大学学报质量而进行的一项评审活动。在全国数千家大学文科学报中争取成为"名刊"可不是一件容易的事。清华文科学报也一直在不断地加强自身的建设，努力朝这个目标发展。在 2010 年名刊的评审过程中，清华文科学报经过第一轮的通信评审之后，已经进入了会议评审的阶段。就在这个时候，学报编辑部的老师们心里是又高兴，又紧张。高兴的是经过如此激烈的竞争，清华的文科学报能够脱颖而出，进入到最后的会议评审阶段，已经充分说明了文科学报的成绩；紧张的是，在会议评审中，竞争将更加的激烈，而且，淘汰率也更高。在这种情况下，有些老师找我商量，在准备会议评审时，是否需要做一些"运作"的工作。这里所谓的"运作"，说得好听一点就是给有关的部门和专家进行沟通和汇报，让大家尽可能多地了解我们的工作成绩；更直白地说，就是拉关系，进行游说，争取更多的支持。坦率地说，这种所谓的"运作"在学术界已经成为了一种公开的秘密，甚至是一种学术界的"群众性的互助方式"，今天你帮助我，明天我也帮助你。这种风气已经渗透到了学术界的骨髓里，对中国学术的伤害也是内在的。实事求是地说，我也是非常矛盾。现实的情况已经不是你运作有问题，而是你不运作有问题。但我对这种"运作"没有一丝一毫的好感，实在不想参与其中。但如果清华大学文科学报能够成为名刊，不仅对学校是一个极大的荣誉，对我个人的工作也是一个充分的肯定。也不知道当时是哪根神经起了作用，我硬是否定了这个想法，我记得非常清楚的是，我对罗钢、仲伟民与刘石三位学报领导说，我们绝对不要去做什么"运作"的事情。能评上就做名刊，评不上也没有什么大不了的，我们清华应该有自己的学术原则。他们三位都非常同意和支持我的决定。也许真的是老天爷眷顾那些有良心的老实人，尽管我们没有做任何所谓"运作"的事情，但清华大学文科学报的办刊工作和成绩得到了众评委的充分肯定，2010 年非常顺利地通过了名刊评审，以第一名的成绩入选教育部高校哲学社会科学第三批"名刊工程"。

当然，我不仅关注学校文科学报的建设，而且也十分注意其它学术刊物的建设，包括以书代刊的学术刊物的建设。而这些以书代刊的学术刊物虽然没有正式的书号与刊号，但它们的学术含量也是非常高，在学术界影响非常大。据不完全统计,目前学校文科院系的学术刊物包括《清华大学学报(哲学社会科学版)》《装饰》《清华大学教育研究》《清华法学》《国际政治科学》《清华管理评论》《经济学报》《清华金融评论》《全球传媒学刊》《高校马克思主义理论研究》《社会主义核心价值观研究》《中国国际政治评论》(*Chinese Journal of International Politics*),以及各个院系自己主办的以书代刊的学术出版物。

　　我这里再给大家讲一个小故事。前些日子,著名的哲学家叶秀山先生不幸因病去世。大家都在称赞叶秀山先生在学术方面的成绩与贡献。我当然也十分认可。可是,许多人所不知道的是,叶秀山先生去世前曾经被聘为清华大学哲学系兼职教授。他不仅给研究生讲课,还主编了清华大学哲学系《西方哲学研究论丛》。当时,哲学系系主任黄裕生教授与我一起讨论这个刊物时,我觉得叶秀山先生能够来主持这件事,对清华哲学学科的建设和发展无疑是一件大好事。叶秀山先生来了以后特别负责任,对刊物给予了十分专业的指导,使得这份以书代刊的学术杂志很快得到了学术界的认可。

　　更有突破性的是,我们不仅积极争取在国内主办各种学术刊物,而且解放思想,利用各种机会,与国外学术机构或出版部门合作主办学术刊物。目前,已经主办这种国际学术刊物的已经有好几个院系,包括法学院、国际关系学系和教育研究院等。这里特别值得一提的是国际关系学系与牛津大学出版社合作主办的《中国国际政治评论》(*Chinese Journal of International Politics*,CJIP)。当时,国内对文科的学术刊物总量控制非常严,几乎没有创办新学术刊物的可能性。在这种情况下,国际关系学系的老师们打破常规,另辟蹊径,主动与牛津大学出版社合作,创办这个学术刊物。CJIP创刊于2006年,由清华大学国际关系研究院主办,阎学通教授担任主编,出版方为牛津大学出版社。CJIP主要刊登国际关系理论、东亚国际关系和中国对外政策领域的学术论文,特别注重论文的多元视角和理论贡献,着力挖掘东亚国际关系经验的理论意义。由于对稿件的质量要求严格,同时也坚持出版的程序与规定,2012 年 CJIP 被 SSCI 收入,并回溯至 2006 年(即 2006 年创刊以来发表的所有文章均收入了 SSCI 数据库)。截至 2016 年 9 月底,CJIP 是清华乃至中国主办的唯一的国际关系类 SSCI 期刊,创刊以来,CJIP 学术影响日益扩大,已成为中国对外政策、东亚国际关系及相关领域具有广泛影响的学术期刊。一批国际知名学者(包括秦亚青、阎学通、Barry Buzan、Ian Clark、Alastair Iain Johnston、John Mearsheimer、Helen Milner、Brantly Womack 等)已在 CJIP 发表重要论文,因而在国际关系学界产生了积极广泛的学术影响。2013 年 CJIP 获得首个影响因子(0.871),此后影响因子逐步上升(2014 年,1.000;2015 年,1.312)根据 2016 年期刊引证报告(Journal Citation Reports,JCR),CJIP 的最新影响因子上升为 1.594(5 年影响因子为 1.747),在 86 份国际关系类 SSCI 期刊中名列第 18,连续两年进入国际关系类 SSCI 期刊影响因子的 Q1 区,是亚洲地区排名最高的国际关系期刊,在政治学/国际关系/地区研究领域有关中国的 SSCI 期刊中影响因子排名位列第一,对清华国际关系学科的发展发挥了重要的作用。

刘:我现在明白了您为什么如此重视文科学术刊物的工作。而且,我也理解了清华文科学报与其它学术刊物的发展为什么会有如此快速的进步。

谢:文科建设的第四个十分重要的道理,就是它的"写意性"。换句话说,对于文科的管理,既要依靠行政命令与规则,更要通过思想进行管理。用一个非常简单的比喻说,文科的许多工作、内在的发展变化本身是看不见的,因而常常需要用一种看不见的思想去引领它,才能够真正地与它形成交融与共鸣。我有一次在给浙江大学做学术报告时,将文科比喻为一幅水墨画,说文科有许多东西并不是外在的,你看上去似乎非常的平淡,波澜不惊,但它的深处却可能是极富内涵与底蕴;有时你看上去好像是非常热闹,但很可能是金玉其表,败絮其中。所以,文科就像是一幅水墨画那样,好像没有油画那样的有一种视觉的冲击力,也没有工笔画那样的规范和精致,而常常是比较平和与恬静,但它内在的细微之处却能够让人们心潮起伏,它的内在写意性也能够让你流连忘返。我记得,冯友兰先生的女儿宗璞先生在上海的《解放日报》上看到我在浙江大学的这个演讲稿(这是《解放日报》在没有征求我的意见的情况下发表的),欣然给我写邮件,对我的这种说法表示极大的赞同,并且对我的工作给予支持。这种写意性正是文科的重要特征,由此也决定了文科的管理工作常常也需要一种写意性,一种有内涵的管理方式,而不能仅仅是一种行政命令。在清华文科的管理中,除了传达和贯彻学校的要求,我从来没有简单地以行政命令的方式布置工作,而更多的是提出问题和建议。尽管我对某项工作已经有了决定和基本的意见,我仍然想办法让它从院系领导和老师的嘴里说出来。这种思想的管理与领导是需要耐心的,是需要真正理解和读懂文科不同院系的学科和老师的心态的。

刘:您关于文科的这个比喻的确是非常的贴切,而且很形象。好像过去很少有人这样描述过文科的特点。刚才,您提到了一个非常重要的观点,领导与管理的不同。特别是在大学这样的学术机构里,管好"理",就是一种用思想进行领导。您又是如何认识和了解大学的领导与管理的不同的呢?

谢:这是一个非常关键的问题,也是大学领导非常重要的一种基本素质与管理能力。一般而言,领导是带领一个部门或机构发展和前进的综合能力,具备了这样的能力,你就能提出代表绝大多数人利益与追求的方向,展示一个比较具体而又有前瞻性的发展目标,描画一种让人们感到兴奋与激动的前景,也能通过具体的政策与措施让群体成员相信这个方向、目标与前景是可以实现的。管理则更多的是一种为了实现发展目标而采取的手段与措施,是一种执行力的体现。从学校的管理层次而言,学校领导更多的应该是一种领导力,而职能部门则更多的是一种管理力或执行力。当然,对于大学的领导而言,领导力是非常关键的,直接影响学校的发展方向与长远目标。而且,必须指出的是,大学的这种领导力绝不仅仅是一种行政命令,对于高层次的知识分子和学术活动而言，这种领导力必须是一种思想，一种能够让大家兴奋的精神，一种在大家头脑里隐隐约约感到，但又不能清晰地表达出来、同时具有高度关联性的好主意。这与管理是不一样的。这也是管好"理"的最重要的意义与价值。只有把学校和教育的这个"理"管好了，才是一种内在与精神的领导。

刘：大学管理与领导的这种思想性或艺术性，的确是非常重要的。我体会，您这里所说的思想领导，已经可以说是一种带领人、团结人、激励人的艺术了。您能否举一个例子说明这种思想的领导？

谢：思想领导的方式当然是多种多样的，但有一个基本的特点，就是你能够提出让大家感到兴奋，甚至有点刺激性的问题和建议，或者是你能够提出某个新的概念，让大家产生一种欲罢不能、欲罢不忍的冲动。这里，我给你讲一个清华大学美院工艺美术学科发展的故事。

清华美术学院工艺美术学科近年来的成绩是非常突出的，包括在南通的系列展览、在国家大剧院的精品展等，都充分反映了中国近年来工艺美术的进步与发展。然而，对于这样的展览，我也一直有点不满足，我更关心的是，这样精美的工艺品和工艺美术，如何才能够得到社会更多的重视，怎样才能够在艺术理论上得到进一步的总结和提升。为此，我曾经多次向林乐成、李当岐、张夫也、尚刚等讨教过这个问题。有一次在漆艺展的开幕式上，我自己甚至很大胆地"跳"了出来，在致辞中，有意对展览名称中的"当代工艺美术展"中的"当代"两字进行发挥。我记得我有意以一种求教的方式说，这个展览的名称是"当代"工艺美术，那么，它是不是意味着有一种"传统"的工艺美术呢？它是不是表达了一种与"传统"工艺美术不同的变化与进步呢？如果说，这种"当代"反映了工艺美术的时代发展和艺术创新，那么，我们如何诠释这种新的工艺美术呢？当然，我是一个完全的外行，无知者无畏吧！但是，我在私下里了解到，不少人对我的发言表示了认同。当然，这并不是我个人对工艺美术本身有多少了解，而是从清华文科建设的角度，希望工艺美术学科能够进一步弘扬中华民族的优秀传统文化，并且不断与时俱进地创新和突破。同时,我也希望我们的工艺美术不仅仅有精湛的作品,而且也有深邃的理论;不仅有丰富的历史遗存,而且也有新时代的与时俱进。这也是我将工艺美术学科作为一个典型和重点支持的学科建设的初衷。而且,这种想法实际上也是来自美术学院李当岐先生的启发。有一回,在北京奥加博物馆举办清华工艺美术系的展览,我也被邀请出席。我一走进博物馆大厅,展览的名称一下子就打动了我——"正在改变的传统"。据说这是李当岐先生的创意。坦率地说,我是非常欣赏李当岐先生的这个题目的。因为它的确触及了一个艺术和文化上的根本性的问题:传统与现代的关系。这也反映了李当岐先生的学术视野和对基本艺术理论的探索精神。

更让我感到兴奋的是,就在当天晚上的展览开幕式上,就有几位德高望重的艺术家对这个展览的题目发表了各种不同的意见,由此也充分表明了这个题目的重要性和受关注的程度。开幕式之后,我还多次与美术学院的领导谈起这个问题。有一次,我跟时任美术学院党委书记的赵萌老师说道,如果清华美术学院能够从这个话题出发,掀起一场全国性的学术讨论,那该是多么好的一件事呀!赵萌也非常赞同这个想法。后来,虽然这个学术讨论没有开展,但关于工艺美术现代化的话题却始终是清华大学美术学院的一个探索性的课题。后来,在深圳的一次"从洛桑到北京"的纤维艺术展览的学术讨论会上,我又一次提出了关于纤维艺术的理论建设的话题,而且,希望由此真正能够引领整个工艺美术学科的现代化建设。林乐成教授告诉我,到会的纤维艺术家也非常认同我的讲话。我想,其实这不就是纤维艺术家们的心愿吗!如果我们在文科建设发展中能够把文科老师们的心愿与追求表达出来,这不就是最好的引领和管理吗!

刘:我也在美院参观过几次纤维艺术的展览,初步感受到了这些作品的艺术之美,但没有想到纤维艺术的发展中还有这么多的故事!而且,我由此也基本能够理解什么是一种思想的领导了。另外,您刚才讲到这种思想的领导还可以通过一种概念的方式体现出来,这究竟是如何实现的呢？

谢：这还是纤维艺术的故事。记得有一次在南通举办的"从洛桑到北京"纤维艺术双年展筹备会议上，我作为学校领导和纤维艺术家的老朋友，也在会上做一个发言。虽然看上去我的发言是一种即兴的形式，我精心考虑并提出的一个概念，就很快地得到了林乐成等纤维艺术家的认可。这就是"格局"的概念。因为究竟用一个什么样的概念来表达"从洛桑到北京"纤维艺术双年展的定位呢，其实是一个挺难的问题，太抽象了肯定不行，太通俗了也不提气。反复思考以后，我觉得比较能够充分反映林乐成教授的纤维艺术团队定位的概念就是"格局"。因为林乐成教授及其团队的艺术家不仅能够在国内推动纤维艺术的发展，而且能够走向国际，带动整个国际纤维艺术的交流与合作，而这是目前许多其他艺术家和艺术门类很少能够企及的。而这样一种做事的方式，恰恰体现了一种大格局，即现在的纤维艺术是全球性的，是着眼于全人类不同民族的共同体的。事实证明，我的考虑是正确的。当我用"格局"这个概念表达对"从洛桑到北京"纤维艺术双年展的定位以后，许多参加筹备的艺术家纷纷表示赞同，而且在后续的多次活动中逐渐使用这个概念表达纤维艺术的定位。我后来总结自己的这个经验时，也逐渐认识到，如果能够选择和使用一个适当的概念对老师们的工作给予肯定和评价，那它对他们的激励和引领作用是非常大的。当然，这也是思想的领导与管理的一种方式。

其实，参加文科的各种活动，都是你实现这种思想领导和管理的重要机会。在这种场合里，如果你能够发表一个针对性强而且有思想性的讲话，本身就在传达领导的要求，体现学校的导向。所以，文科的老师们都知道，大凡我去参加文科某个院系或学科的学术活动，他们一般都用不着给我起草讲话稿。因为他们也都知道，即使给我准备了讲话稿，我一般也不会按照讲话稿去讲，而通常都是有自己的思路和观点，包括在外事活动中也是如此。而我一般也都会事先考虑和准备我的发言。例如，有一次参加心理学系举办的国际积极心理学大会，我也同样没有使用心理学系给我准备的讲话稿,而是列举了一个苏东坡与高僧佛印互相调侃的故事,说明积极心理学的意义与价值,由此也对心理学系开展积极心理学的研究给予了充分的肯定,并且也借此祝福所有参会的专家与学者。让我没有想到的是,心理学系主任、著名心理学家彭凯平教授事后在多个场合提到我的这个讲话,并且给予了很高的评价。

刘:您这样做是相当不容易的。即兴地讲一两次可以,但如果能够始终坚持这种即兴的讲话和发言,那的确是要下一番功夫的,当然更需要平时的丰厚积累。除此之外,您觉得文科的建设发展还有什么特别的道理吗?

谢:我觉得文科建设发展中还有一个非常重要的规律或道理,就是文献资料是文科建设最重要的资源之一。或者说,评价和反映一个学校文科的底蕴与积累程度,非常关键的一个重要指标是学校的藏书与文献资料。过去陈希书记经常给我讲的一个故事就是,当年蒋南翔校长在1950年代初院系调整,根据国家的要求,老清华的文科全部并入北京大学等校时,却坚持保留了30多万册(套)文科图书,没有随学科的调整调入北京大学。这个故事也让我深深地认识到图书资料对文科的重要性。也正是在这种认识的基础上,大约在2008年前后,清华文科又做了一件可以说是史无前例的事,即把美国康奈尔大学的一个文科图书馆的全部藏书整体性地购入清华大学。

康奈尔大学是美国常青藤盟校之一,排名美国高校前十名之列,与清华大学有着长期友好合作关系,互为姐妹学校,两校图书馆也有着长达十余年紧密合作与交流关系,每年都有两馆领导和馆员互访,在数字图书馆项目建设上也有着密切的合作。2008年11月,清华图书馆馆长薛芳渝应邀参加康奈尔大学东亚图书馆成立90年庆典及学术活动,其间拜访了康奈尔大学新任图书馆馆长安妮·肯尼女士。在交谈中,肯尼馆长表达了继续加强与清华图书馆合作的强烈意愿。当薛馆长介绍清华大学为加强文科建设正在筹建新的文科图书馆时,肯尼馆长主动提出,由于他们正在调整改建馆舍,准备将其中一个分馆的整体文科馆藏(复本)9万余册有偿转让给其他图书馆,如果清华大学需要,他们可以优先优惠转让给清华大学。她特别强调,这批图书是该校图书馆经过几十年精心挑选、系统收藏的在用馆藏,具有完整的收藏体系。薛馆长返校后即向学校有关领导作了汇报,并将康奈尔图书馆随后发来的书目征求了人文学院部分教授的意见。被征求意见的大部分教授认为,此批图书覆盖学科面广,其中不乏经典之作和有价值的学术著作,可以在一定程度上弥补我校文科外文图书匮乏的情况,值得收藏。例如,教育研究院史静寰教授认为,"这批书比较有价值,有不少是属于教育学科的名著。"外语系陈永国教授认为,"从目录看,语言与文学类书籍都很好,有很多是经典,语言学、文学批评和文学理论方面的书,都是我们学校所没有的,但又是研究所必备。接受这批书对充实我校图书馆人文和社会科学书库无疑非常重要,将对教师和学生的学习和研究助益匪浅。"历史系张国刚教授认为,"这批书对于清华历史系很重要。50年代以后的西文史学著作,我们所存甚少。有些书在国内难以寻觅到,例如对美国地区史的研究。"

7月10日,薛芳渝馆长专门向学校校务会议汇报了关于康奈尔大学图书馆有偿转让文科图书事宜。与会校领导经过讨论,决定筹资购入这批馆藏。

2009年10月24日—11月4日,受美国康奈尔大学图书馆馆长肯尼的邀请,我带领文科处苏竣处长、人文学院党委书记王孙禺教授、国际交流处夏广智副处长和薛芳渝馆长组团前往康奈尔大学考察并落实该批馆藏转让事宜,并同时访问斯坦福、哈佛等大学,考察文科图书馆建设及其它合作事宜。10月30日—11月1日清华大学代表团访问了康奈尔大学,实地考察了这批图书,认为其内容和质量适合我校收藏。第二天两校图书馆长正式签署了康奈尔大学向清华大学有偿转让文科类馆藏复本图书的协议,同时签署了两馆学术交流与合作谅解备忘录。此后,两馆馆员共同合作,经过半个月的努力,完成了该批图书的清点和打包工作,并于2010年3月2日和5日顺利运抵清华。

这批图书经过整理编目后,入藏了新建的文科图书馆,于百年校庆文科图书馆开馆之际开始为全校师生提供借阅服务。这批图书内容涵盖哲学、心理学、政治与社会科学、历史、语言与文学、教育学、法律等学科,出版时间自 1854 年至 2007 年,极大地丰富了清华图书馆的文科馆藏,为加速发展我校文科建设提供有力的文献资源保障。其中有不少是经典丛书,在北京乃至全国都是独有的,因此不断收到来自校外对这批图书的借阅请求,自 2014 年起,图书馆开放了这批图书的馆际互借服务,使这批图书得到了更广泛的利用。

非常有趣的是,在这个收购的过程中,为了能够最大程度地为节省费用,在商谈价格时做到心中有底,我与苏竣、薛芳渝、夏广志、王孙禺等人在前往康奈尔大学之前,便抽空先在旧金山的旧书店了解市场行情,包括美国旧书市场的一般价格。而到了康奈尔大学以后,又直接到图书馆,分头查看馆藏的图书,等等。由于这个图书馆多年使用率不高,许多书架上都积满了厚厚的灰尘。我和几位同事在书架之间钻来钻去,弄得一个个灰头土脸,非常狼狈。在实地考察以后,我们发现这个图书馆是一个非常有价值的宝贝,它不仅有数量非常丰富的图书收藏,而且还有许多十六七世纪的人文和社会科学的图书,这对于文科来说,实在是非常珍贵的。当然,康奈尔大学也是知道这个图书馆的价值的,提出了不菲的价格要求。而我作为一介书生,却仍然死乞白赖地希望对方降价。也许这种书生气还真的有点作用,对方又提出给我们附加一位老教授赠给康奈尔大学的 1 万多册图书。就在这个过程中,还发生了一件让我们没有想到的事。康奈尔大学的部分老师和学生听说学校要出售这个图书馆,正在酝酿向学校提出抗议,力求阻止校方的决定。当然,事不宜迟,我在当天晚上就与主管财务的常务副校长陈吉宁打电话,汇报实地考察和谈判的情况,特别是价格的情况。在这个事情上,多亏了陈吉宁的果断,他在电话里就非常明确地决定,接受对方提出的价格,并且马上签署协议。就这样,这批非常珍贵的图书顺利地来到了清华大学。据说,收购这批图书的故事在国内的图书馆界和文科领域都传为佳话。

刘:听您这样介绍和分析,我觉得您这样做是不是有点老子所谓"无为而治"的味道啊! 我听说您对老子的《道德经》很有研究,是不是老子的某些思想也对您有一定的影响呢? 或者说,您把对老子的研究与您的文科管理工作有机结合起来了?

谢:我的确对老子的哲学思想有一定的兴趣和研究,而且非常佩服老子的智慧。现在对老子的思想,特别是他的《道德经》有许多误解,认为那是一种消极的思想,或者是一种人生的狡黠,等等,这是比较片面的。仅仅从《道德经》最后两句话看,所谓"圣人之道,为而不争",就非常明确地说明了老子并非真的是"无为而治",而是要按照事物的客观规律去办事。他这里所谓的"不争",指的就是不要违背"道"这个客观规律。所以,我觉得不仅是文科,在许多方面我们都可以借鉴老子的思想。

过去,也曾经有人认为梅贻琦校长的管理是一种"无为而治",其实这是一种误解。根据有关材料介绍,梅贻琦非常尊重清华"教授治校"的民主传统。他也的确常称自己"无为而治","吾从众"。但这并不是他没有主见,而是他能够充分尊重教授们的治校意见,而往往在大家热烈的讨论中折中定夺,让大家都能满意。这也就是梅贻琦治校成就卓著的一大秘诀:垂拱而治。

当然,我不能与梅贻琦校长的境界和水平攀比,但我的确非常欣赏他的这种智慧和思路,甚至不自觉地在模仿他的某些做法,特别是一方面充分听取和尊重文科老师的意见和想法,保持与大家的一种无中介的接触,及时了解老师们的想法,包括对学校工作的一些不同意见,以及不同学术背景和学科的老师对学校有关政策在认识上的分歧,等等;另一方面,也能够以一种比较积极的方式,引导文科的发展。我现在可以非常骄傲地告诉你,正是这种与文科老师的亲密接触,让我获得了许多的启发,也对我客观、全面认识清华文科的状况与形势,产生了非常积极的帮助作用。记得有一次陈希书记在与我讨论文科建设的有关问题时,他也非常有感慨地说,文科的领导与管理不能太强势。我觉得,他是一个真正懂文科的领导。

四、建设性的批评

刘：在您谈到文科建设的"道理"时，我一直认为现实办学过程中客观存在着一个非常敏感、但又不能不提的一个问题，就是如何处理好文科发展创新与意识形态的关系。从我个人所见所闻，清华文科近年来好像还是非常的平稳，没有出现什么意识形态方面的问题和突出的事件。

谢：我知道你肯定会提出这个问题，很多人都向我提出过类似的问题。而且，任何从事文科领导和管理的人，也都会遇到这个问题。它在文科建设发展中是绕不开的。你也注意到了，近年来清华文科虽然在各个方面都取得了非常明显的成绩与进步，有些观点也得到社会和政府的高度关注，在思想理论上也有不少的突破与创新，在某些方面，似乎有时也会冒一点小泡泡，但总体上仍然是比较稳定和平静的，进而保证了清华文科的健康发展。而且，在社会公众的心目中，清华文科以及整个清华大学一样，是可靠的、值得信任的。这种基本的信任实际上也是清华文科在近年来建设发展的一个十分根本且与学术成果同样重要的成绩。尤其是对于清华文科来说，这种稳定与信任是格外重要的。有些事在其它学校也许并不是什么问题，可是在清华却可能引起社会的强烈反应。换句话说，清华的事情很容易被"放大"。据说有些新闻媒体在清华还有所谓的"线人"，专门在第一时间给媒体提供清华的新闻线索。所以，在我看来，这种社会公众的信任对清华文科的发展是非常关键的，甚至是关乎清华文科命运的。它决定了社会对你的基本态度，构成了一个大学或学科发展的社会基础，甚至直接影响你的招生和学生的就业，以及争取更多的社会资源，等等。你也可以想象，如果一个大学总是发生这样或者那样的事情，总是在意识形态上出现这样或者那样的问题，社会公众会如何看待你这个学校呢？它也就意味着这个大学或学科失去社会公众对你的基本信任，在这种情况下，整个大学或学科的发展还有什么意义和贡献可言呢？

从学校的角度说，我们有一个十分清醒和坚定的原则，即文科的建设发展必须坚持社会主义的办学方向，为国家富强和民族复兴的伟大事业服务，文科发展的宗旨应该是推动中华民族的文化和社会发展不断向前，而不能是一种单纯批评或者消极的力量。这是清华文科建设和发展最基本的定位。

刘：在清华这么大、位置这样显眼的学校，要真正做到这一点是很不容易的。那么，清华文科是如何做到这一点的呢？从您个人的角度看，有没有什么比较成熟的经验呢？

谢：从文科建设的实践来说，还不能说有什么经验，而只是一些初步的体会。简单地说，这些体会大概可以归结为以下几个方面：

首先，在文科工作中必须保持高度的政治敏锐性和政治鉴别力，对鱼龙混杂的思想观点，要辨析甄别，过滤净化，绝对不能让各种错误思潮以各种形式在高校存在、发展，并通过对课堂、讲座、论坛、报告会、研讨会等的管理，保证校园的和谐稳定。同时，我们还应该看到，思想活跃是高校，尤其是文科的重要特征。各种思想观点在这里交汇，各种价值观念在这里碰撞。文科建设应该在坚持方向的基础上，秉持尊重差异，包容多样的态度，在多元中立主导，在多样中谋共识，在多变中定方向，让一切有益思想文化的涓涓溪流汇入主流意识形态的浩瀚大海。所以，要客观地认识和承认批判性和差异性是文科的学科特征与学术属性，而且也是文科创新发展的一种基本形式，甚至是它的一种优势。离开了这种差异性和批判性，就谈不上文科的发展。因为文科本身包括两个大的部分：一是人文学科，主要是一种关于价值与意义的研究与探讨，它反映和体现的只是一种价值引领下的选择与偏好；二是社会科学，它也是一种科学，具有内在的客观规律，但是这种社会科学的规律与自然科学的规律又是不同的，它涉及人的参与与主观意愿，所以有多元化的现象。然而，文科的这两个部分都有一个共同的逻辑，即按照一种"应该如何"的逻辑分析和评价现实问题，由此形成的结论与看法常常与现实产生矛盾和冲突，进而形成一种对现实的批评。这就是文科的基本特征。所谓"独立之精神、自由之思想"，正是十分精炼地指出了文科的这种内在的批判性特征。建设和发展文科，就要尊重它的这种批判性和批判精神。这是一种建设发展文科的基本态度。2003年10月，校长顾秉林院士在"大学文化论坛"上就非常明确地指出，"我们要尊重学术发展的规律，贯彻百花齐放、百家争鸣的方针，允许不同观点的争论，提倡学科交叉，给学术发展创造宽松的环境"。

我们要认识到，这种批判性并不意味着它就是反对或否定现行的政策，也并不是站在现实的对立面，相反，它也是推动和促进社会经济文化发展的积极力量。它能时时提醒我们不断认识和分析自己的不足与缺陷，也能经常地告诉我们，也许还有更好的方案与办法去实现我们的目标；它还能够不时地告诫我们，尽管眼下风和日丽，太平盛世，但仍然存在某些可能的风险与危机，等等，而这些都是文科的重要价值和意义。对此，梅校长有一段十分精彩的话："宋儒安定胡先生有曰：'《艮》言思不出其位，正以戒在位者也。若夫学者，则无所不思，无所不言，以其无责，可以行其志也；若云思不出其位，是自弃于浅陋之学业。'此言最当。"在梅贻琦先生看来，"其'无所不思'之中，必有一部分为不合时宜之思；其'无所不言'之中，亦必有一部分为不合时宜之言。亦正惟其所思所言，不尽合时宜，乃或合于将来，而新文化之因素胥于是生，进步之机缘，胥于是启，而新民之大业，亦胥于是奠其基矣"（《大学一解》）。

其次，积极主动地对文科的这种批判性进行有效的引导，特别是坚持一种建设性的取向引导文科建设发展中的这种批判精神，包括各种对现实的批评与意见，则是非常必要的，也是文科管理的责任。所谓"建设性"，简单地说，就是以一种为使现实和政策更加完善的目标进行批评和提出建议。其实，清华文科的许多老师都有这样一种自觉性，即以这种建设性的取向对社会现实和有关政策进行批评。我可以告诉你，清华文科的某些关于现实问题的政策分析报告，经常能够对改革中的某些敏感问题和突出的矛盾进行非常深刻的分析，并且提出一些非常独特的建设性意见与建议，广受社会关注，政府有关部门和机构还专门索要报告。研究报告的某些内容也通过不同的方式与途径转化成为了国家有关政府部门的政策，产生了积极的社会效益。

刘：您说的"建设性"，能否有一个比较准确的涵义呢？或者说，这种"建设性"有没有几个基本的要素或特征，作为人们判断和借鉴的依据呢？

谢：这是一个十分有意义的问题，从清华文科建设的实践与思考来看，这种"建设性"的具体涵义大概有这么几个方面的意思。

首先，它反映的是一种基本的立场，一种建设性的立场，即立足于建设中国特色社会主义和中华民族伟大复兴的基本立场，这个立场决定了研究问题和批评建议的基本取向与态度。这是一个最根本的涵义。

其次，这种"建设性"还表现在，它绝不是对政策方向或目标的批评或否定，而更多的是一种对具体途径、实现方式或措施等的批评和建议。这是一个非常重要的判别标准。实际上，大家也可以发现，近年来清华文科的若干研究报告，包括公开发表或是内部发表的研究报告，虽然其中也包含了批评，但它们与国家的基本方向路线与目标都是非常一致的，而更多的是一种对具体路径、措施与手段的批评与建议。我相信，这样的研究报告对国家的发展是非常有利的。有一次，文科的某位教授告诉我，我们某个部委在一次国际活动中的有个观点是不妥当的，可能产生不利的影响，应该向政府提出来。我也非常支持他的意见。后来，我们与这个部委的领导在商讨随后的另一个国际会议时，这位领导也非常主动地提出了上次国际活动中那个观点存在的问题，希望我们在正在筹备的这个国际会议中通过某种方式进行调整和完善。这个故事也充分说明了文科的这种建设性批评也是政府所需要的。从我自己的工作实践中，这样的例子也是不少的。

　　我个人的第三个非常重要的体会是,一定要客观地、实事求是地,以一种科学的方法和宽大的胸襟来听取和对待文科老师们的某些批评和意见,甚至是某些刺耳的话。这也是一个维护和谐稳定的重要因素。对此,顾秉林校长曾经有过一些非常重要的讲话。他在好几个场合对文科老师的各种批评声音表示了自己的态度,并且对清华的文化传统进行了非常积极的解读。他在 2008 年 12 月的文科专题研讨会上谈到清华校风中的"行胜于言"时,非常明确地说道:"清华的校风是行胜于言,但这不等于不言,我们提倡的是言必求实、言必求是。对文科来讲,不言则无法反映学者的思想。特别是在我们国家转型时期,在学术创新过程中,要更加鼓励学者深入实践,说真话、说实话、说新话,反对说假话、说空话、说大话,还要能容忍学者说错话、说刺耳的话、说不对学校口味的话。"他还把陈寅恪先生给王国维先生墓碑起草的碑文中提倡的"独立之精神、自由之思想"作为清华的校箴,强调其重要性和对清华的意义。他在 2009 年清华大学国学研究院成立大会上,对国学研究院的发展所提要求中,明确强调了对学术自由的尊重。他说:"陈寅恪在为王国维先生所撰碑文中讲到的'独立之精神、自由之思想',集中反映了那个年代清华学人的精神品格,是老国学院留给我们的至为宝贵的精神财富。当年的清华国学院之所以能够沉潜坚定,不受反传统文化观念的影响,又能够荟萃英才,和而不同,端赖于此。今天我们仍然要提倡独立思考、学术自由,希望大家一方面像陈寅恪先生在王国维纪念碑碑文中所写的那样,'脱心志于俗谛之桎梏',敢于突破思想的束缚,尊重不同学术观点的争鸣,大胆探索,促进学术创新;另一方面像梁启超先生所说的那样,'明其道不计其功',挡得住现实的诱惑,潜心学问,沉潜与通达相结合,真正站在时代的前面,引领社会思潮。"应该说,顾秉林校长的这些观点,对清华文科的建设,包括智库的建设,是非常重要的。我记得,当时许多文科的老师听到这些话时,都感到了一种对文科老师的信任和理解,以及对文科建设的支持。实际上,在许多场合,学校领导对文科都是非常包容和支持的。这对我的工作也是一个非常重要的支持。

刘：您说得非常有道理，但是，尽管学校强调这种建设性，也能够容忍某些尖锐和刺耳的声音，但现实中是不是的确也有个别并非是建设性的批评呢？有些明显是错误的言论难道就可以听之任之吗？对此，学校有什么办法吗？

谢：对于某些非常极端的批评和错误的声音，学校当然不能置若罔闻，必须明确自己的原则和态度。例如，曾经有一个文科的年轻教师不顾学校的劝告和国家的规定，多次做出一些不当行为。对此，学校则是非常坚决地停止了这个老师的聘任。这样的人是不能够在清华工作的。当然，我们也必须合理合法地处理这样的问题。

有一次，在一个院系的座谈会上，有一位海外回来的学者给我提出了一个问题：如何看待大学的学术自由？我当时非常平静但很坚决地告诉他，你可以探讨任何你自己感兴趣的问题，这是你的学术自由。然而，我也要强调的是，学术研究无禁区，但讲课是有纪律的，而行动则应该合法。我进而解释道，学校不能限制你研究什么问题，但学校课堂是一个公共场所，所以讲课应该是有纪律的，应当符合公共场所的要求；而大凡有什么实际行动，则应该符合法律的规范。他听了以后，完全同意了我的观点。从另外一个角度说，一方面，学校非常明确和始终坚持这个原则，另一方面，我们在处理具体问题时，则是"两条腿走路"的方式。因为在现实中的确有极个别的人是比较难做工作的，有时甚至出现把学校或院系领导跟他的谈话，捅到媒体上面去。所谓"两条腿走路"，是指在这种情况下，一方面通过比较正式的途径与当事人谈话，做工作，明确提出学校的要求，并且采取有效的措施；另一方面，则是通过那些与当事人比较熟悉的同事去做工作，说明利害关系，希望当事人好自为之，不要给自己和给学校添麻烦。根据我的经验，这样的方式常常比较有效，能够避免把个别当事人推到对立的方面去,同时也减少了解决问题的成本,更加重要的是,能够比较平和地缓解矛盾,尽可能将事情的影响降到最小的程度。这也是清华文科近年来发展比较快、影响力逐渐扩大的一个十分重要的内在原因。

第八章

形散神不散
——文科教师的队伍建设

所谓"形散，神不散"，本来是一句描述散文的写作风格的说法。用这句话形容文科教师队伍的建设模式，却是非常贴切。文科的工作说起来是非常复杂的，涉及许多因素。其实，也非常简单，那就是，只要做好了教师的工作，文科的事情就好办了。所以，文科的管理，说到底就是人的管理。当然，文科建设发展中人的问题也的确是比较复杂的，但它也有一定的规律。近年来清华文科的建设和发展的一条非常重要的体会，就是在似乎比较松散的教师生态里，不断增强大家内在的凝聚力与对清华大学的认同感，形成一种"和而不同"的格局。

一、"精英荟萃，一盘散沙"

刘：您用这两句话作为本节的标题，着实让我觉得有点奇怪。难道这是您对清华文科教师队伍的一个评价吗？它似乎褒贬兼而有之呀！

谢：这句话的"版权"可不是我的。它也是一个非常有趣的故事。2004年初，我刚刚调入清华大学工作，有意识地找部分教师进行调研，听取大家的意见与建议时，历史系的著名教授葛兆光当然是我拜访的对象。而且，他与我还有不少渊源：他的兄弟是我在厦门大学的同学，他的太太又是我在中国社会科学院研究生院的同学，所以彼此比较熟悉,谈话起来当然也就非常放得开。我记得非常清楚的是,葛兆光教授在给我介绍了许多清华文科的基本情况、特点与矛盾以后,特别意味深长地告诉我,清华文科的教师队伍可以说是"精英荟萃,一盘散沙"。这句话让我印象非常深刻,难以忘怀。而且,我完全理解他的这句话的涵义,认为他的概括非常形象地道出了清华文科教师队伍的现状与特点。

大家都知道,1990 年代以来,清华大学为了加快文科建设发展的步伐,在文科许多领域基本上空白的情况下,采取非常积极和特别的政策,从国内外重点高校大力引进一批比较优秀的教师,为清华文科的发展奠定了基本的构架与基础。在这方面,原党委副书记胡显章与校长助理李树勤等同志做了大量的工作。他们以一种极大的诚恳和充分的热情,介绍清华文科发展的前景,吸引他们来清华工作。直到今天,我仍然认为他们的工作是一种非常重要的基础性工作,对清华文科建设和发展的贡献是历史性的,不可替代的。这批引进的教师与清华原来的文科教师一起,形成了清华大学文科发展的基本队伍,为清华文科的建设和发展作出了非常重要的贡献。实事求是地说,尽管与 1930 年代前后清华大学文科的教师队伍比较,在学术水平和学术地位方面还有一定的差距,但还是达到了相当的水平。以中文系为例,1935 年,教授有陈寅恪、刘文典、王力、闻一多、杨树达、俞平伯、朱自清,讲师有唐兰、赵万里,浦江清是专任讲师,许维遹和余冠英是教员,系主任是朱自清。现在中文系的教师队伍不仅在规模和学科领域等方面都有一定的扩展,而且也汇聚了一批非常优秀的学者,如傅璇琮、格非、黄国营、江铭虎、蓝棣之、刘石、罗钢、孙明君、汪晖、王中忱、解志熙、谢思炜、徐葆耕、张海明、张美兰、赵丽明,等等。他们在学术界也是顶尖的高手。而在法学院、社会学系、经济系、历史系、哲学系等,都汇聚了一批年富力强的非常优秀的学者。汇聚四面八方、且学术师承与背景不同的优秀教师,从理论上说,清华文科应该具有一种学缘结构的优势。因为他们可以将不同学校和学科的特色带到清华来,形成相互学习、取长补短、相得益彰的优势,进而在客观上给学生带来一种不同思维方式和视角的碰撞与激荡,促进思想与理论的探索与创新。

然而,从近期队伍建设的实践来说,这种状况也存在一定的问题,那就是如何将这些有不同师承脉络与学科传统,已经形成了自己的学术风格,并且有了一定名气的优秀教师整合在一起,否则就会出现葛兆光所说的所谓"一盘散沙"的现象。显然,这将直接导致整个教师队伍的涣散,很难形成合力,对院系和学科发展的重大问题,特别是一些具有战略性的发展方向问题,很难形成共识。彼此之间常常是各干各的,凑不到一起。在出现某些利益分配问题时,则往往发生矛盾与冲突。在个别院系,这种状况甚至发展成为不同的利益群体和小圈子。有一个学院在学术委员会讨论人才引进等重大问题时,常常是赞成票过不了规定的比例,以至于常常需要学校直接作决定,由此也进一步强化了学院内部的矛盾。每次遇到这样的情况,我总是要在学校有关会议之前仔细了解投票中差异的原因,尽可能做好工作,努力避免留下后遗症。有些领导和同事出于对文科和我的关心,提出引进人才的工作是学校的权力,可以不管院系的投票情况,学校决定就行了。我也知道这个规则,但现实情况是,这样做的后果往往是进一步强化了原有的矛盾,加剧了现有的冲突,形成一种恶性循环。这种彼此之间在师承、学术观点,以及成长背景上的差异,以及由此形成的难以整合的格局,就是葛兆光所说的"精英荟萃,一盘散沙"的现象。其实,问题绝不仅仅是葛兆光所说的这种"一盘散沙",更重要的是,这种现象也直接影响了部分文科老师对清华文化的认同。

刘:您这样说,我现在就能够理解这个话的涵义了。但是,为什么说它影响了部分文科老师对清华文化的认同呢?这种认同对文科的发展是否产生了什么影响呢?

谢:其实,这是清华文科建设和发展中最困难的问题和挑战。当然,能否承认文科的特点,进而尊重文科的这种特殊性进行管理,是清华文科建设和发展中的一个"坎";同时,能否真正地认识文科的价值与意义,进而真正尊重文科的价值,也是文科建设和发展一个更加深的"沟"。然而,在我看来,更重要的是文科老师来到清华以后,对清华文化的认同，这直接影响到这些老师对清华文科建设和发展的参与，以及对清华各项改革政策的基本立场与态度，等等。在我与不少近年来逐渐调入清华的文科老师交谈时，有些老师的话语模式已经非常明显地证明了他们与清华的关系："他们清华"如何如何，"你们清华"与我们不一样，"我们过去是这么做的"，等等。其中特别值得一提的是，作为整体与清华合并的原中央工艺美术学院的老师们，则常常是把清华称之为"大学"如何如何，表现出一种比较生分的情感。毫无疑问，这样一种关系对文科建设发展是非常不利的。尽管各个教师自己也能够做出一定的成绩，但很难有大的作为，特别是不能形成清华文科的整体力量与优势，而且这种涣散的局面也很难维持队伍的稳定。实事求是地说，近年来清华文科几位非常优秀的教师被其它大学挖走，也不能不说与这种问题及由此形成的矛盾有关。更加重要的是，这种现象与清华大学本身高度的组织化文化和特征是非常不一致的，由此将直接影响文科乃至于整个学校的发展。

这里还需要说明的是，文科老师在工作方式方面的这种松散性的重要原因之一，就是他的研究和教学工作的独立性，或者说，他的学术与学校的整体规划或提供的条件之间的关系往往并不十分密切。与理工科老师不同的是，他并不需要学校太多的物资条件方面的支持，不需要实验室，不需要所谓的团队，也不需要太多的经费。所以，他与学校的关系是非常松散的，更多的是一种精神的关系，一种文化的关系。因此，文科老师，尤其是优秀教师，往往也是最不稳定的，很容易被挖走。看不到文科教师队伍的这种特点，以为增加一些收入，提供更好的办学条件与更多的经费，就能够稳定队伍，增强认同感，往往很难达到目的，也很难真正增强文科老师的凝聚力。

刘：看来对清华文科建设的困难，我们过去一般的认识还是比较简单的，以为就是不同学科的融合问题，想不到还有这么多的矛盾。当然，对许多文科教师来说，学科认同大于学校认同，或者说对学科的归属优先于对学校的归属，恐怕也是事实。学校久已存在的差异，加上"土著"与"非土著"的差异，使情况变得更加复杂。我记得，当年罗家伦校长主政期间,也遇到了引进本土优秀教师与学校原有的老师(包括外教)的尖锐矛盾,据说也是非常复杂的一场斗争,以至于多多少少影响了罗家伦校长的任职。这样的问题在现实中仍有一定的普遍性。那么,现在学校是如何协调和处理这个问题的呢?

谢:我也听说了当年罗家伦校长的故事,具体细节不是十分清楚。现在学校当然非常重视这个问题,也认识到复建阶段文科建设的这个问题的重要性。从制度层面上说,学校的做法主要表现三个方面,即干部安排、资源配置的均衡化,以及注重学科的"保健"。

首先是干部的安排。由于文科教师的生存与工作方式的特点,学校对文科院系干部的安排就是一项非常重要的工作。质言之,文科干部的最重要素质之一,就是能够团结最大多数的教师一起工作。他应该是有较高学术水平的学者,但他首先必须能够尊重和认可其他教师的水平。他应该是有魄力的,但更重要的是一种亲和力。这也是学校在选择和安排文科院系领导时非常重视的一个问题。显然,加强来自不同学校和背景的老师的团结,进而增强大家对清华的认同,院系领导是一个关键。如果院系领导没有一种宽阔的胸怀,不能妥善地协调这种特殊的矛盾,甚至以一种片面的方法进行管理,则很容易加剧矛盾,造成进一步的冲突。例如,有个文科学院在很大程度上就是由于院主要领导的个性原因,学院内部矛盾丛生,人心涣散。为此,学校领导帮助做工作,与这位学院领导谈话,院里其他老领导也进行协调,但仍然没有效果。后来,在通过经过充分与多方面协调、充分调查研究和征求意见以后,学校毫不犹豫地任命了新的主要领导。他们都比较民主,能够团结全院老师,所以调整工作得到了全院老师的支持,学院的各项工作也很快就有了新的起色。文科的管理干部当然要有魄力,敢于干事。但是,与此同时,文科干部应该具备的另一个重要素质,就是在坚持原则的前提下,胸怀宽阔,能够容纳各种不同的意见,容纳不同性格的学者,包括反对过你的人,尽可能团结最大多数老师一起工作,发挥大家的力量。我记得过去与陈希书记一起讨论工作时,他也曾经表达过这样的意思:文科的管理不能太强势。

　　刘：您这样做可是要得罪人的呀！没有想到的是，现在大学的某些老师也挺想当官的。学者在根本上还是应该靠成果来说话的。把学术做好是自己的本分。对学者来说，权力的诱惑难道就这么大吗？这是不是所谓大学行政化的现象？

　　谢：的确如此。在学术界，同样存在着少数人借行政权力抬高自己学术水平的现象，因为学术机构的权力也是一种非常重要的资源，它意味着更多的经费、更多的机会、更高的显示度，以及更大的话语权，等等。特别是那些学术实力不强、水平不高的人，常常需要借助行政的权力去提高自己的学术影响力。我认为，这也是大学学术行政化的一种现象。因此，在大学里选拔干部，一定要注意这方面的问题。就这个问题而言，我非常赞同陈希曾经跟我说过的那样，就是要选那些不愿意当官的人当官；那些越想当官的人，越不能让他当官。这的确是一条规律。我也知道个别人对我有意见，认为就是我不让他担任领导职务。但这并不是我个人的事情，从整个学科和院系大多数老师的利益出发，学校必须进行这样的调整。

　　刘：所谓资源配置中的均衡化是什么涵义呢？如今都强调突出重点，反对和避免平均主义，您为什么要这样做呢？这样做对文科师资队伍建设有什么特别的意义吗？

　　谢：从建设效率的角度说，在资源配置中的确应该突出重点，有所为有所不为。但是，对于初建的清华文科而言，可能不能简单地照搬这样的道理。为了增强文科不同背景老师的凝聚力与对清华的认同感，在资源配置中适当地注重均衡化是必要的。用俗话说，即必须适当地"撒芝麻盐"。当然，这样的措施与清华建设世界一流大学"三个九年，分三步走"的总体战略安排①是有些错位的，特别是在"突出重点"的第

----

　　① 2003年，在"一流大学建设与实践学术研讨会"上，清华提出：从1994年到2002年，过去的九年为第一阶段，调整结构、奠定基础、初步实现向综合性的研究型大学过渡的目标已顺利实现；从2003年到2011年为第二个九年，任务是重点突破、跨越发展、力争跻身于世界一流大学行列；从2012年到2020年为第三个九年，全面提高、协调发展，努力在总体上建成世界一流大学。

二个阶段,这样的做法显然与学校这个阶段的建设思路是有矛盾的。这也是当时面临的一个主要困难,甚至在有些时候缺乏耐心。非常幸运的是,学校领导对文科在发展阶段上与理工科的时序差异是理解的,对文科发展中存在的各种困难也是有共识的。所以,对文科的支持仍然是全面的和比较均衡的,由此也很好地保持了文科的稳定与和谐。

其实,文科资源配置的均衡化,是文科的学科建设的一种内在规律与要求,也是对不同学科教师的一种尊重。文科建设和发展的规划在很大程度上是根据对人的认识而进行的,而不是单纯根据项目的重要性而规划的,因为文科项目和领域的价值评价是非常困难的。也许某一个很小的历史事实的重新认识,或许某个概念的新的解释,甚至一件出土文物的发现,等等,就是文化领域中的大事。所以,在文科的规划中,很多项目的选择与计划的制定,常常是根据对某个教师的认识和判断。这也是文科建设发展规划中一个十分重要的特点。因此,文科建设和发展中的资源配置实际上就是对人的判断与评价。这也就是学校为什么在文科重点建设的同时,持续地对不同文科给予资源方面的"阳光普照"。这是必要的,尤其是对于新建中的清华文科。

当然,注重资源配置的均衡化,并不意味着文科建设就没有重点,或者缺乏轻重缓急的考虑与安排。事实上,在学校的思路里,文科建设始终是有重点的,或者说,对不同文科的院系和学科的支持方式是不一样的。实际上,所谓资源配置的均衡化,更多的是对基础文科而言。对应用型比较强的院系和学科,仍然是突出和强调重点建设。但即使在这些院系和学科,学校仍然没有简单地采取所谓"有所为有所不为"的做法,而是采取了一种"有所先为有所后为"的思路:保证已经具有优势的学科领域继续保持和进一步加强现有的优势,不能丢掉了已有的领先地位;同时,有针对性地加强若干需要重点建设的学科方向和领域。例如,在经济管理学院,学校的要求就是在不断维护和进一步加强管理学科的优势的同时,加强经济学科的建设;对美术学院的思路则是,在继续保持和进一步加强设计学科的优势和领先地位的同时,加强史论与美术等造型艺术学科的建设与发展,等等。事实证明,这样的思路和安排是合理的,也是成功的。不同学科的老师们都感到了学校对他们的重视,增强了对学校整体发展战略的认同,以及整体的凝聚力和向心力。

其实,这样的配置和考虑并不仅仅是为了安定团结和稳定队伍,它也是初创阶段文科发展的一种战略要求。不难发现,这里有一个文科与理工科很不同的地方。如果说,在理工科中,那些具有潜力与优势的学科是比较明显的话,那么在文科里,除了少数已经在全国和国际上具有领先地位的学科之外,大多数学科仍然处在建设和发展的过程中,至少在短时期内还很难马上判断哪些学科能够脱颖而出,哪些学科能够出比较大的成果。往往有一些并不十分起眼的个人、领域或学科方向,包括研究课题,很可能成为一匹黑马,很可能是"有心栽花花不开,无心插柳柳成荫"。这也是学术界常见的现象。而且,从文科发展的一般现象看,有些所谓的规划项目,政府和学校的投入都比较大,但后来的效果常常并不十分理想;而往往是那些不被人关注,而潜心研究的学者,以及那些经历多年积累和用心钻研的课题,能够出现大的成果。这也是在人文社会科学领域的资助政策中增加"后期资助"的原因。事实上,清华文科在历届国家文科评奖中的获奖项目里,就有许多不是国家和学校资助的项目。当然,这也是清华文科建设的一个经验。

刘:所以,这也就如同您所说的那样,在文科建设中,人的问题其实也是学科建设的问题。那么,您所说的所谓"保健"又是什么意思呢?

谢:这里的"保健"一词是来自美国行为科学家弗雷德里克・赫茨伯格(Fredrick Herzberg)的双因素激励理论。1950 年代末,赫茨伯格和他的助手们在美国匹兹堡地区对 200 名工程师、会计师进行了调查访问。访问主要围绕两个问题:在工作中,哪些事项是让他们感到满意的,并估计这种积极情绪持续多长时间;又有哪些事项是让他们感到不满意的,并估计这种消极情绪持续多长时间。赫茨伯格以此为基础,研究哪些事情使人们在工作中快乐和满足,哪些事情造成不愉快和不满足。结果他发现,职工感到满意的都是属于工作本身方面的,不满的都是属于工作环境或工作关系方面的。他把前者叫做激励因素,后者叫做保健因素。有必要说明的是,这种所谓的"保健"更多的只是一种激励的必要条件,而不是一种充分必要条件。也就是说,它可以帮助人们消除对工作环境或工作关系中的不满因素,但并不能够直接产生激励的效果。正如医疗保健不能直接提高健康水平,但有预防疾病的效果一样。对于初建的清华文科而言,特别是对于这种特殊的教师队伍构成来说,这种"保健"就显得格外重要。我甚至认为,它已经不是间接,而是直接关系到文科建设和发展的稳定和质量。

刘:我理解,所谓"保健"问题,一定程度上也就意味着要求我们有意识地营造良好的、健康的学术生态(或者说人文或人事环境)。看来,文科的管理,特别是教师队伍的建设,还是需要有一定的科学理论进行指导的。而这可能也正是我们的大学治理、文科建设过程中欠缺的方面。您能不能举一个例子说明这种"保健"的意义呢?

谢:我可以给你讲一个非常典型的故事。在清华文科中有一个学院从整体上具有很高的水平,也有很强的竞争力。这个学院的教师队伍平均学历都非常高,来自海外的教师也占有比较大的比例,他们的来源也是文科各个院系中差异性比较大的。所以,内部的团结与整合便成为了这个学科建设和发展的一个非常关键的问题。由于历史上的某些原因,这个学院的教师队伍也一直处在一种比较涣散和矛盾的局面,对落实学校的发展战略、形成学科自己的发展思路,乃至于师资队伍的建设等,都不能形成一个比较集中的意见,难以形成整个学科发展的合力。许多老师都以不同的方式表达了对工作环境和工作关系的不满,而这正是所谓的"保健"问题。

鉴于这个学院的这种现实状况,我在这个学院的领导换届时,专门把新任的党政两位主要领导请到我的办公室,详细地给他们介绍过去领导班子的情况和学院教师队伍的情况,尤其是现存的各种矛盾。而且,特别重点地要求他们注重教师队伍的"保健"工作,着力处理好教师的工作环境与相互之间的各种关系。同时,我甚至还对具体的工作方法也从反面的角度对他们做了提醒,告诫他们应该防止某些现象和问题的发生,等等,可谓苦口婆心。在随后的工作中,我也曾经多次与他们交流,提醒他们注意"保健"问题。为了更好地帮助他们克服和缓解过去积累的某些矛盾,我自己也多次去这个学院的几位主要教授的办公室,或者请他们来我的办公室,沟通交流,请他们给这个学院的学科建设出谋划策,实际上也是希望由此增强学科的凝聚力。

但让我非常失望的是,这个学院的领导并没有充分重视这个问题,甚至进一步加剧了这个学院内部的矛盾,形成了更加紧张的局面,以至于后来在重新调整领导班子时,都难以形成比较统一的意见。实事求是地说,如果没有"保健"方面的问题,这个学院的建设发展应该有更大的进步与成就。当然,这也有我的工作没有做到位的原因。相反,清华文科中有些院系的领导在"保健"工作方面则做得非常出色,消除和预防了许多矛盾和冲突,最大程度地维护了学科的稳定与和谐,形成了一个安定团结的局面。

二、人才引进的"诀窍"

刘:近年来清华文科引进了不少非常优秀的教师,他们对清华一流大学与一流文科的建设发挥了非常重要的作用。我想知道的是,您作为文科主管领导,又是学校人事工作小组中负责文科人才引进的副组长,对文科的人才引进工作有什么经验和体会吗?

谢:人才引进永远是大学优秀教师队伍建设的重要途径之一,也是文科建设的重要工作。清华文科建设和发展所取得的成绩,很大程度上得益于学校重视人才的引进工作。文科人才引进的工作是在学校统一领导和支持下进行的,而且也是学校人事工作的重要组成部分,是人事处大力支持和协调的结果。根据人事处的统计,从 2004 年初至 2015年,清华文科共引进教师 343 人,占教师总数的 39%。同时期由于各种原因而离开清华的教师达到了 111 人,主要是因为学校和相关院系不

再续聘,使清华文科教师队伍的结构和整体水平得到了进一步的优化。要说经验和体会,主要有以下几个方面:

第一,"朴诚"的标准。学校在文科的人才引进中,特别强调"德",而不仅仅看其学术成果。这也是清华人才引进和教师队伍建设的基本原则。黄炎培先生 1913 年曾经指出,"创业非难,用人为难。况教育之为事,感化最神,有如影响。欲养成何等人物,视养之者之为何等人物。尝以为得一踔厉风发之士,而任之见异辄迁,见难辄沮,宁得一悃愊无文、沈毅有力,不轻任事亦不敢玩事者,授之的而完其权,尽其所长而去其所困,事十九举已。炎培之愚,窃愿悬'朴诚'两字为用人标准"①。他还认为,"教育者,所以养成未来之人物,恃感化以为作用者也。苟非其人,一教员之影响足以及数百青年,一教官之影响足以及一方教育,此其所养,所化,尚复何望"②。所以,在选才时,首先应该注重的是品格与德性,也就是黄炎培先生所说的"朴诚"。这比什么成果与头衔都重要。我理解的"朴诚",至少应该包含以下几个方面的涵义:首先当然是一种厚道,强调的是待人接物的态度与胸怀,也就是放得下得失荣辱,容得下不同的学术观点与分歧,能够与各种不同学术思想和流派的学者进行平和的交流和友好的共处,这对知识分子尤其是文科知识分子而言,格外重要;其次是"主敬",正如古人说的那样,"主敬为涵养之要","主敬"强调的就是一种做学问和为人上的一以贯之,即能够持久地专注于某个领域或课题,厚积薄发,而不是见异思迁;最后,它还是强调一种稳重,不偏不倚,不即不离,或者是尽可能达到中国传统文化所强调的"中庸",而不是以某种偏激的思想观点去哗众取宠。记得有一次在讨论某位学者的引进时,我向党委书记陈希汇报了这位学者的成果和影响之后,他非常敏锐地告诉我,这样的学者尽管有很多

---

① 黄炎培:《江苏今后五年间教育计划书》,载余子侠编:《中国近代思想家文库·黄炎培卷》,中国人民大学出版社 2015 年版。

② 黄炎培:《告教育界用人者》,同上书。

的学术著作与文字,有一定的影响力,甚至是各种头衔,但他并不适合清华的文化,我们仍然不能引进。我是非常认同陈希的这个原则的。后来在讨论文科的人才引进时,它也一直是学校秉持的一个基本标准。

第二,学术有专攻。文科的优秀教师当然有不同学科的特点,也具有各自的风格与优势,但是,他们又不同于理工科的人才评价——存在某些比较客观和统一的标准,容易进行比较和判断,以至于在讨论文科人才引进时,有些人常常感到难以把握和决定。这种看法也是有一定道理的。但是,文科人才的这种特点并不意味着文科人才的判断缺乏某种相对客观与一致的标准。其实,文科优秀人才同样具有某种比较共同的特征。在我看来,它至少体现在两个方面:首先,他或她应该经过比较规范和高水平的学术训练。这可以依据当事人的学术背景和经历进行判断,包括他们的学历、参加过的学术活动或科研项目,以及在参加某些高层次学术会议中的角色,等等。由此可以从一定的角度了解他们的学术概况与底蕴。其次则是了解他们在人文社会科学领域的某个具体方面是否具有专门和深入的造诣,特别是考察他们的学术成果是否能够相对集中在某个具体领域或方向上面,体现一种学术方向的收敛性。有些文科的学者什么课题都做,什么文章都写,看上去好像知识面很宽,什么都懂,其实大多数是一种"万金油",这也是文科最大的忌讳。有一次,某个有点名气的学者希望来清华工作,他起初向某个学院递送了申请,并且与学院的领导进行了交流,也提出了他的要求。这个学院对他的申请表示了欢迎,但根据清华人才引进的程序,告知他可能只能作为副教授引进,或者他的教授职称需要经过学校的重新认定。他得知这个信息以后,便又向清华文科的另一个学院提出申请,包括作为教授引进的要求。虽然这个学院同意了他的申请,但他们在向我汇报时,我明确表达了我对这种学者的看法,得到这个学院的认可,否定了他的引进。

第三,引凤筑巢。人们常常说,人才引进一定要筑巢引凤,即搭好平台，提供空间，进而吸引优秀人才，这当然是有道理的。但我想说的是，文科人才的引进，有时则需要反过来，即引凤来筑巢。也就是说，我们并不能先搭好平台再引进人才，而需要引进高水平的学科带头人，让他们来搭建学科平台，否则很容易出现"武大郎开店"的现象；相反，如果一开始就能够有真正的高手来建设某个学科，就能真正形成高起点。如果缺少这样的学术带头人，尽管有些学科对清华文科的建设和发展非常重要，学校也宁愿暂时不发展。在清华文科的人才引进中，我们通常考虑的两种类型的学者。一类是他们能够依靠或凭藉清华文科已经有的学科平台，或者是进一步发挥他们的才华，或者是能够进一步提升现有的学科平台。这种类型的人才引进，可以说是"筑巢引凤"，包括中青年人才；另一类则是不需要依靠或者凭藉清华文科已有的学科平台发展，而是能够进一步拓展或者创建新的学科平台的优秀学者，通过他们进一步扩充清华文科的学术领域。这种人才的引进则需要"引凤筑巢"。当然，这主要指的是某些学科带头人的引进。对此，有两个十分典型的故事。首先是陈来与刘东教授的引进与清华大学国学院的建设。恢复和重建清华国学院一直是学校非常关注和重视的工作，也曾经以不同的方式考虑过这个问题。但是，由于始终没有找到称心如意的学科带头人，这个愿望一直搁浅。直到2007年的一天，陈来、刘东与我相约一起吃饭聊天，席间谈起了他们来清华工作的事情，便有了今天清华国学院的新故事。从学校的角度考虑，他们两人的引进，并不仅仅是为哲学系引进两位名教授，更重要的是，通过他们的引进，恢复和重建清华国学院。为此，陈希书记与顾秉林校长曾经多次以不同的方式与他们见面，请他们一起吃饭，讨论引进与国学院建设的各种相关事宜。差不多经过将近两年的时间，包括反反复复对国学院的重建方式的思考，以及邀请部分老教授一起讨论历史上清华国学院的经验，包括对重建的国学院的教师队伍的考虑，如清华的李伯重教授、复旦的姚大力教授和南京大学的刘迎胜教授，等等。事实证明，清华国学院正是在陈来院长和刘东副院长的领导下，短短的几年时间,就取得了非常骄人的成绩,并且在全国国学研究领域发挥了引领的作用。

另一个非常典型的故事则是心理学的重建。清华很早就有心理学科。对于清华文科的重建来说,心理学科作为社会科学领域中的一个重要组成部分,也一直是学校领导的一块心病。尽管不同院系也已经有若干位从事心理学研究的教师,但同样是苦于没有合适的高水平学科带头人,心理学科的重建也总是没有着落。于是,心理学系重建的故事便与彭凯平教授的引进联系起来了。当时,我与钱颖一、李强与王孙禹等教授进行了多次讨论,包括对彭凯平教授的深入了解、引进后的待遇与安排,以及心理学系的学科定位,等等。这样,心理学系才得以建立起来。后来,也曾经有个别教师对心理学的学科定位有过这样那样的看法,但学校始终尊重和支持彭凯平教授的意见,特别是根据他的建议,大力发展积极心理学,在科技园建设幸福科技实验室,形成了非常良好的学科建设的局面。这些都是引凤筑巢的例子。

刘:没有想到,人才引进的工作还有这么多的"诀窍"。但我还希望了解的是,清华文科的教师队伍已经具有了一定的规模,如何能够更好地发挥他们的作用呢?

谢:当然,人才引进是教师队伍建设的重要工作,但是,更加重要的是,让学校已有的教师充分地发挥他们的积极性,安心投入学校的教学科研工作。而"养"则是其中的一个十分重要的思路。

三、"养"的道理

刘:我理解,所谓管理就是服务,您所谓的"思想领导",在某种意义上也就是做好这种"保健"的工作,给教师的学术工作提供一个更加和谐宽松的环境,一种彼此之间相互尊重与礼让的人际关系。而且,这与清华的文化传统也是非常一致的。在历史上,许多名校和学科领域都由于复杂的人事斗争造成了严重内耗,最终贻误了发展机遇,伤害了学科自身与大学的发展。而梅贻琦时代的清华,之所以能长期持续地强劲发展,固然得益于相对稳固充裕的经济基础,但人事环境的和谐也是极重要的保障之一。新清华也历来注重内部团结和人事环境的保健,从南翔校长开始,清华就强调学校班子要始终做"不漏气的发动机"。至今如此。您在学校工作多年,对此肯定更是深有体会吧?

谢:你说得非常对。这种"保健"工作恰恰是清华文化的一个十分重要的特点。而且,从我自己在清华工作的这十几年的经验和体会看,"保健"的内涵除了上述那些方面的内容之外,它还包含了许多更加丰富的涵义。

刘:我过去在工作中,在研究清华历史时对这个传统感触比较深,您能否具体地给我们讲讲近年来这方面的一些故事呢? 现在的清华领导是怎样"接着说"这个故事的?

谢:我记得非常清楚的是,在教育部、财政部等对清华大学"211 工程"建设验收会议上,专家组和学校领导特别希望我介绍一些有关文科建设的情况和思路。我实事求是地讲述了清华文科近年来如何利用"211 工程"等项目的机会,快速发展,实现弯道超车的情况,阐述了文科建设的成绩。但是,我也非常坦诚地指出了对"211 工程"中文科部分建设的验收不能太急功近利,同时提出对基础文科应该是一种"养"的建设和服务。出乎我意料的是,专家们都非常认同我的观点,真可谓是人同此心,心同此理。

实际上,这个"养"的提法并不是我的发明。在中国的历史上,教育是与"养"结合在一起的。早在上古有虞氏时代,教育就是与"养老"结合在一起的,学校叫做庠,所谓"养国老于上庠,养庶老于下庠"(《礼记·王制》)。所谓国老庶老,无非知识经验高低之不同,等于今日大学教授与小学教师,他们为国家教育人才的功能则是同样的。可见,我国之尊师重道之风,可谓源远流长。养老与教育有何关系? 柳诒徵有个说法:"其养之之法,必不止于帝者来庠之时,一举燕礼而已。凡在庠之老者,必有常年之膳食,如近世各国之有养老年金者然。

而老者在庠无所事事，则又等于素餐，故必各就所长及其多年之经验，聚少年学子而教之。于是耆老之所居，转成最高之学府。而帝者以其为宿学之所萃，亦时时临莅，以聆其名言至论，取以为修身治国之准绳。少年学子见一国之元首，亦隆礼在庠之师儒，则服教说学之心，因之益挚。此古代以学校养老之用意也。"（《中国文化史·唐虞之政教》）又如，江陵项氏《松滋县学记》云："有虞氏即学以藏粢，而命之曰庠，又曰米廪，则自其孝养之心发之也。"（《文献通考·学校考一》）可见，养老与教育中的"明伦"是互相关联的。

对于文科教师队伍的建设与发展来说，这种"养"尽管与上古时代的涵义有所不同，但基本精神仍然是教师队伍建设与管理的一种基本态度与原则。换言之，文科的建设绝不能够急功近利，也不能期望它能够给你带来什么明显的功利性的收益。反之，你可能还需要"贴钱"去"养"他们。因为我深深知道，文科，尤其某些基础文科如文史哲，如果与应用性学科比较，确实"无用"，不能直接解决某些现实问题，也不会带来具体的经济效益。但是，它们就如同空气和水一样，是整个社会和人们须臾不可缺的：这恐怕也就是这些基础文科的真正价值。引进教师，也不能仅仅是根据学校文科的发展规划去考虑，有的时候，真正的人才是可遇不可求的；有的人才不一定能够直接与哪个学科或某种直接的需求相联系，只要是真正有水平的学者，就应该积极引进。

另外，这种"养"的另一个非常重要的涵义是，文科的某些重要的学者和学科带头人，包括某些身体非常健康、具有很好的教学科研能力的文科教师，他们的退休年龄也应该适当地推迟一些，以便更好地发挥他们的作用。他们的积累以及由此形成的丰富的治学经验与历史知识，对学科的延续与发展是非常有意义和价值的。对历史文化传统的尊重与延续，也是应该通过具体的人来实现的。我常常半开玩笑半认真地说，有时学校"养"一些德高望重的老先生，虽然他们已经不能身体力行地像年轻人那样上课，做研究，但他们的智慧和经验是千金难买的。而且，他们的声望与辈分，只要坐在那里，就是一尊佛，就能够形成一个稳定军心的"气场"和"定海神针"。

刘：我非常同意您的观点，没有想到，这个"养"字里头还有这么多的学问。您能否更加具体地介绍一下这种"养"的某些操作性的方法和策略呢？在清华，缺乏操作性恐怕也是很难实施的呀！

谢：从情况和我个人的实践经验和体会来说，文科教师队伍建设中的这个"养"字的内涵确实是非常丰富的，它包含了很多的意思，也是可以操作的。概括地说，它的操作方法一般有三个途径：

第一，稳定、持续与宽松的经费支持，让文科的老师能够过一种比较体面的学术生活。文科老师的"养"当然也不能是无源之水、无本之木，它也是需要经费与资源的。但是，文科的这种"养"不能没有经费，却也不要太多的经费。关键是它的经费支持模式必须是一种稳定的、持续的和宽松的。目标则是能够让老师们在从事学术活动时，包括出个差，打个车，吃个饭，或者是请同行一起聚会时买个单，请学生一起吃饭时做个东，等等，手头上阔绰一点，也显得比较体面一点。当然，这种体面和阔绰并不是用在私人方面，并不能够违反国家的经费规定与使用标准。它只是适应文科学术活动需要广泛交流的特点而言的。换句话说，"交友"是文科一种非常重要的学术活动的形式。正如曾子所说，"君子以文会友，以友辅仁"（《论语·颜渊》）。清初思想家、教育家颜元认为，学者宜广交游，以贤为友，"高贤名士，人中俊杰，学者宜多友而多识，故过其地不交其贤，君子耻之。……故孟子曰：'一国之善士，斯友一国之善士；天下之善士，斯友天下之善士。'"因此，文科建设中老师管理的"养"法之一，就是应该充分地给老师们的"会友"创造必要合理与适当的条件，包括经费的条件。一方面，通过一定的制度安排让老师们的口袋里有钱，也有一定的"闲"；另一方面，也从制度上提供合理的规矩，让老师们花钱能够做到心中有数。在某些方面，包括审批手续、评估检查等方面，可以适当宽松一些；也可以通过制度设置某种可以比较灵活使用的"机动经费"，尽可能防止违反财务规定。例如，学校在制定文科振兴基金时,在使用与管理上就体现了比较宽松但又规矩的特点。而学校每年给我的机动费,也几乎是花在这些方面。其实,这种"养"的方法具有非常大的杠杆效益,它花钱不多,但往往能够产生很大的效益。通俗地说,你越给老师们"面子",他们反过来会给学校挣来更大的"面子"。

第二,充分利用各种聚餐的形式,提供文科老师们与学校领导接触和交流的机会,进而形成一种直接沟通的机会。这种方式对增强文科老师们对学校的认同、信任,以及凝聚力,是非常有效的。

清华有一种聚餐的文化,而且,这种聚餐的文化也还是有历史、有规矩的,当然,也是有效益的。

刘:您提到的这种清华文化中的聚餐,我也从校史的材料中看到过。但是,您今天这样的概括和归纳,即所谓"历史、规矩、效益"三个方面,我还是第一次听到。您能否具体地给我们讲讲?

谢:所谓有历史,它指的是早在梅贻琦做校长时期,聚餐就是他与学校其他领导、主要教授,以及相关人员一起商量学校事务的一种非常常见的形式。据说每当学校有什么重要的事务时,他除了召开校务会议之外,经常会请某些教授一起吃饭,听取大家的意见,商量可行的办法。梅太太则与梅校长"一唱一和",邀请有关教授的夫人一起打牌。你可以想象一下,在这种温馨宽松和惬意的环境与氛围里,什么问题解决不了,又有什么"沟沟坎坎"过不去呢?而且,在这种场合里,你可以听到真实的声音、发自肺腑的建议。我曾经在几个学校工作过,很少有这样的文化传统。这显然与所谓的"大吃大喝"的奢侈腐败是不同的,它是一种高尚的"会友"形式。我在中国社会学科学院研究生院的博士导师王玖兴先生也曾经给我讲过,以前在京城的文化圈里,有几个非常有名的沙龙,经常聚集了一批大家与文人,而且时常是热闹非凡。据说那些比较有人气的沙龙常常有一个非常出色能干的女士,她能够张罗各种各样的事务,调节气氛,激发学者们的热情,等等。当然,清华历史上校长与教授的这种聚餐则是一种学术兼工作的平台。非常重要的是，清华这个传统至今仍然保留并且得到了新的发展。就在我调入清华之前，顾秉林校长和陈希书记都分别邀请我一起吃饭，在一种非常随和的气氛中听取我的想法，也非常诚恳地欢迎我来清华工作，让我感到一种温暖与信任。

如果说，过去梅贻琦校长以聚餐的方式作为学校管理的形式之一，那么今天它也是教师队伍建设的重要形式之一。在我的印象中，陈希就多次嘱咐我定期地邀请文科各个院系的领导与主要教授一起吃饭。顾秉林校长也不时地要求我安排这种与院系领导、教授的聚餐。我当然也向他们学习，经常以不同的形式邀请文科的院系领导和老师们一起吃饭。现在学校新建的教授餐厅，就是要为教师们的聚会和交流提供一个比较轻松随意的场所。这是邱勇校长的提议。我理解这也是清华传统新的拓展与创新。根据我的经验和体会，这种聚餐或吃饭的方式还真的具有比较重要的现实意义，它也是中国优秀传统文化中"以文会友，以友辅仁"的一种创新发展。

刘：这样的历史故事我也曾经听说过，但今天这些所谓的续集还是比较新鲜的。而且您把它看成是一种中国传统文化的创新发展，把过去总是被人诟病的中国"吃文化"赋予了比较高尚的意义和学术的内涵。我非常同意。然而，您提到的这种聚餐与吃饭还有一定的"规矩"，这又是怎么一回事呢？

谢：这也是我根据自己的经验或体会总结出来的，不一定全面，当然是不成文的，但肯定是准确的。这些规矩大概包括以下几个方面：

（1）因重要人才的引进而聚餐。大凡重要教师的引进，学校领导，特别是主要领导，常常都会请他们吃饭，听取他们的要求与意见，包括也向他们介绍清华的传统与文化，营造一种融洽的氛围。在我的印象中，自从我2004年3月到清华工作以来，绝大多数引进的教授都先后与学校领导一起共进午餐或晚餐。许多教授跟我说，虽然他们也经常聚餐，但对这顿饭的印象往往是最深的。可以说，这基本上已经成为了清华文科引进重要教授的一道不成文的程序。

（2）学校领导与院系领导、学术骨干定期聚餐。这也成了学校主要领导的一个规定动作。无论是陈希书记和顾秉林校长，还是后来的胡和平、陈吉宁，以及邱勇、陈旭，都无一例外地延续了这个规定动作。当然，我常常是陪同者。有时，他们甚至会催促我，找机会与文科的领导和教授一起吃饭。我却由于与他们平时的接触很多，常常忽略了这个非常重要的规定动作。在我的印象中，大凡是在重要的节日前后，或者是某位教授获得什么大奖，或者是某种重要学术活动，学校主要领导必定会在百忙之中抽出时间安排重要的聚餐。

（3）这种聚餐有一个非常重要的环节，就是餐前的聊天。我记得，陈希在约院系领导或教授吃饭之前，一般都会先请他们到自己办公室聊一会儿天，然后再去吃饭。我发现这个环节非常有意义。因为即使是院系领导，若非公干到学校主要领导的办公室来，并不是非常容易的。何况是普通教授呢？所以，在我的印象中，大多数院系领导和教授来到陈希的办公室以后，首先是把他的办公室参观一遍，看看藏书，欣赏纪念品，特别是那些难得一见的照片等，然后大家坐下来，一杯热茶，话匣子很自然就打开了。紧接着，在吃饭时也就没有了任何的局促与尴尬。大家常常是亲如一家，十分融洽。可以想象，这样的活动的意义和产生的激励作用是非常大的。

（4）这样的聚餐或吃饭是有标准的，即使在中央的有关规定出台之前，它也不会超过国家和学校的规定。为了活跃气氛，调动教授们的热情，喝酒常常是其中的自选动作，而且往往是白酒。文科的老师们在碰杯的气氛中，特别是与学校主要领导豪爽的干杯中，他们感到自己得到了充分的尊重，特别是感受到了一种与学校主要领导的兄弟情感。需要说明的是，这种聚餐或吃饭中的酒水，都是学校领导自备的，而不是公款消费。我猜想，顾秉林校长可能为此花了不少"银子"。当然，我也常常要为此作一点点的"贡献"。

（5）聚餐的费用通常由在座的行政级别最高的人提供，即谁官大，谁做东。这也是陈希跟我反复交待的一个规定。在与学校不同院系的领导或教师吃饭时，只要有学校领导参加，必定是学校领导做东，而不能让教授或者院系出钱。

（6）还有一个不能不说的规矩，就是这样的聚餐或吃饭都在学校自己的餐厅里，不能安排在校外。在我的印象中，基本上都是在甲所、招待餐厅，或者是近春园，跑不出这几个地方。实事求是地说，清华这几个餐厅做的菜肴还是很不错的。

刘：我觉得您的总结还真的是非常全面系统，我甚至认为基本上可以具有一种普遍意义了，甚至可以成为制度。当然，我也非常认可这种聚餐和吃饭的功能。我也从一些重要教授那边听到过这一类的"吃饭故事"。但它好像有点间接，比较虚一点。有没有一些非常具体，反映这种吃饭功能的具体故事呢？

谢：无论是从我个人的体会，还是曾经参加过这种活动的教授的感触，这样的聚餐的确是非常有意义的。起初，我也觉得它更多的只是一种沟通认识、加强感情的一种形式，但后来越来越发现它的意义真的是不可小觑。当然，这个过程可以是学校领导介绍和宣传学校政策的机会，也可以是听取大家对学校工作的意见，包括介绍清华大学文化传统。这一点是非常重要的。正如前面所介绍的那样，清华文科的大部分教授是从外校调入清华工作的，大家对清华的传统常常是不熟悉的，特别是其中那些长期积淀下来的习惯与价值观，并不是非常熟悉的，由此也常常产生一些误解。在这方面，陈希对清华校史谙熟于心，又是讲故事的高手，往往能够让大家听得非常入迷，甚至是如痴如醉。我对清华历史的许多认识与了解，也常常来自他的介绍。由此，增加了大家对清华文化的认同感，甚至消除了一些偏见。例如，从外校引进的文科教师常常对学校重视理工科，而对文科的特点与价值认识不够有意见。一些老师甚至认为这种文化与刻在二校门后面的日晷上的"行胜于言"的校风有关，认为就是这样的行胜于言，导致了重视实用和动手的学科，而忽视文科的现象。为此，陈希有一次就专门讲述了行胜于言的来历。其实，它是陈岱孙等校友捐给学校的，那时，清华还是一个综合性的学校,而清华成为多科性的工科大学则是在 1950 年代初以后的事情。

　　当然,关于这种聚餐的功能或价值的最典型的故事,莫过于"清华简"。甚至可以这么说,没有那顿饭,可能那批重要史料的故事就要改写了。

　　那是在学校聘请清华中文系校友、中华书局原总编辑、著名文献学家傅璇琮来学校工作之时,按照学校的习惯,由学校党委书记陈希请傅璇琮先生夫妇一起吃饭。为了表示学校的重视,当时由学校党委办公室主任白永毅安排,并且邀请傅璇琮先生的老同学李学勤夫妇一起出席。我也非常荣幸地作陪。在陈希的主持下,整个宴席的气氛非常融洽,大家回忆 1950 年代之前清华文科的故事与人物,不时地提起当时的某些人物与轶事,比较当今中国各个大学文科建设和发展的情况,等等。大家的兴致都非常高。就在这个时候,李学勤先生提到了一件事:他最近从香港的一个朋友那里得到一个信息,说是有最近在内地出土的一批战国时期楚国的竹简,不知道为何流落到了香港的文物市场上,而现在有可能会出售。听说境外的有关机构对这批竹简也是觊觎已久;这批竹简的少数照片,也已经流出。这批竹简之所以一直未能"名花有主",主要是因为目前文物市场上的赝品实在是太多,而这批竹简又是一种文献类的学术性文物,懂行的人更是少之又少。即使是李学勤先生自己,也不敢仅仅就根据几张照片而做出判断。但他表示,如果这批战国时期楚国的竹简是真实的话,则是非常珍贵和难得的学术文献。陈希听到这个信息以后,立即非常敏锐地询问了目前这批竹简的一些具体情况,包括提供信息的人、目前竹简存放的地方,以及李学勤先生的意见,等等。当时,李先生非常谨慎地表示,从他看见的为数很少的几张照片看,有可能是真的。但由于没有直接见到实物,也没有看到所有的竹简,只是少数几枚,所以不敢轻易下判断,只是向学校报告,征求领导的意见,是否可以进一步接触和考虑收购。听了李先生的意见以后,陈希当即决定,请李先生尽快与香港方面联系,争取直接与竹简的持有者接触,最好能够看到实物,了解全部竹简的情况,而不是少数的几枚。同时，他要求我直接负责这件事，配合李先生做好工作，一旦有什么新的信息和问题，可以直接向他汇报。可以说，"清华简"的故事，就是从这个饭桌上开始的。后来在经过充分了解情况以后，学校校务会议和党委常委会作出了正式的决定。可以说，如果没有当时的这个聚餐，李学勤先生可能就没有这样直接的机会向学校主要领导及时反映这个重要的信息，也就没有陈希的当机立断，当然也就没有后续的故事了。

因此，这样的聚餐，绝不仅仅是感情的沟通与相互的交流，它本身是有效率的，是一种功能性的学术活动。我自己也常常从这种活动中受益，得到了许多好的主意，解决了一些具体的问题。

刘：这样的聚餐可真是有价值呀！除了这些以外，您觉得这种"养"还有什么操作性的方法吗？

谢：第三个非常重要的方法，按照罗钢教授的话，就是"少扰民"。这说的是尽可能给文科老师们提供一个安静的学术环境，少打扰他们，减少直接干预教师正常工作的各种行政命令和事务，包括各种各样繁琐的表格与形式化的程序，最大程度地尊重教师的自主性，让他们能够安静地，凝心聚力地教学和研究。这也是学校对文科老师的一种基本的信任。这也是最好的"养"的方式。

"静"是一个优秀大学的重要特征之一，也是做学问的基本要求。当然，这也是大学管理的重要要求，符合文科建设和发展规律的一种管理模式。记得有一次，张凤昌副校长邀请我给后勤的干部讲课，我在给大家介绍大学文化和校园建设时，特别提到了这个"静"的特点。当时，我给大家讲了一个关于"清华三宝"的理念，即"校训、校园、校友"。那是一个非常值得回忆的故事。2009年秋，中文系系主任刘石教授遵照傅璇琮先生的意见，邀请我与文化部原部长王蒙先生一起参加去宁波鄞州区的一个文化活动。就在宁波访问期间的一次晚餐上，大家一边品尝着宁波名菜雪菜烧黄鱼，一边讨论着中国各地的地方特产，即所谓每个地方的"三宝"。当时，王蒙先生非常随意地问我：清华大学有没有这样的"三宝"啊？我当时也是即兴地回答道，当然有，例如校训、校园、校风，与校友等。从宁波回到学校以后，越来越觉得王蒙先生提出的这个清华"三宝"的问题非常有意思，而且也是清华文化建设的一个方面。于是，我与其他同事一起讨论清华"三宝"的内容，并且进一步完善。因此，我又在一次讨论大学文化的会议上提出了这个话题。当然，这次的提法与宁波的提法略有不同，而是"校训、校园、校友"。这个创意很快得到了大家的认可。后来，经顾秉林校长充分肯定以后，在校友中间也传播开来了。当然，我也进一步对这个"三宝"的内涵做了思考。而其中的"校园"则包括了"静"的意思。让我没有想到的是，后勤的干部与职工对这个概念也非常认同，而且对其中"静"的要求也非常赞同。当时，我又乘机给大家提出了一个建议：希望对横挂在学校主要道路上的大红横幅做一些限制，不要太多，否则容易给人产生一种燥热与不安的感觉。据说后来胡和平书记也给后勤提出了这个要求。他也是一个对学校文化非常有感觉和情怀的领导。现在，清华大学的几条主要道路上，过去那种层出不穷的大红横幅已经非常少见了。

刘：校园文化是一件大事，也是关系到一个大学的非常重要的建设，反映了一所大学的文化建设。但是，我想"不扰民"可能不仅仅是外在环境的"静"吧！它不仅仅有着物理意义上的内涵，一定还有其它方面的内容。

谢：你说得非常对。"静"只是一种外在的不扰民，而内在的不扰民则需要更加深入地去认识与体会。其中一个十分重要的涵义就是，尽可能保持和维护文科建设的稳定性与连续性，不要总是翻来覆去，这对文科的建设和发展是非常重要的条件。因为人文与社会科学的许多问题，都需要有一个比较长时期的思考，而且也需要在时空上有一种大尺度的视野，这样才能够对文化与社会活动的意义与问题进行比较和认识，发现那些隐藏在纷繁复杂的社会现象背后的规律。更加重要的是，如果总是翻来覆去，折腾不定，必然会影响文科老师对自己和学科发展的预期，不知道将来会怎么样。对于文科建设而言，老师的稳定和长远的预期是非常重要的,甚至是产生重大成果的必要条件。何建坤常务副校长就曾经告诉我,清华大学的一个重要传统就是"不翻烙饼",无论是领导班子换届也好,还是个别领导的调整也好,学校的政策总是基本稳定与延续的。这个话给我的印象非常深刻。

按照这样的理解,学校在文科建设和发展的管理中也非常严格地秉持这个原则与传统。一方面,努力尊重和延续过去文科分管领导的政策与若干项目,即使有变化,也尽可能保持稳定;另一方面,尽可能少出文件、少召开大规模的文科会议,也尽可能少给基层分派任务。有事情尽可能通过个别谈话的方式布置与安排,有问题也尽可能就事论事地协调与解决,不要兴师动众,我甚至很少去院系去做那种"兴师动众"的调研。因为通过各种形式的谈话沟通,以及不同的交往途径,我已经对各个院系的情况比较了解,包括大多数教授的情况。非常让我感动的是,学校的主要领导与其它方面的分管领导在文科建设方面也都非常尊重我的意见,文科的发展处于一种比较安静与平和的环境中。当然,"不扰民"与积极的建设并不矛盾,它并不意味着就没有改革与建设,相反,这样做能够更好地推动改革与建设,否则文科的老师会感到一种无所适从的惶恐与不安,缺乏安全感。其实,在我刚刚到清华工作时,包括后来在国家发布关于加强人文社会科学建设的有关政策文件时,我也很有一种抓住机遇、出台几个促进学校文科建设的文件的冲动,但后来我还是没有这样做。因为学校已经出台了不少文件,对文科而言,更重要的是结合实际去落实,没有必要又搞一套。

其实,这种不扰民也体现了一种对老师的信任与尊重。我始终有一个基本的信念,优秀的老师是不太需要督促的,你要做的就是给他们创造条件,去关心他们,而不是文件与考核,等等。我给你讲一个非常典型的故事。傅璇琮先生到清华工作以后,中文系给他准备了办公室,配备了助手,提供了一定的条件,也专门成立了中国古代文献研究中心。傅先生工作非常主动积极,而且经常请刘石教授向我报告研究工作与成果。我从来没有给他提出任何的要求,却总是让刘石教授转告傅先生，少做事，多注意休息。刘石教授告诉我，傅璇琮先生经常对他说，清华从来没有对他提出什么要求，而他自己感到越是这样，他越应该给清华多作贡献。此事也让我非常感动。后来，清华人文学科近年来科研经费最大的一个科研项目，即中华字库建设中最重要的"宋元"部分的整理与研究，就是得益于傅先生的大力支持与指导，才能够"花落清华"。至今，我们一直都非常怀念傅先生。

还有一个非常有趣的故事。有一次，中文系聘请来清华工作的蒋绍愚先生（北大退休教授）在新斋召开一个编辑出版"清华语言学博士丛书"的专家会议。人文学院副院长罗钢教授嘱咐我一定到会，因为包括丁邦新、陆俭明在内的目前在中国语言学研究方面的顶尖专家基本上都将到场。这样的会议我肯定是要出席的。会上大家发表了很好的意见，也非常支持文库的编辑出版。作为一个习惯性的程序，蒋绍愚先生和其他各位与会的专家也请我讲几句话。出乎大家意料之外的是，我并没有对丛书提什么要求和希望，也没有强调这种研究的重要性。我只是说，非常感谢蒋绍愚先生能够将这么多语言学界最著名的教授请到清华来。我知道虽然大家都是老朋友，但彼此之间相聚也不容易。所以，这个项目的实施应该是给大家相聚提供了一个机缘和场合，希望人文学院，特别是中文系的领导，积极创造条件，让各位老先生有机会经常聚聚，在一起吃吃饭，喝喝茶，聊聊天，如果需要学校提供什么条件，我一定努力去办，希望大家多多保重身体。丛书的编辑、出版，不要制定太具体的时间表，可以宽松一些。我对丛书的具体事情与要求一句话也没有说。然而，我讲完以后，丁邦新教授和陆俭明教授紧接着就说了，清华大学的这位领导实在是太厉害了！他越是这样说，我们越不能松懈了，如果没有做好，那就真的对不起清华了。听了他们的话，大家哈哈大笑。实事求是地说，我说的是真心话，绝对不是所谓的欲擒故纵，它实实在在地就是我的想法和对老先生的尊重。然而，事实就是如此，对于这些真正的学者，根本不用你去刻意地督促他们，完全是"不待扬鞭自奋蹄"。而且，事实证明，这样的效果也是很好的。"清华语言学博士丛书"至今已编了 6 辑,每辑 3—6 种,由中西书局出版,学术界反映很好。2016 年举办的"首届清华大学语言学博士论坛",参加者也十分踊跃,形成了非常良好的学术品牌。

四、遮风挡雨的担当

刘:我在清华的时间也不算短了,但这些故事也是头一回听说。看来这个"养"字里头还有如此丰富的内容呀! 我觉得,这其实也就是清华的文化传统,也就是一种大学的管理之道。甚至不仅是对文科,对整个大学也应该是这样的。但是,我还有一个问题,文科的这种"养",难道就没有遇到什么困难和挑战吗? 难道就那么的一帆风顺吗? 我相信,这个"养"也需要一定的"成本"吧!

谢:既然是"养",当然就有成本。而且,这个"成本"可能还是比较大的,包括经济方面的成本,以及责任风险方面的成本,等等。

首先当然是经济方面的成本。这种"养"对文科建设而言,应该说对学校的发展是大有裨益的;而且从长远的角度看,也是经济效益与社会效益并存的。但是,从短期的角度看,文科的建设和发展则是需要扶持的,即"养"。所以,在对文科的管理和评价方面,切不可过分强调经济或经费方面的指标。这里有一个非常典型的例子。在研究生制度改革时,学校提出了研究生招生的收费制度,其中也包括研究生导师要缴纳一定费用的要求。当然,这项政策对于工科的导师而言,并不是什么大问题。一方面,工科的导师通常都有比较多的课题经费,能够支持这项政策;另一方面,研究生是十分重要的人力资源,可以参与导师的研究课题,发表论文,或者是担任助教或助研等。然而,对于文科来说,这种政策可就有点不合理了。一方面文科老师通常没有太多的科研经费,所以没有条件缴纳这种研究生的培养经费;另一方面,文科的研究生,特别是基础文科的研究生,尽管也能够参与或帮助导师做一些工作,但大多数的文科研究生对导师的研究或学术工作的支持是比较小的,更多的是需要导师的指导和帮助,包括帮助他们确定选题,拟定研究计划,提供研究资料,甚至是修改论文,等等。所以,按照工科的特点要求文科的导师也同样缴纳研究生招生经费是不合适的。学校充分认识到文科的这个特点,因而决定文科的导师在规定计划内的研究生招生,可以不缴纳招生经费。这也是尊重文科的规律,对文科的人才培养也是一个很大的支持。

然而,我觉得更加重要的是责任与风险方面的成本,这也是文科教师队伍建设中非常关键的一个方面。这里所谓的责任与风险,指的是当文科老师由于各种原因,包括自己的原因或社会的原因,发生各种问题,或者是遇到一定的麻烦时,我们能不能站出来,维护老师的正当与合法权益,包括主动地承担必要的责任。这显然是一个很大的责任风险。我们过去时常提到蔡元培先生在对待教师和学生的"和风细雨",其实,清华也非常注重在老师需要帮助时,能够敢于为他们"遮风挡雨",维护他们的正当与合法的权益,包括承担必要的责任与可能的风险。

刘:您提到的这个问题也是一个十分敏感的话题,甚至是一个非常棘手的事情。我相信,在遇到此类事情时,学校领导的压力一定是很大的。有些情况,我这些年也从侧面有所耳闻。领导们也确实不容易。当然,我知道清华对老师和学生都是非常爱护的,也都是很有责任感的。但您能否具体地给我们讲讲这个方面的故事呢?

谢:不瞒你说,这样的事情还是不少的,各种各样的类型也是比较复杂的,处理的方式也不尽相同。根据我个人的经验,这样的责任风险大概有以下几种类型:

第一,由于清华的品牌效应,有不少人希望借清华的平台扩大自身的影响,总是想方设法要与清华文科合作,进而有可能产生的各种风险。例如,曾经有人希望李学勤先生给某人收藏的某个青铜器做一个鉴定,并且通过各种途径,包括找有关的领导游说,当然也辗转地找到我,希望我出面找李先生。显然,这对李先生是非常为难的事情。面对目前的文物市场与现状，如果他出面，说什么都不合适。于是，我与李先生商量以后，便由我出面以李先生最近身体不好为由推辞了对方的要求。还有一次，某位艺术家通过某种关系，提出要给学校捐一批艺术品，但在学校建立一个以他的名字命名的艺术机构。与此相关的学科与院系对此也感到比较为难。显然，在清华建立这样的艺术机构是不太合适的，为了谨慎起见，我征求了艺术界一些比较有学术品位和声誉的艺术评论家的意见，结果是一种非常不积极的反馈。我向学校有关领导汇报了这个结果，也拒绝了对方以及某领导的要求。当然，这样的处理方式也是非常得罪人的。

第二，由于学校文科老师本身工作或研究中的失误或不当，而给学校带来的压力，以及相应的在处理方面的责任风险。如果说，学校外面的某些要求与压力还比较好抵挡，那么，学校内部的各种批评与指责则更不容易处理。而且，特别是当事人确有不当和失误时，如何做到既能够正面严肃地对当事人进行批评，又能够维护当事人的正当权益，对学校的确是一个非常严峻的挑战。

我给你讲一个关于社会保障与退休年龄的有关政策研究中的故事。当时，清华大学有一位专家参加了政府的有关政策研究工作，而且承担了很重要的任务。当然，在这个过程中，自然少不了在刊物上发表文章，向媒体介绍自己的观点，解读有关政策，这就难免出现误解和被炒作的可能性。2013 年 8 月，这位老师在《第一财经》杂志发文谈"中国养老金改革的八个问题"，被媒体抓住"延迟退休"一词大肆炒作，一度进入政府舆情报告；同年 9 月，她在接受人民网采访时谈道："大龄产业职工在延迟退休后，应当转移就业去做养老服务业"，也被某些媒体断章取义，形成一种网络事件，再度进入政府舆情报告。客观地说，这种错误的报道虽然终究不能掩盖事实，但它的确容易搅乱视听；而且，由于社会公众并不了解一些具体的情况，容易被某些错误的报道所误导，形成一种强烈的社会舆论，由此给当事人和学校带来相当大的压力。学校对这件事非常重视，因为这种议论不仅来自社会，而且也包括学校内部的各种批评。我作为分管副校长,当然也是首当其冲。有的人甚至当面对我提出这样和那样的建议和要求,等等。应该说,我对这位老师是比较了解的,她关于社会保障的研究课题也是国家建设小康社会的重大项目,学校与院系对她的这个项目也是非常支持的。但是,同样应该看到的是,由于她缺乏面对媒体的经验,特别是不了解媒体报道中的各种可能性,以至于出现了这种失误。为此,我专门约请她一起聊天,了解事情的具体过程与问题的起因,包括一些细节。当然,我也直截了当地告诉她这件事对学校的影响与压力,指出了她在面对媒体时的经验不足,并且非常善意地提醒这位老师,在与媒体打交道时,必须更加谨慎,以必要的方式保护自己。同时,我仍然鼓励她积极参与这个政策的研究,而并没有一味地指责和批评。后来,这位老师在这个领域的研究成果得到了政府和社会越来越多的关注,她的研究成果也受到了领导的高度重视,获得了奖励。其实,文科的老师在做研究时,总有可能出现这样或那样的错误。当然,这种错误与理工科比较,更加容易引起社会的关注,影响面更大。这的确是文科研究需要注意的。但是,如果出现一点问题就要批评指责,甚至就要处分,那也是不合适的。只要不是那种站在敌对的立场对党和政府的恶意攻击,而只是一种工作或研究方面的失误,学校领导都需要在这个时候站出来,既要有严肃认真与专业的批评,也要维护老师们的正当权益,为我们的老师"遮风挡雨",承担责任。其实,这本身就是一种最好的激励方式,它会让我们的老师感到一种安全感,一种信任,由此能够更加积极地参与学校文科的建设,参与国家相关政策的研究。

第三,学校在承担文科院系和老师在从事某些教学科研项目过程中所面临的若干挑战或困难时的责任风险。例如,文科的个别老师在举办某些活动时对可能出现的问题缺乏把握,害怕出现麻烦,而希望学校拿主意,或者说希望学校在某些敏感事情上做决定,等等。这时学校的态度是非常重要的。如果你也闪烁其词,顾左右而言他,那老师是不会去做的。或者说,在个别老师非常积极地申办某些活动,并且把这个事情的重要性说得天花乱坠，而你认为它与学校和国家的大原则是不符合时，能不能拒绝或否定这样的要求，以至于让这个老师骂你，与你吵架。这些都属于我说的责任风险。

我还可以给你讲一个非常典型的故事。那也是关于"清华简"的事情。当时，根据学校的安排，李学勤先生带着文科处副处长彭方燕和非常熟悉市场的清华控股总裁宋军等人一起去香港了解那批竹简，特别是了解竹简的真假与价值，以及相关事宜。通过有关人士的安排，李先生等人与当事人进行了接触，也看到了实物。根据他们直接看到的实物，李先生判断是真的，有价值。由于这批竹简的数量比较大，而且也包裹在棉絮和塑料筒里。由此，又出现了一个问题：尽管直接看到的是真实的，有价值的，但直接看到的仍然只是照片上的那几枚，是不是全部的竹简都是真实而且有价值的呢？同时，是不是确实有当事人所说的那么多呢？这些都是需要进一步确认的问题。同时，这里还有另一个难题，由于所有的竹简都用棉絮包裹在一些塑料筒里，如果要把所有的竹简都从塑料桶里拿出来，一枚一枚地从包裹的棉絮里分解开来，那对于这些非常纤细脆弱，甚至一碰就会断裂的两千多年前的竹简来说，不啻为一场灾难性的破坏。但是，如果不能当面检测，仅仅根据所看到的几枚竹简，以及卖方所说的数量就决定成交，也的确是一个很大的风险。它不仅关系到一笔很大的经费，也涉及清华的声誉。在这种情况下，陪同去香港的文科处副处长彭方燕给我打电话，请学校决定。对此，我也感到十分为难，左右不是。我也曾想到干脆把矛盾上交，请学校领导决定，这样一旦出问题，我也没有责任。但我觉得这也是给领导出难题，是一种没有担当精神的"溜肩膀"。但出于对学校的责任，我也不能鲁莽地决定。在这种情况下，我又仔细地听取了李先生的意见，最后决定不再打开那些塑料桶一一核对，就直接成交了。当然，事后我还是向学校主要领导汇报了我的决定，也得到了他们的支持。实事求是地说，对此我心里一直是惴惴不安的，以至于当这批竹简到达清华的当日，我之所以坚持要求当时立即打开所有的塑料筒，一一地仔细把竹简分离出来，放入水中，潜在的心理原因就是害怕有假，担心当时做的决定是错误的。非常幸运的是，竹简的确都是真实的，但略有遗憾的是，数量的确不如卖方所说的那么多，少了一点点。当然，这件事对我的心理承受力也是一个非常大的锻炼。事实上，我的心理也是非常紧张的。由于"清华简"毕竟不是直接从现场获得的，容易引起各种争议，因此，在收藏这批竹简以后，虽然在社会和学术界已经有人在议论"清华简"的事情，但学校一直没有向社会正式公布。只是在经过放射性检验、饱水检验、真正内行的专家权威的现场检验，以及第一批整理的文献出来以后，我才与李学勤先生商量，同意正式向社会和学术界发布"清华简"的消息。后来，当社会上，特别是个别所谓的专家罔顾事实，指责"清华简"是假的，进而引起社会和学术界的一些怀疑时，甚至学校和文科的有些教授也私下善意地提醒我要小心时，我已经非常自信了，对"清华简"的价值也完全有信心了。我想，这就是学校领导必须承担的责任风险，也就是学校领导必须为老师"遮风挡雨"的方面。

刘：真的没想到，"清华简"里还有这么多的故事，我觉得都可以写一部小说啦！而且，我也切实地感到，清华的学校领导真的是非常不容易，要时时承担巨大的压力，应对来自方方面面的挑战。而且，我觉得清华文科工作的责任阈限是比较低的，很容易引起社会的关注。

谢：如果说"清华简"的故事本身具有很多的文学性，那么，我还可以告诉你，近年来清华文科还有一件事的故事情节更是丰富，甚至可以说是峰回路转，跌宕起伏。当然，它也是对学校领导的一个非常严峻的责任风险。

那是关于清华一位非常著名的教授的故事。这位教授在国内外的学术界都有很大的知名度和影响力，出版和发表了许多很有影响的学术著作与论文，成为了某一派学术观点的代表人物。这当然也就犯了树大招风之大忌。有一次，一位学者在一个专业领域的学术报刊上发表了一篇文章，直接批评这位教授的学术成果存在不规范的现象。文章发表以后，由于涉及这样一位比较著名的学者，又是当时十分敏感的学术规范的问题,跟风的文章也出来了,很快就成为了学术界的一个热门话题。在学术界,这也是一个不成文的规律,只要去批评知名人物,那么这种批评及其相关事情往往很容易发酵,成为热点。这位教授受到这样的曲解和指责,自然感到很不愉快,立即做出了回应,对自己的成果及其相关的问题进行了专业性的解释。这又落入了学术界另一个规律性的"怪圈",即这种所谓非常有噱头的话题,一旦形成双方对峙的局面,那肯定就成为了一场"大戏"。事实果然如此,正面与反面的各种文章纷纷出笼,而且局面和层次大有继续"升级"的可能。更加微妙的是,这个争论隐隐地逐渐超越了学术领域,开始有了一点点其它的味道。而且,这个争论甚至已经超越了中国的地域,延伸到了国外,引起一些国外的学者参与。眼看着事态越来越大,而对学校的影响和压力也与日俱增。因为一批批评者已经不满足于文字或口水仗,而是对清华大学和这位学者毕业的单位提出了非常苛刻和具体的要求。在这种情况下,学校内部也有些人开始感到担心,甚至也以不同的形式要求学校介入这个事情。显然,我也连带地成为了这个事件中的一个人物了。因为,当我刚刚得知这个事情以后,特别是当我知道清华的这位教授已经做出回应以后,我立即找到了这位教授,要求他冷静下来,停止对这个事情进行公开的回应,不要去介入各种各样的讨论。我非常清楚,我这样做实际上已经把这件事的责任风险揽在了自己身上。事实上,我对这位教授是了解的,我绝对不相信他是一个缺乏学术规范的人,而且他在学术上的成就也不是靠学术不规范而获取的。

显然,由于这位教授没有继续回应,这场争论也就很难持续下去了。但是,有些人则是居心叵测,唯恐天下不乱,又把矛头指向了学校和这位教授毕业的研究机构,并且通过签名等形式的活动,试图迫使学校和他所毕业的研究机构处分这位教授,包括撤销他的学位,等等。当然,清华作为一所有定力的大学,岂能够为少数人的几句缺乏充分的事实依据,并且尚无定论的话所左右? 由此,有些人便冲着我来了,并且在网络上攻击我,说什么"谢维和与他是同学,所以故意包庇他","谢维和自己拼命地想往上爬，担心这件事影响他自己的仕途"，等等，据说还有人去国家图书馆查找我的博士论文，我也没有理会。然而，学校内部的一些声音则让我感到一种更大的压力。为此，我要特别感谢学校的主要领导在这种关键时刻给我的支持。当我向他们请示和报告事情的进展时，他们对我的工作和做法给予了支持和肯定。而且，在这种时候，我也真正感到清华校友的支持。记得在那段时间里，有不少学校的同事，包括个别的院士，也给我打电话或发短信，对学校的做法和态度，表示了认可与支持。坦率地说，在这种时候，我自己的心里也是比较紧张的，对局面的发展也没有一种非常清晰的预见。当时有一种比较强烈的意识：一方面是对这个学者的信任，另一方面则是感到像清华这样的大学，不能随便地被社会舆论或媒体所裹挟，而必须有自己的定力。同时，在学术界还没有完全对这件事有一个比较清楚的认识之前，绝不能轻易地表态或者是做出什么决定。

当然，这位学者也非常感谢学校的态度和支持，也非常配合学校，没有再去写文章进行辩驳。由于学校对这件事处理比较得当，它逐渐也就销声匿迹了。事情过后，有一次，中国社会科学院的一位研究所所长碰到我，对清华在这件事过程中的做法与态度给予了非常高的评价。无独有偶，一位美籍华裔学者在访问清华时，也对学校能够在社会舆论与媒体的压力下，保持自身的定力，表示了由衷的钦佩。我自己在这件事的过程中得到了锻炼，但更加重要的是，这件事的意义绝不仅仅是对这位学者本身，而是在许多文科的老师中产生了一种非常积极的效果，大家都感到清华大学对教师有一种非常负责任的态度，是一个靠得住、值得去付出的学校。

第九章

重要的是出思想
——文科评价的纠结与要义

　　文科建设和发展中有各种各样的困难与挑战，尤其是在清华大学这样一种复建文科的环境和背景里，还会有很多意想不到的问题，包括一些在其它综合性大学根本不成问题的问题。但是，在这些困难和挑战中，最具有高度关联性的困难和挑战，就是文科的评价问题。这一点也是我在清华文科建设过程中感触比较深的方面。

一、定量与定性

　　刘：我相信，清华大学的文科建设和发展肯定也遇到了不少的困难和挑战。除了队伍建设之外，从您自己的体会来说，感触比较深的是哪个方面呢？

　　谢：如果说有什么感触特别深的问题与挑战，我觉得就是文科的学术评价问题。实际上，这个问题并不仅仅是清华文科建设和发展所面临的问题，而且是整个人文社会科学建设和发展的问题。它实际上关系到清华文科的发展方向，是一个根本性的问题，一个清华大学人文社会学科发展过程中由来已久的难题。

　　早在 2001 年 11 月，某家报纸发表了记者的一篇文章——《大学人文学科"量化"管理引发争议》。文章一开始就直截了当地提出了中国高校文科评价中的"量化"问题："90年代以来,随着高等院校高级职称评审工作改革的推进,论文、著作成果'量化'管理愈演愈烈,已成为高校和学界一个引人瞩目的话题。"更加引人关注的是,该记者还拿出了清华大学、南京大学和北京师范大学三所重点大学关于文科科研量计算办法、晋升教授、副教授职务的申报条件和人文社会科学论文奖励试行办法的几份文件,进行了直接的曝光和批评。据记者披露,清华大学文科科研量计算办法(讨论稿)主要包括三个大的部分:首先是规定了能够纳入计算范围的学术刊物和学术活动,包括外文的 SSCI、A&HCI和 ISSHP 收录论文,《中国社会科学》《新华文摘》《中国社会科学文摘》转载论文(不包括摘要),以及各种不同层次和类型的学术期刊;学术著作、译作、编著、教材、工具书等,以及各种学术交流与普及性的工作,还有不同项目与获奖的规定。其次是各种不同层次、类型学术出版和活动的计分方法。第三是不同职称教师的工作量的规定,等等。当然,文章还披露了南京大学和北京师范大学关于文科量化评价的文件内容。同时,记者还采访了不同学科领域的文科教授,反映了对这种量化评价方法的批评,指出了文科与理工科的不同,陈述了这种量化评价方法的缺点和带来的负面影响,等等。文章发表后,在社会和文科学术界产生了一定的影响。

针对这篇文章及其相应的观点与批评,清华大学文科建设处时任处长蔡曙山教授在《学术界》2001年第6期也发表了署名文章《论人文社会科学的科学化、规范化管理——兼析某报的不实报道及其错误观点》,回应了记者的文章和观点。蔡教授首先指出了文章所引言的事实和材料是不确切的。但更加主要的内容是对文科学术评价的方法提出了自己的看法。他回应了文章所提出的对定量化评价的各种批评意见,包括社会科学特殊、文科需要十年磨一剑、学术大师的培养规律、学术自由,等等,并在介绍国外相关研究、检索系统和国内有关工作的基础上,非常明确地提出,这种评价问题"实质上是人文社会科学需不需要科学化、规范化的管理这样一个带根本性的问题"。他也非常直截了当地指出,人文社会科学研究的评价需要科学化和规范化。同时,这种规范化也应该充分考虑和尊重文科内部的差异性和多样化。据蔡曙山教授介绍,尽管清华大学文科建设处已经制定了这个评价办法,但也充分考虑到文科学术评价的复杂性,并没有作为学校的正式文件下发到文科各个院系,而只是由文科处作为一个通知下发,并要求文科各个院系结合本身实际,作为评价和考核工作的参考。

刘:当时清华大学为什么没有直接将这个办法作为学校的正式文件下发和执行呢? 是不是学校领导对这个问题也拿不准? 或者说,当时清华大学对究竟如何建设文科仍然处在一个探索的阶段?

谢:至于当时清华大学学校领导方面的态度如何,由于我尚未到校工作,所以并不知情。但毋庸置疑的是,这个争论反映了清华文科建设中的一个根本性问题。应该说,也是中国人文社会科学建设中的一个根本性问题,即文科建设和发展中的学术导向和评价标准的问题。

其实,就在我刚刚到清华大学工作,在不同文科院系调研的过程中,文科的管理,特别是考核与评价问题,就成为了一个普遍性的抱怨。尽管不同院系的科研与学术评价仍然存在一定的差异,但大家对这个问题都特别敏感;尤其是基础文科的领导和老师,简直是有“义愤填膺”的感觉。有人批评学校还是一个工科大学,根本不懂怎样办文科,就是用工科的办法来管理文科;也有人讥笑这种评价方法是一种非常落后的“记工分”的办法,甚至还有一些比较难听的话,等等。其实,我对这其中的矛盾和意见并不陌生。因为在我来清华工作之前,就在前面那篇文章中所提到的北京师范大学担任副校长,也参与了北京师范大学相关规定和文件的讨论和制定,深切地认识和体会了其中不同意见的冲突,切身地感受到文科评价中这场争议的重要性和意义。但我没有想到的是,在清华大学,这样的争论和矛盾却在一定程度上超过了其它学校,包括一些老牌的文科大学和综合性大学。

刘:我完全能够理解您的难处。清华大学作为一个工科大学,的确有它自己的传统和文化。而且,理工科本身的学术规范和特点,也使得在学术评价上比较容易形成共识,更加容易实施比较量化的标准和办法。而对于文科来说,确实有它自己的文化和内在的规矩,很难完全用统一的标准和办法进行评价。那么,学校是如何面对这样的情况呢?清华对此有什么高招吗?

　　谢:我个人并没有什么高招。虽然有一定的困难,但幸运的是,在这个问题上,学校的主要领导并没有给我太大的压力,或者非常具体的意见和要求,而是给予了我很大的空间和时间,以及自主权,使我能够比较从容地去思考和处理现实的问题。我至今仍然认为,这本身恰恰就是清华大学的一种精神和宽容的学术态度,是给予我工作的一种最大的支持和资源。也许正是受到清华这种做法和精神的感染,我当时采取了一种"行胜于言"的做法,既没有正式取消以往关于文科评价的规定,也没有对执行这个规定作进一步的要求,而是通过加强院系自主权的方式,强化院系在学术评价上的责任。实事求是地说,就我内心的偏好而言,潜意识里也是不赞成这种量化的评价方法的。但从管理的角度说,则是希望通过实践去发现和找到某种比较适合清华的方法。现在想起来,当初的这个做法是正确的。因为在对一件事没有想清楚明白之前,暂时放一放,不马上做决定,应该是一种科学的态度。

　　刘:我曾经在《光明日报》上看过您的一篇文章,介绍清华文科学术评价的一些经验,反映了清华文科建设的观念和思路,但文章比较短,能否请您比较具体地谈谈其中的一些内容?

　　谢:是的,尽管我以"拖"的方式缓解了文科学术评价中的量化倾向,但是这并不意味着学校在文科的学术评价上无所作为。相反,我们可以做的事情仍然是非常多的,而且很有挑战性。你说的是2009年教育部在苏州大学主办的"中国高校哲学社会科学发展论坛"吧。当时,教育部社会科学司指定我代表清华大学发言,介绍清华文科的经验,我则以"三个优先与政策引导——清华大学文科科研评价的实践与思考"为题,做了一个简短的发言(参看2011年11月25日《光明日报》)。

　　所谓"三个优先",首先是质量优先,坚持高质量的评价导向。质量是文科科研的生命线，它至少包括以下几个方面：第一，国家水准，即按照学术发展和国家社会发展的主流与需求进行研究；第二，世界影响，即着眼国际竞争和"走出去"的战略开展科研活动；第三，历史检验，即要求文科科研的成果经得起历史的检验，若干年以后仍然能够为学者所引用或者参考；第四，实践贡献，即能够有助于解决现实中的若干重大问题。

这里，我特别想重新提一下关于历史检验的问题。在清华大学百年校庆期间，社会科学学院和经济管理学院共同举办了一场《老清华的社会科学》的新书发布和研讨会。该书记载了清华过去一批在经济学科、社会学学科、政治学科和心理学科非常著名的学者治学为人的故事与经历。在会场主席台的背景墙上，悬挂着一批曾经在清华学习、工作过的著名社会科学家的照片。李强和钱颖一邀请我代表学校致辞。我非常高兴能够参加这样一个活动，而且完全即兴地发表一席热情洋溢的讲话。在这个讲话里，我特别提到了文科的学术评价问题：

> 希望这本书的出版能够成为文科下一步发展的巨大的动力，成为我们将来判断做事情好坏的一个基准，成为我们清华大学人文社会科学、文化软实力非常重要的支撑。我在清华经常跟我们老师说，我不希望你做太多的事情，但我希望你做一点永恒的事情。一个学科，一个人的水平与地位，并不在于你写多少文章或多少文字，问题是有没有几篇文章或者几段话能够对中国文化有一定的贡献？我们清华大学的文科中有没有几本书，几篇文章，有几个人，能够在中国历史上，三十年、五十年、一百年以后，人们还会提起？还会像今天这样被人们去纪念和学习？我相信这本书会有这样一种价值！

这里，其实就是从学校的角度提出了文科学术评价的基本意见与要求，以及其中所谓历史检验标准的涵义。

　　我记得，当时我还略带调侃地说道，我希望我们今天清华社会学科的各位学者的照片，也能够像我们的前辈那样，在几十年，甚至数百年以后，被清华社会学科的后人，像今天开会纪念一样，挂在学校学院的墙上，为世人所景仰。同时，我还希望将这样一种宝贵的历史遗产作为清华文科建设的资源，作为清华文科的"道统"。因为他们的学术成就和风范，就是我们清华文科建设发展的学术坐标或标杆。

　　刘：其实，您这已经是在提出清华文科的评价标准了。我那个时期在研究老清华的文科，当时也在会场，至今记忆犹新。那么，您提到的"基层优先"和"倡导优先"又是什么意思呢？

　　谢：所谓"基层优先"，就是充分尊重不同院系和学科的特点。清华文科并没有制定统一的评价标准和考核要求，而是允许各个院系（所）根据自己的实际情况制定本单位的评价标准和考核要求，基本实现了评价的多样性。

　　现在的清华文科已经相当复杂和多样化，几乎涵盖了大文科的所有领域，包括人文、社会、法学、艺术、管理、传媒和教育等等，涉及七个不同的学科门类，体现了多元化的发展取向。我们不可能完全用同一个模式和标准去评价它们。例如，美术学院的科研成果应该如何统计，就是一个非常典型的问题。从美院的实际来看，艺术家往往都是通过各种展览，反映他们的成果和对艺术的理解，进而进行艺术的交流。所以，不同的作品就是美院老师和艺术家的科研成果，各种各样的展览就是他们的发表平台。当时，学校对美术学院的学术评价提出了一个意见，即美术学院的展览与艺术家的作品等同于文科其它学科的学术文章与著作。因为从一个展览策展的整个过程与内容来看，包括它的立意、主题、展陈、文字、设计、场地，以及不同展览的展品的选择与安排，等等，都是非常需要智慧的，是一种高智力的学术活动，所以，如果从整体去看，一个展览本身就是一篇学术文章，不过它的表现形式不同而已。同样，艺术家的艺术作品，包括他们的绘画、雕塑或设计等，也都是他们的学术作品。我曾经听美术学院著名画家刘巨德先生介绍他的作品与创作思路,其中的思想性不亚于文史哲的学术文章,甚至其中就包含和体现了非常丰富的哲学与美学思想。我到曾经获得意大利缪斯大奖的王宏剑先生的工作室里参观他那幅作为重大国家艺术工程"中华文化历史"的画作"鸿门宴",特别是王宏剑先生告诉我这个作品的如何布局、创作,其中的人物形象的构思,甚至是相互之间的关系,等等,那简直就是一部鸿篇巨著。当然,我作为外行只能是看看热闹,究竟什么样的展览才是真正高水平的艺术展览,什么样的艺术作品才是真正高水平的,美术学院的艺术家是最有发言权的。我们必须尊重他们的艺术评价中的专业化的水平与能力。

这里,我也可以你讲一个非常有趣的故事。有一次,美院的一位艺术家获得了一个国际大奖,然而,这位艺术家却非常低调。我听说这件事以后,就打算打电话向这位老师表示祝贺,同时建议美术学院进行表彰。然而,有一位美术学院的领导却告诉我,您不要打电话,而且,也不要轻易表彰,因为这位老师本身根本就不想去领这个奖。我当时真是有点糊涂了。经了解,才恍然大悟。因为在市场经济中的艺术环境里,各种各样沽名钓誉的评奖也是鱼目混珠,泥沙俱下,所以现在有一些完全是所谓市场运作的艺术大奖,根本为艺术家所不齿。显然,类似于这样的情况,究竟什么是真正有价值的作品,只能依靠艺术家自己去判断。

所谓"倡导优先",实质上就是以一种比较柔性的管理模式提出学校的要求与意向。例如,在鼓励文科教师和研究人员走向世界,争取在国际知名学术刊物上发布文章和出版专著时,我们并没有采取"一刀切"的做法,而是通过适当的方式鼓励大家。根据我对文科的认识和体会,不管是教学,还是研究,个体的积淀和修养是非常重要的。它完全是一种内生性的创造性活动,不可能通过外在压力提高它的水平和质量。所以,在文科的学术评价中,试图通过各种指标或考核标准去提高学术水平,几乎是徒劳的。如果说这样的指标和考核标准能够有什么价值的话,充其量也只是数量的增加。因此,以一种非常明确的价值取向进行倡导则是非常必要的。在我看来，对那些缺乏学术志趣，且没有一定学术底蕴的人来说，即使在高压之下发表了几篇文章，也不会是高质量的精品。而对于那些真正有志于学术的学者和老师来说，你根本不用什么提醒，他们也从来不会忘记，真的是"不待扬鞭自奋蹄"。他们对自己有一种自我的规训，这种规训使他们非常自觉地阅读、思考和写作。如果没有一定的成果，他们自己也会感到难受的。他们自己给自身的压力是最好的动力。

这样一种认识来自我 1980 年代中期在中国社会科学院研究生院读博士时的一段经历。当时，中国社会科学院研究生院坐落在机场路附近，不大的院落里，专门有一栋四层小楼的博士生公寓。虽然大家分属不同的研究所（也就是系），平时也少有来往，但唯一狭小的门廊却是大家不期而遇的必经之路。然而，真正让这个门廊成为大家的共同记忆的，却是挂在门廊边那块非常不起眼的小黑板。就在这块小黑板上，每天都会写着某某的挂号信、包裹、汇款，等等。其中所谓的汇款，其实就是各位博士研究生所发表的文章和著作的稿费。所以，如果在汇款一栏下出现某人的名字，则意味着他又有论文或著作发表了；而如果很长时间看不到某人的名字，其涵义则不言而喻了。换句话说，这块小小的黑板实际上成为了学术成果的一览表。像我这样成果不多的人，常常是低着头，以最快的速度走过门廊，而不愿意去看它；而一旦出现了我的名字，则常常故意不去传达室领取，用意就是让自己的名字能够在上面多留几天。由此可见，一种良好的学术环境和氛围对学术建设是非常重要的，而不仅仅是通过指标和考核能够企及的。

刘：您的这个故事的确非常有趣，而且，我认为它也具有一定的普遍性。尤其是对文科来说，就是所谓的"金杯银杯，不如同行的口碑"吧。那您刚才提到的"引导"，又是什么呢？

谢：所谓"一个引导"，指的是学校宏观上的政策引导。尽管文科的学术评价非常复杂，呈现出一种多样化的格局，但这并不意味着学校没有导向和要求，这就是"引导"的涵义，也是学校在文科评价方面的一种导向。当时,在经过反复调研、讨论和听取文科老师们的意见以后,清华在文科的学术建设和评价方面提出了"三个影响力"的目标导向,即学术影响力、社会影响力和国际影响力。当时,影响力这个概念还不像今天这样流行,但我们很早就明确提出了这个概念。记得是在一次学校暑期干部会议上,我作为分管文科的副校长向大家汇报和介绍文科的工作,其中就专门提出了三个影响力的评价导向,得到了学校其他领导和大家的认可。记得当时我汇报结束以后,包括校领导在内的许多同志都表示非常赞同我的观点。许多文科老师也感到这种"影响力"的提法对于文科的评价而言,是比较合适的。

刘:您提到的这种"影响力",在我的印象中,清华部分文科院系,尤其是基础文科的院系曾经实行过一种"代表作制度",作为文科的考核与评价标准,它是否也就是一种影响力的具体形式呢?

谢:您的理解非常正确。有些基础文科院系实施的"代表作制度"就是一种非常典型的影响力标准。所谓"代表作制度",有两个非常基本的内涵。一是它突出了质量优先的基本理念。我们并不完全在意每一个老师在教学和科研方面的数量,而是更加重视他们工作的质量。代表作反映的恰恰是一个质量概念,即你的教学与科研中最有价值的部分是什么? 二是它本身所具有的影响力的内涵。因为文科质量的一个重要内涵就是能够在学术界和现实中产生一定的影响。当然,我这里强调的是正面的影响。这种影响体现了他的工作的基本价值与意义,以及对人才培养和社会发展的贡献。真正懂得文科的人都知道,就学术水平的评价而言,文科老师害怕的不是数量,想把数量搞上去甚至可以说是一件非常容易的事情。真正让大家感到压力的是这种代表作的要求,因为它考察的是你真正的水平和学术界的认可。而且,在这种代表作的评价制度中,不管你对自己的研究成果或者学术观点说得如何天花乱坠,文科老师,包括研究生的心里自有一笔账,彼此都是心照不宣的,你根本不用担心它的作用。有一次我到某个学院参加年终的考核会,几乎所有的老师都十分重视,个个拿出了自己的绝活,而且视频也做得非常漂亮。很多老师甚至隐隐地表现出一种内在的紧张。说实在的，这种影响力绝对不是数量所能够达到的，尤其是现在的学术环境中，强调影响力对于抵制学术的粗制滥造是非常必要的。

刘：清华大学能够这样去处理这个问题，真的是不容易。据我所知，学校过去在 SCI 索引期刊上发表的学术文章数量不如南京大学等学校时，曾经对理工科院系的科研评价工作制定类似量化和奖励的政策文件，而且很快就取得了非常明显的效果。政策制定以后，据说 SCI 的文章数量简直就是直线上升，甚至达到了全国第一，位居世界前列。所以，这也是清华常常是引以为自豪的改革举措呢。

谢：你说得不错。曾经有人就给我提出了参考当时理工科激励 SCI 文章的经验，来推动文科科研的建议，尤其是鼓励和支持文科老师在国际 SSCI 和 A&HCI 索引期刊上发表文章。在建设世界一流大学的大目标下，这样的要求好像具有格外的合理性和紧迫性，同时还有清华自己的经验做依据，如何能够不为呢？这的确是一个没有理由不做的事情。我也曾为此动过心，特别是在学校文科教师队伍结构不均衡，规模偏小，成果不多，暂时还难以与其它综合性大学文科竞争的情况下，如果能够通过国际学术文章，包括 SSCI 和 A&HCI 索引期刊文章的发表数量争取一个更好的成绩，达到一个异军突起的局面和效果，岂不是能够大大地提升清华文科的地位！

实事求是地说，我是同意这个方法的。中国的人文社会学科的发展应该具有国际化的取向，而且这也是世界一流大学文科应该具有的一种水平。同时，以一种鼓励的方式而不是强制的方式进行提倡，也是一种比较适当的思路。所以，在鼓励文科老师发表 SCI 和 A&HCI 文章的事情上，我们的确实行了奖励的政策。同时，对那些具有国际性的学科和专业领域的老师和研究生，也提出了相应的要求，希望能够充分发挥清华文科老师国际化程度和外语水平比较高的优势，争取在这个方面有所突破。

尽管如此，我们还是没有搞一刀切的做法。换句话说，学校并没有将这种发表国际检索系统文章作为所有文科老师职称晋升和考核的必要条件；在中文的高水平学术刊物上发表文章，仍然是晋升和考核的基本要求。当时，有些传统文科的老师，特别是与中国传统文化关系非常密切的学科领域的老师，听说学校要实行 SCI 和 A&HCI 文章的评价政策，也有很大的意见。不少人找到我提出意见，认为这不符合文科的特点，有的老师甚至将这种做法归咎于清华的工科思维，等等。我非常理解这些老师的诉求和心情。同时，我也非常耐心地向这些老师解释了这个奖励政策的实施办法，强调了它的可选择性，在一定程度上消除了部分老师的误解。虽然仍然有少数老师有意见，但学校还是坚持做下去。事实证明，这样的大方向是正确的，这种操作方法也是适当的。同时，多年来，清华在全国大学中发表 SSCI 和 A&HCI 文章的地位，一直是名列前茅的。

二、虚与实

刘：由此看来，学校在文科评价中关于定量与定性的矛盾与张力中坚持按照文科的规律进行，还确实是不容易的。难道学校和您自己在这个问题上没有什么困惑吗？这种影响力的评价模式中最关键的是什么呢？

谢：你提了一个非常重要的问题。坦率地说，我也有很多的困惑，甚至是苦恼，而且在这个问题上也有思想认识方面的变化和挑战。不瞒你说，在清华文科建设和发展的学术评价中，我最不愿意听到别人说的一句话，就是"文科太虚"，而这正是我到清华工作以后听到的比较多的关于文科评价的一句话。这其中，当然有对文科的误解，或者是无知，也有的是一种偏见，甚至不排斥某种歧视。最让我接受不了的是，在一次学校的大会上，一位理工科背景的发言者在讲到某个事情时，用了一个自然科学的术语进行比喻。也许是发言者的一种善意吧！他在讲到这个比喻时，顺便不经意地说了一句，文科的人可能不懂（大意），顿时引起一片哄笑。如果不是出于礼貌,我当时就恨不得立即离开会场的主席台。坦率地说,每每在这种时候,我往往会感到在这样一所强势的理工科大学办文科是多么不容易。当然,我也十分清楚地知道,这样的情况只是一种偶然,对文科有偏见的也只是少数。真正有科学精神的学者绝不会对自己不懂的领域说三道四,妄加评判的。但不能不承认的是,在这样一个理工科非常强势的大学中,人们的潜意识里的确存在对文科的某种误解,而且要想在这样的环境中迅速改变人们对文科的看法,也不是一朝一夕的事情。

刘:我非常能够理解您的心情。然而,情感毕竟是不能代替现实的。文科的确是具有这种"虚"的特征啊! 这也是一种客观事实。记得您在描述文科特点时,也曾用写意画来比喻的,它在风格上有时的确不是那么"实"。实事求是地说,我相信,到现在为止恐怕还有很多的文科老师对文科评价的问题有自己的看法和意见。同时,在国家的层面和大学的具体管理中,这仍然是一个比较尖锐的矛盾。那么,您自己究竟如何看待文科的这种"虚"的特征呢?

谢:文科的学术建设和评价的确有一种所谓"虚"的特征,但这并不意味着对文科价值的一种贬抑和否定。可以这样说,我自己对这个问题也有一个不断认识的过程,甚至可以说是一个非常有趣的故事,一个跌宕起伏的三部曲。这种认识的变化对我的工作是有影响的。

刘:我倒是非常想听听您的这个思想变化的故事。现在有许多的学者和文章也在讨论文科的"虚",而且人们经常提到的一个说法是所谓的"此处无用是大用",进而说明文科的价值与意义。您是怎么看待这个问题的?

谢:如果形象一点的话,我可以将这个过程命名为"虚的三部曲",也就是我对文科所谓的"虚"的认识和理解的三个阶段。

第一步可以说是一种"抽象之虚",即对文科之"虚"只是一种比较抽象的认识,以及对此的辩护与坚持。当时我头脑中的"虚"是一个文科与理工科截然不同的特点。换句话说,文科本身的特点就是不能简单地用某种非常具体的标准和尺度去衡量，包括它的功能与价值，也不可以按照"立竿见影"的要求去检验和评价。它最重要的独特意义是对人们思想观念的影响，是对政策形成和价值标准的渗透，是无形的；但又正因为它的无形，因而又是无处不在的。当时，在公开和私下的场合，我都是赞同所谓"此处无用是大用"的观点。我甚至在学校的中层干部会议上，极力强调对文科的管理和评价，应该不同于理工科，要尊重文科的规律，允许它的这种"虚"。为此，我也曾经与其他校领导进行了辩论和争执。我当时的基本看法是，这种文科评价上的"虚"，正是文科的基本特点，也是文科建设和发展必须坚持的基本原则。

一个比较典型的故事就是学校"985 工程"二期的实施方案，即"向外发力"对文科这种"虚"的挑战与冲击。当时，为了进一步鼓励和推动学校的各个院系和学科加强与社会、企业与地方的合作与联系，学校决定在"985 工程"中按照一种"配套"的方式分配经费与资源，即根据不同院系与学科通过合作从校外获得的经费为基数，再配给相应的经费。尽管它的确可以鼓励工科院系与应用型学科加强与企业和地方的合作，争取更多的外部资源，但这种办法对文科显然是非常不利的。因为对大多数文科院系和学科而言，能够争取到的外部经费是非常少的。个别学科如美术学院的设计项目或者经济管理学院的个别比较大的捐款项目之外，大多数项目经费都只是个位数（万），少数能够得到两位数。在这种情况下，文科的建设和发展将会受到很大的影响。为此，在学校关于"985 工程"实施方案的研究和讨论中，我也力陈大多数文科，特别是基础文科，在研究成果和形式方面比较"虚"的特点，并且在学校大会上极力说明这种"虚"的价值与意义。学校领导非常理解文科的这种特点，也对文科建设的经费进行了特别的安排。所以，我觉得，从清华文科的建设来说，这种"虚"的特征是学校认可的。这也是文科建设和发展能够取得进步的一个非常重要的保证。

当然，我自己并不完全满足于这种抽象之虚，而是尽可能地给自己的这种观点提供理论依据。我记得非常清楚的是，就在我自己对这个所谓的"虚"感到非常无奈的时候,国学院刘东教授主编的一本书给了我很大的启示。刘东教授把他主编的介绍美国人文社会科学发展的《教授们在想什么》送给我。其实,在国外的人文社会科学的评价中,虽然也同样存在这种"虚"的特点,但他们同样也在通过各种形式充实这个"虚"的内涵。而这本书就特别谈到了文科项目的评价问题。根据该书作者的介绍,美国在文科项目的评审过程中,通常依据的是六项标准:

第一,清晰,包括明晰、透彻、精准、论证严格、条理清楚、表达精练等要求。这是质量的先决条件,体现了清楚有序的思维能力。

第二,质量,包括技能娴熟、有深度、注意细节、周密性等,分别与严谨和可靠相对应,指的是学理上和实证上的准确性。

第三,原创性,即给科学知识增加新的发现。通过创新,或多或少的增量积累,知识得以进步,包括新方法、新思路、新理论、新材料、新主题、新发现。对人文学者而言,重视研究思路的创新;对社会科学,则强调方法的创新。

第四,重要性,首先是学术或理论的意义,一个项目能否跳出就事论事的圈子而提出一般性结论,或者引出更深远的理论问题,从而推动相关研究;其次是社会或政治意义,能否为弱势群体代言或者生产出对社会有益的知识,包括主题与结果的影响。人文学者更重视学术意义,社会科学则看重后者。

第五,方法,例如理论与材料的相互配合,人文学者更重视的是理论的流派,而社会科学与历史学更关注理论与材料的配合。

第六,可行性,指的是研究项目的范围(包括时间表、研究计划和预算等),以及申请人对项目的准备情况(包括语言能力、以往的研究经历和指导者等)。

另外,该书还讨论了其它非正式和非稳定的变量,包括:(1)才智:如表达能力、能够胜任、聪明、天分等;(2)优雅和文化资本:如自如的文化适应、渊博的文化知识等;(3)个人气质:如有趣、幽默、令人振奋、令人生厌等;(4)道德品质:如毅力、谦虚、真诚的献身精神等。所有这些,也都使我能够对文科这种"抽象之虚"有一定的具体认识,包括操作性方面的认识。

第二步可以叫做一个"反思之虚",即对于文科之"虚"的一种反思:难道文科就只能是这种"虚"吗?它为什么不可以"实"一点呢?进而希望把这个"虚"具体化。换句话说,在清华理工科的环境中,一方面是迫于建设的压力;另一方面则是出于一种突破的动机,我也开始了对文科所谓"虚"的一种超越性的批判和反思。特别是从学术管理的角度出发,难道文科的学术评价就不能有那么一点"实"的东西吗?而且我也常常问自己,文科的传统思维方式,是不是也应该有所改革呢?我甚至时常问自己,清华的文科是不是也应该向理工科学习一些发展和评价的方式呢?在这个阶段,我在工作中的一个非常典型的思路就是在各种场合尽可能地以某种所谓"实"的方式说明文科工作,包括某些项目建设的重要性。

刘:您的这个提法非常有意思,一方面文科的所谓"虚"能不能有一些"实"的内涵;另一方面,文科本身是否也需要改革呢?这确实需要我们认真思考。这个方面,您能否给我们讲几个故事呢?

谢:还是要从"影响力"这个概念说起。虽然我在学校文科的建设、发展和评价中提出了"影响力"概念,但它仍然是一个比较虚的概念,不易操作,也无法在具体管理和相关政策中落实。后来,非常偶然的一次机会,我看到了心理学系主任彭凯平先生的一个观点。他在介绍和说明"影响力"概念时,根据国外学者 French 和 Raven 关于影响力的来源的理论,将"影响力"的概念分解成六个方面,它们分别是:奖赏的权力(reward power)、压制的权力(coercive power)、参照的权力(referent power)、法定的权力(legitimate power)、专家的权力(expert power)、信息的权力(informational power)。而非常重要的是,其中每一个方面都可以通过非常具体的路径实施和操作。例如,奖赏的权力就可以通过设立一定的奖项进行建设,这一点也正是我们国家文科的薄弱环节。这里,也有一个故事，即关于奖赏的权力的案例。《清华大学学报》文科版近年来所产生的学术影响力，除了近年来的编辑方针与学术水平的提高之外，还有一个非常重要的因素，即"百盛—清华学报优秀论文奖"评奖活动。这是通过刘石教授的介绍与安排，由马来西亚金狮集团百盛基金会捐资支持举办的。当时正值清华大学百年校庆之际，作为校庆的一个活动，这个评奖活动旨在奖励在《清华大学学报》发表的优秀论文，这个评奖活动虽然只是清华文科学报举办的，并非国家的奖励，但在学术界引起极大反响，《人民日报》《光明日报》等均有报道。学者对这个奖项也给予了很高的评价，称之为最有影响力的民间学术奖项之一。比如，获奖者、华中师范大学文学院教授王齐洲教授撰文说："当清华大学百年校庆时将本集所收《"诗言志"：中国古代文学观念发生的一个标本》授予'百盛—清华大学学报'优秀论文一等奖时，我同样感动，因为这是民间独立评审的奖项，由李学勤、傅璇琮、童庆炳三位老先生最终确定，是纯学术的判断。我虽曾连续五届获湖北省优秀社科成果奖，却没有过这种激动。"显然，其它的几个方面也都是可以通过一定的具体途径实施和在管理上加以表达的。例如，信息的权力，则可以通过文科图书馆的建立、康奈尔文科图书馆的收购，以及学校"经济社会数据中心"等文献资料的建设而体现出来，等等。由此，也让我切实感到了这种影响力的真实力量。

　　当然，在对"虚"的反思中，我也向理工科的领导和老师们学到了不少非常有效的管理经验。例如，他们善于对一个项目进行专业化的分类和操作化的表达，形成不同的系统，进而可以安排更多的经费，而这一点恰恰也是文科管理中的一个短板。例如，在清华的科研体系中，有一个自主科研的经费项目，数额还比较大。当然，它涉及一个在理工文不同学科之间进行分配的政策问题。作为分管文科的副校长，如何能够在其中为文科建设和相关的院系争取多一勺羹，当然是我义不容辞的责任，也是对我的能力和智慧的一种考验。在制定自主科研相关政策的领导小组会议上，我至少面临两个非常关键的问题：一个是如何能够在自主科研的项目类型上提出更多文科的类型,如文科的青年专项、基础文科、政策研究,等等;另一个则是对每一个项目类型的必要性和价值作出具体说明。显然,这些都要求能够将"虚"的文科做"实"了。正是在这种场合下,我才真正感到自己过去对文科的认识实际上可能真的是非常表面的,甚至是肤浅的。对文科之"虚"的辩护也是一种情感化的。然而,也就是在这样的挑战和实践中,我真正深入到文科的不同学科和学术活动中分析其不同特点,向文科老师们学习和了解不同文科学科的价值与功能,确实获益匪浅。例如,智库建设就是一个非常好的项目类型。可以说,在中国人文社会科学领域的智库建设中,清华很早就提出了这一思路,并且作为文科建设的一个十分重要的抓手。又如,在进一步加强清华文科学报的建设中,充分利用时下比较流行的学术刊物发表文章的引用率的工具,说明它的必要性和价值。我逐渐认识到,其实文科本身也是非常复杂的,它包含了许多不同的形态和品种,也有各种不同的价值,需要非常深入的细分和研究。实际上,将"影响力"的观念转变为一系列可以操作的抓手,难道不就是一种"实"吗?由此,我自己对文科管理的规律性和文科的所谓"虚",也有了更进一步的认识。

第三步则是所谓的"规律之虚",即文科的这种"虚",恰恰是一种文科发展的一种规律,它既是抽象的也是具体的。如果说"反思之虚"更多的还是一种尽可能从现实的角度去发现和证明文科建设、发展的评价中,仍然有不少可以实证的内容,它在战略上仍然是一种被动的态势,那么这里所谓的"规律之虚",则是对文科之"虚"的内在机制、规律与意义的一种比较积极的认识。对此,我可以讲一个小故事。

我在读罗伯特·默顿的社会学著作《社会理论和社会结构》一书时,曾经看到了一个关于引文的比较研究。他在书中介绍了另外一位学者普赖斯对不同学科学术论文的引文的研究。其中提到,在物理学等自然科学的学术论文中,以《物理学评论》和《天体物理学杂志》为代表,大约 60%—70% 的引文来自五年内的出版物;在社会学科中,著作引文的情况则有所不同,以《美国社会学评论》《美国社会学杂志》《英国心理学杂志》为代表,30%—50%的引文来自五年内的出版物;在人文学科中,情况又不同。以《美国历史评论》《艺术论坛》《美学与艺术批评杂志》为代表,10%—20%的引文来自五年内出版物。[1]

　　这种不同学科学术论文引文的差异说明了什么问题呢?它给我们什么样的启示呢?究竟是什么因素造成了这种差异呢?如果换一个角度思考,为什么文科的大多数引文具有这种时间长的特点呢?很显然,自然科学的知识更新是非常迅速的,所以引文常常是比较新近的理论与成果。人文社会学科的知识发展却比较缓慢,尤其是基础理论,往往具有非常长的时效性,不太容易发生根本性的变化;即使有变化,也常常是一种"接着说",具有很大的延续性,而并非是完全的否定,所以高水平学术成果的时效性常常具有比较大的历史跨度。正如中国俗话所说的那样,"诗书继世长"。从另外一个角度说,自然科学的理论和成果往往比较具体,或者说,具有一定的实用性。由于这种实用性需要比较多的边界条件,所以它也就非常容易发生变化而更新。相反,人文与社会学科的理论和成果常常具有比较大的普遍性,或者说比较"虚",因而可能并不十分实用,但有效期往往比较长。而这也正是它的价值所在。因此,对于文科的评价,绝对不能操之过急,更不能急功近利。它需要比较长的时间,需要有更大的耐心和自信。为此,我常常与文科院系的领导和教师们说,不要太在意一时一地的得失,也不要过于看重成果的数量,重要的是能够有经得起历史检验的成果。也就是说,今天的成果,包括发表的文章著作和培养的人才,十年、二十年,甚至五十年、一百年以后还有人引用,真正成为学术史中的一个小石头;今天培养的人才,未来二三十年以后能够真正成为国家的栋梁,这才是文科的价值。

---

　　[1]　罗伯特·K.默顿著,唐少杰、齐心等译:《社会理论和社会结构》,译林出版社2006年版,第46页。

三、关键是出思想

刘：普赖斯关于引文的研究确实非常有意思，也充分证明了文科的特征与学术发展规律。其实，清华大学今天的地位，也正是一百多年来历代清华同人辛勤耕耘的成果，是历届学生共同努力的结晶。而清华今天的工作与人才培养的成效，也要等到若干年以后才能够真正得到检验。其实，我觉得，您说的这种"规律之虚"，实际上就是一种思想。真正的思想是永恒的，有穿透力，经得起岁月的检验。

谢：你说得非常对，我也正是在这种对文科之"虚"的思考中，逐渐认识到思想贡献在文科评价中的重要性。一个文科发展得好不好，关键还是看它有没有思想，能不能产生有价值的新思想，能不能作出思想性的贡献。

刘：您觉得，文科评价中的这种思想性，与定量、定性等矛盾是一个什么样的关系呢？您认为，在清华大学文科建设中的学术评价，又应该如何进行选择与定位呢？

谢：思想性并不一定要简单地在定量与定性，或者在实与虚的取向之间去做出孰重孰轻甚至非此即彼的选择，它们对不同的学科和领域，包括对不同的研究项目等，都是不一样的。对于清华文科的评价来说，最重要的是要出思想。这里，顾秉林校长有一个非常重要的观点。他在徐葆耕追思会的讲话中指出，"徐老师还指出'清华精神'中也有突出的弱点，这就是'形而上'思维的贫乏。徐老师说，回顾清华90年的历史，虽然学术巨人和科学巨人林立，但对本世纪发生重要影响的思想家甚少。我想，对于这个问题或许会有不同的看法，但从继承和弘扬清华精神的角度来看，这一问题的确是需要引起我们高度重视的。在我看来，清华在未来的三五十年内能否为世界提供卓越的思想巨人，是清华能否成为世界一流大学的关键所在。而思想巨人的产生又有赖于自由和创造的思想氛围。过于急功近利的办学思路会不可避免地抑制创造性的培育。"其实，文科学术论文引文的时效性之所以比较长，关键就在于文科中的优秀成果的价值是其思想性而不是操作性。有思想的东西就是有生命力的。所以，清华文科在建设过程中，就特别重视这样的思想贡献。而思想的贡献，也就是大学，尤其是大学文科建设水平最重要的体现，即一所大学的文科能否提出若干能够影响社会经济政治文化发展的重要的思想理论和学术观点。

我想进一步指出的是，思想的实质也就是一种话语权，是一种最核心的竞争力。它也是中华民族在伟大复兴过程中，非常关键的一个因素。这种话语权肯定不是若干数据或者单纯定量的东西，它体现了一种设定议题、制定规则的力量。我过去在分析各种大学排行榜时曾经提到，中国的大学争取在这些排行榜中进入世界前 100 名的行列是必要的，也是中国高等教育成为高等教育强国的重要条件之一，但是，更重要的是话语权的竞争。因为这种排行榜的制定与设计，包括其中各种指标的选择、提取与权重，都具有非常强的主观性，甚至是某种偏好，背后就是一种话语权，而这种话语权的实质又是一种思想的力量。康德曾经对所谓的理性直观，包括各种具有先天性的范畴等，有过一个非常深刻的论述。他认为，这种理性直观的价值与意义，就在于给社会和自然"立法"，即建立各种规则。而这些恰恰就是一种思想的力量。缺乏思想的大学，不能贡献新思想的大学，永远不能成为真正意义上的世界一流大学。这也就是清华大学及其文科建设之所以如此强调思想性的根本原因。

刘：思想贡献的确是大学最重要的学术成果，也是最难的方面，这的确是大学文科最重要的责任。您能不能就这个话题谈谈清华文科的实践，清华文科是如何抓这种思想建设和贡献的呢？

谢：思想建设与思想贡献的工作，并非一蹴而就的事情，它是一件需要长期积累，而且需要历史耐心的事业。我也是在工作实践中逐渐提高和明确这个认识。

在 2008 年的学校科研工作会议上，我做了一个题为《伟大的技术与伟大的思想》的报告。在这个报告中,我希望理工科科研能够发明和产生类似于晶体管那样伟大的技术,同时特别要求以产生伟大的思想作为清华文科科研的重要目标。当时,我提到了犹太教的"摩西戒律"、马克斯·韦伯的"新教伦理与资本主义精神"、亚当·斯密的经济学思想,以及《实践是检验真理的唯一标准》的文章,等等。对于什么样的技术和理论才算得上是"伟大的技术和思想",我提出了三个标准:第一,能够在一定程度上影响和改变人们的生活方式、生产方式和思维方式;第二,能够提升一个国家的地位,乃至改善全人类与命运;第三,能够解决关乎国家和民族命运的重大难题与危机。在我的印象中,会后的工作午餐中,不少院系分管科研的领导和科研院的老师纷纷对我的报告表示赞赏。后来,在一次与原物理系主任、研究生院常务副院长陈皓明教授的聊天中,他也非常认同这个观点,并且认为不仅是文科要出思想,理工科同样应该有思想贡献。

其实,清华大学在文科建设中一直就非常重视思想的建设,早在1990年代文科开始恢复建设的阶段,就成立了思想文化研究所。后来,由于学科发展等各种原因,研究所并入了历史系。但由于各种原因,它事实上也并没有实质性的工作和发展。这是一件非常遗憾的事情。当然,思想建设的工作并没有停止。就在我调入清华工作不久,汪晖教授就给我提出了建立文科高等研究机构的设想,具体意向是在已有的高等研究院里,设立一个文科的部门。当初,我十分单纯地认为这件事比较容易,不就是在已经有的机构里增设一个部门吗?而且,曾经有一位非常著名的国外艺术家的研究中心就计划纳入高等研究院,而且已经得到认可。但事情的结果却令我非常沮丧。高等研究院的某位权威人士不同意,据说是担心文科的意识形态问题比较复杂,可能会影响高等研究院的发展。在这种情况下,我只能是单独成立文科的高等研究机构了。当然,也仍然是在顾秉林校长的支持下,我与汪晖教授商量,并且约了公共管理学院的崔之元教授、人文学院的王中忱教授等,经过相当艰难的努力,终于在2008年成立了人文社会高等研究所，并且还邀请了若干著名的国内外学者加盟，帮助他们解决了一些非常具体的困难。目前，研究所在国内外学术界产生了一定的影响，并且与国内外的高等研究机构建立了非常广泛的学术联系。

诚然，我十分清楚地知道，思想的养成和建设并非是个别机构的事情，也并非一朝一夕的事情，它需要的是一种厚积薄发的机制与氛围。非常可喜的是，经过这些年的努力和坚持，清华文科已经初步形成了一种重视思想建设的学术文化，而且有一批教师的思想观点和理论，也逐渐在学术界与社会中产生了非常重要和长远的影响，在这个方面，清华大学主要做了以下几个方面的工作。

首先是积极支持和鼓励对学校已有的著名学术大师的思想进行研究。例如，在美术学院专门成立了吴冠中艺术研究中心和张仃艺术研究中心，专门研究两位大师的艺术思想。正如有的专家指出的那样，吴先生和张先生一位从国外归来，一位从延安走出，在推进中国艺术发展史上是具有代表性的两位人物，是两个典型案例，都需要好好研究。例如，吴冠中艺术研究中心专门组织了四位博士后研究人员研究吴冠中先生的艺术思想，并且于 2014 年 10 月 24 日，举办了"吴冠中艺术与艺术思想研究——博士后研究成果报告会"。根据《艺术中国》杂志对会议的报道材料，余洋博士从 20 世纪中西文化激烈碰撞的背景下，分为六个时期来探讨吴冠中对待中国传统艺术的观点及其变化，并分析变化的原因，以及他如何在绘画创作中践行其传统艺术观。王洪伟博士首先对吴冠中身上表现出的民族艺术发展责任和知识分子的批判力量进行了定位，阐述了他既长期肩负着强烈的民族文化艺术发展的一份责任，又勇于在某些艺术发展时期保持艺术理想并适时地申述；其次，就目前吴冠中艺术创作及思想的研究性质进行了分析，区分了史学与批评学在研究中的价值所属；最后，针对目前吴冠中艺术评论中的两种倾向进行了讨论。对于他创作探索的批评标准，既不能完全被传统画史学批评体系所束缚，也不能完全依赖西方现代艺术创作原则，而是强调吴冠中先生的思想引领了中国美术界的改革与发展。仝朝晖博士着眼 20 世纪世界和中国文化艺术的整体格局，借鉴符号学、阐释学等方法重新解读吴冠中的"形式美""风筝不断线""油画民族化中国画现代化""笔墨等于零"等思想，以中国情境为研究起点分析了吴冠中艺术的重要贡献和局限性，从图像、文本等综合的角度对吴冠中艺术和艺术思想提出了自己的观点。王伯勋博士首先去认识"现代美术史（含社会史）中的吴冠中"，以及吴冠中艺术研究的现实意义，尤其是吴冠中艺术思想的形成历程对当下青年画家的启示，等等。许多著名的艺术家都参加了这个重要的学术会议，并且发表了很好的意见。据了解，目前吴冠中艺术研究中心已经招收了六位在职博士后，计划再招四位，出一套十本研究专丛书，希望更多的学者投入到这个研究领域。同时，张仃先生的艺术思想也一直受到艺术界的关注，包括他的焦墨山水，以及他的名言"美盲比文盲多"至今仍然是如雷贯耳，发人深省。

其次是积极鼓励优秀学者不断探索和提出新的学术思想。清华文科在引进学者时，其实并不十分看重对象论文或著作的数量，真正看重的是水平和其学术思想贡献。而在推动和策划文科建设时，我们也把这种思想贡献作为一个最基本的导向。所以，这些年，清华文科虽然获得了各种激励，得到了许多的项目，有了大量的科研经费，但学校更加欣慰的是，我们一大批教授在学术思想的贡献方面取得了十分可喜的成绩。这里，我只能挂一漏万地列举其中的几个代表。

我首先要提到的当然是李学勤先生。李学勤先生一直引领着人文，尤其是史学的研究方向，是中国古代文明研究领域的一面旗帜。根据有关学者的概括，他的学术贡献主要体现在：第一，对中国古代文明的重新评价。过去的流行观点是中国古代文明形成于商代。李先生根据考古学的最新发现，认为以往对中国文明严重低估，并提出了"重新估价中国古代文明"的主张，使中国古代文明研究有了正确的指导思想。第二，对比较考古学和比较文明史的倡导。李先生一直强调要把中国文明放到人类文明的大背景中去考察,同时,研究世界文明也要注重中国文明的重要作用。第三,甲骨学研究。李先生首创殷墟甲骨的非王卜辞说,并提出了两系九组的新甲骨分期法,使甲骨学研究取得了重大突破;第四,青铜器及金文研究。李先生主张对青铜器的形制、纹饰、铭文、字体、功能、组合、铸造工艺等方面作综合研究,他运用这一方法取得了青铜器研究中的众多成就,并得到了学术界的普遍推广。当然,战国文字及出土简牍帛书的研究也是李学勤先生的一个非常精深的领域。1970 年代以来,李先生参与了多批简帛的整理和研究工作,成果丰硕。他还积极提出建议,为抢救、整理和研究"清华简"付出了大量心血。这里,必须提到的还有关于古文献与学术史研究。20 世纪新出土的大批简牍帛书,为古文献及学术史的研究提供了极为宝贵的材料。为此,李先生一直主张根据众多的出土文献对学术史加以重写,并对学术史上诸多重大问题提出了精辟见解。与此同时,作为国家文物鉴定委员会委员,他做了大量文物鉴定工作,为国家及时从海外抢救购回流失的国宝作出了重要贡献。对于流散海外的文物,他除了做深入研究外,还与海外的汉学家合作,编辑出版相关资料,方便国内学者的研究。

　　也正是在对于大量第一手材料研究的基础上,李学勤先生提出了"走出疑古时代"的观点。晚清以来的疑古思潮曾在历史上产生了积极影响,但不少"疑古"观点已被今天的考古发现所否定。李先生除了利用新发现材料来研究中国古代文明外,还进一步从理论的高度对疑古思潮进行了反思,提出了"走出疑古时代"的重要主张。

　　李学勤先生的学术成就与他勤于治学、勇于探索密切相关。首先是天赋与勤奋相结合。李先生的聪敏睿智众所周知,但他的成就主要还是得益于勤奋,他自幼就喜欢买书、看书,只要有片刻的闲暇时间,他都很注意加以利用。这种锲而不舍、孜孜以求的学习精神为他的成功奠定了坚实的基础。其次则是宏观与微观相结合。李先生有很好的理论素养,他的研究对象虽然是"形而下"的实物,但他具备了"形而上"的眼光,能够把宏观和微观紧密结合,发现别人没有注意到的细节,并上升到理论高度加以认识,发人所未发。李先生特别注意对先辈名家的治学特点和专长进行揣摩学习,博采众长,为己所用。他反对门户之见,坚持实事求是的态度,尊重权威,但不迷信权威。再次是坚持多学科结合与融会贯通。李先生认为,中国古代文明研究需要多学科的知识结合,进行比较研究。他既熟悉中国文明又熟悉世界文明,并在自己的研究中有机地交融在一起。如今,李学勤先生已至耄耋之年,却仍然努力工作在教学科研的第一线。特别是自从"清华简"落户清华大学以后,他如同是重新焕发了青春,孜孜不倦地审读那些战国时期的楚文字,与年轻人一起切磋琢磨,并且给自己及其团队定下了一年一本书稿的任务。我常常担心他醉心于"清华简"的研究而影响了身体,也时常劝说他不要给自己规定过于刚性的任务,可他总是微微一笑。我非常清楚他的这种微笑所包含的意思,但我更希望的是他的健康长寿。

如果说李学勤先生是一位硕儒,那么,陈来先生则是大家非常熟悉的一位中年的大学者。他是清华大学国学院院长,也是中央文史馆馆员,但更加重要的是,他被学术界誉为中国新儒学的代表人物。

陈来教授非常关注德性伦理的研究,并指出了儒家伦理与德性伦理的同异。同时,陈来先生对近代中国的国学概念的发生演变、1920年代的国学研究、20世纪初的国学大家作了深入研究,明确指出了近代"国学"观念的三种意义、近代国学研究的三个阶段,并以清华国学院为典范梳理了这一过程。他还特别以梁启超和胡适作为当时国学研究两个不同方向的代表,强调指出正确的文化观对国学研究发展的重要意义,其结论对当下的国学研究具有重要的借鉴意义。在这个方面,他的代表性论文有:《清华国学研究院:历史与现在》《启蒙与学术的内在分裂:整理国故运动中的胡适》《近代"国学"的发生和演变——以老清华国学院的典范为视角》《近代视野下的"启蒙"与"德育":梁启超的私德说》等。当然,在新时期的国学热与对中华文化的评价方面,陈来先生也撰写了一系列文章,从多方面论述了当代国学热的积极意义,"国学热的出现和流行,对于中华民族复兴的进程,对中国现代化的深入开展,对社会和谐的实现,都是必然的,也是合理的、积极的,应当予以充分的肯定和支持。但是,传统文化并不是包治百病的药方,传统文化并不能解决我们现实生活遇到的一切问题。传统文化只是我们的文化根基,在其基础上如何建构起适应人民需要的现代政治、经济、法律、文化体系,发展政治文明、持续经济增长、健全法制生活、繁荣文化发展,需要全社会的创造性的努力。同时也需要通过适时的引导,帮助人民分辨传统文化的精华与糟粕,分辨永久的价值和过时的东西,使传统文化的资源更能够结合时代的要求发挥其作用。"这方面的文章有:《如何看待国学——国学热与中华文化的伟大复兴》《文化传承创新的重要意义》《民族文化与马克思主义中国化》《发扬中华文化重视私德培养的传统》《弘扬中华优秀传统文化的根本指引》等。特别值得一提的是,陈来先生还非常关注中国文明的世界观与价值观研究。他在《中华文明及其核心价值》一书中,阐述了其核心观点:轴心时代中华文明形成的基本价值成为主导中华文明后来发展的核心价值。经过轴心时代以后两千年的发展,中华文明确定地形成了自己的价值偏好,举其大者有四:责任先于自由、义务先于权利、社群高于个人、和谐高于冲突。中华文明的价值观在现代世界仍有其意义。这些观点受到从上到下的关注,也引起海外学者的关注。这一著作也发生了广泛的影响,2015 年末,该书入选中国出版集团评出的"中版好书 2015 年度榜"、中华读书报 2015 年好书榜和三联书店 2015 年十大好书榜。他在这个领域还发表了一系列的学术论文,包括《中国文明的哲学背景》《中华文明的价值观与世界观》《中华传统文化与核心价值观》《充分认识中华文化独特价值观》等。

特别值得一提的是陈来教授 2014 年出版的专著《仁学本体论》的思想贡献。《仁学本体论》以哲学的本体论为主体,论述作者的儒学本体论体系。此书的出版标志着当代中国儒家哲学体系的真正建立,就其大旨而言,如作者开宗明义所说:"本书之宗旨,是欲将儒家的仁论演为仁学的本体论,或仁学的宇宙论。在此意义上,本书的目的亦可谓将古往今来之儒家仁说发展为'新仁学'的体系。此新仁学之要义在'仁体'之肯定与发扬,从而成为仁学本体论,或仁体论哲学。"就其仁学本体论的主要观点而言,该书亦明确概括为:"一,仁为本体,是万有之本;二,仁本体是流行统体;三,仁本体是生生之源;四,仁本体是人与万物为一体。"

从内容来看,陈来此书继承和展开了古典儒学的仁论、道体论等,批判地吸收了近代以来的中国哲学本体论,在"创造的综合"基础上加以发展,从而将古典儒学的仁论演绎为仁学的本体论。其哲学建构既是对儒家古典仁学的传承,也是对近代以来中国哲学本体论的接续与回应,是当代儒家哲学的综合创新之作。就具体展开而言,其仁学本体论既是对传统儒学孔子到朱子仁论的综合与融摄,同时也是对现当代中国哲学家熊十力、冯友兰、李泽厚等人形上学体系的继承与超越,更有与西方哲学以及时代问题的对话与互动。此书所展示的仁学本体论,为现时代儒学价值系统的建构确立了坚实的形上学基础,代表了儒学理论建构在当代的最新发展,对当代中国哲学的建构与发展具有十分重要的意义。就学术渊源而言,作为冯友兰、张岱年的学术继承人,他继承了老清华哲学传统专精中国哲学史研究的深厚传统,又发扬了老清华哲学传统重视哲学思想建构、综合创新的传统,成为清华哲学传统在当代的突出代表。

汪晖教授是中文系、历史系双聘教授,长江学者,人文与社会科学高等研究所所长。2008 年汪晖教授于入选美国《外交政策》(*Foreign Policy*)和英国《远景》(*Prospect*)联袂评选的"百大知识分子",2013 年再次入选《远景》杂志评选的"世界思想家"。他的著作被哈佛大学出版社、日本岩波书店、Verso 等著名出版社翻译为英文、日文、韩文、德文、西班牙文、葡萄牙文、斯洛文尼亚文、意大利文等,总计 20 多种。他提出的一系列命题在中外学术界产生了很大的影响,世界各大媒体和学术刊物发表了有关其作品的大量评论和讨论（东方出版社汇集中外学者有关评论，选择其中一部分于 2014 年出版了《汪晖评论集》两卷），给予高度评价。2013 年因《现代中国思想的兴起》与德国著名哲学家尤尔根·哈贝马斯同获"卢卡·帕西欧利奖"（Luca Pacioli Prize）。

　　四卷本《现代中国思想的兴起》，三联书店于 2004 年出版，2008 年再版，2014 年出版十年纪念版。这部书的出版曾被一些中国学者称之为"学术界里程碑事件"或"二十年左右最重要的一本书"。《哈佛大学出版社评论》发表加州大学洛杉矶分校资深教授 Theodore Huters 的文章说："汪晖在中国知识界是独特的：他综合中国思想史的广博知识、当代批判理论和政治经济学，因此能够提供对于当代问题的丰富的历史感。汪晖时常被认为中国知识界两大流派之一的代表人物，但他的丰富的知识和思想的深度都使他超越这种两极的划分。他能够从对当代中国问题的讨论中唤起我们对于整个世界体系的未来的思考。"哈佛大学出版社对该书的评审报称："汪晖处理这一主题和材料的方式极其细腻绵密，让我们想起了年鉴学派大师布罗代尔对地中海历史的经典研究。另一方面，他强调十世纪以来中国的知识场域的转型，又隐隐透露福柯知识考古学的印迹。但这样的比较也许只能作为进入汪晖论述的入口。汪晖最终还是想形成一套自己的庞大的叙述体系，意在对以往史学叙事二元对立结构模式——传统和现代、思想和行动、上层建筑和下层建筑等等——提出挑战。"鉴于《现代中国思想的兴起》的深度和广度，这部著作英文版的出版对于英语学术界而言也是一个重要的事件。斯坦福大学讲座教授王斑（Ban Wang）在 Boundary 2 和《中国社会科学》（内刊）及《清华大学学报》分别发表英文和中文的长篇评论说："对偏爱专门课题、深入实证研究的人来说，汪晖长达 1683 页的史诗般的四卷本近作实在是一个震惊。其内容之丰富，视野之开阔，恰如司马迁所言'究天人之际，通古今之变'，是个百科全书式的历史著作。长达十多年的持续思考和研究，经历了一系列的时局动荡和不同地域的游历，使此书得以重新阐明中国历史和文化在长时段里发展的隐秘轨迹，并提供了一个新的叙述方式来突破现存的中国研究范式。在中国,这部著作的出版是一件文化盛事,影响并不限于学界,也波及了广大的普通读者群。哈佛大学出版社已计划把此书翻译和介绍给英语世界的读者。一旦认真地阅读这部著作,西方读者在无意识深处对中国的误解无疑会被动摇——无论是古代还是现代的'中国'。"

《现代中国思想的兴起》出版以来,已经有大量中文、英文、日文、韩文、意大利文及其他文字的评论发表,包括《中国社会科学》《清华大学学报》《读书》等中文刊物和 Modern China、Common Knowlodge、TSL、Positions 等英文刊物在内的重要学术刊物和媒体发表了大量的学术评论,许多学者包括共和主义理论大师、欧洲史权威人物波考克(J. G. A. Pocock)、历史学家黄宗智(Philip Huang)、杜赞奇(Prasenjit Duara)等都曾发表长篇评论文章。这里引述黄宗智教授在 Modern China 的长篇评论(中文译文发表于《读书》杂志),以概括这部著作的基本内容、方法、创新点和主要贡献。他说:"首先,在对作为整体的西方现代主义的根本性反思的背景下,它对美国(和日本)中国研究界的一些主导性假设提出了彻底的反思,是至今为止对美国中国研究界的最为全面的批评性反思。"其次,"他还是一位用新的概念和方法从事中国思想史研究的学者。因此,他的研究与传统的思想史研究大相径庭,甚至不可以简单地归类为思想史。……它是一本关于观念的历史化的著作,是一本中西思想相互对话的著作,一本过去与现在、思想与历史情境相互对话的著作。"第三,"汪晖非但没有漠视话语之外的历史,还持续不断地去追踪它,他也不是为了话语而话语,他的目的是为一个新的中国建立一种新的视野。""最后,这一著作阐述了从天理到公理到科学话语的变化,其宽阔视野令人惊叹,所围绕的核心问题又极为重要,全书论述连贯,却又充满变化。它也为我们的整个现代主义知识体系提供了深刻的批评性反思。"可以认为,汪晖教授的思想贡献已经极大地提升了清华文科的学术影响力,并且在一定程度上引领了世界学术界对中国文化的再认识。

　　法学院张明楷教授与陈来教授、汪晖教授有所不同,他是另一种类型的思想型教授。作为刑法学领域的专家,他一直非常勤奋地在这个领域中耕耘,取得了许多的成果,也赢得了广泛的学术声誉。他的学术思想的贡献主要包括:

　　张明楷教授通过大量的研究,循序渐进地重构我国刑法学的知识体系。他很早就对缺乏理论深度的传统刑法学进行了全方位的批判,并以此作为起点始终走在重构我国刑法学知识体系的最前沿。在重构过程中,他结合我国社会、经济、文化的发展进程,逐步提升刑法学的专业水准。同时,他在自己的研究和学术探讨中,针对刑法学研究中的某些不好的习气——例如调和新旧两派学说比采纳其中一种学说时髦、认定被告人无罪比认定被告人有罪时髦、批判刑法比解释刑法时髦、寻求新热点比研究旧问题时髦等——进行了系统性的批判,引起学界强烈反响。在研究方法上,张明楷教授对混乱的解释理论进行了系统梳理,将解释的态度和解释的方法予以区分,在方法之下再划分出各种解释理由和解释技巧,从而在整体上改善了刑法学的解释体系与方法。更重要的是,张明楷教授引入哲学诠释学的方法论,提倡“心中充满正义,目光不断往返于事实与规范之间”的全新理念,将刑法学的解释方法提升到一个更高的层次。我国传统的刑法理论主要受苏联影响,几乎没有学派之说,学者们也大多欠缺鲜明的立场意识。张明楷教授认为,应当在我国形成学派之争,因为学派之争可以将理论研究引向深入,可以使刑事立法更为完善,可以使刑事司法客观公正。为此,张明楷教授在 2002 年出版了《刑法的基本立场》一书,“吹响了我国刑法学派之争的号角”,之后他又积极投身于犯罪论体系之争、行为无价值与结果无价值之争和实质解释论和形式解释论之争,引领着我国刑法学派之争不断走向深入。当然,张明楷也非常重视人才的培养,他编写的《刑法学》是国内第一部个人独著的刑法教材,该书既立足于中国当今社会的现实,又将论题置于世界刑法学之林思考;既评介中国的理论学说,又从学派之争的视角进行分析;既解释现行法条,又深究规范背后的理念;

既阐述刑法理论上的要害与重点，又提示并解决司法实践中的难题，"形成了具有自身特色的刑法教义学体体系"(陈兴良教授语)，成为重新塑造我国刑法教科书品质的一本标志性著作。因理论性与实用性并重，自面世之日起即广受欢迎，到目前为止，已经改订至第五版，不仅广泛地影响了理论研究者，而且也成为司法实务工作人员不可或缺的参考书。

　　近年来张明楷教授在刑法学领域提出了一系列重要的创新成果。以 1997 年对刑法典的修订为契机，张明楷教授彻底梳理了立法和理论中的主观主义，明确指出我国 1997 年刑法典已经向客观主义倾斜，今后应当贯彻客观主义的刑法立场；与此同时，在理论上突破传统刑法学的框架，奠定了与客观主义相一致的法益侵害说的地位。同时，他提倡实质解释论，反对形式解释论：主张对构成要件的解释不能停留在法条的字面含义上，必须以保护法益为指导，使行为的违法性与有责性达到值得科处刑罚的程度；那些没有达到这种程度的行为，即使形式上符合刑法规定的构成要件，也必须排除在犯罪之外。另一方面，在遵循罪刑法定原则的前提下，可以作出扩大解释，以实现处罚的妥当性。他提倡结果无价值论，反对行为无价值论：认为行为无价值论与保护法益的刑法目的相冲突，偏离了罪刑法定主义的实质，不仅不能限制刑罚适用，反而扩大了处罚范围；而结果无价值论在防止过度干预、采取自由主义原则的同时，将违反刑法目的的事态作为禁止的对象，不仅能够克服行为无价值论的缺陷，而且可以在实现报应正义的同时，实现特殊预防与一般预防。另外，张明楷教授主张，对犯罪实体的认识不能仅停留在"客观"与"主观"两个概念上，犯罪论体系应当以价值或目的作为出发点；以不法与责任为支柱构建犯罪论体系，不仅可以解决当前中国刑法学的许多难题，也更符合刑法学的规范属性。针对刑法所规定的某些构成要件要素，并不为违法性、有责性提供根据，而只是对犯罪分类起作用的现象，张明楷教授认为，这类要素与真正的构成要件要素不同，仅是表面的构成要件要素而已。合理区分真正的与表面的构成要件要素,对于理解犯罪之间的关系、解释事实认识错误、解决共犯过剩现象以及处理事实不明案件具有重要意义。更有意义的是,由于 1997 年刑法典中许多新罪名的罪过究竟是故意还是过失给理论和实务带来了极大的挑战,为了合理地解决这个问题,张明楷教授借鉴德日刑法学中"主观的超过要素"理论,提出了"客观的超过要素"概念,认为刑法规定的某些客观要素不需要有与之相应的主观内容,从而既合理地维持了理论体系,又有效地解决了实际问题。而且,在量刑改革中,张明楷教授没有去关注其中细枝末节的问题,而是站在理论的高度上,主张量刑关系到被告人的人权保障乃至国家的人权状况,必须以刑罚的正当化根据为指导;由于在刑罚的正当化根据上采取的是并合主义,就必须合理地分清影响责任刑的情节与影响预防刑的情节,然后在责任刑的点之下实现预防的目的,任何场合都不得在责任刑的点之上量刑。

总之,张明楷教授在刑法学思想不仅将我国的刑法典解释得更为合理,也为将来的刑法立法活动提出了非常多富有建设性的建议,并且通过自己的学术研究深刻地影响了我国刑事法治建设,为我国刑事法治建设事业做出了重要贡献。

在清华大学还有一位低调简朴,但具有国际性学术影响的著名学者——历史系教授李伯重。他的主要研究领域包括中国经济史(特别是江南经济史)和全球史,在这些领域发表了许多重要的学术论著,如《唐代江南农业的发展》《发展与制约:明清江南生产力研究》《多视角看历史:南宋后期至清代中期的江南经济》《江南的早期工业化,1550—1850》《理论、方法与发展趋势:中国经济史研究新探》《中国的早期近代经济——1820 年代华亭-娄县地区 GDP 研究》《火枪与账簿:早期经济全球化时代的中国与东亚世界》,以及 *Agricultural Development in the Yangzi Delta,1620—1850*,等等。他的主要学术思想及学术创新突出表现在理论和方法两个方面。从理论方面看,他提出近代早期中国经济发展中的"江南模式"、中国的早期工业化理论,探讨经济史研究中的"西方中心论"与经济发展普遍规律(以英国模式为代表)的关系并提出新见,等等;从方法的角度看,倡导经济学与历史学方法的结合、倡导长时段研究和量化研究,但也要注意其缺陷。更加重要的是,李伯重教授在历史研究中还开创了若干新领域,如中国近代以前的 GDP 研究与全球史的研究。

芝加哥大学教授、美国历史学会会长彭慕兰(Kenneth Pomeranz,写下面书评时为 UC Irvine 教授):"20 世纪六七十年代,中国经济史领域的知识分子的生活像当时其他学科的知识分子一样,遭受了严重的迫害。但是现在,这代人开始重新建构这一学科领域。他们中独自出版成果最多的学者大概就是李伯重了,他现在是清华大学的教授。李教授一个引人注目的学术成绩是:在最近的二十年中,他一直致力于鼓励中国学者认真研究那些被西方和日本学者所推崇的,和中国学界本身非常不一样的研究范式。李教授丰富的著作中只有很小的一部分可以让不懂中文的人阅读。以下的评论,通过比较他最近的两本著作,希望能展示李教授著作的许多精彩之处。这两部著作分别是《江南的农业发展,1620—1850》和《江南的早期工业化》。这两部著作同时描绘了一幅虽不完整但却迷人的长江三角洲地区(或者叫做江南)的经济图景。"

山东大学教授王学典在《近五十年的中国历史学》一书中说道:

半个世纪以来的史学史表明,唯物史观派和史料考订派在宏观与微观两个方面同时构成了当代史学发展的两种动力,厚此薄彼或厚彼薄此均不可取。作为既努力兼取两派所长又努力扬弃两派所短的第三支力量,以社会经济史研究者为代表的会通派的出现,则可能意味着从传统史学向现代史学长达一个世纪转型过程的终结。

会通宏观与微观、会通学术与时代、会通理论与材料、会通中国与西方、会通历史学与经济学等社会科学,这一理想的治学特征在上述研究中尽管已经得到明确体现,但也不能不指出,这一特征在 1949 年后特别是最近 20 年的社会经济史研究上体现得最为集中、最为充分。其中,傅衣凌、吴承明和李伯重堪称这一研究中三个前后相继的代表人物。

既汲取傅派区域社会研究之所长,又兼具吴派专精经济史之优点,还深刻介入国际史学主流之中,李伯重的一系列社会经济史研究论作可能代表了当下社会经济史领域最富有活力的部分。

与欧美史学的前沿探索同步互动,与国际同行及时对话,将西方学界最新的社会科学理论、方法、概念和成果引进社会经济史研究领域中,则是李伯重的最重要的特色。李伯重可以说已经深深介入欧美中国史研究的潮流之中,甚至在以一个中国学者的特殊优势引领这种潮流。他对近代化起源的"英国模式""江南道路"和"江南早期工业化"以及与此相关的"资本主义萌芽"和"过密化"等理论的思考与驳议,应该说是深入的,甚至是带有颠覆性的。他的见解在海内外所引起的学术动荡目前仍在持续之中。

复旦大学教授韦森在对李伯重教授的著作《火枪与账簿:早期经济全球化时代的中国与东亚世界》获奖颁奖词中指出:"李伯重教授是一位享誉国内外的中国经济史学家,在中国经济史尤其是明清江南经济史研究方面著作等身。这部《火枪与账簿》是作者第一次用宏大的叙事手法所撰写的一部 15—17 世纪中国、东亚和全球的断代经济与社会史,视野宏大,方法新颖,语言通俗,史料丰富。就在 15 世纪由英国都铎王朝时期所开始萌发的世界近代化过程中,一个古老而相对封闭的明代中华帝国实际上已处在一个开始萌生的经济全球化的世界体系之中。这种超越单一国界视野的断代经济社会史研究,不仅会增加对 15—17 世纪中华帝国在全球体系中的位置的历史知识,对认识未来中国的经济社会发展道路也有一定的现实意义。"

在思想贡献方面,不能不提到的还有社会学系李强教授。他曾兼任中国社会学会会长,长期从事理论社会学与应用社会学等多方面研究,成果丰硕,提出了许多重要的思想。

在社会分层研究方面,李强教授采用量化测量方法研究社会结构的转型,发现当代中国社会结构经历了从倒丁字型向土字型的转变,并预测未来几十年将朝向橄榄型社会迈进。他提出了政治分层与经济分层的观点,认为改革开放以前的中国社会是一种独特的政治分层社会,而改革开放以后正在逐步形成经济分层为主的社会,同时,他认为政治分层与经济分层之间有互补作用。关于社会的稳定性问题,他认为资源有限所引起的社会紧张关系是社会不稳定的根本原因,解决的办法只能是扩大资源总量和调整分配结构。李强教授从利益获得与利益受损的角度出发,提出我国社会有四个利益群体,即特殊获益者群体、普通获益者群体、利益相对受损群体和社会底层群体;在深入研究底层精英的基础上,他提出底层精英上升流动的渠道过于狭隘,并提出了推进中国"中产社会"形成的三条渠道,即教育推进渠道、技术推进渠道和市场推进渠道。他研究了价值观念的冲突问题,认为在社会结构急剧变迁的今天,相互分化的利益群体出现了观念上的对立和冲突。以职业声望评价为例,证明中国分裂性的职业声望评价与所谓"共同的价值观念体系"形成鲜明对照,并提出声望评价和舆论评价对社会分层有"纠偏"作用。李强教授提出了社会三元结构假设,认为中国社会已经从过去的城乡分割的二元结构社会演变为城市、半城市、乡村三元结构社会:由于在传统的城市市民和农村居民之间出现了新的一极——流动的农民工,他们既不同于城市市民,又不同于农村居民,这样中国社会就存在着三种不同的生活方式,即农民的生活、市民的生活和城市农民工的生活。在此基础上,他进而提出了中国社会分层的"城市—农村"、"中小城市—超大城市"四个世界的观点。

在城市社会学方面,李强教授关注城市化(城镇化)研究,将中国城镇化"推进模式"区分为七种,即建立开发区模式、建设新城模式、城市扩展模式、旧城改造模式、建设中央商务区模式、乡镇产业化模式和村庄产业化模式等,他指出,中国城镇化推进的速度之快,世所罕见,很大程度上与中国特殊的推进模式有直接的关系。李强教授对比分析了中国与发达国家、众多发展中国家城镇化发展模式的不同,在此基础上提出了中国城市化的五种模式,即小城镇模式、中等城市模式、大城市模式、城市群模式和乡村生活城市化模式,认为中国城市化发展的道路显然不应固守某个单一模式,而应该兼收并蓄,根据不同情况采用多种模式。

在社区研究方面,李强教授针对我国基层社会、基层社区治理的难题,重新开启了"清河实验",采用社区干预、专家干预等方式,进行了"社会再组织"实验和"社区提升"实验,探索改革开放新时期我国社会治理创新的模式。

非常遗憾的是,这里我只是挂一漏万地列举了几位教授的学术理论及其贡献,这样的教授与思想贡献还非常多,例如,我们有的教授对中国社会发展中的某些突出问题提出了自己的解释性框架与理论,有的对新时期道德文化的建设发表了自己的看法,有的对当前社会保障等各个难题提出了自己非常富有建设性的见解,有的对中国法制建设提出了独特的见解,还有的对目前教育改革中的各种现象提供了很有新意的观点,如美术学院的杜大恺、李当岐、刘巨德、尚刚、袁运甫、张夫也等,人文学院的罗钢、万俊人、王路等,社会科学学院的彭凯平、沈原等,公共管理学院的胡鞍钢、薛澜,经济管理学院的钱颖一、魏杰、白重恩等,法学院的崔建远、高鸿均等。当然,还有一批非常有才华的中青年教授。有一次,我在与美术学院非常著名的陶瓷艺术家白明先生请教艺术方面的问题,特别是他自己的艺术思想时,他有一段非常深刻的关于艺术思想的表述:

> 我一直借助艺术创作来感知自己和这个世界的,这比我读书或写文章来感知和表达要清晰真切得多,在时间和空间里。我借助许多不同的材质、符号、形色、光影表达与之相关的我的意识,所有的作品都组成了我"看"和"被看"的角度,就像一部史诗,抽出任何几句来解释都不会完整。

对我而言,所有艺术形式都是我个体生命对这个世界和人的情感认知的一种微小表达,如"盲人摸象",局部、片面、单一,却感觉得到"象"的真切与温度,自认为更接近"象"的本质! 有人问我某件作品具体表达什么意思? 我创作时的真切感受被这切割式的一问变成了空白! 其实我一直是借助艺术创作来感知自己和这个世界的,这比我读书和写文章感知和表达要清晰、真切、容易得多,在时间和空间里。我借助许多不同的符号表达与之相关的我的意识,就像一部史诗,抽出任何几句来解释都不会完整。

艺术首先是与人性、与人的情感有关,与勤勉的劳作有关,与思想和判断有关,与技巧才能有关,与开阔的眼光有关,与人类真实的历史有关,而这一切都需要有人格的独立和自由做基础。

抽象在每一个人的内心中是一个独特的弹性空间,我不认为抽象的概念是原来我们看到的所有抽象大师的经典作品能够全部覆盖的,因为抽象本身的概念在今天也是游离的,它已经不是那个时候的抽象了,在这个游离之中,就类似我们如何对待传统,如何对待西方的文化,如何对待自我一样,每一个空间里面都会有鲜活的东西出来,所以我认为抽象艺术在一个大的艺术概念之中,永远有鲜活的未来。

艺术对我产生的真正作用,是通过作品了解自己。思考可以片段,可以是一个点,可以不成体系,但是思想是一定要成体系的。我们更多的只是思考,通过各种的学习,学会这种学习的方法、观看的方法。一个好的艺术家在这样的传统的大艺术门类里面如何做得更新,实际上就是一定要清醒地保持自己的那种本质,生命中带来的与他人有别的唯一本质。人做不到很清醒,陷进美和表象和技巧中,只有一样东西是你清醒的保障,就是你对一切的迷恋和追随的过程之中要保持你在今天的生命性情的独特性,首先要尊重你个人的生命。你不断地尊重你自己就会保持对传统艺术的一种认识,我可以接受你的美的教养,我可以接受你的魅力,但是我要不断地同自己的情感捆绑在一起,这个时候就比你不断地说"我要清醒"要强大得多。

白明先生的这些观点是非常深刻的,也反映了清华的中青年教师在思想方面的探索与贡献。

第三,努力探索文科思想建设与学术创新的途径,特别是支持和鼓励开展建设性的学术争论。我依稀地记得,当年吴冠中先生提出"笔墨等于零"的观点以后,张仃先生等艺术家则是从艺术思想讨论的角度,坚持笔墨是中国画的"底线",从而形成了中国艺术界的一次"华山论剑"。在这种学术讨论和争鸣的方面,清华文科学报举办的"清风雅集"学术评论会,则是一个具有尝试性和创新性的举措和项目,有力地营造了一种建设性与平和的学术争鸣的氛围。其初衷是为了改变当前国内学术评价和书评的某些不良现象。中国的学术著作数量惊人,但却缺少健康、公正而权威的讨论平台和评价机制,特别是缺少严肃的书评,这无疑对学术创新和学者的发展非常不利。在西方学术界,很多知名学者不惜花费大量时间精力投身于书评写作,书评在学术刊物中所占的分量也很重,这与国内学界的现状形成鲜明的对比。国内的学术类书评在学术评价体系内处于一种尴尬的地位,很多书评沦为应酬和吹捧,丧失了学术批评的品格。可见,树立严肃学术书评的标杆,对优化学术生态、重建合理的学术评价,乃至推动人文社科学术的发展,都有非常重要的作用。"清风雅集"学术评论的目标,就是引起人们关注严肃学术书评,树立严肃学术书评的标杆,改善学术生态和学术风气。

非常有幸的是,清华大学文科的这个想法得到了学术界许多同行的认同与支持,并且,"清风雅集"学术评论由清华大学与《中华读书报》共同创办,《清华大学学报》(哲学社会科学版)承办,其宗旨是倡导并推动健康、积极、理性的学术批判和学术争鸣,开展科学的学术评价,为学术研究创新营造良好的环境,给学界和书评界带来一缕清新之风。自

2013 年春创始,至 2015 年年底,"清风雅集"已经成功举办了七次会评活动,分别讨论了哥伦比亚大学商伟教授的《礼与十八世纪的文化转折》、哈佛大学傅高义教授的《邓小平时代》、杰里米·里夫金的《第三次工业革命》、复旦大学史正富教授的《超常增长:1979—2049 年的中国经济》、美国著名学者迈克尔·苏立文教授的《20 世纪中国艺术与艺术家》、英国著名学者麦克法兰教授的《现代世界的诞生》、清华大学韩立新教授的《〈巴黎手稿〉研究——马克思思想的转折点》,并在《中华读书报》《人民日报》等媒体上刊发了大量报道和书评,在学界、读书界和社会上引起了积极而广泛的反响。

　　"清风雅集"学术评论会的具体做法是,聘请人文社科界知名学者组成"清风雅集佳作推荐小组",每年精选若干部高水平、有影响力的人文社科学术佳作,每次围绕一部作品,邀请有关领域的一流专家撰写评论,并组织现场会评活动。在现场会评中,与会专家将本着客观、平和、争鸣、建设性的原则,对作品展开深入的讨论和争鸣。"清风雅集"尽可能邀请作者本人到场,相关评论和报道将于《中华读书报》《清华大学学报》等报刊发表,并在适当的时机结集出版评论集。前七次出席活动的学者众多,包括陈池瑜、陈来、程中原、傅高义、高王凌、管汉晖、何建坤、侯才、黄志军、贾根良、李钢、刘兵、刘昶、刘北成、刘敬东、刘曦林、刘新刚、龙登高、卢周来、商传、邵大箴、唐文明、汪晖、王代月、王峰明、王海光、吴金希、吴晓明、肖鹰、徐浩、杨念群、仰海峰、章百家、朱天飚,等等。

　　"清风雅集"学术评论以清华各文科院系的学术力量为基本依托,得到了诸多人文社科学界一流学者的大力支持,又有《中华读书报》《清华大学学报》等在读书界和学界颇有影响力的媒体平台支撑,成为在学界有影响力的品牌书评活动。更加重要的是,它也成为了清华文科发展中思想建设的一个重要平台。

　　刘:您为什么会想到举办这种开展学术批评,推动学术思想发展的书评活动呢? 现在要开展专业的学术批评的活动可是有点不太容易呀!

谢：的确如此。实事求是地说，这种想法主要是仲伟民先生提出来的，而且是由他来张罗的。当然，这也与我自己的某些学术经历是有关的。在我自己的学术生涯里，也经历了多次这样的学术讨论，获益匪浅。一次是在《教育研究》上就中小学班级的社会属性与另一位学者的学术讨论，另一次是在21世纪初关于中国大学扩招的一篇文章中关于教育改革发展中"新时期的经验主义与教条主义"的说法引起的议论。但是，最让我感触深刻的是2012年至2013年在《中国教育报》发表的几篇关于高中定位的文章引起的全国性的学术讨论。高中教育是整个教育体系的关键阶段，它下联义务教育，上联高等教育，具有承上启下的作用，是中国教育改革中具有高度关联性的重要环节，也一直是教育改革的难点。我在北师大教育系工作时，就已经开始关注高中定位的问题，但始终没有形成比较成熟的观点。随着高等教育的扩招和大众化，高中的定位发生了根本性的变化。为此，我在《中国教育报》陆续发表了三篇关于高中定位的文章，引发了全国教育界的讨论，推动了高中教育的改革。

按照《中国教育报》总编辑翟博的说法，"谢维和教授自2011年起，先后在《中国教育报》发表两篇重要文章，提出高中的新定位问题，谢教授认为，当前高中阶段的教育实际上已经具有了大学预科的性质，成了高等教育的预备，这为高考甚至整个教育体系的改革提供了新的平台与机会。这一观点一经提出，立即在教育科学理论界和一线教育工作中产生了积极的反响"。《中国教育报》自2012年3月至8月专门开辟了"高中教育改革与发展系列谈"的专栏，还在上海举办了"新时期高中教育定位与发展研讨会"，来自政府教育管理部门、大学、高中等方面的知名专家、校长参与了讨论。这场讨论的部分文章2016年被中国教育科学出版社编辑成《高中的故事》一书出版。根据翟博的文章，这场讨论产生了较重大深远的影响，引起了教育部有关司局的重视；上海市教委、江苏省教育厅、无锡、郑州、盐城教育局等负责人专门搜集资料研究高中教育定位问题，在各地催生了一系列问题的学术会议。

应该说,我自己从这些学术讨论中的确学到了许多东西,也深深地认识到了这种学术讨论的价值。当然,思想建设是一项长期的事业,也是清华文科建设的一条基本思路,但无论如何现在已经有了一个良好的开端。

第十章

文化自信的追求
——文科的时代定位与历史责任

文化自信是清华文科建设的时代定位与历史责任,也是文科发展的战略目标。它为清华文科的实践提供了一个基本的格局和内在动力。

一、今天的中国人是什么?

刘:从您刚才的介绍与说明,我已经能够初步了解清华文科建设和管理的基本战略与思路。而且,这些实践与思考本身也是一种大学管理的理论。为此,我希望进一步了解的是,清华文科的这些工作,当然是为了建设世界一流的文科和大学,但是,我觉得它的意义已经不仅仅是建设世界一流的文科和世界一流大学了,似乎还有更加重要的意义。您是不是给我们透露一些学校在这个方面深层次的战略考量或目标?

谢:清华文科建设和发展的实践与思考是一个历史的过程,也是几代人延续不断的努力成果,在实践过程中当然取得了非常大的成绩,但是,它仍然是一个进行时。但正如你所说的那样,清华大学文科的建设与发展,绝不仅仅是为了清华自己,它也是着眼于中华民族文化建设和发展的要求。我们不得不承认的是,尽管中国已经成为世界第二大经济体,影响力也越来越大。但是,中国的文化在目前世界上仍然没有获得与经济相适应的地位。经济优势与地位并不能够自动地转化为文化优势与地位,这不利于中国走向世界,也不利于中国参与全球治理体系。所以清华文科的重要目标之一,就是建立起中华民族的文化自信,让中华民族的文化能够居于世界文化的高地,对全球文化作出中国的文化贡献,进而得到世界人民的尊重;当然,也包括我们对自身文化的尊重,真正实现中华民族的伟大复兴。

刘:中华民族的文化自信是一个大课题,也是今天中国人的一个重大历史使命。清华文科的建设能够着眼于这样的恢宏目标,是非常必要的。但您是如何想到这个问题的呢?其中又有什么故事吗?

谢:关于这个问题,我可以讲许多的故事。如果说其中的契机之一,还得从我与一位新加坡华商的会谈说起。由于我们会谈的主题是这位华商对清华文科的资助问题,所以,彼此都提出了资助课题与领域的建议。当我征求对方对捐赠所支持的项目有什么具体建议时,对方从海外华人的角度,提出了一个的确让我没有想到的课题,即"What is Chinese today?",中文的意思是"什么是今天的中国人"? 也许有些人会很不以为然:难道我们连今天的中国人是什么样子的人都说不清楚吗?其实,你只要认真地想想,我们的确说不清楚今天的中国人究竟是一种什么样的人。我们的文化特征、民族性格、思维方式、行为模式,等等,究竟有什么样的特点? 如果说,过去中国人也还曾经具有比较清醒与自觉的文化自信的话,那么,在经过鸦片战争、甲午战争、辛亥革命、新文化运动、"文化大革命"等,特别是经过改革开放以来中西文化的广泛交流,我们还能够对自己的文化性格与形象说清楚吗? 用一个不太适当的比喻,今天的中国人就好像是回到了十七八岁那样,正在重新建立自我认同,重新认识我们中国人究竟应该是什么样的人。这是一个中华民族伟大复兴过程中不能不严肃认真面对的问题。当时,主要是清华大学历史系龙登高教授在负责与对方的合作。但这个话题却引起了我长期的思考,我更加深刻和清醒地认识到,清华文科的建设和发展必须着眼于中华民族伟大复兴中的文化自信的重建。

刘:这是一个十分重要的问题,从理论上讲,每一个人、每一个民族都有自己的文化认同,为什么中国人的文化认同会出现问题、会成为我们今日需要非常迫切去探讨的课题呢？

　　谢：这是中国改革、发展过程中一个深层次的问题，也是一个涉及国家和民族根基的大问题。有一次，德国汉学家阿克曼在一个有中国领导人出席的座谈会上指出，在过去一个半世纪以来，可能全世界没有一个任何国家像中国这样，在这么短的时间内经历了无数彻底的、根本的变化：从欧洲帝国主义的侵略、西方文化思想的入侵，到辛亥革命，一直到多年内战、日本全面侵华战争，传统的政治制度和价值体系垮台了；自 1949 年以来，在彻底重建全部的社会制度与政治制度的过程中，又遭遇了"大跃进"的失败和"文革"的梦魇；改革开放以后，又重新确定方向，再一次经历了彻底和迅速的大变化。他认为，这么多彻底的变化，当然会影响中国的自我认识，如果用文化社会学的术语来说，中国现在面临着如何建立一个相对稳定的"文化认同"的挑战：中国人的形象和特性已经模糊了，他们已经在一定程度上不认识自己了。其实中国学者早在上世纪初就意识到了这个问题。余家菊 1922 年 9 月就曾尖锐地指出，"有甲午一役和庚子一役，国民对于本国武力之信念乃完全打破；有辛亥一役，国人对于本国政治制度之信念乃完全打破；有五四一役，国人对于本国之一切思想学术之信念，皆完全丧失无余。至此国民自顾其身，乃无复丝毫昂藏之气、自尊之概。与外人相遇，只觉自惭形秽，无一是处。劣等民族之名号，不必要外人以之相加，而自己早已自认了。如此自暴自弃的民族，还有立足于天地间之余地么？他之归于自然淘汰，恐怕这是迟早的问题而已"[①]。

　　阿克曼与余家菊的观点或许仍然需要进一步的讨论，但他们提出的问题却不能不让我们深思，由此也强烈地激发了我对清华文科建设思路、定位、方向和目标的长久的思考：清华文科建设究竟怎样才能够在中国人的文化认同方面作出自己的贡献呢，如何才能够在 21 世纪重塑中国人的形象呢？我由衷地感到，这才是清华文科应该做的事情，是

---

　　①　余家菊：《民族性的教育与退款兴学问题》，《中华教育界》第 12 卷第 2 期（1922 年 9 月）。

清华文科在21世纪的一种历史性的责任。

也许真的是一种机缘，就在2014年，新闻与传播学院范红老师通过学院领导向我提出了成立"国家形象研究中心"的建议。虽然她是从传播的角度考虑国家形象问题，但的确是挠到了我心头的痒处。当然，我非常赞成和支持这个中心的成立；而且，在与范红老师以及肖红樱等老师的谈话中，多次讨论了中心的定位和思路。我也十分明确地向她们介绍了我的想法，特别是关于文化认同的问题。如果我们连中华民族的自我认同都是模糊的，又何谈国家形象的建立？经过几年的努力，这个中心的工作也取得了很大的成绩。作为学校级重点研究机构，中心主要依托新闻与传播学院，积极发挥清华跨学科研究的资源优势，由新闻与传播学院、公共管理学院、经济管理学院、人文学院、建筑学院、美术学院六个学院共同建设。它立足国家战略需要，致力于打造国家形象研究领域的世界一流智库，为我国国家形象建设构建科学的理论体系和切实有效的国际传播策略。中心广泛吸引国内外优秀的专业研究人才，积极搭建一个融学术研究、专业咨询、人才培训、经验交流为一体的开放式平台，为我国国家形象软实力建设的思想创新、战略规划、策略建言、素质提升等方面起到积极的推动作用。中心聘请全国人大教科文卫委员会主任委员、清华大学新闻与传播学院院长柳斌杰教授担任中心理事长，常务副院长尹鸿教授担任中心主任，国家形象、城市品牌、公共关系与战略传播研究专家范红教授担任执行主任，肖红缨博士担任中心执行副主任。中心还聘请了中宣部、网信办、外交部、文化部、汉办、人民日报社、中国日报社等政府主管部门和主流媒体的主要领导为中心提供战略咨询和建议，聘请学界、业界相关领域知名专家学者为智库专家。

中心成立以来，范红、胡钰等中心核心团队成员本着清华人应有的历史使命感和责任担当，开拓创新，积极服务国家战略的需要，开展了一系列卓有成效的工作和活动，取得了一定成绩，为国家形象传播与研究作出了积极贡献。包括：

开展学术品牌活动,搭建国家形象研究沟通对话的有效平台中心每年举行年会、沙龙和有数百名政府主管领导、相关领域的国家形象专家学者出席的"清华国家形象论坛",多维度、多学科深入探讨交流国家形象问题,相关主题包括当代中国新形象、讲好中国故事——"一带一路"上的国家形象、创新与融合——国家形象与战略传播,以及文化传播与国家形象、政府形象与国家形象、企业品牌与国家形象、城市品牌与国家形象、建筑与国家形象、外宣媒体与国家形象、公共关系与国家形象、大数据与国家形象、政治传播与国家形象、文化传播与国家形象、企业品牌与国家形象、城市品牌与国家形象、艺术设计与国家形象、空间环境与国家形象、大学品牌与国家形象、旅游管理与国家形象,等等,至今已举办三届年会。

与此同时,中心发表一系列研究成果,提升了国家形象传播影响力。中心致力于开展国家形象传播与塑造前沿研究,每年组织专著出版。2015年和2016年,范红、胡钰等主编的《国家形象研究》出版,该书收录了国内在国家形象研究方面的顶尖学者的学术成果,从经济、艺术、空间环境、新闻传播等维度解读国家形象的内涵与外延,产生了良好的社会影响力。柳斌杰教授发表《国家形象是一篇大文章》等重要论文,总结国家形象塑造经验,具有重要的实践指导意义。尹鸿教授专注研究影视媒介与国家形象传播,发表了《电影的国家形象塑造》《中国电影与国家"软形象"》等多篇论文。范红教授主持过数十个国家形象与城市品牌建设领域的项目,发表了《国家形象的多维塑造与立体传播》《国家形象和传播战略》《如何提升我国品牌的国际竞争力》《国家形象建构与智库建设》等文章。胡钰教授长期专注于中国企业国际传播的政府实践和学术研究,在担任国务院国资委新闻中心副主任期间,组织多项中国企业海外传播活动,积累丰富经验,并发表《中国企业海外形象建设:目标与途径》《央企形象与国家形象》等论文。非常可喜的是,2016年,中心联合清华大学出版社,申办《国家形象研究》学术研究期刊,已获教育部审批通过。另外,中心成立三年来,积极承担社会责任,履行学术研究机构服务社会的职能,为企业形象、城市品牌、特色小镇等品牌形象建设与传播提供持续的专业咨询和智力支持,旨在通过强强联手,助力国家形象传播与实践的改进。

当然,中华民族的文化认同不仅仅是国家形象研究中心的事情,它也是整个文科建设的工作,包括人文社会学科建设的根本任务。当学校从这样一个角度重新认识清华文科建设的总体战略和定位时,我们真正地感到了一种神圣感与崇高的责任感,也对清华文科建设工作的意义与价值有了更加清晰的认识与自我评价。

这里,我还要特别提到剑桥大学者艾伦·麦克法兰教授的访问与他的观点。2011 年,他应国学院的邀请,在清华做一个高水平的系列讲座。随后,他把与这个系列讲座内容相关的理论与材料编成了《现代世界的诞生》一书。他在书中非常深刻地说道:“从政治文化上看,中国未来面临的中心问题是,怎样做到一方面保持自己独特的文化与个性,一方面充分吸收西方文明所能提供的最佳养分;中国面临的另一个重大问题,类似于西方在走向现代的过程中遭遇的问题,那就是社会凝聚的问题:何种因素能将一个文明团结成整体?”他还对中国的发展提出了一个非常尖锐的问题:“思想家们发现,在社会进入一个高度流动的城市化和工业化社会以后,那些曾经将人们团结在一起的旧有纽带——家庭、身分等级、固定共同体、宗教信仰、政治绝对主义,等等,已经不再坚固,不再能够凝聚一个民族或文明。许多的尝试也均未奏效,怎么办?”我个人理解,他的这番话,何尝又不是给清华文科提出了一个历史性的重大课题呢? 这何尝又不是清华文科和清华大学的历史责任呢? 学校非常清楚,文科的建设和发展当然需要有一流的师资和学生、更多的经费和项目,发布更多的学术成果……但是,作为国家重点大学和建设世界一流大学的重点资助对象,我们头等重要的目标应该是重建我们的文化认同与文化自信,为中华民族的伟大复兴服务。在这个方面清华文科应该发挥引领作用。据余家菊先生回忆,“教育史专家孟禄在讲到近代教育所注意的事情时,除了平民主义、科学与工业之外,还提到了民族性。我恍惚记得他又说过，民族性是可以用文化造成的，而造成这种文化，就是教育的责任"①。我们可以说，这更是国家重点大学的责任。正是在清华文科建设和发展的实践过程中，学校对文科建设与发展的定位也越来越清晰和明确，即必须为建设和促进中华民族的文化认同和文化自信作出自己的贡献。

二、文化自信

刘：我非常理解您的这种看法和感受，而且，我觉得这也恰恰是清华文科的独特责任。这和早年梁启超、陈寅恪等一再强调的清华的独特历史使命是相通的。清华应该创造、引领一种新的文化认同，只有这样，我们才谈得上真正形成文化自信。

谢：是的，清华文科的建设只有在这个定位上才能够真正作出自己的贡献。记得我在参加教育部学习十八大报告座谈会时，就曾经对这个问题做了一个关于"文化自信"的发言。当时，在谈到自己学习十八大报告过程中对"三个自信"的认识时，我也提出了一个需要进一步思考的问题：为什么在报告中没有提"文化自信"呢？为此，我提到了一个司空见惯的现象，即许多人都会背诵"四书"里的《大学》第一章："大学之道，在明明德，在亲民，在止于至善。"但是，遗憾的是，很多人往往就只是背诵到这里，对后面的文字却不加注意，即"知止而后有定，定而后有能静，静而后能安，安而后能虑，虑而后能得。物有本末，事有终始，知所先后，则近道矣"。定、静、安、虑、得、道，反映的是一种态度，一种自信的态度，而这恰恰是一所大学的重要品质。这是一种定力，是一所大学对自己发展目标和战略的坚定不移的确信。当然，它也是一所大学的文化自信。那些躁动不已的学校通常品位不高，那些喜欢"折腾"的学校往往缺乏自信。我在发言中着重指出，大学应该为重建中华民

①　余家菊：《民族性的教育与退款兴学问题》，《中华教育界》第 12 卷第 2 期（1922 年 9 月）。

族的文化自信而努力。

刘：您说到的这个现象还的确具有一定的普遍性，不仅老百姓是这样的，而且甚至是某些学者也常常不知道后面的几句话。您认为这与清华文科建设有什么关系吗？

谢：坦率地说，我起初也并没有认识到它与清华文科建设有什么关系，但在建设世界一流大学的过程中，我逐渐认识到，这正应该是我们建设世界一流大学的基本思路。清华大学正在实施建设世界一流大学的"三个九年，分三步走"战略，虽然其中的某些时期国家的政策层面有些小变化，社会上也有些杂音，但清华建设世界一流大学的意愿和步伐一直没有变。正是在清华文科按照世界一流大学的目标和标准的建设过程中，我越来越体会到大学之道中文化自信的重要性。

不妨告诉你，在我刚到清华工作之际，对于如何选择清华文科建设发展的战略和思路，许多朋友、领导与昔日同学等给我了很多善意的建议，也介绍了许多国外和其他学校的经验，当时，我的头脑里有着各种各样的参照系。从国内的角度说，若干传统的综合性大学文科发展的模式常常成为我考虑清华文科建设思路的参考，包括它们的学科结构、办学思路、课程体系、教师队伍，以及各种各样的评价方法和相关政策，包括他们的工资水平、奖励的类型、津贴的变化情况，等等。为了加强清华文科的师资队伍建设，不断引进高水平的教师，我甚至把国内不同学科处在前几名的教授的名单列举出来，通过积极的方式与他们建立联系，希望以不同的途径争取他们对清华文科的支持和帮助。例如，当时一些科研机构和高校搞了一批所谓的一级教授、资深教授或终身教授，我一方面请文科处的老师仔细了解情况，听取不同方面的反映，包括有关的政策与实施的情况；我自己也专门通过某些途径和机会，对这些新的动态进行系统的了解，并且结合清华本身的实际，考虑自身的改革和相关措施。

有一段时间，国内文科领域掀起了一股以所谓论文与著作的引用率作为文科学术评价工具的潮流，许多大学也都一哄而上，因为由此解决了文科评价中比较模糊的问题。在清华文科中也有的老师给我提出了这样的建议，希望将引用率作为评价的重要指标。坦率地说，这方法对于建设一流文科来说究竟是利大于弊，还是弊大于利呢？我并不是非常有把握。为此，我邀请了部分很有头脑，并且非常熟悉国内外学术进展的文科学者一起聊天，讨论引用率的利弊，以及是否适用于清华文科的问题。如同我所预料的那样，不同学者的看法仍然是仁者见仁，智者见智，莫衷一是。我自己也是左摇右摆，拿不定主意。让我非常纠结的是，论文引用率的导向究竟是什么？它的确可以提高文科评价的精确性，也可以提高文科的社会声誉，但它是否能够真正反映一个学者、一个学科，以及一个大学的学术水平呢？当时，我联想自己过去对大学排行榜的一些思考，特别是这种排行榜的出现与发展，实际上是为了应对所谓问责制的要求和利益相关者的选择需要，即在市场经济的社会中，投资者为了更加理性地选择他们的投资对象，老百姓为了使他们的智力投资获得更高的回报，政府急于证明其公共财政投资的效益，都需要大学的发展进行一种能够服务于不同投资者要求的外部呈现。从本质上看，这种排行榜并不是大学本身发展的要求，甚至与大学发展周期性比较长的属性是互相矛盾的。从某种意义上说，它也是一种市场的需求，是就业市场、学术职业市场的需要，而不是学术工作本身的内在需求。而所谓的引用率也不过是这种排行榜的另一种翻版而已。也正是通过这样的讨论与思考，清华文科的建设和评价并没有完全采用这种引用率的评价方法。

从国外的角度说，除了每次出国访问时特别留心文科建设的进展与形势以外，也十分关注国际上关于人文社会学科发展的最新趋势与理论，以及某些著名学者的观点。例如，当中文系聘请美国哥伦比亚大学的刘禾教授来清华工作以后，我专门请她介绍哥大人文学科改革发展的新的动态。我记得，她曾经告诉，在哥大，文学研究中的"文本"概念，已经不仅仅是传统意义上的文献材料，而是包括了涵盖社会与外部世界的各种现象，甚至是一栋新的建筑物，等等，由此反映了国际人文领域学科交叉的新的进展。而雪城大学的佟海燕老师也是经常告诉我一些美国高等教育改革发展的新动态。

当然,这些新的信息与动态,都给清华文科的建设提供了非常重要的参照系和借鉴。学校也的确十分重视这些新的改革发展趋势。然而,清华文科的定位并不能完全跟随取决于这些信息和动向,而必须有自己的独立思考,必须符合清华文科的实际。在这个方面,党委书记陈希有一个非常重要的观点,他常常对我说,清华的建设一定要做到"不唯上、不唯书,不唯洋、不唯他"。这种坚持清华大学特点、实事求是的精神与原则也写进了学校党代会的文件,成为了清华的一种文化。也正是在这种精神和原则的支持中,学校在充分借鉴和参考国内外工作经验的同时,越来越清晰地明确了清华文科的历史与时代责任,即一定要将建设和促进中华民族的文化自信作为文科的办学定位。

刘:听您这样介绍,我才真正了解了近年来清华文科建设和发展的内在思路与逻辑。但是,我仍然觉得这样说好像还是比较空,您能不能具体介绍一下,清华文科究竟是如何坚持这种定位的呢?

谢:其实,我前面介绍的清华文科建设的若干思路与措施,都可以反映这种定位,包括重视基础学科的建设、强调中华优秀传统文化的研究、对中国传统工艺美术的支持、国学院的重建,以及文科走出去的若干政策与实践,等等。但是,我觉得,在这种以建设和促进中华民族文化自信为使命的基本定位中,有两个方面的工作还需要进一步补充。

第一个是认识和理念的问题。中国古话说得好,"取乎其上,得乎其中"。认识水平上不去,工作水平也上不到哪里去。这种文化自信能否成为清华文科院系领导和老师们的共识,当然是一个非常关键的工作。换句话说,清华文科要能够为建设和促进中华民族文化自信发挥自己的作用,必须对我们自己眼下的工作充满自信。这种自信首先就是清华文科建设应该坚持邱勇校长一直倡导的从容态度和精品意识。在这个方面,我常常与文科院系领导和老师们讨论的话题,就是我们今天培养的学生,二三十年以后能否真正成为国家的栋梁,他们能否记起学校给他们的教育;我们今天发表的学术论文、出版的学术著作与研究报告,在几十年后,还能够被后来的学者所引用,成为他们学术工作中重要的不可超越和忽视的基础,而不被后人嗤笑。这也是学校对文科建设的要求。我记得,有一次与文科某位老师讨论中国的城镇化问题,他当时提到了一个让我很有触动的现象。根据当时有关方面的统计数据,中国的建筑物的平均寿命只有几十年。这是一个什么概念呢?它意味着现在所盖的房子,几十年以后将不仅不能成为我们后代的资产,更不能成为民族的文化遗产,却要成为后代的包袱与负担。坦率地说,这也是我对自己工作最大的担心。必须承认的是,包括我自己在内,清华文科在建设和发展的内外双重压力下,的确存在一种比较着急的心态与情绪,希望能够更快地取得一些有显示度的成果,尽快缩短与国内外一流文科及清华工科的差距。有些院系拼命地做各种各样的项目,追求论文著作发表和出版的数量,希望能够早点提升自己的水平,等等。我自己也是如此,内心里也有一种希望能够通过一定的成果,证明自己的能力与政绩的急功近利的想法。后来,在与一些文科的朋友与同事的相互沟通与交流中,特别是通过对清华大学历史的深入理解,我逐渐地醒悟和认识到清华文科的独特责任,以及实现清华文科建设目标的道路是什么。为此,我曾经用"何止"的笔名在《新清华》第1993期上发表一篇文章,题目是:《少即多、静则深、研亦教:论清华科研的新阶段与新常态——关于清华科研工作的若干思考》。我在文章中写道:

　　清华大学的科研实力与水平是否已经超越了必须用数量和规模来证明自己水平,或者反映学术贡献的阶段?正如在20世纪末期,当清华大学从一个多科性工业大学转变为综合大学时,我们在保持工科的学科优势之外,还不得不通过发表国际科研论文的数量来证明自己。尽管这种数量或规模的指标也具有历史的必然性,但我相信,大多数清华的老师们都会认为,我们已经基本超越了用数量或规模证明自己科研水平或反映学术贡献的历史阶段。

如果这样，那么，在新的历史时期，清华大学的科研将以什么新的方式证明自己的水平、实力与贡献呢？

显然，这是一个关系到清华科研方向与定位的重要问题，也是关系到清华科研怎样为国家与社会作贡献的问题。我个人不揣冒昧地认为，假如清华的科研发展已经超越了必须用数量或规模证明自己的阶段，那么我们就应该不要太在意数量方面的指标，而更多地考虑在创新与思想方面的贡献，对国家科学研究的引领，以及如何能够提出真正有价值的新概念、新工具、新知识、新理论、新思想，特别是对传统学术理论的颠覆性突破与原创性成果。这是清华科研的时代责任。作为一所具有如此深厚学术底蕴和历史积淀的名牌大学，在那些能够影响和改变人类生存方式的伟大思想、理论与技术中，是不应该缺席的。试想，如果清华科研的成果仅仅是若干所大学或科研机构研究成果的数字相加，清华科研的独特价值将不复存在，也辜负了国家和人民对清华科研的期望。

为了实现这种定位，我在文章中进一步提到，清华科研也需要一种新常态。我认为，这种新常态下的科研至少应该是注重"少"而"静"。所谓"少"，即少量真正有水平、创新性、高端或上游的科研工作，特别是那些能够有助于解决社会经济科技文化重大问题、影响人类生活方式，以及有资格进入学术史，其成果在数十年，甚至更久远以后还能够为后人所引用的科研工作及其成果，其价值和意义远远超过了繁多低端、甚至是重复性或边缘性，或者是下游的研究项目的贡献。而且，集中精力在某个领域形成突破，比大大小小什么项目都做更有价值，正如老子所说："少则得，多则惑。"（《老子》第二十二章）这也恰恰应该是清华科研水平与实力的体现。其实，前者比后者更难。因为它要求你有一双"火眼金睛"去发现和找到那种具有高度关联性、真正有广泛价值的方向与具体题目，并且能够持之以恒、不嫌寂寞地十年磨一剑，以及更加严谨的科研作风与勤奋，等等。它要求人们所付出的努力甚至更多、更难。这也是一种做精品的状态，即从容、细致的工作作风，加上和谐、宽松的科研环境。实事求是地说，大凡科研的精品，都需要大量的精力与资源的支持，需要充足的时间。一般而言，科研成果的价值常常与所用时间的长短呈正相关关系。事情一多，精力自然分散，资源必然稀释，粗制滥造就是难免的，当然也就难有精品问世。正如人们常说的，"做好一件事，比做十件事更难"。其实，敢于放弃或"少"做几个项目，也反映了一种科研的认真态度，它体现的更是一种对自己从事的科研项目和对科研团队自信。而且，这种"少即多"也是科研的一种境界，体现了一种争取独创性和基础性成就的科研水平与能力。建筑大师范德罗（Ludwig Mies van der Rohe）曾经提出了"Less is more"（少即多）的建筑设计哲学，他放弃了大量的空间与装饰，而达到了非常赏心悦目的效果。其理念与实践给我们的也正是这样一种启示。

而所谓的"静"，即安心、从容、专注和淡定地从事基础性、公益性和原创性的科研工作，才能够使科研工作达到深刻的程度，产生久远的影响。要真正实现高水平的思想性和创新性的研究，必要条件之一就是安静、专注和淡定。心猿意马，朝三暮四，是高水平科研最大的忌讳，也是不可能产生原创性的成果的。尽管大学的学术环境与氛围的内涵非常丰富，但不容置疑的是，安静与淡定必定是其中最重要的内容之一。而宁静的学术氛围的大敌则是"热闹"，这种"热闹"只是娱乐界的特点。清华必须防止这种大学娱乐化的现象，学校中基本的形式特征之一就是静谧。其实，这种"静"实际上就是一种最有效率的科研模式，也是最有效的。君不见，那些充满自信的人常常是闲庭信步，从容不迫。曾经有人问著名作家、学者沈从文先生在学术上取得硕大成就的方法和"秘诀"，他的回答只有耐人寻味的两个字："耐烦"。而他对于自己所写的文章总是不厌其烦地修改，甚至在这些文章已经出版和发表以后，也还在修改。这也就是他常常说的"耐烦"，也可以说是《大学》里"知止而后有定，定而后能静，静而后能安，安而后能虑，虑而后能得"的真义。其实，这恰恰是实现大学之道的根本途径，也是"静则深"的意义。因为一所优秀大学,恰恰是能够沉得住气、能够把握住自己的大学,而这也就是一种大学的自信。非常有趣的是,在一次学校讨论"十二五"规划的会议上,历史系主任侯旭东教授在会议上特别提到这篇文章,希望能够按照这篇文章的思路规划文科的建设。当时,他并不知道我就是这篇文章的作者。当有人告诉他我就是文章的作者时,会场里大家都笑了起来。

其实,这也就是学校对文科建设的一种要求与期望。它恰恰体现了学校在建设和促进中华民族文化自信方面的一种定位。

刘:您说得非常有道理。我也读过这篇文章,而且,据说有的大学和学术刊物还都转发了这篇文章。那么,您说的另一个方面的工作是什么呢?

谢:那说的是坚持清华文科以及中国人文社会科学的特色,不断加强中国学术的独立自主性。文化自信必须以自己的文化独立和自主性为基础。这也是清华文科建设和促进中华民族文化自信的基本定位与方向。

教育当然应该尊重教育的普遍规律,但是,它也必须秉持自己国家和民族的特色,否则,就不能成为国民的精神与文化家园的,是不能成功的。这是教育的一个基本规律。缺少了自己的教育思想与办学理念,没有适应中国实际的人才培养模式,就很难培育出能够忠诚自己的国家,认同民族文化,具有社会责任感的社会主义事业的建设者和接班人,更遑论培育有中国意识与灵魂的高层次创新人才。如果我们具体仍然完全依靠外国的教育思想和理念,简单地模仿某些发达国家高校的做法与经验,且不说实现中华民族伟大复兴的目标,中国的高等教育将只能是匍伏在某些发达国家大学的脚下,靠着拾他人的牙慧度日。那可真是我们这一代中国大学人的羞愧。

其实,在中华民族优秀文化传统的基础上,传承与创新我们自身高等教育的特色与个性,也是高等教育的重要规律。大家都知道,教育的一个最基本的规律之一,就是教育应该符合学生身心发展的规律,包括尊重和适应学生个性发展的要求。这规律不仅适用于个体，也适用于国家与民族。正如余家菊先生所说的那样，"教育的根本特征是尊重受教育者的本性，是谓培养，即所谓的'自然发展'。而从一个国家和民族的角度看，它的教育当然也毫无疑问地应该尊重这个国家和民族的本性，那么，教育要根据固有的民族特性，也就可不烦言而解了！何以故？因为不根据固有的民族特性，就违反自然发展之义。所以，'不违反自然发展之义的教育，决不能置民族特性而不问'。所以，教育应该根据固有的民族特性，乃是教育本身固有之义。"[①]

　　说到这里，我想起了一件不能不提起的事情。有一年，美国一位对中国教育界非常熟悉的比较教育学专家来中国参加一个关于发展中国家高等教育改革的国际会议。就在他报告后的提问阶段，一位中国学者问他美国的高等教育是否可以向中国借鉴些什么。没有想到，这位学者竟然毫不客气地回答说："老实说，没有什么可学的。"甚至于在有的中国学者提出是否存在高等教育的中国模式，以及能否用中文在国际上发表学术论文时，这位学者的回答也是否定的。当我在非常小的范围内提到这件事情时，会场的气氛好像凝固了一般，大家都感到了一种压力。这也无疑是中国教育学者的一件很没有面子的事情。然而，在我看来，这更是对中国教育界的当头棒喝。我们应该如何建设有中国特色的高等教育和大学呢？

　　刘：近年来中国高等教育坚持改革开放的方向，不断学习国外先进的办学思想和理念，国际化程度不断提高。但确实对自己的传统、特色与民族性关注不够。清华文科以此作为自身的定位和方向，是非常必要的。我想了解的是，学校文科又是如何在具体工作中体现这种定位的呢？

　　谢：早在学校的"十二五"规划中，学校就非常明确地提出"世界一

---

　　①　余家菊：《民族性的教育与退款兴学问题》，《中华教育界》第12卷第2期（1922年9月）。

流、中国特色、清华风格"的办学理念,充分肯定了坚持特色与清华风格的必要性与合理性,并且将这种定位作为全校建设世界一流大学的基本原则。当然,这也是文科建设和发展的一个基本方向。这里,有两个非常典型的故事。

首先是文科建设过程中如何对待 SSCI 和 A&HCI 论文发表。显然,这两类论文的发表对一所大学的国际化是一个非常重要的指标,也是反映和体现其学术水平的重要标志。正如前面所介绍的那样,清华理工科建设为了加强和推动学术的国际化,曾经通过一定的压力与奖励并举的政策,鼓励和要求理工科的教师发表 SCI 的论文,取得了非常明显的效果,在非常短的时间内,清华的 SCI 论文数量位居国内前列。当时,学校领导为了促进文科的建设,也非常希望借鉴这样的经验来推动文科的发展,特别是文科的国际化,而且,也制定了非常有力度的奖励政策来支持文科 SSCI 和 A&HCI 论文的发表。当时,我自己心里非常矛盾。一方面,"文科走出去"是清华文科一个非常重要的战略思路,进一步加强文科的国际化,包括在国际重要的学术刊物上发表论文、出版外文专著、参加国际学术会议,等等,都是非常必要的,也完全符合清华建设世界一流大学的目标;另一方面,文科,尤其是文史哲等学科,又是不能完全按照西方的学术规范和标准进行建设与评价的,它们有十分鲜明的民族性和本土化的特点,包括在思维逻辑、研究范式、表述方法,以及文字等方面,都具有自身的历史传承与风格,而不能简单地模仿和照搬西方的模式。例如,"经济"这个概念,清华大学老校长罗家伦先生早就指出,"economics"和汉语中的"经济学"意思不同。在 economics 概念进入中国之前,汉语里的经济其实是经邦济世,是治理国家的意思。光绪末年专门办过经济特科,把西方的经济学引进来以后,"经邦济世"的原义反而没有了,这不行。他还指出,西方的经济学内涵和外延越来越往我们的经邦济世上面靠,我们则是越来越往他那边靠,真的是很有趣的事情。其实这才是国际化的真正涵义。

记得在与一位年轻的教师讨论国际化问题时,我就非常明确地表示,国际化并不是与本土化对立的概念,而是一个全球化与本土化相结合的一个概念。于是,在经过反复考虑,并且与文科不同领域的领导学者交换意见以后,学校决定实施一种不同于理工科的政策,即鼓励文科的教师,特别是部分涉外学科的老师和研究生,尽可能地多发表 SSCI 和 A&HCI 的文章,用外文出版学术专著,并且给予一定的奖励,以提升文科的国际化水平。同时,并不把这种政策作为一种规定动作,或者是职称评审或博士资格等方面的必要条件,而是将它作为一种自选动作,使之成为一种引导性的政策。事实证明,这样的政策安排是正确的。它鼓励和支持了那些有条件的学科、有能力的老师发表国际论文,扩大清华文科在国际学术界的影响力。多年来,清华文科在 SSCI 和 A&HCI 的论文发表方面,一直居于国内前列。同时,这样的政策也尊重了某些文史哲学科的规律与特点,促进了文科的民族性与特色建设。通过这件事情,我也常常想,在开放的大格局中,在中国不断走向世界的过程中,我们如何保持自己的民族性和特色,的确是世界一流大学建设过程中必须认真和持续思考的重要问题。它既是中国自 19 世纪以来一直萦绕在中国知识分子头脑中的一个难题,而且依然是 21 世纪中国建设世界一流大学中必须妥善处理和协调的重大矛盾。

刘:中国历史上,关于这个问题就有过各种各样的观点与选择,也经历了许多曲折迂回的反复与教训。而且,我认为,它仍然会纠缠我们很长一段时间,我们也很有可能在处理这个矛盾时出现片面性,以至造成不应有的损失。在我们民族的文化自信真正确立之前,这个问题很难从根本上得到解决。您刚才提到的另一个故事是什么呢?

谢:这是清华大学出土文献研究与保护中心在美国达特茅斯学院共同举办关于"清华简"国际会议的故事。由于达特茅斯学院的一些汉学家参与了"清华简"的研究与整理工作,与清华大学形成了非常良好的合作关系。同时,为了进一步扩大"清华简"的学术影响,提升清华文科的国际化水平,学校决定与达特茅斯学院有关研究部门共同举办这个会议。根据会议的安排,会议语言包括中文和英文,这在中国学者参与国际会议中也是不多见的。我非常赞同和支持这样的安排，甚至认为这也是中国文科走出去非常重要的一种路径。清华大学党委书记胡和平在会上用中文致辞，我完全以中文接受了美国媒体的采访，并且在采访中专门提及了本次会议采用中文作为会议语言的意义。当然，我之所以这样做，并不是逞一时之快，也并非个人之好恶，而是将它作为一种不断实现中国文化走出去，以及争取与扩大中国学术自主权的具体措施。我与其他参会学者提到这个事情时，也非常认真地说，如果我们在讨论与研究中国的"清华简"和战国时期楚文字的会议上，不能用中文进行讨论，那么这样的学术会议和研究质量不能不打一个大大的折扣。

刘：清华文科的这种建设思路是非常有价值的，但实事求是地说，目前整个中国高等教育领域仍然是以模仿西方为主，或者说，在高等教育领域，西方发达国家一流大学的办学理念和管理模式仍然是中国大学的模板。您是如何看待这个问题的？

谢：我基本同意你的判断，这也是中国高等教育走向世界过程中不得不经历的一个阶段。实际上这种状况与整个国家走向世界的步伐是一致的。

我曾经读过中国一位国企老总的文章，他根据改革开放的历程，将中国经济和国企走向世界的过程划分为三个阶段：第一个阶段是改革开放的初期，主要特征是向发达国家学习；第二个阶段是20世纪末21世纪初，主要特征是参与；而现在已经开始进入第三个阶段，主要特征应该是共建。这是一个发言权逐渐扩大的过程，也是一个主动权逐渐增强的过程。无独有偶，清华大学原党委书记陈希也曾经就中国留学生回国的发展划分了三个阶段：第一个阶段是"学习回国"的阶段，即改革开放初期最早出国访学或进修的一批学者，回国以后得到了重视，发挥了重要作用；第二个阶段是"学完回国"，即仅仅在发达国家访学或进修已经不够了，而必须完成学业，拿到学位，回国才能得到重视；第三个阶段是"学成回国"，即随着出国留学的越来越多，单纯拿到学位也已经不够了,而必须在国外学有所成,回国才能够获得更多的机会。这种变化表明,中国学术水平提高了,与发达国家间的差距在缩小。上述两种观点实际上都表达了同一个看法:中国在国际交往中的地位与角色已经发生了变化,并且呈现出一种更加积极主动的姿态。这种变化已经在近年来一系列国际交往中表现得越来越明显。

那么,当前中国高等教育参与国际交往的定位应该发生什么变化呢? 中国的高校,尤其是清华,在参与国际合作与竞争时,是否也应该有一种新的定位和姿态呢? 显然,目前正是一个走向世界的一个新的历史阶段。过去那种"向外国人交作业"的方式与状态肯定是不行的,我们需要一种更加积极与更加进取的新定位。这也是清华文科建设过程中始终坚持中国特色、清华风格的根本原因。

三、清华精神的传承创新

刘:其实,清华大学在一百多年来的办学历程中,始终保持着清醒的文化自觉,秉持着中国特色和独立自主的精神。从大量的校史材料中也可以非常清楚地看到,这种在国际上对中国学术独立自主性的追求是清华人很早就生成的一种文化自觉、自信,它已然贯穿在清华大学百余年的风风雨雨中。您又是如何看待清华文科在国际化中坚持民族性和中国特色的办学思路与清华大学历史文化的关系呢?

谢:你说得非常对。清华文科在国际化和走出去的过程中所秉持的这种民族性和中国特色,其实就是清华传统的一种延续、传承和发扬。而且,清华大学的历代学者都在这种坚持和发展中国学术的独立自主性方面具有一种高度的自觉与自信。

其实,清华"自强不息、厚德载物"的校训,就充分体现了独立自主、自律自强的办学思想和办学理念。在清华一百多年的办学历程中,一个非常重要的办学思想就是坚持和发展中国学术的民族性、独立性和自主性。这正是清华大学的文化基因。1928 年,罗家伦校长在就职演说《学术独立与新清华》中指出，"国民革命的目的是要为中国在国际间求独立、自由、平等。要国家在国际间有独立、自由、平等的地位，中国的学术必须在国际间也有独立、自由、平等的地位。把美国庚款兴办的清华学校正式改名国立清华大学，正有这个深意。我今天在就职宣誓誓词中，特别提出'学术独立'四个字，正是认清这个深意"①。1931年，国学院导师陈寅恪先生也非常明确地提出，清华应该以谋求中国学术独立作为自己的使命，"二十年以前之清华，不待予言。请略陈吾国之现状，及清华今后之责任。吾国大学之职责，在求本国学术之独立，此今日之公论也。清华为全国所最属望，以谓大可有为之大学也，故其职责尤独重，实系吾民族精神上生死一大事者。"②

　　1945年，清华大学校务委员会主任冯友兰先生在《大学与学术独立》一文中曾经非常自信地说道，中国要成为世界强国，"要达到这个目的，我们就要做许多事情，其中最基本底一件，是我们必需做到在世界各国中，知识上底独立，学术上底独立。"1948年，他在《清华的回顾与前瞻》一文中又指出，"清华大学之成立，是中国人要求学术独立的反映。"显然，冯友兰先生所讲的学术独立性，首先就是指中国学术不做西方的附庸。其实，早在1929年，他就在《一件清华当做的事情》中指出，"在德国学术刚发达的时候，有一个人说，要想叫德国学术发达，非叫学术说德国话不可。我们要想叫现代学术在中国发达，也非叫现代学术说中国话不可。"③（歌德曾经说过："德国若要有科学，科学应当先说德国话。"18世纪德国是以法文作为文化修养的象征，大学生毕业时口试用拉丁文，18世纪末19世纪初的时候经过歌德、席勒等一大批学者的努力，德文成为德国民族文化精神的象征。）这是一种何等豪迈的话语，

---

　　①　罗家伦：《学术独立与新清华》，收入氏著《文化教育与青年》，商务印书馆1946年版。

　　②　陈寅恪：《吾国学术之现状与清华之职责》，载《国立清华大学二十周年纪念特辑》，1931年。

　　③　冯友兰先生上述三篇文章均收录在《冯友兰论教育》一书中，该书2010年由人民出版社出版。

充分体现了中国学者的精神追求,听了让人痛快和解气!

"以前国内大学的教师,资格很随便,只要是留学生,似乎什么都可以教;结果当然不免有缺点。现在大学聘请教师,不但要问所学的专门学科,且须顾及已发表的研究工作及其价值。此种转变,不是偶然的结果,必须国内有了独立的工作,留学生的地位才自然的被重新估定。一个学科的国内独立程度愈高,在国外专攻该科者所受的估定也自然的是愈加严厉。"早在 1935 年,清华物理系教授吴有训先生就曾指出,"大学主要工作的一种,自然是求学术的独立。所谓学术独立,简言之,可说是对于某一学科,不但能造就一般需要的专门学生,且能对该科领域之一部或数部成就有意义的研究工作,结果为国际同行所公认。"①关于留学生回国的地位变化,他说,"过去清华是这样的,有留学生就来就用,后来留学生用的越来越挑了,标准越来越高,说明我们自身独立性,我们自身的水平提高了。留学生回国地位的变化不是偶然的结果,必须国内有了独立的工作,留学生的地位自然被重新孤立,一个学科在国内独立的程度越高,国外该科所受的孤立则越加严厉。"②

蒋南翔校长一直坚持清华的独立性,他在坚决贯彻上级的精神和国家政策时,总是不忘根据清华的实际来理解、执行;他对当时流行的观念总是能形成自己的看法,从来不苟同,真的非常了不起。清华的学生,包括我们的校友在"两弹一星"工程中所发挥的独立自主精神,充分地体现了清华独立自主的办学思想和人才培养理念。

为此,我也想:经过多年来的建设与发展,随着国力的不断加强,清华的科研和学术是不是也应该到了一个能够体现中国学术独立性,并且能够在国际上形成中国声音,与其他国家的学者共同构建国际学术

---

① 吴有训:《学术独立工作与留学考试》,《独立评论》第 151 号(1935 年 5 月 19 日)。按,1935 年 4 月,清华二十四周年校庆期间,物理系主任吴有训应校长梅贻琦的专门邀请,作了《学术独立与留学考试》的演讲,演讲稿后来发表于《独立评论》。

② 同上。

规范、学术秩序和科学共同体的时候了？如果为时尚早，那么是不是到了应该开始朝这个目标努力的时候了？这种独立性和目标与进一步加强国际的学术交往是一致的，而且也需要不断地向他人学习，但这毕竟是一种新的历史阶段的新定位与新任务。缺乏这种意识，恐怕会落后于经济社会的发展。当然，这样一种新的定位也要求清华的科研必须有新的规划、政策和评价模式，必须有一种更加自信的科研取向。

刘：我特别想知道的是，清华文科在走出去的同时，坚持中华民族的民族性和中国特色，难道就没有什么不同的声音吗？相关干部和教师能在这个问题上达成高度共识吗？

谢：当然有不同的声音，甚至是反对的观点。它们主要表现在两个方面。首先，有的学者就认为，文科具有意识形态的属性，怎么能够国际化呢？文科是不能走出去的。也有的学者认为，文科的建设和发展只能是服务于国内的需要，而无法走出去。诚然，文科的确具有非常强的意识形态的属性和特点，有些方面是不能完全根据国际的某些标准进行衡量和评价的，而必须坚持自己的民族性和历史文化传统。特别是在全球化的环境中，在不同文化相互交流和渗透的背景里，一个国家的文化既要保持和维护自身的文化传统，又要走出去，与其它文化互相交流。后来，经过充分的讨论与分析，学校仍然将"文科走出去"确定为"十二五"规划的重要内容。事实证明，这个战略是正确的，几年来文科获得了非常明显的进步，极大地提升了清华文科的国际影响力。

当然，文科"走出去"战略也是对文科建设的一个挑战，也是对一部分文科学科和老师的挑战。虽然近年来清华文科的教师队伍的国际化程度不断提高，教师的国际经验与认知水平也持续提高，但由于历史的原因，文科某些学科的部分教师对文科的国际学术规范和要求并不熟悉，也不曾在国际文科的学术刊物上发表文章，很少参加国际学术会议，缺乏必要的国际学术交流，等等，所以，在面对学校文科走出去的发展战略时，部分教师提出了质疑和不同的意见，甚至认为文科的民族性就是国际性，文科在国际上是没有可比性的，中国的文科本身就是第一，等等，诚然，与理工科相比，文科"走出去"的确有更大的困难和更多的限制。例如，在语言方面，由于文科的语言具有更多的本土化特征，在用外语表达时常常更加困难；即使以大家比较熟悉的英语进行交流，我们的老师也仍然比较吃亏，甚至很难完整准确地表达自己的学术观点与思想，以至于常常在某些国际会议或者学术场合上被边缘化。这是客观事实，也是对清华文科实施"走出去"战略的一个挑战。在这种情况下，学校认识到了文科"走出去"的实际困难，在充分尊重文科规律与特点的基础上，还是循序渐进地坚持和实施了这个战略。从目前的效果看，越来越多的文科老师已经认同了"走出去"战略，也有越来越多的老师参与到"走出去"和国际化的战略中。我甚至相信，在中国目前的大学系统中，清华文科的国际化程度是最高的之一。也正是在这个过程中，清华文科本身的独立自主性和民族性也得到了更大的弘扬。

刘：我能够想象文科"走出去"战略实施过程中的困难与挑战性，而且，我也深深地感到这是清华文科非常正确的战略选择。然而，我希望进一步了解的是，如果说坚持中华民族的文化传统与民族性，不断追求和争取中国学术的独立自主性是清华的传统，那么，今天的清华文科在弘扬、传承和创新中华优秀传统文化方面又有什么新的发展与指向呢？

谢：你提出了一个十分重要的问题，这也是清华文科在走向世界的新阶段中，应该认真研究的一个重大课题。如果说，过去"985 工程"强调的是提升中国大学的国际影响力，那么，2015 年国家提出建设世界一流大学与一流学科的目标则是进一步提高中国大学的综合实力与国际竞争力。更加重要的是，"双一流"计划要求的国际竞争力，不仅仅是一种名次的竞争力，或者说某些排行榜上名次的先后，更重要的是一种话语权的竞争力，即在国际高等教育领域制定规则与标准的权力与竞争力。正如国务院《统筹推进世界一流大学和一流学科建设总体方案》所指出的那样，要"积极参与国际教育规则制定、国际教育教学评估和认证，切实提高我国高等教育的国际竞争力和话语权，树立中国大学的良好品牌和形象"。积极参与国际高等教育的话语权竞争,使中国文化居于世界文化的高地,应该是清华文科在国际化方面应该承担的历史性责任。为此,我曾经在 2015 年学校暑期中层干部会议上非常明确地指出,清华文科应该成为一个在世界上能够"讲中国话"、形成"中国语法"的文科,积极参与国际社会经济、法律、文化、科技的标准与"规矩"的讨论与制定,在中国参与全球治理体系中发挥文化建设的排头兵作用。

第十一章

一个可以做梦的地方

——我的清华缘

21世纪初清华文科的建设和发展是清华大学百余年发展过程中一片小小的浪花,是清华大学绵绵文脉中一个新的片段。但这个小小的片段却已经成为了连接过去与未来的一个环节,成为清华梦和文科梦的一个短短的瞬间与情节。也许每一个参与清华大学文科建设和发展的学者在这个清华梦中都有自己欢悦的感受与幸福的体验,或许有的学者或老师也曾经有过某种并不愉快的惊醒或困厄,但清华大学给文科所有学者的发展空间和机会永远是开放的,而所有这些感受、体验与惊醒等,都将融入清华的文脉,并且成为历史的永恒。

一、我的清华缘

刘:您在讲述清华文科的建设与发展的故事和思考时,总是在讲其他学校领导和院系的领导,而很少讲您自己。我猜想,您可能是在有意识地淡化您的个人色彩。但无论如何,所有熟悉近十余年清华文科的师生都会知道,作为主管文科的副校长,您在清华文科的这一段发展历程中是发挥了非常重要的作用、有着独特贡献的。大学发展离不开人、财、物等因素。而所谓人的因素,当然包括干部的创造性和担当。从任何意义上看,优秀干部都是大学建设取得成绩的决定性因素之一。那么,您自己是如何看待和评价自己的工作的呢?

谢:清华的文科建设始终是在学校党委和行政领导下进行的,是一项集体的事业,所以我觉得不需要过多地关注个人的因素。在我自己看来,我只是做了自己应该做的工作而已。21世纪初清华文科的建设和发展只是清华大学百余年发展的一个片段,是一个承上启下、承前启后的阶段。在恢复文科建设以来,也经历了三个阶段:

第一个阶段:1980年代是清华文科的"恢复建设期",强调"发展文科对管理干部队伍建设的贡献"。1980年6月6日,校长刘达和副校长何东昌联名在《光明日报》发表题为《重视大学文科,多办大学文科》的文章,提出要提高干部队伍的专业水平和管理水平,改变重理轻文的现象,吹响了清华发展文科的进军号。这个阶段发展文科的主要目标是着眼于干部队伍的建设,提高管理的专业水平,尤其是科学文化水平和经济管理水平。在这种目标的引导下,清华确立了"理工结合、文理渗透"的文科发展思路,从为国家培养高水平管理干部入手,开始了建设文科的伟大历程。

第二个阶段:1990年代至21世纪初,是清华文科的"加快建设期",强调"发展文科对一流大学建设的贡献"。进入1990年代,清华把人文社会科学纳入建设综合性、研究型、开放式的世界一流大学的总体目标,按照综合性大学的格局,积极推进人文社会科学学科建设和发展。1993年,清华暑期干部会明确提出,到2011年即建校一百周年时跻身世界一流大学的目标。1993年,党委书记方惠坚率团考察美国一流大学的文科,直接推动了人文社会科学学院的建立,这是清华建设综合性大学的重要开端。1997年秋季学期,王大中校长、贺美英书记十次到人文社科学院等文科院系开座谈会,听取文科发展的意见。1998年寒假,学校领导班子务虚会着重讨论文科建设,认为文科是培养创新人才的需要,也是世界一流大学建设的需要,文科建设要与一流大学总体目标相适应。此后,在"985工程"的支持下,清华文科的发展跨入快车道,逐步形成门类比较齐全的学科体系。

第三个阶段:21世纪初至今,清华文科进入"全面建设期",强调"文科自身的学科发展,以及对国家发展的贡献"。进入新世纪后,国家明确将繁荣、发展哲学社会科学作为一项重大而紧迫的战略任务,并提升到关系中华民族伟大复兴和实现小康社会的高度。清华人文社会科学的发展进入到重要的战略机遇期。

实事求是地说,在清华文科的建设过程中,有很多值得尊敬的人物,有许多可以讲述的故事,当然也需要反思的经验,但学校主要领导的重视与支持则是第一位的。王大中校长与贺美英书记十下人文学院。顾秉林校长在文科规划与教授座谈会上分别指出,人文社会科学的发展,关乎民族文化和民族精神的构建,关乎社会思想和国民心态的健康成熟与否,应当为当前的改革发展、社会转型提供指引和参考;清华文科要出人才、出大师、出成果、出思想,真正形成"清华学派",成为国家和社会发展的思想库和智囊团。陈希书记直接领导与关心文科建设,与文科教师关系密切,有时甚至是清晨或深夜给跟我打电话,对文科建设的具体工作提出要求。胡和平书记多次邀请文科教师座谈,并下院系调查研究,指导工作。陈吉宁、陈旭与邱勇等对文科建设和发展的要求与支持,成为清华文科建设过程中至关重要的因素。

至于我自己,只是在许多前辈和领导的工作基础上,在学校的领导下,充分依靠文科的教师与学生,做了一些应该做的工作。当然,我非常珍惜这段时期的工作,感谢清华的领导和老师给了我这样一个为大家服务的机会。这是我人生和学术生涯中一段非常难得的经历,我对人生和教育的学术因此有了许多的体验与感悟。与其他同辈人相比,我觉得自己是非常幸运的。

刘:实事求是地说,在清华,我也听说了不少您的故事。您的许多言行,都已在师生中传为佳话。自从您从领导岗位退下来以后,我仍然听到不少对您的非常积极的评价,包括您当初来清华的故事。这些事情,至今许多人都不清楚,您也很少讲,如今时过境迁,能否请您给我们透露一点呢？而且，您当时调入清华大学，也是一个非常具有新闻价值的故事呀！

谢：我来清华大学工作，只是个人职业生涯中的一个选择，并没有什么可说的。当然，在那个时候，做出这样的选择，的确也是不容易的，社会上和高等教育领域有不少人对此非常不理解，甚至认为是不可思议的；有些领导也非常关心我，对我的发展提出了许多很好的建议。实事求是地说，我自己也曾经有过动摇和彷徨，甚至感受到相当的压力。同时，也许正是由于这件事本身有点"离经叛道"，或者说是有点"不合常规"，所以，我自己也有一些思考和反思。

刘：我完全能够理解当时您所面临的各种压力和犹豫。即使在今天，我仍然想问的是，您当时已经是首都师范大学的一把手，为什么来到清华大学当一名副校长，分管起步不久的文科？我听说，您来的时候还只是被任命为校长助理。这样的选择，的确是有些"不合常规"。是什么原因让您做出了这样的选择？

谢：坦率地说，这是我人生中最重要的转变之一，也是最让我纠结的一次工作调动。当然，促成这个变化的原因是多方面的，比较复杂，但我更加愿意看成是一种命运之神的安排和鬼使神差的结果。尽管其中有我个人的因素，但我觉得整个调动的过程和其中的一些细节，对我后来在清华分管文科，的确有一定的影响，而这也是我经常反思的问题。

刘：是不是可以说，您调动的故事，就已经在某种程度上预示着您后来分管文科的某些思路和做法了？

谢：您这是一种决定论的观点。但不能不承认的是，当初的某些情节与心态的确影响了我后来的工作方式与基本思路。其中，我感到比较重要的是下面三个因素。

首先是情感的因素。一个老师和干部对一个学校及其相关工作是否有一种积极的情境定义，对能否有一种热情主动的工作态度是非常重要的。我之所以能够作出人生的这个选择，也有一定的情感因素。

其实，虽然我是2004年正式来清华大学工作，但是，整个调动的事情早在 1990 年代末就开始酝酿了。当初正值清华文科的"加快建设期",清华也通过某些途径向我发出了邀请。由于我当时已经在北京师范大学担任副校长,职位在身,常常是身不由己的。但从我心里来说,还是向往清华大学的。这一方面当然与它在中国的地位有关,包括对清华历史及其名人的了解和景仰,但更重要的是,我的博士研究生导师王玖兴先生就是清华校友,而且是从清华启程去德国留学的。王先生 1944年报考西南联合大学清华研究院,攻读硕士学位,1948 年 6 月毕业后,受梅贻琦校长的聘请,任清华大学哲学系助教,担纲哲学史课的教学工作。他对清华有很深的感情,这种感情也潜移默化地影响了我。自从 1985 年我到中国社会科学院哲学所攻读博士学位,拜在他门下学习以来,每次去王先生家,尤其是在闲聊或茶余饭后的轻松氛围里,他总是会给我讲述多年中国人文社会科学领域的名人轶事。其间,他常常会不由自主地回忆起当年清华的人物与故事,特别是当年的老师和同学们,包括他们的学习、生活和感情等,讲起来特别动情,特别投入。每每在这种时候,我也会有一种莫名的憧憬:当年清华的文科究竟是个什么样的场景!

想当初,从 1920 年代到 1950 年代初,无论是 20 年代的国学院,还是后来文科的顶尖阵容,都是令人神往的。那时的清华是名符其实的综合性大学,文科也是全国的排头兵,汇集了一大批名声显赫的大教授,吸引着全国最优秀的莘莘学子。就哲学系而言,像邓以蛰、金岳霖、冯友兰、沈有鼎等一批先生,用如雷贯耳来形容,一点也不过分。从学生的角度看,像如今学术界的泰斗级人物如王瑶先生、何兆武先生、李学勤先生、傅璇琮先生、宗璞先生、齐世荣先生、张岂之先生、许渊冲先生等,也都是当年清华文科的学生。加上西南联大的传奇故事,真的是令人向往。

遗憾的是,自从 1950 年代院系调整以后,清华基本上就与人文社会科学领域没有太多的联系了,成了一所多科性的工科大学。即使在80 年代的清华大学,几乎也是没有什么文科的。即便有少数学科,在当时的人文社会科学领域,也没有真正得到学术界的认可和重视。在人们的眼中，它就是一个工科的大学，就是一群满身油污、跟机器打交道的人。文科的学术活动中，很少有清华人的影子。重要的学术活动，好像也很少在清华校园里召开。我好几次去北京大学开会而路过清华大学，也未曾正经看过一眼，似乎与王老师讲述的清华大学有恍如隔世的感觉。这也就是当时我对清华文科的肤浅印象。

所以说，当时对清华文科的认识，基本上就是来自王先生的讲述和历史中的故事，而少有真正的接触与经验的感受。但从内心里，的确有一种对老清华文科的敬仰，一种说不清楚的情愫。然而，说与清华完全没有接触和经验的感受，也不准确。因为王先生的大女婿王赞基就是清华电机系的教授。后来，王先生的大女儿王以华也从人民大学调到清华经济管理学院工作。这是一对极好的夫妇。由于王先生的儿子和小女儿都在国外，身边没有其他子女能够帮助两位老人。因此，王先生家中的许多事情，尤其是那些体力活，事无巨细地都是王赞基夫妇承担着。记得有一次王先生患病在协和医院做手术。由于手术不太顺利而不得不住院做恢复治疗，这期间，我总是看到赞基夫妇默默地伺候着老人。从他的身上，我似乎也感受到了清华的文化，以及清华人的品质，由此也给我平添了对清华的好感。当然，我与他们也结下了很好的感情，一直延续到现在。

1996 年 10 月，我在教育部教育行政学院参加中青年班学习时，班里也有两位来自清华的老师——庄丽君和李树勤。当时，李树勤是班长，而庄丽君则经常带领我们在上课和学习期间，学习跳交谊舞，成为了大家很敬佩的大哥大姐，也给我留下了非常深刻的印象。

其实，我与清华大学的渊源与关系还非常多，包括与贺美英老师的关系。当初我在中国社会科学院研究生院攻读博士学位的时候，就曾经到贺美英老师的父亲、著名哲学家贺麟先生家里上课，聆听贺麟先生的教诲，在贺先生家里吃饭。耳濡目染的是，贺先生的藏书、家宴，还有贺先生的谆谆教诲。当时，也就知道贺先生的女儿在清华大学工作，从贺先生的口中，也知晓一些清华大学的情况。所以，当我调入清华大学工作,当时已经不再担任党委书记的贺美英老师找我聊天,我就觉得特别温暖,心中产生了一种特别的信任感。而且,一直以来,贺美英老师对文科工作的支持,也是文科取得进步与成绩的一个重要原因。

刘:真没有想到,您跟清华还真是有缘分呀!王玖兴先生后来也一直参加了清华文科建设的工作,特别是对哲学系的建设,发挥了很重要的作用。他也是一位非常著名的哲学家,是大家熟悉的清华优秀校友。您认为,这种情感因素对您后来的工作有什么很重要的影响吗?

谢:我很难非常具体证明这种情感与我的工作之间的联系,但是,这种情感的确对我的选择和后来的工作产生了非常积极的影响。从心理学上所谓第一印象的理论来看,它能够在我的工作调动过程中发挥比较积极的作用。同时,对我后来在清华工作中对所遇到的某些问题,特别是某些负面的现象,能够形成一种比较正面的诠释和解读,也比较容易提升自己对清华的归属感与认同感。由于推动文科工作的十分重要的基础不仅是合法与合理,而且还在于合情,所以这种归属与认同往往是清华文科建设中的一个非常内在的因素。所以,有时候我回忆起自己的这次转变,真是感到我与清华之间似乎有一种缘分,而人生的变化仿佛是一种命运的安排。

刘:捷克的一位著名作家米兰·昆德拉曾经写过一本书,叫《生命中不能承受之轻》,其中就说到,人生中的许多偶然事件,往往能够影响和改变一个人的人生历程。我猜想,如果没有王玖兴先生与您的师生情分,恐怕也没有您后来的清华缘分。对了,您刚才说到这次调动对后来工作的影响的第二个因素又是什么呢?

谢:那就是对待当官的态度。换句话说,也是一种名利观的问题。如果一个人在做事的过程中,总是想着自己的官帽子,顾及自己的名利或头衔,等等,那他是做不好事情的;反过来,如果能够比较轻松地对待这些,则就可以达到一种"无欲则刚"的境界。当然,这个事情也是一个非常有趣的小故事。

简单地说,由于体制的原因,当时我无法作为党委书记直接从首都师范大学调往清华,其中一个非常重要的因素就是我的职务。也不知道是哪根神经作祟,我就像是一个幼稚的孩子那样,义无反顾地、甚至是懵懵懂懂,不考虑后果地向组织上提出了辞职的报告,希望放弃学校第一把手的职务和正局级的行政级别,完全以一个普通教师的身分调到清华工作。而且,我在与清华党委书记陈希的交谈中,也明确表示到清华后完全从事学术工作,在教育研究所进行教学和研究工作。在这个过程中,虽然顾秉林校长在与我交谈中曾经提到,来清华后也要做一些管理的工作,我也一直理解为在教育研究所的管理,而从未想到会重新回到行政岗位当副校长。而且一当又是将近12年。直到我2004年3月来清华大学人事处报到,庄丽君老师亲自领着我熟悉工字厅里各个职能部门,并且向大家介绍我时,我才知道,在我来清华正式报到之前,学校党委已经将我作为新的行政领导班子的副校长,报给了教育部。为了工作的顺利过渡,先任命我为校长助理,直接在工字厅给我安排了一间办公室。而且,不久就接到了教育部文件,正式任命我为清华大学副校长,分管文科。2005年又根据学校的安排,还分管了外事工作。这一切,都是我始料未及的,甚至让我感到有一点点仓皇失措。

刘:这个过程还真是具有相当的戏剧性,我觉得甚至可以作为一部文学作品的情节。我相信,其中一定还有不少鲜为人知的细节吧?

谢:这个过程在当时的确有一点戏剧性,据说在高等教育界也产生了一点小小的涟漪。但我更想说的是,这个故事对我工作的影响。因为这个过程既让我了解了清华选拔干部的一种不成文的标准,也为我后来对官职的态度奠定了一个比较宽松的观念。

我印象非常深的是,当时陈希跟我提到关于我工作安排的考虑时,曾经很有自信地说到,清华大学党委在干部的安排时,经常要考察这个人选对当干部的态度。如果这个人非常想当干部,则从一个方面说明这个人不宜当干部,因为这至少反映他当干部是有所图的,或者是有私心的;而如果这个人根本就不想当干部,则可以从一个方面反映出这个人对当官没有什么利益的诉求,这样的人当干部也可以比较放心。这番话给我的印象极深。虽然这种相关性并不是绝对的,但我认为是有道理的。更重要的是,它让我非常清楚地知道,在清华做干部的基本要求是不能谋个人的利益。我甚至猜想,清华方面当初完全不跟我提担任副校长一事,恐怕也是考察我的一种方式吧。

当然,调动过程中的这个有点起伏跌宕的故事,对我后来的工作态度产生了非常积极的影响。由于我一开始就没有想在清华当官,所以尽管当了将近 12 年的副校长,但我的确没有很想当官的欲望,也没有把这个"副校长"的头衔看得多么了不起。当然,这种心态使得我与文科的老师学生们,包括学校其他部门院系的老师同学们,能够形成一种非常平和的关系,对工作中的各种境况,顺利或挫折,以及对工作的不同评价等,都能够保持一种比较坦然的态度和工作的稳定性。我一直认为,这种平和的态度对做好文科工作是非常重要的。

刘:我非常认同您的观点。而且,我觉得清华大学的这种干部观是值得提倡的。正如有的领导说过的,在清华没有"官"。在清华,领导就是服务,就是奉献,就是替大家干实事的。干部也严格自律、不摆架子,这几十年来也从没有哪位校领导开车来上班的,都是骑自行车。这种风气(或者说是文化)在现今我国高校中也是不多见的吧。在用人机制方面,事实上,清华的许多双肩挑干部都是能上能下的,大多数人也没有把干部当成什么了不起的事情。但您刚才提到的,这种态度对文科工作的影响,我似乎还不能完全理解。为什么文科老师会特别在意这种为官的态度呢?

谢:您提出的这个问题非常有意义。这里实际上体现了文科的一种人文情怀和精神。坦率地说,文科的确具有一种比较强烈的批判意识和精神,它总是能够表现出一种对现实的超越和对未来的企盼。所以,无论是在人文学科的价值审视中,还是在社会科学的合理性分析中,批评是文科学术的一种常态。当然,文科人也特别希望官员能够接纳和理解他们的批评,希望官员们能够虚怀若谷地与他们沟通和交流。如果你摆出一副当官的模样,或高高在上,或置若罔闻,那你是无法听到肺腑之言的,也根本无法真正调动文科老师的积极性,更妄谈与他们交朋友啦!

一方面我与清华文科很多老师过去就比较熟悉,或者是曾经的同学和同事;另一方面,抱着这样一种比较随和的态度与文科的老师们相处,自然就为我的工作提供了一个比较好的基础。其中,最大的优势就在于,他们非常愿意跟我说实话,包括他们对学校的看法,对某些政策的意见,以及对文科建设的一些批评和建议。因为文科知识分子的一个特点就是比较"清高",特别在意是否能够得到尊重,在与人打交道时,非常注重彼此之间的平等。他们在与学校领导和干部打交道时,尤其是与那些位高权重的人交流时,首先考虑的是官员的态度。你如果能够礼贤下士,他们往往会更加尊重你;如果你摆出一副居高临下的架子,则会受到他们的鄙视和冷落。这样说,并不意味着文科的老师们就是重情感,而不要原则。实际上,他们关注这种情感的因素,是因为其中所体现的一种基本人格。所以,如果你能够实事求是地按照"礼之用、和为贵"的方式坚持原则,也许一时让老师们不高兴,但他们最终仍然能够尊重你。这一点是我多年从事文科管理工作中非常深刻的体会。

我常常半认真半开玩笑地说过,我在清华的工作是"上下都不是人",意思是说,一方面,作为学校分管文科的副校长,在学校的会议上,特别是在讨论和决定文科的若干重要问题上,我必须实事求是地反映文科的问题和困难,以及现实的需要,必要时还必须坚持自己的观点。为此,有时常常让其他领导不高兴,甚至发生一定的矛盾和冲突;另一方面,在与文科各个院系的领导和老师们打交道时,你又必须站在学校和全局的角度,坚定不移地执行学校的决策,耐心细致地做院系领导和老师们的工作,协调学校和基层的矛盾,必要时也必须坚持立场,敢于得罪人。所以,由此产生的后果只能是上下不讨好,两边不是人,但我必须这样做。非常幸运的是,学校的领导和基层的领导与老师们都能够理解我,也能够宽容我,支持我的工作。从自己的角度想,虽然我也有七情六欲,但之所以能够这样做,在很大程度上也与我对当官的态度有关。显然,如果太在意"顶戴花翎",干什么都去考虑是否与自己仕途的关系,那就会成为一个没有原则的人,那也肯定会受到老师的鄙夷。

刘:您提到的这种现象不仅是文科建设和发展的一个规律,而且也是大学管理的一个规律,值得进一步关注和探讨。您前面说在调动过程中有三个因素影响了您后来的工作,还有一个是什么呢?

谢:这第三个因素,在我自己看来,也是最重要的因素,基于一种理想主义的精神境界。前些年,我的一位朋友王唯出版她的学术著作,我给她的书写了一个序,题目就是"一个理想主义者的精神追求"。其实,我自己也是一个地地道道的理想主义者。尽管我也曾经历了各种各样的社会历练,经受过大大小小的坎坷磨难,也见识了林林总总的各色人物,但总是不太"成熟",永远摆脱不了一种理想化的色彩和个性,至今在不同场合依然被别人讥讽为"理想化"。然而,我觉得,正是这种理想化的个人风格,成就了我的工作与人生。

刘:理想主义的确是学者和人文知识分子的一种集体无意识,也是成就他们事业和学术的重要条件。但我不明白的是,这种理想主义与您调到清华大学来工作,有什么直接的关系吗?

谢:这是一个我很少与人说起的真实故事。这个故事仍然与陈希有关。事实上,在究竟是调来清华大学工作,还是留在首都师范大学等待进一步的安排,是非常现实和具体的仕途命运,我的内心仍然有过彷徨和犹豫,乃至反复。因为非常现实和具体的仕途毕竟也是有诱惑力的,包括有些朋友也极力劝说我不要做傻事,放弃如此的机会。一些儿时的发小和亲戚,也多次向我陈述当官的好处,甚至搬出了"家乡的骄傲"之类的说辞。当然,也有不少朋友、同学和家人主张我选择清华大学,也列举了同样有诱惑力的多种理由。

实事求是地说,他们都是在关心我。然而,在这样众多的游说中,真正挠到我生命痒处的是陈希在与我聊天时,非常诚恳地说出的一句话:"清华是一个可以做梦的地方。"坦率地说,我这里没有任何恭维陈希的意思,虽然我曾经调动过不少地方,包括从北京青年政治学院到北京师范大学,再到首都师范大学,以及其他流动机会,也有过不少人以各种不同的方式劝说和鼓动我,但从来没有人跟我说过这样的理由;尽管在各种可能的流动中,他人介绍过新岗位的诸多优点和长处,但从来没有人用这种纯粹理想主义的理由进行游说。而我也就真是这样的"傻",还真是被这句话打动了。到现在为止,虽然也有很多的朋友和同学向我介绍了若干清华的好处,但真正让我刻骨铭心的就是陈希的这句话。

二、做教育真难

刘:听起来真的有点让人感动! 这句话的确最能挠中有理想情怀的人内心的痒处。但在今天的现实环境中,您的这个故事是否也有点太浪漫、太不务实了吧! 现在大多数人讲究的都是工资待遇、头衔、房子和职位等,难道您就没有提出过这样一些要求吗? 这样的理想主义者恐怕只能是一种理想。难道您不觉得您这样说,别人听起来会认为是一种自我夸耀,甚至是一种虚伪吗?

谢:按照现在的所谓理性人的假说,这样的说法的确是有点虚伪,甚至是不可信的。但我当时的确没有提出其它关于工资福利等方面的任何要求,甚至后来我妻子还埋怨我,没有能够趁机将她调到清华来工作。因为她的工作单位远在东三环,每天上下班需要将近四个小时的路程。在我担任清华大学副校长以后,甚至还有人问我是如何设计这个"路线图"的。可这就是事实。我也不知道当时是一种什么样的心态,而且就真的是被打动了,以至于有很长一段时间我也无法给自己解释这样的冲动。直到后来我再读熊十力先生的书和牟宗三先生的文章,我才逐渐明白了自己当时的那种冲动和感动。而且,我相信,不仅仅是我,就是其他人,在遇到那种境遇时,也一定会感动和冲动的。

刘:那是熊十力先生和牟宗三的什么文章呀? 竟然有如此大的能量。

谢:熊十力先生在《读经示要》一书中曾经非常感慨地说过这样一句话:"为人不易,为学实难。"这当然是他多年来对为人为学的一种总结,听起来非常一般,但蕴意极深。他的弟子牟宗三先生起初也并不是十分理解老先生这两句话的涵义,但"经过几十年的颠连困苦渐渐便感受到这两句话确有意义"。他说:"'为学实难',这个难并不是困难的'难',这个好像当该说'艰难'。为什么艰难呢? 因为,一个人很不容易把你生命中那个最核心的地方,最本质的地方表现出来。我们常说,'搔着痒处'。我所学的东西是不是搔着痒处,就是打中我生命的那个核心? 假定打中了那个核心,我从这个生命核心的地方表现出那个学问,或者说我从这个核心的地方来吸收某一方面的学问,那么这样所表现的或者所吸收的是真实的学问。一个人一生没有好多学问,就是说一个人依着他的生命的本质只有一点,并没有很多的方向。可是一个人常常不容易发现这个生命的核心,那个本质的方向,究竟在什么地方。"①他还非常深情地对大学生们说,"我希望各位同学在这个地方自己常常反省、检点一下。你在大学的阶段选定了这门学问作你的研究对象,这一门学问究竟能不能进到你生命的核心里面去,究竟能不能将来从这个生命的核心里,发出一种力量来吸收到这个东西,我想很困难,不一定能担保的。这就是说,我们一生常常是在这里东摸西摸,常常摸不着边际的瞎碰,常常碰了一辈子,找不到一个核心的,就是我自己生命的核心常常没有地方可以表现,没有表现出来,没有发现到我的真性情究竟在哪里。我们承认每一个人都有他这个生命最内部的地方,问题就是这个最内部的地方不容易表现出来,也不容易发现出来"②。

这是教育最高的境界,也是教育最难的地方,或者按照牟先生的意思,应该算是"艰难"。而且,牟先生还进一步说道,"这个地方大家要常常认识自己,不是自己生命所在的地方,就没有真学问出现";"假定不发现这个核心,我们也可以说这个人在学问方面不是一个真人;假定你这个学问不落在你这个核心的地方,我们也可以说你这个人没有真学问";"假定你把这个学问吸收到你的生命上来,转成德性,那么更困难。所以

---

①　牟宗三:《为学与为人》,载氏著《生命的学问》,三民书局1970年版。
②　同上。

我想大家假如都能在这一个地方,在为人上想做一个真人,为学上要把自己的生命的核心地方暴露出来,来成学问,常常这样检定反省一下,那么你就知道无论是为人,或者是为学,皆是相当艰难,相当不容易的"①。

可以说,熊先生和牟先生的观点正是在一定程度上解释了我当时的心态。虽然我也有比较不太简单的人生和学术阅历,但对我自己究竟应该做什么?或者说,我自己生命的那个核心,或"痒处"究竟在什么地方,其实仍然是不太清楚的,包括自己内在的这种理想主义的情调,也常常缺乏一种清醒的自我觉知。而陈希的这句话,恰恰是搔到了我生命中的那个"痒处"。当然,由此也就非常容易产生一种内心的共鸣和呼应。

刘:如果让您简要地总结您自己的这些经历、体会和思考,您觉得比较根本性的认识会是什么呢?

谢:我觉得,我也许与清华有一种缘分吧!这可能也是一种命运。我能够在自己的生命中有这样一种缘分和命运参与到清华大学的建设中,真的是一种幸运。清华的文科应该成为中华民族伟大复兴的支撑力量,成为文化自信的代言人,成为中华民族精神的脊梁;清华应该在实现中华民族两个一百年的奋斗目标中,成为引领者;清华应该站在世界文化的高地上,成为新知识的源泉,成为全世界优秀青年向往的大学。

---

① 牟宗三:《为学与为人》,载氏著《生命的学问》,三民书局1970年版。

大学文科的地位和作用

今天，我主要谈谈文科在建设综合性高水平大学过程中的地位和作用。尽管我们都在说文科和理科同等重要，但实际上文理科的地位在现实中并没有真正实现同等，文科在国家、社会、经济、科技发展中的地位和作用没有真正得到全面、客观的落实。我今天讲三个问题：清华大学对这个问题的认识与实践、影响文科地位和作用的四个重要问题、清华文科建设和发展的若干体会。

大致来讲，改革开放以来，清华对文科发展的认识和实践可分为三个大的阶段。

第一个阶段从 1980 年开始，当时，校长刘达和副校长何东昌发表了《重视大学文科，多办大学文科》一文，成为清华复建文科的一个开端和号角。

第二个阶段从 1990 年代开始，我们发现文科发展对世界一流大学的建设是有价值的。当时在清华三个九年的发展步骤当中，第一个九年任务就是完善学科结构，其中的一项重要任务就是发展人文社会科学。作为一个综合性的大学和世界一流大学，文科是重要的组成部分，没有它是不行的。文科是培养创新人才的需要，也是世界一流大学建设的需要，所以一定要发展基础学科。

第三个阶段，发展文科是建设世界一流大学的重要组成部分，在这个过程中，关键是要考虑文科如何成为国家社会、文化、经济发展过程中的一支十分重要的依靠力量。现在到了更加重视文化的时候了。

　　实际上，在社会建设、政治建设、经济建设、文化建设、生态建设、精神文明建设等方面，清华着重强调影响力，重视贡献。坦率地说，我们对这个问题的认识，有一个不断清晰和深化的过程。到今天为止，我们也不能说对这个问题的认识已经彻底到位了，我们也有讨论，也有不同的意见，甚至有一些分歧。不过没有关系，大家可以来讨论，大家共同去实践。但其中有一点是大家都很明确、很认可的，就是对文科重要性的认识确实在不断提高，对文科的作用、功能、地位的认识也在不断清晰。

　　文科的评价问题是影响文科地位和作用的一个非常关键的因素，一定要在文科的评价上尊重文科的规律，给文科一些自主权。不要过分重视它的量，这个"量"也包括高质量、高水平的"量"。

　　在综合性大学中，包括我们在建设世界一流大学的过程中，文科的地位和作用是什么？为什么有的时候在认识上会出现模糊或者分歧呢？我觉得有四个因素是最关键的。

　　第一，文科的评价问题。这是关系到文科地位和作用的一个最重要的因素，也是直接影响人们对文科认识的基本问题，尤其在理工科比较强势的综合型大学中，这个问题格外突出，往往非常容易出现轻视文科或者按理工科的标准去评价文科的现象。我想这其中有四个问题可以探讨：

　　首先，让我们来看看关于世界一流大学的四个基本标准与文科建设的关系。清华大学在讨论世界一流大学的时候，态度是坚定不移的，不管社会上有什么议论，包括媒体的炒作，我们都是坚定不移的。学校在"什么是世界一流大学"这个问题上基本形成四条标准。（一）在学科、研究的成果及其贡献上要有若干可比性的指标。既然世界一流大学是有标准可言的，那么文科有没有一个基本的可比性指标呢？在基础研究上，如果文史哲、经济、社会这些基本的学科都没有基本的标准，你怎么能培养一个全面发展的人呢？所以需要一个基本的可比性指标。（二）有若干个世界一流的学科和领域，清华要有一些学科、领域走在世界的前沿。（三）有自己独特的办学思想和理念。按照同行的评价来看，这是一种大学文化，包括校训、校风、传统、历史，等等。（四）能够对国家和世界有所贡献。我觉得大学的贡献应是思想贡献、文化贡献、科技贡献、政策贡献和人才贡献五个方面。大学的这五方面贡献不可或缺,而文科在思想贡献、政策贡献及文化贡献上都是非常重要的。

所以,如果以一流大学的标准来评价,我们就绝对不能忽视文科的发展。其中一个最突出的问题就是,有人说文科的科研经费太少了,但是能够仅用经费来评价文科吗？理工科的经费越多、项目越大,往往越有价值,这是实事求是的。清华的老校长张孝文同志有一个非常好的比喻。他说,工科几十万的项目可以出一个班长,几百万的项目可以培养连长,上千万的项目可以培养团长、师长,只有上亿、十几亿的项目才能够培养将军和元帅。我觉得他讲得特别有道理。理工科确实是这样,但文科不是这样的,文科你不能说经费越多,项目越大,价值就一定越大。文科有些学科没有经费也照样出成果。我想特别强调的是,现在评估的时候我们要重视科研经费,这有它的道理,但是,单纯讲经费是不行的,因为评估一个大学,是要看它的投入产出比,你的经费越大是你分母越大,成本越高。所以关键是要看产出,要想办法把分子做大。否则,到头来评估的时候,会是一个什么样的情况呢？

其次,我们还要特别看文科成果中的数量和质量的关系。文科和理工科在研究成果上一个重要的区别就是它的时间性,时间变量对文科的成果是特别重要的,不是越快越好,不是你产出越多,成果就越有价值。美国的罗伯特·默顿做过一项研究,他比较了自然科学、社会科学和人文科学的引文,结果发现,自然科学杂志大约 60%—70% 的引文来自近五年内的出版物,社会科学杂志大约在 30%—50%,而人文科学杂志仅有 10%—20% 的引文是来自五年内的杂志。这告诉我们什么呢？你评价文科的东西,不能以现在的影响论英雄,而是要看五年后、甚至十年二十年以后的影响。

从这个角度来说,我们对于文科的评价观念就要有所转变,要宽容一点,要耐心一点,因为文科出成果的节奏、规律就是这样的。对于文科教师,我们提出一个"养"的概念,文科老师要养,尤其是基础性的文科,你养他十年、八年,不出成果又怎么样呢?要有这样的胸怀。

第二,文科的风险问题。影响文科地位和作用的另一个很敏感的问题就是风险问题,因为文科具有很强的政治性,容易出问题,会影响学校的稳定。我们清华是这样做的:首先,我们强调学术性和建设性,对一些敏感问题从学术的角度去研究;其次,这恰恰是一种科学的品格、大学的价值和学者的使命。陈寅恪给王国维写的碑文中特别提到"独立之精神,自由之思想"。顾秉林校长曾经在大会上讲,要允许文科老师说一些可能过头的话、刺耳的话、尖锐的话,甚至可能是错误的话。哥白尼不就是很典型的例子吗?当然,我们强调学术性、建设性,不是指乱批评、胡批评,我们现在这个社会批评的风气太过头了,缺少一种包容和赞许的风气。

当然,在清华,我们还有三句话:"研究无禁区",要有学术自由;"教学有纪律",课堂是公共场所;"行动要合法",我们要依法治校。当然,对文科的教师和研究人员,学校应该给予更多的关心和爱护。其实他们本身也承担了比较大的风险,所以你要更多地关心他,爱护他。清华的事实证明,这样的老师恰恰对清华的发展作出了很大的贡献。

第三,文科的规范性问题。有人说,文科不规范,不科学,没有客观性,没有科学性。这样的认识是影响文科地位和作用的重要因素,我觉得这也要实事求是地来看。

文科有两个方面,一是人文学科,它的特点是人的主观性比较强,价值取向性比较强;二是社会科学,它的社会时代性比较强。我们称社会科学为 social sciences,人文学科我们不称为 sciences,而是 humanities。所以你不能简单地用科学,尤其是自然科学的那种客观性和科学性,去评价人文学科。社会科学虽然是一种 science,但是和 natural science 的客观时代性也是不同的,它强调的是一种社会时代性。所以两者是不同的,一定要区分开来。

除此之外,文科的个体性很强,文科老师每个人都有一个主张,而且今天是这个主张,明天可能就是那个主张。文科是发展的,看问题的角度是不一样的。这让我想起乾隆悬挂在养心殿上的十六字条幅——

亦一亦二,不即不离;儒可墨可,何虑何思。它既是一又是二,事情是会变化的,人们看事情可以有不同的角度,它可以是这样的,也可以是那样的,难辩难解。文科个体性很强,差异性也很强,所以有其模糊的地方。有一个很好的比喻,文科是水墨画,它不是工笔画,也不是油画。看水墨画得耐心,得沉下心去,还要移情,站在他者的角度去思考,去欣赏。这是中国画的艺术,水墨画的价值,中国画的特点。

第四,文科之"虚"的问题。我相信很多人都认为文科太虚了。文科虚不虚呢?相对于那种工科研究实实在在的评价标准来说,文科确实是看不见摸不着、说不清道不明的,有虚的一面。我们不要怕别人说我们虚,大学本身就需要有一点虚,要虚实结合。文科研究的确不像工科那么实,但是这恰恰是文科的特点,也是大学的价值。现在有些同志一听到别人说我虚,就争辩说我不虚,我很实。虚有什么不好呢?该虚的时候就要虚一点。在人类的历史长河中,有两类组织机构变化最小,那就是学校和教堂。它们为什么能有如此长久的生命力,而且变化这么小?因为在这里面包含的是精神,是文化,它是一种精神与文化的传承,它是靠这个才成为不朽的。耕读传家久,诗书济世长。中国的传统文化里面包含了很多这样的道理,其实就是强调一种精神的价值、文化的价值。这个难道不是虚的吗?看不见,摸不着,但是它确实又是非常有价值的。

我们经常骄傲地说大学是精神的殿堂,它不是器物的库房。清华的校训"自强不息,厚德载物",大家都知道来自《易经》。《易经》里面有乾卦,有坤卦。所谓"天行健,君子以自强不息;地势坤,君子以厚德载物"。梁启超1914年在清华做了一个讲演,题目是"君子"。他当时讲了这样的话:"君子自励,犹如天之运行不息,不得有一曝十寒之弊……学者立志,尤须坚忍强毅,虽遇颠沛流离,不屈不挠。"这是讲"自强不息"。厚德载物讲什么呢?他说:"君子接物,度量宽厚,犹大地之博,无所不载。君子责己甚厚,责人甚轻……气度雍容,望之俨然,即之温然。"看上去确实是很高雅,但是又很容易接近。清华发展这么多年,真正留下来的东西,还真就是这种精神的东西,文化的东西。

我这里还要特别讲到，有一次我到康奈尔大学去，那里的校长知道我是学哲学的，就跟我说，东方的理性没有西方这么有严格的逻辑性，不清晰，不严谨。我说这是西方理性的特点，东方的理性和你这个理性不一样。我借用了一位历史学家的话说，中国的理性不是西方的那种逻辑理性，是一种历史理性，它是在历史的长河中把道理说清楚，通过历史上一个个的人物、故事、典故把理性、道理说清楚。这就可以看出文的东西、虚的东西的价值。

最后，我想讲一下清华文科事业发展的若干体会和做法，在这里我用"一个标准、两条战线、三种影响力、四个贡献"来概括。

一个标准　就是坚持中国特色、世界一流的标准。坚持中国特色，一定要紧紧扣住中国的文化、中国的传统、中国的历史来做研究；坚持世界一流的标准，要么不做，要做就做最好的，这同时也是坚持清华的传统。清华文化一直讲中西贯通、古今贯通。比如当年的国学研究院，虽然成立时间晚、持续时间短，但影响却相当大，原因就在于清华掌门人把中国的历史、中国的传统、中国的研究对象和西方最新的研究方法和理念结合起来，用世界上最先进的方法来研究中国的东西。现在重建国学院，我们也是酝酿了很长时间，把冯友兰、张岱年的嫡传弟子陈来引进清华。比如我们现在要筹建的一个全球健康研究所，我们也是按照这个标准来做的。我们已经有很强、历史很悠久的工科院系，在这种情况下，如果不按一流的标准来建设文科，如果起步时就不重视，要改变别人的看法就很难，后面的发展就更难。

两条战线　坚持努力争取体制内的学术符号、发展自己的优势与特色这两条战线。我们要争取体制内的学术符号，但是也绝对不能局限于此，被它牵着走你会苦不堪言，会永远处在一个落后的境地，因为这个发展是马太效应，你要结合你的实际，形成自己的优势和特色，走自己的路。举个简单的例子，清华发展历史学科，我们就曾抓住机会，收藏了一批珍贵的战国时期的楚简，一下子就把这个学科发展起来了。

三个影响力　我们现在整个科学研究里面就是按照学术影响力、

社会影响力、国际影响力这三个方面来做的,围绕这个来设计科学研究和我们的课题。

四个贡献　分别是人才贡献、思想贡献、文化贡献、政策贡献。你只有讲贡献,讲对国家的贡献,才能得到重视和认可。清华的文科在一流大学建设中的作用和贡献,可以举几个例子来说明。

第一,从招生上,清华每年招的状元中,文科招的状元数量占了整个学校的一半。另外,清华文科的提档线位也居全国各省首位。文科对学校的招生质量这么好,影响这么大,学校这才愿意往里面投钱,才会重视你。

第二,在国际化方面。清华的全英文项目中有一半是文科的;留学生中,文科学生也占很重要的位置,因而在国际化方面文科还发挥了支撑一流大学建设的重要作用。

第三,学科评估方面。我们在英国 UK-QS 国际学科评估中,清华的文科评估也是非常好的。大家可以看一组数据,清华的社会科学在 2008 年排名 44 位,2009 年是 43 位;艺术与人文科学 2008 年排名 85 位,2009 年排到 53 位。

第四,对国家建设和发展所发挥的重要作用。我们积极参与各级干部的培训,并形成了一些品牌。我们积极参与各级的有关决策咨询,积极组织高层次的论坛,通过建立政策与时事的分析研讨平台,分析各种意见,来影响社会与大众,等等。

当然,清华文科的建设和发展还有很多的困难,文科的"评价问题、风险问题、规范问题、虚实问题"也并非都已经得到了解决。但实事求是地说,通过这几年的实践,我们感觉清华文科的建设思路是正确的,方法也是适当的,我们会继续按照这个路子走下去,因为我们已经看到它发挥了一定作用,并且确实产生了一定的影响。

(原载《解放日报》2011 年 1 月 23 日,

收入本书时作了个别文字上的修订)

园子里要有些这样的人

清华是一个很大的园子,这个园子里汇聚了许许多多的精英、达人、翘楚和各种各样的人才。其中,有追求宏图大业之情怀的人,有怀抱经世济民之理想的人,有立志道德世范之楷模的人,有试图光宗耀祖之辉煌的人,有渴求"稻粱钱途"之利禄的人,也有梦想风流倜傥之浪漫的人,还有希望成名成家之不朽的人,当然,清华园里更有许多令人刮目相看的"学霸"。这些林林总总的人,他们的追求、他们的生存方式等,都是可以理解的,有些也是值得尊重的。然而,我觉得,清华的园子里也还应该有这样一些人:他们把学习和研究本身当成目的,甚至是乐趣,而不是为了某种直接的现实目标,或具体的外部追求;他们喜欢读书、爱好思考,在学问上较真,刨根问底,拷问那些常人想当然的道理,诸如宇宙究竟有多大?人为什么会有感情?乃至于如果中国没有孔夫子会怎么样?等等。他们不断地挑战书本上的金科玉律,怀疑权威的九鼎之言,批判早已被世人奉为圭臬的至理名言,这样的挑战、怀疑和批判,可谓是不到黄河心不死;即使到了黄河也仍然不死心,还要继续地问一个为什么?我把这样的一些人叫做"学痴"。

这样一些"学痴",表面上看似乎有点"迂腐"。他们在现代市场经济的大潮中仍然拘泥于某些"陈旧"和"传统"的学术规矩,不知道去变通,也不合时宜,甚至是不食人间烟火。明明拿不到高的学分成绩,也在所不辞;明明得不到诱人的奖学金,也仍然乐此不疲;明明进不了"人才"的序列,还自鸣得意。这样的人并不是外人所说的"苦行僧",而往往是自得其乐;这样的人并不是常人所认为的"无趣",而常常是一种对自己真正的尊重。在他们的心目中,"真"是最高的荣誉,是最终的目标,也是最靠谱的实在。也正是在这种"求真"中,他们感受到了任何外在的奖赏都无法比拟的快乐。在聪明人看来,这些"学痴"常常显得有点"癫狂",因为他们非要去寻找那些"子虚乌有"的存在;在众多精明的市侩中,这些"学痴"往往显得有点"呆傻",因为硬要往没有路的地方走。如同尼采在《快乐的知识》一书中那个故事所讲的那样,一个疯子或狂人,大白天挑着灯笼,在市场上一个劲儿地喊:"我找上帝! 我找上帝!"而旁边的无神论者则狂笑不止。老子在《道德经》第二十章中谈到得道之人的形态时,则是这样描述的:"众人皆有余,而我独若遗。我愚人之心也哉。俗人昭昭,我独若昏;俗人察察,我独闷闷。"庄子则以"呆若木鸡"形容这样一些人。其实,这样的一些人之所以与众不同,恰恰在于他们并不为那些口感十分甜爽的"奶制品"所动,而偏偏钟情于母乳,正如老子所说的那样,"我独异于人,而贵求食于母"。而谁都知道,母乳才是最有营养的。

　　这样一些"学痴",给人的感觉仿佛有点"清高"。他们的言行举止,可能有些孤僻;他们探索的问题,往往与现实没有太大的关系;他们研究的对象,好像也没有什么直接的用处;他们追求的成果,常常并没有什么明显的经济效益。他们甚至对能否发表所谓高影响因子的论文,也并不十分在意,尽管他们是可以发表的。按照现在的某种所谓科学评价的量化指标或考核标准来看,这样的人很可能是要"名落孙山",至少也是处在"末位淘汰"的危险之中,甚至要遭到"流动"的命运,没有绩效奖励则是肯定的了,更枉谈各种各样的"帽子"和头衔。然而,在我看来,这样的一些人却是必不可少的。尽管我们不一定要用北宋理学家张载所说的"为往圣继绝学"来表明他们的价值,但如果一个大学的园子里没有了这种"刨根问底"的追问,如果所有的道德标准和知识学问缺少了这样一种纯粹的诘难,如果我们的知识分子队伍中少了一些这样"固执"和"呆板"的人,恐怕大学的价值也就要打一点折扣了。因为,正是这样的追问、诘难和自我批判,才使得人们的心中有了"上帝",有了一种对知识、神圣与崇高的敬畏。

这样一些"学痴",他们的价值观恐怕有悖于"学以致用"或"经世致用"的古训,以至于为"聪明人"所不耻;而且,很可能像宋代理学家那样,被认为是不切合实际的空虚之学问。然而,学问是否非得要"致用",也是一个可以讨论的话题。当然,从广义上来说,所有的学问都是能够"致用"的,至于如何"致用",致什么用,何时致用,以及如何防止谬用,则存在不同的说法。我记得,萧公权先生曾经对这种"学以致用"的传统提出了十分严厉的诘难。他认为,中国 20 世纪 30 年代大学教育失败的根本原因之一,"是被学以致用一句话所误,把全部的大学教育认为仅是实用教育,把高等普通教育与专门或职业教育混为一谈"。他说:"中国传统教育的原则,最重要的是'学以致用'。换句话说,教育的目的不是学问的本身,而是本身以外的'用'。什么是'用'呢? 在科举时代是'书中自有黄金屋';是'扬名声,显父母';是'出将入相','经邦治国';——总而言之读书不是求知,不是为学问而学问。"①严复先生也曾经主张把"治学"与"治事"的教育分开。诚然,讲究功用并没有什么错,况且追求学问的现实价值也是中国传统教育的一种进步。然而,在大多数人都热衷于"学以致用"或"经世致用"时,在一个相当逐利的社会环境中,作为一个研究型大学,也应该给那些不太善于"致用"的学问和人留有一定的空间。更何况一个大国的高等教育系统,不能没有对纯粹与抽象学问的探讨,以及对那些没有太直接功用的知识的研究,也不能没有这样一些类似"学痴"的人。

也许有人会说,这样一种"学痴",恐怕只是一种想象,现实中是不存在的。此言差矣,在清华这个园子的历史长卷里,我们就可以遇到一些熟悉的面孔。记得陈寅恪先生在王国维挽诗中曾经这样说道:"吾侪

---

① 君衡(萧公权):《如何整顿大学教育》,《独立评论》第 58 号(1933 年 7 月 9 日)。

所学关天意，并世相知妒道真"，充分表达了他们在不被世人所理解和认可的情况下，对追求天地间普遍真理的自信与决心。

1929年毕业于清华大学并赴美留学，1934年归国后同时在清华哲学与史学两系任教的张荫麟先生，就是这样一位敢于求真的人。他在清华读书期间，完全沉湎于读书和思考，甚至自号为"素痴"。早在入学初，他就针对梁启超对老子事迹的考证提出异议，发表《老子生后孔子百余年之说质疑》，在清华师生中引起震动，并深得梁启超的激赏。后来，他也对顾颉刚"古史辨派"的研究方法提出了自己的看法。据吴晗先生回忆，张荫麟先生就是这样一位专心一致，心无外骛的"学痴"——"喜欢深思，在大庭广众中，一有意会，就像和尚入定似的，和他谈话，往往所答非所问，不得要领。生性又孤僻，极怕人世应酬，旧同学老朋友碰头也会不招呼。肚子里不愿意，嘴上就说出来，有时还写出来，得罪人不管，挨骂还是不管。读书入了迷，半夜天亮全不在乎"[1]。

这样的"学痴"，不仅文科有，理科也有，其中，清华学校毕业的曾昭抡则是一例。他一生勤奋好学，能熟练运用英、法、德、意、俄、日六种外国文字，在自然科学界学术大师中实属罕见。曾先生的"痴"也是有名的。他常常特立独行，对学问异常专注，而对生活则非常无所谓。早在西南联大时期，曾昭抡在路上见了熟人不搭理就是出了名的，因为他总是在思考科学研究中的事情。他不修边幅。据学生回忆，从他1943年进入西南联大化学系的第一天起，他所见到的曾先生，始终是一身斜襟的蓝布长衫，穿双布鞋，"脱下来，袜子底永远破个洞"。在同时代人的记忆中，曾先生的各种怪癖传闻很多。他曾经站在沙滩红楼前，和电线杆子又说又笑地谈论化学上的新发现，让过往行人不胜骇然；一次，他带着雨伞外出，天降暴雨，他衣服全湿透了，却仍然提着伞走路；在家里吃晚饭，他心不在焉，居然拿着煤铲到锅里去添饭，直到他夫人发现他饭碗里有煤渣；他忙于工作，很少回家，有一次回到家里，保姆甚至不知道

---

[1] 吴晗：《忆张荫麟》，《大公报》1946年12月13日。

他是主人,把他当客人招待,见他到了晚上还不走,觉得奇怪极了。费孝通曾这样评论曾昭抡的种种"怪癖":"在他的心里想不到有边幅可修。他的生活里边有个东西,比其他东西都重要,那就是'匹夫不可夺志'的'志'。知识分子心里总要有个着落,有个寄托。曾昭抡把一生的精力放在化学里边,没有这样的人在那里拼命,一个学科是不可能出来的。"

这里,不得不提及的是那个与朱自清并称"清华双清"的浦江清先生。他作为陈寅恪的助教,又协助吴宓编《大公报》的"文学副刊",先后掌握了法、德、希腊、拉丁、日、梵、满等多种语言,甚至还为陈寅恪编了一部梵文文法。就是这样一个才子,却多次因读书入迷而在图书馆过夜。虽然他才高八斗,经纶满腹,但在发表文章方面却是惜墨如金,曾在长达12年的时间里只发表两篇文章,却博得各路大师的盛誉。

其实,类似这样的人物和故事在清华园里还有不少,如吴宓、汤用彤、金岳霖、刘文典、邵循正、沈从文、钱锺书等,他们都是"痴气十足"地专情于学问,不问世事地沉溺于书本,呆头呆脑地执着于求真。然而,恰恰就是这样的一些"学痴",常常能够成就一些伟大的事业和作为,作出一些非凡的贡献,成为学术史上名垂青史的人。

我之所以如此推崇这样的"学痴",绝不仅仅出于我对这样一些人的偏爱,也并非单纯是清华的需要。更重要的是,我赞赏这样一种"学以求真"的学习态度和钻研精神。英国著名教育社会学家麦克·扬曾经引用了一位学者威廉姆斯的话,"不管是在天体物理学还是在文学中,都有需要学习和更新的知识体。大多数人希望(知识体)有用,许多人希望它简单易学。然而,它并不总是有用的,也很少是简单的。关于知识,真正重要的是,它是'真实的',或者说,我们能够在任何领域中尽最大可能地学习或发现真理。这正是教育,更具体地讲,大学存在的原因。"

我以为,"真"是学习和研究最直接的目标和责任,只有获得"真经",才能够"'用'遍天下无敌手"。清华大学建设世界一流大学的宏伟大业需要这样一些人,中国的高等教育和学术发达需要这样一些人,中国对人类社会和知识发展的责任需要这样一些人。记得萧公权先生曾经针对"学以致用"提出过一个非常重要的见解，他说："因为中国人信奉如此粗浅的一个实用主义，所以中国虽有长期的教育史而无科学的产生。中国人能够发明指南针、地震器、火药、纸张、木板书籍等物，而不能发见宇宙引力的定律，生物演化的理论。"①我不敢说，萧先生的观点就绝对正确，但中国在民族复兴过程中要想产生出伟大的思想和具有普遍性的学术理论，以及世界性的知识贡献，的确应该超越单纯"学以致用"的传统，克服功利主义的桎梏，在大学和学术界倡导一种"学以求真"的学风。

清华园应该营养这种"学以求真"的氛围，清华园里也的确需要这样的一些"学痴"，清华园里过去曾有这样的"学痴"，我相信今天乃至以后的清华园里，也一定会有这样的"学痴"。

（原载《新清华》2007 期，2015 年 10 月 16 日）

---

① 　君衡（萧公权）：《如何整顿大学教育》，《独立评论》第 58 号（1933 年 7 月 9 日）。

跋

文科必须东山再起

人们看到这个题目，一定会想到清华老学长、社会学家潘光旦先生的一篇文章《人文学科必须东山再起》。的确，我的这个题目有一点"剽窃"的嫌疑。当然，我这里并非仅仅说的是人文学科，而是整个大文科。我之所以要套用潘光旦先生文章的这个题目，着实是因为它确实非常能够表达我对文科建设的一种信念：没有一流的文科，就没有文化自信；一个国家和社会的发展进步，没有文化的肯定与认可，也是不巩固的。

当年，潘光旦先生撰写《人文学科必须东山再起》一文时，比较、分析了斯宾塞与荀子的理论，非常深刻地指出人文学科对人类社会发展，包括科学发展的意义与价值，进而表达他对人文学科的重要性的信念。其实，这也是清华人对文科的一种基本认识，是清华文化的基本基因。当然，这也是21世纪初清华文科发展的一种基本信念。而我之所以选择这样一个题目，无非也希望承续清华的文脉与信念。

我之所以说"文科必须东山再起"，首先是指清华大学的文科一定能够重新成为中国一流的文科，成为世界一流的文科。目前清华文科已经形成了比较全面合理的学科体系，具有了一支结构优化且水平较高的教师队伍，具备了一个非常积极的发展氛围。特别是学校领导的进一步重视与支持，文科学科建设和发展已经具有了"高原初步形成，高峰若隐若现"的格局。可以预期，在不远的将来，清华文科的各项可比性指标将进一步跃居国内高等学校的前列,形成学术建设与发展的群峰,培养一批高水平的创新人才,产生一系列能够影响中国社会、经济、政治、文化发展走势,并且丰富中国学术发展史的重要思想与理论,为清华大学走向世界一流大学的前列作出更大的贡献。

我之所以说"文科必须东山再起",更重要的是,我清楚地知道,文科一定会成为支撑中华民族伟大复兴的基础性力量,一定会越来越受重视。根据社会发展的规律,随着改革的进程从实体性阶段发展到制度性阶段,必将进一步迈向文化观念的阶段。因此,文科建设的任务与使命将显得更加突出和重要。人民素质的提高需要文化的"熏陶",国家的治理需要文化的"认同",发展的成果需要文化的"巩固",社会的秩序需要文化的"立法",时代的进步更需要文化的"记忆"。这是一种历史的要求与必然。文科将越来越成为时代和社会的"显学",承担越来越大的历史责任。

我之所以说"文科必须东山再起",还因为我坚信,在新的全球化过程中,中华文明将再一次登上世界的文化高地,对人类文化的进步作出独特的贡献。中华文明曾经是世界最辉煌灿烂的文明形态,中华文明的经历与内涵里面包括了人类成长与发展的丰富经验,中华文明所具有的特质也将为人类发展最终所面临的自身难题展示出历史的理性与睿智,中华文明经久不衰且重新复兴的事实也证明了人类发展的潜力与多种可能性。这些经验、潜力、特质与可能性将为全人类不同民族和国家的发展,包括应对各种新的机遇、挑战与危机,提供有价值的资源、参考、方法与标杆。

所以,虽然文科的发展在近现代中国历史、在清华大学百余年来的历史中,是如此坎坷,经历了如此多的风风雨雨和反反复复;尽管文科在时代的起伏跌宕中承载了国家和民族的苦难与快乐,留下了许许多多难以忘怀的人物与故事;但是,文科建设对建设世界一流大学是不可或缺的,对国家和民族的意义与价值是根本性的,它是民族精神的家园,是人们道德理想的圣殿,也是国家统一与凝聚力的根基。当然,也许今天的文科在社会上还并没有受到应有的重视，获得人们足够的尊重，文科的价值尚未得到社会和人们真正的认识与理解。在一些人的心目中，好像只有那些"有用的"知识和学科才是有价值的，似乎只有那些能够看得见、摸得着的理论与能力才能够带来效益。但实事求是地说，近年来文科已经取得了非常重要的进步，无论是规模，还是学术质量等，都达到了前所未有的水平。而且，文科也得到了政府领导、社会与学校越来越大的重视，投入也不断增加；管理部门与领导也逐渐认识到了文科建设发展的内在特点、规律与价值。更加重要的是，随着时代的发展，社会发展的问题，人们对文化产品及服务的需求，特别是人自身所产生和出现的各种新的精神困惑与心理烦恼，将越来越成为时代发展的难题，并且成为制约和束缚社会进步与人类幸福的根本性问题。为此，文科的价值将越来越受到社会和人们的重视。

我清醒地知道，文科发展的"东山再起"仍然有待时日。但我也坚信，文科一定能够"东山再起"。

谢维和

2019 年春

致　谢

　　本书前后写了四年，这是案头上的工作时间。可我更愿意说，这本书实际上写了 12 年，这是我 2004 年 3 月至 2015 年年底在清华大学从事文科管理工作的实践时间。这段时间在我的人生阅历中非常特别，所思所想、所作所为，印象都特别深刻。在这段时间里，帮助我的人太多太多，我需要感谢的人太多太多，我欠的人情也太多太多……在全书结尾的部分里，我想表达一些特别的感谢。

　　我要感谢清华大学。清华大学给了我一个可遇不可求的大平台，在这个大平台上真刀真枪地做文科建设和发展的工作，拓宽了自己的视野，增长了实践的才干；是清华大学给了我人生中这样一段充满挑战和机遇的历练，让我能够风雨兼程地直接面对各种各样的压力和困难，同时也能够平淡地迎接一个个成功与进步，进而提升了境界，也磨砺了责任感；是清华大学引导我走进了这么一个美丽的大园子，在这里，我邂逅了中国最优秀的莘莘学子和学术翘楚，与他们成为朋友和同事；是清华大学，让我参与了当代最富有挑战性的世界一流大学的建设工作和一批能够被学术史记载的研究工作；也还是清华大学，给了我直接参与文科建设的历史性机遇，使我能够在清华文化的一脉相承中，充当一名马前卒，并且成为这个承上启下的文科复兴历程的参与者与见证人。当然，在清华大学工作的岁月里，我有愉快，有喜悦，甚至是狂欢；也有困苦，有焦虑，甚至是委屈。但更重要的是，在这些岁月里，我置身于一个非常值得我信任，可以让我依赖的学校领导班子。虽然在我任职期间，学校的主要领导几易其人，可他们对我的关心、指导、信任、支持和包容，一直是我工作的坚强后盾。我要特别地感谢他们：没有他们的帮助与领导，就没有清华文科的发展与进步，当然也就没有我个人的成长与提高，没有这本书的写作与出版。清华大学的历史当然应该有梅贻琦、蒋南翔等老一辈领导的身影，但也还应该包括改革开放以来的历届领导的形象。这是一个非常重要的课题，我真心希望学校里有人好好地研究清华大学改革开放以来的历史与进步，记录下清华人在新时代里的新形象、新思想和新境界。

我要感谢商务印书馆的谢仲礼先生，他的睿智与专业眼光给予了我非常重要和关键的支持。从本书整体创意的形成、立项与书名的确定、内容的剪裁与安排、观点的淬炼，以及文字的打磨，等等，他都给予了非常到位的指点与建议。我已经记不清楚，我们一起就书中的某些内容究竟讨论过多少次。由此，我不由得想起了过去我在中国社会科学院读书时，受导师王玖兴先生的委托，经常在商务印书馆见到的高崧等著名学者、出版人的形象。

我要感谢清华大学出版社的马庆洲先生。他不辞辛劳，在百忙中为我审读全书的校样，并且提出了非常中肯和建设性的建议，甚至是对书稿中个别非常细微的文字与措辞进行很专业的修改和润色。他有很好的学术素养，对古代文献颇有研究，特别是对《淮南子》的研究，在我看来已经有很深的造诣。他是一位高水平的编辑，但我更希望他能够在清华大学中文系有一席之地。

我要特别感谢清华大学国学院的刘东先生，正是由于他向哈佛大学燕京学社社长裴宜理先生的推荐，我才有机会在费正清中国研究中心担任访问研究员（Visiting Fellow），从而有了一个非常宽松的环境和时间安心地思考、回忆与写作，并且能够在哈佛燕京学社的图书馆里翻阅那些难得一见的史料，包括清华大学早期的若干重要文献。我还清楚地记得与裴宜理先生、李若虹女士一起在哈佛教师俱乐部吃饭时聊天的情景,而与费正清中国研究中心主任宋怡明先生的交谈,特别是对我们共同的母校厦门大学的回忆,至今仍历历在目。我真心希望清华大学能够像哈佛大学那样,成为世界上优秀学子向往的地方。

最后,我要感谢我的妻子郭小莉。为了支持我的学术事业,她放弃了自己的专业和工作岗位,抛开舒适的生活条件,来到陌生的北京;为了让我在承担繁重的行政管理工作时,不丢掉自己的学术研究,她承受了许许多多的压力,在每天将近四个小时往返工作单位的劳累之后,她还要准备我爱吃的饭菜,使我能够心无旁骛地完成自己的工作;在我人生的若干关键时刻,她从不给我施加任何压力,总是毫无保留地支持我的选择与决定,她对我唯一的希望就是平安健康,将功名利禄视为身外之物。甚至在我调离北京师范大学,放弃了北师大已经承诺给我的住房(其价值超过了我平生所有的收入)时,也没有怨言。在这些方面,我常常感到自己是一个非常自私的人。就在这本书的写作过程中,她也一直反反复复地叮嘱我,一定要实事求是,要多讲其他学校领导和同事的贡献,少讲一些自己的事情。我衷心地祝福她能够健康、快乐、长寿。

谢维和

2019 年春于清华园荷清苑